Was ist digitale Philosophie?

PHILOSOPHIA | *DIGITALIS*

Herausgegeben von

Gabriele Gramelsberger und Jörg Noller

BAND 1

Sybille Krämer, Jörg Noller (Hg.)

Was ist digitale Philosophie?

Phänomene, Formen und Methoden

BRILL | MENTIS

Gedruckt mit freundlicher Unterstützung der Fritz Thyssen Stiftung

Umschlagabbildung:
iStock.com/Egor Suvorov, Stock-Illustration-ID:1015084902

Bibliografische Information der Deutschen Nationalbibliothek

Die Deutsche Nationalbibliothek verzeichnet diese Publikation in der Deutschen Nationalbibliografie;
detaillierte bibliografische Daten sind im Internet über http://dnb.d-nb.de abrufbar.

© 2024 Brill mentis, Wollmarktstraße 115, D-33098 Paderborn, ein Imprint der Brill-Gruppe
(Koninklijke Brill NV, Leiden, Niederlande; Brill USA Inc., Boston MA, USA; Brill Asia Pte Ltd, Singapore;
Brill Deutschland GmbH, Paderborn, Deutschland; Brill Österreich GmbH, Wien, Österreich)
Koninklijke Brill NV umfasst die Imprints Brill, Brill Nijhoff, Brill Schöningh, Brill Fink, Brill mentis,
Brill Wageningen Academic, Vandenhoeck & Ruprecht, Böhlau und V&R unipress.

www.brill.com

Einbandgestaltung: Anna Braungart, Tübingen
Herstellung: Brill Deutschland GmbH, Paderborn

ISSN 2941-2366
ISBN 978-3-95743-297-1 (hardback)
ISBN 978-3-96975-297-5 (e-book)

Inhalt

Einleitung

Sybille Krämer, Jörg Noller

Dieser Sammelband, der aus einer von der Fritz Thyssen Stiftung geförderten Tagung hervorgegangen ist, die im Dezember 2022 an der Universität Konstanz stattfand, befasst sich mit der Frage nach den Bedingungen und Möglichkeiten einer ‚digitalen Philosophie‘.

Die für den Band leitende Frage nach einer ‚digitalen Philosophie‘ ist ambivalent, denn sie ist auf zwei Weisen verstehbar: Entweder als digitale Philosophie im Sinne eines Philosophierens *über* das Digitale. Oder im Sinne eines Philosophierens *im Medium des Digitalen und unter Einsatz datenintensiver, digitalisierter Verfahren.* Die Beiträge des Bandes thematisieren beide Dimensionen aus unterschiedlichen Perspektiven, indem Phänomene, Formen und Methoden einer so verstandenen ‚Philosophie des Digitalen‘ exploriert und kritisch reflektiert werden. Die transformative, von vielen als disruptiv erfahrene Natur der Digitalisierung lädt dazu ein zu prüfen, inwieweit die überkommenen disziplinären Einteilungen – etwa in Ontologie, Epistemologie, Moralphilosophie, Ästhetik – sinnvoll und hilfreich sind, um die mit der Digitalisierung verbundenen theoretischen Probleme zu bearbeiten. Es geht also auch darum, die phänomenologische und methodische Reichhaltigkeit philosophiespezifischer Disziplinen am Phänomen des Digitalen kritisch zu erproben.

Im Zentrum des Bandes stehen folgende *fünf Perspektiven*, die für die lebensweltliche Bedeutung der Philosophie besonders zentral sind, und die anhand verschiedener digitaler Medien – wie etwa dem Internet, Künstlicher Intelligenz, virtueller Realität und Computerspielen – eröffnet werden:

(1) *Digitalisierung und Kritik*: Was ist überhaupt das Digitale und wie kann (medien)philosophisch adäquat über das Digitale gesprochen werden? Diese Frage diskutiert Sybille Krämer (Lüneburg) in Ihrem den Band eröffnenden Beitrag. Wie lassen sich Phänomene, Formen und Methoden des Digitalen und der Digitalisierung, wie sie uns in der Gesellschaft immer mehr begegnen, angemessen bestimmen? Dieser Frage widmet sich Gabriele Gramelsberger (Aachen). Markus Bohlmann (Münster) und Daniel Martin Feige (Stuttgart) thematisieren in ihren Beiträgen jeweils aus unterschiedlicher Perspektive die Frage, wie sich der Prozess der Digitalisierung angemessen bewerten und auch kritisieren lässt.

(2) *Ethik und Privatheit*: Inwiefern stellt uns die Digitalisierung für neue ethische Probleme? Welche ethischen Zugänge eignen sich dafür am besten, und wo liegen ihre Grenzen? Diese Fragen untersuchen Christoph Böhm (Stuttgart) und Oliver Zöllner (Stuttgart) in ihrem gemeinsam verfassten Beitrag. Lea Watzinger (Graz) diskutiert die Frage, inwiefern noch Privatheit angesichts der allgegenwärtigen Digitalisierung existieren und gefordert werden kann.

(3) *Realität und Virtualität*: Maria Schwartz (Wuppertal) widmet sich in ihrem Beitrag der Frage, inwiefern sich eine philosophische Beschäftigung mit Computerspielen lohnt und welcher ästhetische und anthropologische Status ihnen zukommt. Wie erfahren wir virtuelle Körper? Diese Frage diskutieren Patrizia Breil (Bochum) und Alisa Kronberger (Bochum) in ihrem gemeinsam verfassten Beitrag. Saša Josifović (Köln) behandelt die Frage, welchen ontologischen Status digitale Objekte und Ereignisse im Metaversum besitzen.

(4) *Digitale Philosophie*: Christian Vater (Mainz) diskutiert in seinem Beitrag die Frage, inwiefern wir mit und durch digitale Medien philosophieren können und wie wir von bloßen Daten zu (philosophischem) Wissen gelangen. Jonathan D. Geiger (Mainz) befasst sich mit der Frage, welche wissenschaftstheoretische und philosophische Rolle digitale Daten besitzen.

(5) *Digitalisierung und Verantwortung*: Christoph Böhm (Stuttgart) erörtert im Ausgang von Amartya Sen die Frage, wie wir globale und ökonomische Gerechtigkeit im Digitalen erreichen und kritisieren können. Jörg Noller (München) plädiert abschließend in Anknüpfung an Kants Aufklärungsbegriff für die Notwendigkeit einer spezifisch digitalen Aufklärung und diskutiert die Frage, wie digitale Tugenden für einen verantwortungsvollen Umgang mit der Digitalisierung beschaffen sein sollten.

Der Tagungsband bezweckt damit, das hochaktuelle Feld der Digitalisierung aus philosophischer Perspektive zu kartieren, begriffliche Orientierung zu schaffen und zu weiteren Forschungen anzuregen.

TEIL I

Digitalisierung und Kritik

Medienphilosophie des Digitalen

Warum und wie die Philosophie über das Digitale reflektieren sollte, aber dies so wenig tut

Sybille Krämer

1. Warum keine ‚Kritik der digitalen Vernunft‘?

Ist ‚Digitale Philosophie‘ nicht ein ziemlich unglücklicher Ausdruck? Eingebürgert hat sich zwar der Name *‚Digitale Geisteswissenschaften‘* als Sammelbegriff für Geisteswissenschaften, die computergenerierte Forschungsverfahren bei der Analyse großer Datenkorpora einsetzen. Doch die Frage, ob quantifizierbare nur mit Computerkraft realisierbare Verfahren in der Philosophie eine Rolle spielen (können), markiert nur einen kleinen Teilbereich im Nachdenken über das Verhältnis von Philosophie und Digitalität. Vielmehr geht es um die Frage nach Reichweite und Grenzen einer *philosophischen Reflexion des Digitalen*. Und genau vor diesem Horizont zeichnet sich ab, dass solche Reflexionen als philosophisches Unterfangen spärlich gesät sind.[1] Allerdings: Das Thema Künstlicher Intelligenz und damit die Frage ob Maschinen denken können, fand immer schon Beachtung. Als Sachwalterin einer Einstellung zur Welt, die fundiert ist in Begriffsarbeit, Urteilskraft und Vernunft fühlte die Philosophie sich naturgemäß herausgefordert, jedwede Ansprüche auf Maschinen, die denken können, kritisch zurückzuweisen – sei das nun im Rückgang auf Martin Heidegger[2], auf Kurt Gödel[3] oder auf die nichtüberschreitbare Syntaktizität der Maschine[4]. Doch Reflexionen über ‚Natur‘ und Begriff des Digitalen, über den Computer als Medium und Maschine, über Praktiken der Digitalisierung blieben zuförderst eine Angelegenheit der übrigen geisteswissenschaftlicher Fächer. Die Philosophie selbst hielt sich vornehm zurück: die Thematik des Digitalen fiel durch das Netz ihrer traditionellen Auffächerung in Ontologie, Erkenntnistheorie, Logik und Ethik.[5]

Keine Frage: Diese Kurzdarstellung ist grob gestrickt. Doch sie fungiert auch nur als hinführende Einleitung: In dem, was folgt, geht es *nicht* um die

---

1 Selbstverständlich gibt es Ausnahmen: Floridi 2015; Chalmers 2022; Gramelsberger 2023; Hui 2016; Mersch 2019; Nida-Rümelin/Weidenfeld 2018; Noller 2022.
2 Dreyfus 1972.
3 Mersch 2019.
4 Searle 1980.
5 In der Deutschen Gesellschaft für Philosophie existiert seit 2020 eine Arbeitsgruppe „Philosophische Digitalitätsforschung / Philosophie der Digitalität“. https://digitale-philosophie.de.

© BRILL MENTIS, 2024 | DOI:10.30965/9783969752975_002

Frage nach der Anwendbarkeit datenintensiver Forschungsmethoden in der Philosophie – so wichtig, gar reizvoll das auch wäre. Genau diese Art von Philosophie, die Verfahren der Digital Humanities in ihren Forschungen einsetzt, wäre sinnvoll als ‚digitale Philosophie‘ zu bezeichnen. Doch unsere Perspektive ist eine andere: Wir interessieren uns für eine Philosophie des Digitalen,[6] genauer für *Grundlinien einer Medienphilosophie des Digitalen und der Digitalisierung.*

Hat Kant mit seinen Kritiken nicht einer Philosophie des Digitalen eine Steilvorlage geliefert? Wäre nicht das, was Philosophie zu leisten hat, als eine ‚Kritik der digitalen Vernunft‘ zu thematisieren?[7] So könnte doch ihre starke kritische Tradition das philosophisch eher unterentwickelte Bewusstsein für gegenwärtige Medienkonstellationen kompensieren. In diesem Sinne dem transzendentalphilosophischen Programm zu folgen hieße allerdings sich auf den Richterstuhl zu schwingen, von dem her zeitgenössische Entwicklungen nicht nur zu überblicken und sachhaltig zu verstehen, sondern auch gemäß allgemeingültigen Kriterien zu beurteilen sind. Dieser Richterstuhl wäre über den Dingen und Positionen platziert; seine externe Beobachterposition die Bedingung der Möglichkeit der beanspruchten Urteilskraft.

Doch genau in dieser konstitutiven Metaposition liegt ein grundsätzliches Problem, sobald Medien in der Philosophie zum Thema werden. Denn die Medienvergessenheit der Philosophie, ihre Blindheit für jene Medien, die überhaupt erst das Philosophieren als eine Denkform ermöglichten, ist notorisch und unterminiert ihre kritische Urteilskraft angesichts von Medienentwicklungen. Ein medienkritisches Bewusstsein, seit dem letzten Drittel des vergangenen Jahrhunderts einer der großen innovativen Einsätze in den Geisteswissenschaften, erreichte die Philosophie zuletzt.

Unsere Position ist daher nicht die einer ‚Kritik der digitalen Vernunft‘. Vielmehr nehmen wir explizit Abstand vom Gestus der Kritik als philosophische Hauptaufgabe – auch wenn die Nebenaufgabe einer Entkräftung der Mythen und Ideologeme, welche die Digitalisierung begleiten, unabdingbar bleibt. Vielmehr sehen wir unsere Aufgabe darin, die gegenwärtigen Entwicklungen zu beschreiben, sie im buchstäblichen Sinne zu begreifen, indem wir Begriffe schärfer konturieren, um auf diese Weise besser zu verstehen, was überhaupt vor sich geht. Und um dann einsehen zu können, warum eine Philosophie, die das Digitale reflektiert, ihrerseits zutiefst eingelassen und situiert ist in Praktiken des Digitalen – und zwar auch ohne Verfahren der Digital Humanities einzusetzen.

---

6   So der Titel der Studie von Gramelsberger 2023.
7   So Mersch 2019 mit seiner Kritik der algorithmischen Vernunft.

2.   Gründe für die Medienvergessenheit der Philosophie

Die alphabetische Verschriftung der Sprache hat im antiken Griechenland erst die Grundlagen geschaffen, dass in geschriebenen Texten Freiräume reflexiver Erörterung eines Pro und Contra von Argumenten sich entfalten konnten. Durch die Abwesenheit einer Buchreligion, welche die kanonisch strenge Reproduktion einer ‚Heiligen Schrift' inklusive ihres unhintergehbaren Wahrheitsanspruches zum Angelpunkt des Schriftgebrauches gemacht hätte, konnte Texten eine ganz neuartige Rolle zuwachsen.[8] So wurde es möglich die diskursive Struktur mündlicher Verhandlungen in der altgriechischen Gerichtsbarkeit, in denen es um das Für und Wider von Rechtsansprüchen ging, in das Medium des Textes zu übertragen. Der Text avancierte zu einem argumentativen Raum der Verteidigung und Zurückweisung von Wahrheitsansprüchen. Diese Genese – um nicht zu sagen: diese ‚Geburt' – philosophischer Textualität aus dem Geiste einer Übertragung der mündlichen Disputation von Rechts- und Wahrheitsansprüchen in das Medium der Schrift, webt ein sublimes Band zwischen dem Juridischen und dem Epistemischen, dessen fernes Echo sich später in den juridischen Metaphern Kants wiederfinden wird.

Es ist somit keine Frage – und schwingt auch mit in der Debatte um den ‚esoterischen Platon', der einige seiner Lehren gerade nicht zum Text hat kondensieren lassen – dass die alphabetische Literalität zur Bedingung der Möglichkeit des westlichen Modells einer Philosophie avanciert, die ihr Selbstverständnis fundiert in Begriffsarbeit und Argument, geschärft als intellektuelle Instrumente, um Wahrheitsansprüche zu verteidigen.

Machen wir einen historischen Sprung: Verbunden mit der Ära des Buchdrucks, werden in der ‚Gutenberggalaxis' viele gelehrte Praktiken alphabetischer Literalität ausgebildet, die dann auch maßstäblich werden für die Arbeit der Philosophie. Es entwickelt sich ein ‚Handwerk des Geistes', welches die Anlage und Edition von Stichwortregistern, Werkkatalogen, Seitenkonkordanzen, Enzyklopädien, Hand- und Wörterbücher umfasst, nicht zu vergessen die Notate, Exzerpte und Zettelkästen privater Gelehrtenarbeit. Gedanken können kondensieren zu mobilen, dekontextualisierten Notizen; Kreativität kann durch die Möglichkeit die Ordnung solcher Notizen, Exzerpte und Zitate immer auch anders anzuordnenden nicht wenig beflügelt werden. Die virtuose Kombinatorik externalisierter Ideen ist als ‚Zettelkastenprinzip' sorgfältig untersucht.[9] Leibniz übrigens zerschnitt Exzerpte und Kommentare

---

8   Assmann 2013, 259 ff.
9   Krajewski 2002, Luhmann 1992.

von Gelesenem und ordnete es in einem eigens dafür konstruierten Möbelstück dem „Zettel-Schrancken"[10] an.

Doch ungeachtet ihrer tiefen Verwurzelung in den Medien alphabetischer Literalität, erwacht die Philosophie spät erst aus dem Dornröschenschlaf ihrer Medienvergessenheit. Es bedurfte Jacques Derridas' eruptiver, grammatologischer Einsprüche, um aufzurütteln[11]. Dass so spät erst ein Weckruf für die Reflexion der Medialität philosophischer Denkstile gehört wurde (falls überhaupt!), ist erstaunlich – doch keineswegs unerklärlich. Zumindest zwei Faktoren mögen eine philosophische Distanz oder gar Ignoranz gegenüber dem Medialen befördert haben.

(1) Einerseits ist da eine Logik nahezu aller Medien-in-Gebrauch:[12] Erfolgreiche, ‚unverrauschte' Medien bleiben unterhalb der Schwelle ihrer physischen Wahrnehmbarkeit: Gehört werden nicht Schallwellen, sondern Worte; das Bild muss umgedreht werden, um die Leinwand zu sehen; Pornographie und Horror im Film berühren und belangen die Zuschauenden in körperlicher Unmittelbarkeit. Kurzum: funktionierende Medien verschwinden gewöhnlich hinter dem Gehalt, den sie zu vergegenwärtigen haben. Nicht erst mit den virtuellen Realitäten ist Medien eine immersive Tendenz eigen.

(2) Zum andern hat die Philosophie mit ihrem ‚linguistic turn' schon frühzeitig die Sprachlichkeit zu einer nahezu letztbegründenden Instanz nobilitiert, welche eben nicht nur das Kommunizieren, sondern generell die Konturen unseres Weltverhältnisses wie die Strukturen unseres Denkens affiziert. In diesem Punkt wird die Philosophie – auf Tuchfühlung mit der Sprachwissenschaft – Pionierin eines entscheidenden geisteswissenschaftlichen Paradigmenwechsels. Zugleich jedoch immunisierte die transzendentale Auszeichnung von Sprache sowohl gegen die Einsicht der Unerlässlichkeit bildlich-graphischer Repräsentationen, wie auch – damit zusammenhängend – gegen eine Einsicht in die relative Autarkie der Schrift als ein Medium: Denn die Kreativität der Verschriftung erschöpft sich gerade nicht darin aufgeschriebene mündliche Sprache zu sein. Denken wir nur an die produktive Rolle der Formalschriften der Wissenschaften, an Choreographie, Musiknotation und Drehbuch, an das Binäralphabet oder die Programmier,sprachen', die immer Schriften sind.[13] Von dem Umstand gar nicht zu sprechen, dass durch Propositionalität disziplinierte Gedanken sich überhaupt erst im Akt konzentrierten Schreibens auskristallisieren.

---

10   https://www.o-bib.de/bib/article/view/2017H4S189-198/615, Haarkötter 2013.
11   Derrida 1967.
12   Krämer 2008, 20 ff.
13   Grube et al. 2005; Krämer et al. 2012.

Die Bedeutung des Digitalen für die zeitgenössische Philosophie gewinnt
also ihr Profil vor einem sehr viel umfassenderen Horizont, vor dem sich eine
Frage abzeichnet: In welchem Verhältnis steht die alphabetische Literalität zur
digitalen Literalität?

3.   Die embryonale Digitalität des Alphanumerischen

Allzu selbstverständlich verbinden wir das Digitale mit Computereinsatz aller
Art. Doch greift das nicht zu kurz? Tatsächlich kündigt sich eine embryonale
Form des Digitalen an schon innerhalb des alphanumerischen Zeichenraumes.
Zuerst allerdings wäre zu klären, wie der Begriff ‚digital' hier verwendet wird.
Wir zielen eine Begriffsbestimmung an, die es erlaubt, die enge Liaison von
Computer und Digitalität zu lockern und einen Zugang zu eröffnen, um das
Digitale auch computerunabhängig begreifen zu können. Denn die steile, mit
ihrer Veränderungsdynamik nahezu alles einsaugende Kraft und Karriere des
Digitalen ist kaum zu verstehen, wenn nicht konzediert wird, dass es so etwas
wie eine medientechnologische Vorgeschichte der Digitalität gibt. Es sind dies
die literalen Praktiken alphabetischer Schriftkulturen – und das ist hier die
These – in und mit denen die Keimformen des Digitalen bereits angelegt sind.
    Kern jenes Vorganges, der die Bedingung der Möglichkeit des Digitalen
abgibt, ist die Zerlegung eines Kontinuums in zugleich diskrete und disjunkte
Einheiten, die voneinander (relativ) unabhängig, sowie codierbar und miteinander kombinierbar sind. Disjunktivität verstärkt die Eigenschaft diskret
zu sein, denn Disjunktivität schließt Mehrdeutigkeit aus: zwei notationale
Zeichen, die zu unterschiedlichen Zeichenklassen gehören – etwa die Reali-
sierungen des Buchstaben ‚a' und des Buchstaben ‚d' – müssen definitiv voneinander unterscheidbar sein: entweder ein ‚a' oder ein ‚d'![14] Nelson Goodman
hat die Definition von ‚disjunkt' einst entwickelt, um die Attribute schriftlicher Zeichensysteme zu bestimmen.[15] Ein digitales System wird gebildet,
wo es ein endliches Zeichenrepertoire sowie gewisse Regeln gibt, wie diese
Zeichen zu Zeichenfolgen zu formen und umzuformen sind. In dieser Perspektive betrachtet, bilden sowohl das Alphabet wie auch das dezimale Positionssystem, überaus erfolgreiche und weitverbreitete Frühformen digitaler Systeme.
Am Alphabet tritt auch hervor, dass Disjunktivität keine Eigenschaft der
Gestalt ist: Ein ‚a' kann in vielen Gestaltungen vorkommen; disjunkt ist ein ‚a'

---

14   Fischer 2009.
15   Goodman 1968, 130 ff.

allein bezüglich seiner Funktion im Gesamtzusammenhang der Zeichen, in der es nicht austauschbar ist durch ein ‚b‘, ‚c‘ etc.

In Wortgeschichten sedimentieren sich Spuren: Nicht zufällig nennen wir das von Leibniz erfundene Dualzahlensystem auch ‚Binäralphabet‘; und der Eigenname von al-Chwarizmi, des persischen Gelehrten, der das indische dezimale Positionssystem und das schriftliche Rechnen in Europa einführte, stand dem Begriff ‚Algorithmus‘ Pate.[16] Wir haben die alphabetische Literalität genauer als eine alphanumerische Literalität zu verstehen. Aus all dem lässt sich schließen: Bereits in gelehrten Praktiken der Moderne zeigen sich Züge digitalisierter Formate ‚avant la lettre‘.

Was die ‚Digitalität avant la lettre‘ bedeutet, kann anhand von drei Phänomenen erläutert werden: (i) der alphabetischen Sortierung von Informationen als Frühform des Datenbankprinzips, (ii) der Formalisierung als ein Rechnen nicht mit Zahlen, sondern mit Zeichen, sowie (iii) der Programmierung als Form symbolischer Maschineninstruktion. Alle drei Beispiele erzeugen und verkörpern neuartige Formen von Textualität; sie sind Techniken lautsprachenneutralen Schriftgebrauches, gehen also nicht aus der Transkribierung von mündlicher Sprache hervor und folgen auch nicht dem Textprinzip der Narration. Das Narrative hier verstanden als eine Form von Text, der die relative Konsistenz einer Geschichte hat, die Anfang und Ende, sowie einen Zusammenhang dazwischen besitzt.

(i) *Datenbank avant la lettre*: Von dem Strukturprinzip des Narrativen ist das Datenbankprinzip zu unterscheiden:[17] Einzelne voneinander unabhängige Text- bzw. Informationsbausteine werden angeordnet gemäß einem den jeweiligen Textgehalten gegenüber inhaltsneutralem Prinzip. Die alphabetische Sortierung bildet solch ein wirkmächtiges Anordnungsraster: Lexika, Wörterbücher, Handbücher und insbesondere Enzyklopädien, kuzum: die Flaggschiffe der Wissensdarstellungen in der europäischen Moderne, zehren von dieser durch das alphabetische Register gestifteten Frühform des Datenbankprinzips. Als Gelehrtentechnik der Informationssammlung in Zettelkästen und als von Nutzern durchsuchbare Katalogsysteme der Bibliotheken oder auch nur in der für akademische Arbeit unumgänglichen Form von Literaturlisten in Bibliographien, wird die alphabetische Sortierung zum informationstechnischen Handwerk.

---

16   Abdullah 1977; Vogel 1963.
17   Manovich 1999.

(ii) *Formalität*. Auch die Formalität verstanden als mechanisches Operieren mit schriftlichen Zeichen, bildet eine Vorstufe des Digitalen. Zwei eng mit der Verschriftung zusammenhängende Phänomene synthetisieren sich dabei zu einem rein symbolischen Apparat, zu einer ‚symbolischen Maschine'[18], verstanden als dem ‚Computer in uns', der aktivierbar ist im Zwischenraum von Auge, Hand und Hirn in der Interaktion mit Stift, Zeichensystem und Papier, um mit dieser Papiermaschine kognitive Probleme zu lösen.

Einerseits zeigt sich das beim Gebrauch des Dezimalkalküls, also beim schriftlichen Rechnen, jener Gabe des Orients an den Okzident, die al-Chwarizmi nach Europa transferierte. Mit römischen Ziffern höherstufig zu rechnen, erfordert gegenständliche Rechenmittel wie Abakus oder Rechenbrett, ein technisches Instrumentarium, welches erst durch das rein schriftliche Rechnen im Dezimalsystem obsolet wird.

Erkennungsmarke der neuzeitlichen Formalisierung ist zum andern die Einführung der Buchstabenalgebra bzw. symbolischen Algebra, mit der erstmals Regeln des Lösens von Gleichungen allgemeingültig notierbar werden.[19] Mit der Folge, dass die Algebra nicht länger eine ‚ars magna et occulta' blieb, sondern zu einer lehr- und lernbaren Kulturtechnik und einer mathematischen Teildisziplin avancierte.[20] Beides, schriftliche Dezimalarithmetik und das Buchstabenrechnen signalisieren, dass Teile geistiger Arbeit durch mechanische Symbolmanipulation realisierbar sind und zwar nach Regeln, die syntaktisch orientiert sind, also keinen Bezug nehmen auf die Interpretation der Zahlzeichen. Die maschinenhafte Operativität dieses Vorganges verkörpert einen kollektiven Gewinn: komplexe mathematische Operationen bleiben nicht länger gebunden an Talent und Genie, sondern werden popularisierbar, bilden sich aus zum lehr- und lernbaren Schülerwissen.

Leibniz betont überdies – darin scharfsichtig die Spezifik des Formalen als Kalkülisierung artikulierend – dass die Buchstabenalgebra eine formale Kombinatorik verkörpere, die in ganz unterschiedlichen Bereichen einsetzbar ist: Je nachdem, ob für die Buchstaben Zahlen, Figuren oder Begriffe eingesetzt werden, entsteht ein intellektuelles Werkzeug, das wahlweise Probleme der Arithmetik, Geometrie oder Logik zu lösen vermag.[21]

Das Dualzahlensystem, welches Leibniz erfindet um zu zeigen, dass auch mit einem zweiwertigen Positionssystem arithmetische Operationen mechanisch

---

18   Krämer 1988.
19   Viète 1591, 1973.
20   Klein 1936.
21   Leibniz 1903.

auszuführen sind[22], ist von Anbeginn auf eine Adaption durch die Maschine angelegt. Denn die räumliche Positionalität, die in einem Stellenwertsystem über den Wert eines Zeichens entscheidet, ist bei umfangreichen Aneinanderreihungen ausschließlich von Nullen und Einsen für Menschenaugen kaum mehr überblickbar, geschweige denn rechnerisch zu prozessieren und zu kontrollieren.

So wundert es nicht, dass reale Maschinen zur apparativen Erscheinungsform der impliziten Digitalität des Alphanumerischen werden. Was Leibniz als Idee des Kalküls theoretisch entwickelt, versucht er praktisch zu realisieren mit seiner Erfindung einer Vier-Spezies-Rechenmaschine, sowie einer polyalphabetischen Codierungsapparatur, die Machina Deciphratoria[23]. Beide Leibniz'schen Entwürfe sind – wie wir heute wissen – lauffähige Maschinen, deren physikalische Umsetzung der unterentwickelte Stand der Feinmechanik seiner Zeit allerdings verhinderte. Im Zusammenhang der Idee von Maschinen, die Denkoperationen unterstützen oder gar ersetzen, gehört auch die im Spätmittelalter entwickelte kombinatorische Kunst, die der mallorquinische Philosoph und Theologe Ramon Lull (1232–1315) zu praktizieren versuchte:[24] Er konstruierte eine Argumentationsmaschine, bei der mit 65 Begriffen versehene konzentrische Kreise so gegeneinander zu verschieben sind, dass daraus syllogistisch korrekte Begriffsverknüpfungen resultieren. Leibniz bezieht sich explizit auf die Vorläuferschaft der Lullistischen Kunst für seine eigenen – unrealisierbaren – Visionen zur Konstruktion einer universalen Denkmaschine, die von jedem vorgelegten Satz über dessen Korrektheit entscheiden und alle möglichen wahren Sätze erzeugen sollte.[25]

(iii) *Programmierung*: Als eine dritte Facette in der Genese formaler Textualität ist jetzt an die Ursprünge der Programmierung zu erinnern: Ein Computerprogramm ist eine schriftliche Instruktion, mit der eine Universalmaschine in einen speziellen Computer umgewandelt werden kann, der konkrete, begrenzte Aufgaben durch Zeichenmanipulation zu lösen vermag. Ada Lovelace, Tochter des Dichters Lord Byron, erkannte das Potenzial des ersten Papierentwurfs eines Universalcomputers von Charles Babbage und konzipierte für diese ein (wie wir heute wissen: lauffähiges) Programm, wobei sie Verfahren ersann, die heute noch als Programmiertechniken eingesetzt werden.[26] Ada Lovelace war klar, dass nicht die Kalkulation mit Zahlen, vielmehr

---

22   Leibniz 1966.
23   Rescher 2011.
24   Bexte/Künzel 1993.
25   Leibniz 1965.
26   Lovelace 1843.

die Komputation mit Zeichen die Besonderheit schriftlicher Programmierung ausmacht.

Diese drei Beispiele embryonaler Digitalität: des Datenbankprinzips, der Formalisierung, sowie der Programmierung veranschaulichen die Ablösbarkeit des Digitalen vom physikalischen Einsatz von Computern. In dieser Perspektive markiert die computerfundierte, zeitgenössische Digitalität eben nicht nur einen radikalen Einbruch – der sie auch ist – sondern zehrt zugleich von einer vorbereitenden Tradition. Die zeitgenössische Digitalisierung zu reflektieren, heißt also, sie im Spannungsfeld von Kontinuität *und* Bruch, von Tradition *und* Disruption zu situieren. Was immer unter ‚digitaler Literalität‘ zu verstehen ist, beruht also nicht einfach auf der Ablösung und Ersetzung der ‚alphabetischen Literalität‘, sondern ist zugleich deren Extrapolation, Radikalisierung, Umwandlung und Überbietung. Dass dabei viele klassische Begriffe der Buchdruckkultur eine veränderte Bedeutung bekommen und neuartig zu fassen sind – dazu gehört das geisteswissenschaftliche Elementarrepertoire wie ‚schreiben‘, ‚lesen‘, ‚editieren‘, ‚interpretieren‘, ‚informieren‘ – liegt auf der Hand: Hier findet philosophische Begriffsarbeit ein wichtiges Arbeitsfeld, das als Aufgabe noch kaum erkannt ist.

Doch nun endlich gilt es die zeitgenössische Digitalität zu reflektieren.

4.   Was sind überhaupt ‚Daten‘?

Computergenerierte Digitalisierung vollzieht sich innerhalb eines Quintetts aus Sensortechnologie, High-Performance-Rechenkraft, Vernetzung, Big Data und Deep-Learning Architekturen, auf denen auch die Large Language Models basieren, die als jüngste Errungenschaft Künstlicher Intelligenz in Form von Chatbots bzw. ‚synthetischen Medien‘ Furore machen. Im Zentrum dieses Rahmens liegt die Datifizierung und die damit eröffneten Innovationen im Datenumgang; signifikant dafür sind beispielsweise die exorbitant großen Datenmengen, mit denen die Large Language Models trainiert und deren ca. 1,7 Millionen Parameter ‚ausgebildet‘ werden.

In – allerdings nur loser – Anlehnung an Ernst Cassirers PHILOSOPHIE DER SYMBOLISCHEN FORMEN[27] wollen wir die Digitalisierung als eine ‚symbolische Form‘ interpretieren; und Daten bzw. die Datifizierung bildet deren Medium. Digitalisierung und Datifizierung verhalten sich zueinander wie Vor- und Rückseite einer Medaille. Der Begriff des Zeichens, der mit der Orientierung auf Repräsentation seit der frühen Neuzeit zu einem Grundkonzept

---

27   Cassirer 1994.

der Moderne kondensierte, wird nun abgelöst vom Begriff ‚Daten'. Daten
und Zeichen stehen im Zusammenhang: Daten sind maschinenkompatible
Zeichen. Maschinen – und wir gebrauchen ‚Maschine' hier als Chiffre für ein
Konglomerat aus vernetzten Apparaten und lernenden Algorithmen – können
Daten erkennen, analysieren und synthetisieren. Überdies kann alles, was in
Datenform vorliegt, miteinander verbunden werden. Als zentrale Dimension
der Kulturtechnik digitaler Literalität durchdringt die symbolische Form der
Datifizierung nahezu alle Funktionsbereiche der Gesellschaft, hierin vergleich-
bar der Alphabetisierung. Wer sich dieser Konfiguration zeitgenössischer
Literalität verweigert, oder diese sich nicht anzueignen vermag, bleibt von
der Partizipation an den zivilisatorischen Errungenschaften gegenwärtiger
Gesellschaften nahezu ausgeschlossen. Wir können diese sozial exkludierende
Dimension hier nicht verfolgen.

Für uns kommt es an dieser Stelle nur darauf an, dass der ‚Lesbarkeit der
Welt' – um hier Blumenbergs Metapher aufzugreifen – eine Metamorphose in
eine ‚*Maschinenlesbarkeit'*, genauer: in eine ‚*Maschinenoperabilität des Datenuniversums'* widerfährt.[28]

Doch was sind ‚Daten'? Vielleicht gibt das vertraute Briefdatum erste
Hinweise – und dieser Rekurs auf das Briefdatum ist nur eine weitere Fußnote
zur embryonalen Digitalität alphabetischer Kulturen. Ein Briefdatum markiert
einen wohlbestimmten Ort im Kontinuum der Zeit; es setzt die Diskretisierung
von Zeit in elementare Einheiten voraus, die numerisch codiert sind. Briefdaten haben eine empirische Referenz, die bei der Niederschrift des Datums
zutreffen, aber auch gefälscht sein kann. Der Kalender stiftet das Wissens-
system, das den Umgang mit Briefdaten überhaupt erst grundiert. Daten sind
als numerische Muster für Menschen also nur verstehbar im Zusammenhang
ihrer symbolischen Praktiken. Daten müssen für Menschen als Zeichen lesbar sein, um als Daten verstanden und bearbeitet werden zu können. Gleichwohl gibt es im Umgang mit Daten eine interpretationsneutrale Perspektive:
Kalendarische Daten beispielsweise können automatisch vorwärts und
zurück gerechnet werden durch stereotype Konstruktion von Vorgängern und
Nachfolgern – nicht anders als bei ‚bloßen' Zahlen auch.

Eine Ontologie der Daten zeichnet sich ab: Daten werden nicht gefunden,
sondern gemacht. Sie sind artifizielle zumeist schriftfundierte Muster-
konstellationen, die als Zeichenausdrücke im Rahmen symbolischer Praktiken
von Menschen interpretierbar sind und für Menschen informativ werden aufgrund einer externen Referentialität. Daten haben eine empirische Dimension,
sind quantifizierbare Entitäten und – was für die Methoden des Deep Learning

---

28   Krämer 2022.

entscheidend ist – sind im Prinzip als Punktmengen codierbar. Als Populationen solcher Punkte können sie statistisch analysiert werden. Computer wiederum sind forensische Maschinen, äußerst leistungsstark darin Muster auf den Oberflächen großer Datenkorpora, die als Punktepopulationen darstellbar sind, aufzufinden. So können Maschinen – sinn-neutral und also unter Absehung ihrer Referentialität – mit Datenmuster operieren und unvorstellbar große Datenkorpora lesen, analysieren und synthetisch kombinieren. Und nicht zuletzt: Die ubiquitäre Vernetzung als Markenzeichen der Gegenwart ist überhaupt nur möglich durch die Datifizierung. Denn die Umwandlung in die Form von Daten eröffnet die Möglichkeiten das, was ontologisch völlig verschiedenartig ist, gleichwohl verbinden zu können.

Im Schlepptau der Datifizierung als symbolische Form zeichnet sich ein gewisser Reputationsverlust der Hermeneutik ab, welche ursprünglich mit dem ‚Zeitalter der repräsentationalen Zeichen‘ aufs Engste liiert war – auch wenn etwa Heideggers Existenzialhermeneutik diese Liaison von Schrift und Hermeneutik bereits aufgelöst hat und Gadamer die Hermeneutik zu einer Kunst des Verstehens ausweitete, die im Dialog mit Mensch, Kunst und Geschichte unser ganzes Selbstverständnis betrifft. Gemessen am traditionellen Bündnis von Text und Hermeneutik erfolgt mit der Datifizierung eine folgenreiche Umkehr: die Schriftlichkeit der Daten generiert die Bedingung ihrer sinnfreien Manipulation und damit verbundener de-hermeneutisierenden Impulse. Im Rahmen der geisteswissenschaftlichen Legitimierung der Digital Humanities bleibt die Erörterung der Relevanz oder auch Irrelevanz hermeneutischer Orientierung ein Brennpunktthema.[29]

5. Kristallisationspunkte einer philosophischen Reflexion von ‚Digitalität‘

Nach diesen grundbegrifflich orientierten Überlegungen zu ‚Digitalität‘ und ‚Daten‘, seien nun – überaus selektiv und ohne jeden Vollständigkeitsanspruch – einige Themenfelder sondiert, die sich als Kristallisationspunkte einer philosophischen Reflexion zeitgenössischer Digitalität anbieten. Obwohl die Ethik ein, wenn nicht: *das* Zugpferd der öffentlichen Akzeptanz zeitgenössischen Philosophierens über Technik und Digitalität ist, setzen wir andere Akzente bei der Auswahl der philosophisch relevanten Topoi. Dass diese zugleich die Forschungspräferenzen der Autorin berühren, wird nicht verwundern.

---

29   Dobson 2019; Krämer 2023.

5.1   *Das Mensch-Maschine-Verhältnis als Ko-Konstitution. Künstliche*
       Intelligenz als eine Form distribuierter sozialtechnischer Intelligenz

Die Maschine übertrifft uns; ja in der Tat: dafür werden sie von uns geschaffen.
Doch immer noch ist die Idee, dass Mensch und Maschine, oder sagen wir
grundsätzlicher: dass Mensch und Technik dadurch in einem Ersetzung- und
Konkurrenzverhältnis stehen, federführend in den Theorien und auch Mythen,
welche die Debatte über das Verhältnis des Menschen zur Technik begleiten.
Deren Telos ist, dass das Potenzial der Maschine zugleich eine Macht sei, die
latent oder manifest als Entmächtigung begriffen und in Entmachtung des
Menschen umschlagen kann. In einigen neueren Debatten über Künstlichen
Intelligenz werden diese Visionen apokalyptisch-dystopischen Zuschnitts
noch befördert[30] – jetzt sogar aus der Feder ihrer Macher selbst. Der offene
Brief,[31] mit dem Konstrukteure und Denker Künstlicher Intelligenz (u.a.
Yoshua Bengio, Elon Musk, Yuval Noah Harari et al.) eine Pause der Fortent-
wicklung in der ChatBot Technologie empfehlen, zählt bereits 33712 Unter-
schriften (Stand: 27.08.2023).

Menschen sind nichts ohne ihre Techniken. Beide sind nicht nur in einem
engen, instrumentalen Interaktionsverhältnis, sondern sind gerade infolge
ihrer Unterschiedlichkeit, vielleicht auch Bipolarität, geradezu ko-konstitutiv.
Dabei ist der Begriff des Technischen denkbar weit und umfasst die ding-
haften, apparativen Instrumente, die operativen Symbolsysteme sowie die
Kulturtechniken alltäglicher und außeralltäglicher Verrichtungen innerhalb
einer Gesellschaft.

Kurzum: das Technische verkörpert eine genuine Dimension menschlichen
In-der-Welt-seins. Diese elementare Technizität gilt gerade auch für geistige
Tätigkeiten, die unabdingbare Stützen finden in den externen Hilfsmitteln des
Denkens. Um hier Wittgenstein zu paraphrasieren: Wenn wir sagen, dass wir
mit dem Kopf denken, so können wir auch sagen: wir denken mit dem Mund,
der spricht und der Hand, die schreibt.[32] Die Exteriorität des Geistes stiftet
das Milieu, in dem sich das Innenleben individueller Mentalität überhaupt
erst ausbildet. Doch dieses geistige Milieu ist sozial strukturiert: menschliche
Intelligenz ist von allem Anfang an eine kollektive, sozial distribuierte Intelligenz; und eine operativ-technische Dimension ist dieser Sozialität des Geistes
inhärent. Die Einsicht in die Ko-Konstitutivität von Mensch und Technik ist

---

30   Bostrom 2014.
31   Auszug aus dem Brief: „Therefore, we call on all AI labs to immediately pause for at least
      6 months the training of AI systems more powerful than GPT-4.“
32   Wittgenstein 1984, 23.

der Startpunkt, um deren Verhältnis zueinander dem Entmächtigungsdiskurs zu entwinden.

Mensch und Maschine verkörpern und realisieren ihre Funktionen auf jeweils ganz unterschiedliche Weise: sie arbeiten zusammen – und sind doch vollständig anders. Es geht um Komplementarität. Das technologische Andere zu erfinden, macht nur Sinn, wenn die mechanische bzw. automatisierte Funktion zu einem Ergebnis führt, das in seiner operativen Effizienz mühevoll oder gar unerreichbar bleibt für den Menschen. Das gilt für Dampfmaschine und Auto, aber eben auch für den Taschenrechner. Dessen Geschwindigkeit und Korrektheit im Berechnen blamiert keineswegs die menschliche Intelligenz, die sich eben darin zeigt, nicht nur Taschenrechner zu erfinden, sondern alltäglich mit deren Ergebnissen zu arbeiten, Rechner und Berechnungen ‚einzusetzen'.

So unangemessen der Sprung vom Taschenrechner zur Erörterung zeitgenössischer Künstlicher Intelligenz auch erscheint, absurd ist er keineswegs. Denn auch für die auf Large Language Models[33] gründende, synthetische Künstliche Intelligenz gilt: Ihre Voraussetzung bilden die Billionen von Menschen geschriebenen Texte als unabdingbare Trainingsressource ihrer Algorithmen. Large Language Modells sind kondensierte, kollektive Intelligenz.

Überdies ist die Operationsbasis der Chatbots weder Wort noch Satz, sondern Tokens: das sind kleine bedeutungslose Einheiten von Buchstaben. Nur auf der Grundlage der ‚Tokenisierung', können Algorithmen statistisch das nächst plausible Wort in ihren Texten errechnen. Die Maschine versteht nicht, was sie tut, und braucht auch keine interpretierenden Fähigkeiten um höchst plausibel klingende Texte – unabhängig jeden Wahrheitsgehalts – erzeugen zu können.

Wir begegnen in der operativen Syntheseleistung Künstlicher Intelligenz einem Spiegel unserer geballten sozialen, technisch gestützten Intelligenz, die schon mit vernetzten Suchmaschinen – wie zuvor bereits mit jeder Bibliothek – das Feld dessen, was einzelnen Menschen zu überblicken vermögen, radikal erweitert. Nicht zu vergessen allerdings ist die angelsächsische Herkunft der Datenkorpora, überdeckt zumeist durch die sprachlichen Übersetzungsleistungen der Algorithmen: nur das Digitalisierte kann Bestandteil des Datenuniversums seins.

Eine Fülle von Fragen drängt sich auf: Wie kann die individuelle Zugänglichkeit zur Exteriorität des sozial distribuierten Geistes gewährleistet werden? Welche Inklusionen und Exklusionen ergeben sich? Und: Wie ist umzugehen mit der nicht eliminierbaren Intransparenz der beim Deep Learning

---

33   Bowman 2023; Srivastava et al. 2022.

entwickelten Modelle und ihrer 175 Millionen Parameter. Auf Letzteres kommen wir zurück.

5.2   *Zur Phänomenologie datifizierter Lebenswelten: Smart Technologies als Veränderungen unseres In-der-Welt-Sein.*

Zuerst eine Parabel von David Foster Wallace, 2005: „Schwimmen zwei junge Fische und treffen zufällig einen älteren Fisch, der in der Gegenrichtung unterwegs ist. Er nickt ihnen zu und sagt: ‚Morgen, Jungens. Wie ist das Wasser?' Die zwei jungen Fische schwimmen eine Weile weiter, und schließlich wirft der eine dem anderen einen Blick zu und sagt: ‚Was zum Teufel ist Wasser'?"[34]

Offeriert die Parabel eine Chiffre für die Medialität des menschlichen Daseins? Dass Medien auch wie ein Milieu betrachtet werden können, welches die Bedingungen unserer Lebendigkeit bereithält im Kreislauf unserer natürlichen und kulturellen Ressourcen, kann innerhalb einer ökologisch erweiterten, umweltlich orientierten Medienphilosophie begreifbar gemacht werden. Welche Rolle spielen hierbei die digitalen Medien?

Dies sei am Beispiel der Smart Technologies erörtert. ‚Smart Technologies' ist ursprünglich ein Fachterminus für jene Geräte, die mit Sensortechnologie und dem Internet verbunden sind, sich an umweltliche Bedingungen adaptieren und so ein Fundament des Internets der Dinge bilden. Wir wollen allerdings – in etwas verschobener Bedeutung – die ‚Smartness' mit dem Phänomen einer ‚Unmittelbarkeit', mit dem intuitiven Zugang zu überaus komplexen und zugleich undurchschaubaren Geräten und Verfahren verbinden. Es geht um eine technologisch raffiniert inszenierter Intuitivität, welche die verschachtelte und verschaltete Mittelbarkeit einer medien-technischen Konstellation für Nutzerinnen zum Verschwinden zu bringen hat.

Wir erörterten bereits die mediale Gebrauchslogik, die darin besteht, dass störungsfreie Medien in der Materialität ihrer physischen Präsenz zurücktreten zugunsten des jeweils übermittelten Gehaltes, in den Nutzer eintauchen (Film, Fernsehen, Roman ...) und zwar schon vor jeglicher digitalen Virtualität. Das Medium der Schrift allerdings kann Schreibwerkzeug, Papier und den Gebrauch eines Schriftsystems kaum vergessen lassen. Der Mühe, die es kostet sich das Alphabet bis zum flüssigen und korrekten Schreiben anzueignen, entspricht die generelle Langsamkeit in der Performanz des Schreibens und Lesens verglichen mit der spontanen Fluidität mündlicher Äußerungen.

Daniel Kahneman[35] hat zwei Typen kognitiver Verarbeitung unterschieden: Ein instantan funktionierendes, automatisches, nahezu unbewusst agierendes

---

34   Wallace 2005.
35   Kahneman 2011.

System, dessen Prototyp das Wahrnehmen ist. Und ein zeitaufwendiges, meist mühevolles, an Konzentration gebundenes, auf Logik, Argumentation und Problemlösung orientiertes System, wie es sich beim Rechnen oder in der Texterzeugung zeigt. Letzteres bedarf des beständigen Kontaktes mit dem kulturellen Gedächtnis in Gestalt der strukturierten Informationen welche Bibliotheken, Lexika, Literaturlisten, Sachwortregister, Werkkataloge etc. bereitstellen. Dieser Zugang zum kulturellen Gedächtnis bleibt aufwendige Recherche, ist mühevoll und bruchstückhaft. Keine Frage also, dass die alphanumerische Literalität dem zweiten Modus Operandi folgt. Doch genau dabei zeichnet sich ein Umbruch ab. Wissensverarbeitung, die an das langsame Denken gebunden ist, begegnet nun in immer geschwinderen Formen einer Instantaneität, die gemeinhin Markenzeichen des Wahrnehmens von Objekten und Situationen, doch gerade nicht ein Aspekt geistiger Arbeit gewesen ist.

Soweit digitalisiert, unterliegt das externe soziale Gedächtnis einer radikalen Transformation und nimmt die Form einer unstrukturierten Datenbank an, die dann mit Suchmaschinen ultraschnell durchsucht werden kann. Antwort und Angebot der Suchmaschinen auf Nutzeranfragen erfolgen nahezu instantan. Es ist diese Zeitform, die aufmerken lässt. Was bei den Suchmaschinen am deutlichsten als eine neuartige Zeiterfahrung zutage tritt, gilt für nahezu alle vom Digitalen durchdrungenen Tätigkeiten. Es geht um die Erfahrung des ,Sofort' und ,Gleich', um die ,Echtzeit'- und ,Jetztzeit' der Mikrotemporalität. ,Mikrotemporalität' bedeutet, dass für Menschen eine Unmittelbarkeit der maschinellen Reaktion erfahren wird und nicht mehr der temporale Zwischenraum eines realen Zeitintervalls. Wie nervig es ist, wenn die gewohnten ultraschnellen Reaktionen beim Arbeiten an Bildschirmen dann doch verzögert erfolgen, also offensichtlich Zeit verbrauchen, wissen wir alle. Doch selbstverständlich hat jede computerisierte Aktion einen Zeitindex: Schon das Bit als Grundverfassung digitaler Signalverarbeitung realisiert im Übergang zwischen den Impulsen eine mit den Worten von Wolfgang Ernst ultrakurzzeitige Relation,[36] selbstverständlich unterhalb der Schwelle menschlichen Wahrnehmens. Das phänomenale Regime der digitalen ,Jetztzeit' erweckt die Erwartung einer Reaktionsfähigkeit der Apparate, die gewonnen ist am Umlegen eines Schalters, obwohl im Operieren der Suchmaschinen nicht einfach Stromflüsse zu regulieren, sondern riesige Datenkorpora zu durchsuchen sind.

Der Philosoph Henri Bergson unterschied zwei Zeitmodalitäten:[37] die objektiv messbare, also getaktete Zeit, zumeist in den Termini von Raumrelationen zur Anschauung gebracht; sowie die subjektiv erfahrene Zeitdauer,

---

36   Ernst 2023.
37   Bergson 2006.

eine konturlose Erstreckung einer Gegenwärtigkeit im Erleben von etwas, für welche die standardisierende Verräumlichung gerade nicht gilt.

Wir vermuten, dass mit der digitalisierten Jetztzeit eine dritte Zeitmodalität, eine ‚computergenerierte Instantaneität' bzw. ‚mikrotemporale Echtzeit' entsteht. Sie ist geprägt durch eine phänomenale Differenz zwischen Mensch und Maschine: Das physikalische, ultrakurze Zeitintervall wird human als Instantaneität wahrgenommen. Der maschinellen Verarbeitungszeit, dokumentiert mit dem Zeitstempel, welcher ein Index jeder computerisierten Operation ist, entspricht keine vom Menschen überhaupt noch erfahrbare Zeitdauer.

Das Reflexionsfeld ‚smart technologies' ist mit der erörterten Mikrotemporalität digitaler Echtzeit nur an einem kleinen Ausschnitt berührt. Doch welches Potenzial begrifflicher Neueinsätze mit dem Verstehen von Digitalisierung verbunden sind, tritt an diesem Beispiel zumindest zutage.

5.3   *Epistemologie der Latenz und Epistemische Intransparenz: Wie ist die Epistemologie des Digitalen zu begreifen im Spannungsfeld von Explizitmachen des Impliziten und Verdichtung des Blackboxing?*

Der Computer gilt als elektronischer Spiegel, sei es unserer Kommunikation – wie bei Elena Esposito[38] –, sei es unseres Denkens – wie bei Manuela Lenzen.[39] Keine Frage: einem Brennglas gleich werden soziale Strukturen ebenso wie individuelle Präferenzen im interaktiven Umgang mit digitalen Apparaten zu Mustern, die durch eben diese Digitalapparate dechiffrierbar sind. Die gewöhnlich latent bleibenden, gleichwohl maschinell dechiffrierbaren Regelmäßigkeiten in unserem eigenen Tun entgehen menschlichem Bewusstsein und seiner Intentionalität zumeist. Der computerfundierte digitale Spiegel ist forensischen Zuschnitts[40]: Die Maschine kann auffinden – in kriminologischer Perspektive ist das fast schon trivial – was menschlichen Sinneswahrnehmungen entgeht. Das, was jeweils entgeht, kann allerdings höchst unterschiedlicher Natur sein.

Unsere Vorlieben und Sehgewohnheiten, unsere Interessen, Suchanfragen, Aufmerksamkeitsverteilungen lassen sich zu Facetten eines Persönlichkeitsprofils zusammensetzen, die untrüglich Webmuster in unseren Praktiken offenlegen – seien dies von Individuen oder sozialen Praktiken. Und das in einer Weise, die weder dem individuellen Selbst, noch dem öffentlichen

---

38   Esposito 2022.

39   Lenzen 2023.

40   Kirschenbaum 2008, 10 gebraucht den Begriff des ‚Forensischen' in etwas anderer Bedeutung, um die Materialität digitaler Prozesse als „forensic materiality" zu charakterisieren.

Bewusstsein zugänglich sind und umso verdeckter bleiben, je mehr es um die latenten Verzerrungen und Voreingenommenheiten in unserem Tun geht.

Der Computer wird zum Apparat einer Metamorphose: Etwas, das latent und implizit ist, kann in den computergenerierten Operationen manifest und explizit gemacht werden. Das ist der Kern, den Computer als eine forensische Maschine, bzw. als Mikroskop und Teleskop in das Datenuniversum zu kennzeichnen. Diese Umwandlung von Verdecktem in etwas Zutagetretendes ist die Sicht aus einer humanen Perspektive. ‚Spuren‘ sind nicht einfach vorhanden, sondern Muster werden überhaupt erst zu Spuren von oder für etwas im Auge von Spurenlesern, erst dann also, wenn es Interessen gibt, eine vorliegende physische Signatur als Spur zu interpretieren und praktisch oder theoretisch zu nutzen. Diese epistemische Nutzung schließt aufklärende Erkenntnisprozesse über das kulturell Unbewusste ebenso ein, wie datenausspähende und illegitime Verwendungen für Marketing oder politische Beeinflussung.

Doch die forensische Analysekraft hat einen hohen Preis: Die Befähigung eines algorithmischen Systems zur Offenlegung von Latenzen wird erkauft mit einer sich steigernden epistemischen Intransparenz hinsichtlich des internen Funktionierens der Algorithmen, also der in den Lernverfahren entwickelten Modelle.

Schon Bruno Latour verwies auf das Blackboxing[41]: je effizienter eine Technologie arbeitet, umso unsichtbarer wird sie für Nutzerinnen. Dass wir ein Gerät verwenden und bedienen können, ohne seinen Funktionsmechanismus verstehen zu müssen, ist unproblematisch: Denn dies bildet das Dispositiv allen Technikeinsatzes. Mit dem Personal Computer, dem Laptop und Smartphone treten allerdings technische Oberflächen in Erscheinung, die nahezu perfekt ihre Tiefenregion – sei es Hardware oder die eingesetzte Software – verbergen. Frieder Nake entwickelt dies als Unterschied zwischen ‚Surface‘ und ‚Subface‘.[42]

Die Digitalisierung radikalisiert dieses Verbergungsprinzip. Ein Notebook in seiner gerätetechnisch glatten Gegenständlichkeit, welche nur durch Ein- und Ausgänge für Nutzerinnen zugänglich wird, bildet geradezu die Inkarnation einer Black Box. Deren kriegstechnische Herkunft, die darin bestand, Feindtechnologie und -Nachrichten zu entschlüsseln, ohne den Selbstzerstörungsmechanismus eines eroberten Objektes auszulösen, ist gut sondiert.[43] Nicht den ‚transzendentalen Kern‘ freizulegen, sondern aus der Beobachtung des Verhaltens, aus In- und Output -Relationen Schlüsse zu ziehen, kondensierte

---

41   Latour 1999, Glossar.
42   Nake 2008.
43   Geitz et al. 2020.

zur kybernetischen Maxime einer ‚Black Box Epistemologie'. Doch solche Auf-
deckung von internen Funktionsweisen und Modellen wird durch die Dynamik der Digitalisierung schnell an ihre Grenzen gebracht: Wenn die Large
Language Modelle Künstlicher Intelligenz, trainiert anhand von Billionen Texten, ihre Milliarden von Parametern ausbilden – und nach oben bleibt noch
viel Luft: chinesische Systeme zielen bereits auf 500 000 Parameter – steht
außer Frage, dass solche Komplexität von Menschen nicht mehr überblickbar, geschweige denn kontrollierbar ist. Zeitgenössische sogenannte ‚selbst-
adaptierende Systeme' wachsen zu exorbitanten Black Boxes heran.

Diese epistemische Intransparenz ist kein vermeidbarer Betriebsunfall.
Das Blackboxing bildet eine genuine Dimension und notwendige Begleit-
erscheinung einer Künstlichen Intelligenz, die zur Kulturtechnik in massen-
haftem Gebrauch avanciert. Eine digitale Aufklärung hat auch davon zu
handeln, wie dieser wachsende Bereich eines Nichtwissens – und zwar als eine
Domäne die nicht in eine Knowing-that überführbar in gewisser Weise unauf-
lösbar ist – in unsere Wissenspraktiken zu integrieren ist.

5.4   *Sinn, Bedeutung und Hermeneutik: Verstehen Maschinen Bedeutungen?*

Seit dem letzten Viertel des vergangenen Jahrhunderts ist eine Tendenz zur
Entkräftung geisteswissenschaftlicher Termini wie ‚Sinn', ‚Interpretation' und
‚Hermeneutik', mithin eine gewisse ‚De-Hermeneutisierung' diagnostizierbar,
begleitet von der Erosion des Konzeptes ‚Repräsentation' als kulturanalytisches
Grundkonzept. Zugleich jedoch wird die Frage, ob Maschinen Bedeutungen
verstehen, also semantisch operieren, ein Bezugspunkt vieler durch die Erfolge
der Chatbots Künstlicher Intelligenz jetzt noch einmal angefachter Debatten.

Allerdings verweist gerade die Tokenisierung, die Zerlegung von Worten in
bedeutungslose Buchstabengruppierungen als Voraussetzung statistisch die
plausibelsten Wortfolgen zu errechnen, wie bedeutungsfern diese Systeme
operieren.

Doch was sind Bedeutungen? Und was bedeutet wiederum ‚Interpretation'?
Wir können hier nicht Bezug nehmen auf die vielfältigen philosophischen Kon-
zepte im Spannungsfeld zwischen referenziellen und gebrauchsorientierten
Bedeutungstheorien. Uns interessiert vielmehr, dass im Hinblick auf maschinelle Operationen zwei Umgangsweisen mit bzw. zwei Modalitäten von Sinn
und Bedeutung (wir gebrauchen beide Termini hier synonym), intuitiv plausibel sind.

(1) Einmal ist dies die *operative, intrinsische Bedeutung*: diese Bedeutung
wird verstanden, wenn die Operation vollzogen wird, die mit einem Zeichen
innerhalb eines Systems von Zeichen regulär verbunden ist. Wenn – sei es

Mensch oder Maschine – die Bedeutung des Zeichens „:' als Divisionszeichen erkannt und die Divisionsoperation korrekt ausführt wird, so ist das eine Form operativen Bedeutungsverstehens: Die Bedeutung eines Zeichens besteht in der systeminternen Operation, die auszuführen ist. Dabei werden Muster gebildet, identifiziert und transformiert. Für das intrinsische Bedeutungsverstehen gilt: Es wird nicht über das System hinaus auf ein Systemäußeres zugegriffen und erst recht kein Perspektivenwechsel vollzogen. Die Künstliche Intelligenz ist eine Technologie, die darauf zielt, semantische Zusammenhänge in Gestalt intrinsischer, also operativer Bedeutungen zu rekonstruieren und zu modellieren. Dies geschieht bereits, wenn beim Auffinden von *Topics* in Texten als eine Form *quantitativer* Inhaltsanalyse, die Bedeutung von Worten auf Wortnachbarschaften – wie von der distributionellen Semantik theoretisiert – zurückgeführt wird. Beim *Topic-Modeling* wird etwas, das als semantische Tiefenstruktur von Texten bezeichnet werden kann, auf die Oberfläche maschineller Datenanalysierbarkeit geholt.[44] Es geht um Ähnlichkeiten zwischen Wortnetzen in codierten Textkonvoluten.

(2) Doch von dieser Bedeutungsart ist ein *sinnhaftes, extrinsisches Bedeutungsverstehen* zu unterscheiden. Hierbei werden wahrnehmbare Muster auf etwas bezogen, das in der ontologischen Form eines Musters gerade nicht zu haben ist, weil es Ambivalenzen, Graustufen, Paradoxien und Perspektivenwechsel kennt. Diese Form von Bedeutungsverstehen ist nur praxeologisch zu rekonstruieren, also gebunden an Attribute wie Körperlichkeit, situative Einbettung, emotionale Responsivität und empathische Resonanz. Nichts an der gegenwärtigen Technologie deutet an, dass so etwas bei Maschinen implementierbar ist. Der Königsweg zur Maschinen-Semantik ist und bleibt die Zurückführung extrinsischer Bedeutung auf instrinsische Bedeutung, also Musteridentifikation und -manipulation. Dafür allerdings gibt es in Anbetracht von Rechenkraft und Datentechnologien keine definite, absolute Grenze. Nebenbei bemerkt sind auch bei Menschen emotionale Responsivität und emphatische Resonanz, von kognitiven Talenten ganz zu schweigen, durchaus unterschiedlich verteilt!

Diese dualisierende Aufteilung des Umgangs mit Bedeutungen wird in keiner Weise der Komplexität der hier in Rede stehenden Phänomene gerecht. Doch das, worauf es hier ankommt ist, dass diese Unterscheidung die Augen öffnen kann für ein mit der Digitalisierung sich radikalisierendes Entwicklungspotenzial. Der Mathematiker und Philosoph Alfred N. Whitehead beschrieb dieses Potenzial mit der Bemerkung „Die Zivilisation schreitet vorn, indem sie die Anzahl der wichtigen Operationen ausdehnt, die man ausführen kann,

---

44   Heyer et al. 2018, 353.

ohne über sie nachzudenken."[45] Die Operationalisierung geistiger Arbeit, die
mit der Formalisierung im Bunde ist, kann als Akt der Entlastung von Interpretation und Sinnverstehen gedeutet werden, welche die stupende Effizienz
von Mustermanipulationen nach vorgegebenen Regeln überhaupt erst möglich macht – ob für Mensch oder Maschine.

Das Telos der Digitalisierung geistiger Arbeit besteht darin Prozesse extrin-
sischen Bedeutungsverstehens in einer Weise zu modellieren, dass diese auf
Verfahren operativen Umgangs mit Bedeutung zurückführbar sind. In diesem
Falle gilt weiterhin, dass die Maschine nicht versteht und nicht verstehen
kann, was sie produziert, vielmehr gründet ihre Effizienz und Leistungskraft
in dem elementaren, operativen Bedeutungsbezug durch mustererkennende
Analyse der Oberflächenrelationen in Textkorpora. Sobald diese Modellierun-
gen von Bedeutung sich nicht mehr – wie noch beim Programmieren – als
intendierte Akte vollziehen, sondern Algorithmen sich ‚selbst' bilden durch
lernendes Training mit vorliegenden Datenkorpora, erfolgt jener Aufschwung,
der jetzt die erfolgreiche Anwendung der Large Language Models beflügelt.
Noch ist nicht abzuschätzen, wohin der infinite Prozess einer Rückführung
sinnbezogener, extrinsischer auf sinnentleerte, aber funktionell relevante
operative Bedeutungen führen wird. Klar aber scheint: einerseits gibt es
keine absolute Grenze dafür, wie weit das Verstehen von Sinn als maschinell
realisierbare Musteranalysen noch modelliert werden kann; andererseits bildet das Universum von Sinn und Bedeutung keine abgeschlossene Menge, so
dass, was die Maschine an Leistung gewinnt, beim Menschen dann verloren
gehen müsste. Im Horizont der Ko-Konstitution und Ko-Performanz von
Mensch und Maschine heißt jede Leistungssteigerung der Maschine das Verhältnis zwischen Mensch und Technik neu zu justieren: Mensch und Maschine
sind in keinem Nullsummenspiel verstrickt.

6.   Was also heißt ‚Medienphilosophie des Digitalen'?

Was ein Medium ist, kann im theoretischen Rahmen des Botenmodells[46]
so bestimmt werden, dass die Kernaufgabe von Medien im *Verbinden des
Heterogenen* besteht. Zwischen verschiedenartigen Objekten, Prozessen oder
Welten wird ein Nexus gestiftet, welcher Übertragungen, Übermittlungen,

---

45   Whitehead 1958, 35 f.
46   Krämer 2008.

Übersetzungen, kurzum: den Austausch möglich macht, ohne dass durch die mediale Überbrückung die Unterschiede zwischen den zu verbindenden Seiten annulliert werden. Im Horizont dieser verbindungszentrierten Medienphilosophie wird die Welt, zu der Menschen einen immer nur vermittelten Zugang haben, zum Inbegriff von Relationen: den wirklichen wie auch den möglichen.

Alle diese Sätze wirken nicht gerade überraschend: ,Zu verbinden' ist keine allzu attraktive Aufgabenbestimmung, ist nichts, das aufhorchen lässt. Doch diese absichtsvoll unaufgeregte Konzipierung medialer Vermittlung erweist ihre Aufdeckungskraft erst im theoretischen Einsatz.

Der Ansatz Medien in den Termini des Verbindens und Übertragens zu denken war ursprünglich eine Strategie, Spielarten eines ,Medienfundamentalismus' entgegenzutreten, verkörpert beispielsweise im Mediendenken Marshal McLuhans und Friedrich Kittlers. Eines ,Medienfundamentalismus' für den zwei Implikationen konstitutiv waren und immer noch sind: Medien werden (i) zum Apriori von Gesellschaft und Geschichte verklärt und damit unhintergehbar gemacht; und Medien (ii) erzeugen, was sie übermittelten und vergegenwärtigten. Gemäß dem Botenansatz jedoch gibt es stets das Außerhalb eines konkreten Mediums. Derridas oft zitiertes Diktum „Es gibt nichts außerhalb des Textes"[47] trifft schlichtweg nicht zu. Gleich der Botenfigur stehen Medien unter einer fremden Auflage, welche sie zu notwendigen Mitspielern einer triadischen, gesellschaftsstiftenden Relation macht, ohne jedoch deren Urheber zu sein.

Es ist hier nicht der Ort eine ,Medianphilosophie des Digitalen' realiter zu entfalten. Doch gewisse Grundlinien konnten bereits hervortreten. Etwa dadurch, dass wir die Digitalisierung als eine symbolische, symboltechnische Form gekennzeichnet haben, womit wir – wenn auch nicht ausgeführt – anknüpfen an Ernst Cassirers Programm Kants ,Kritik der Vernunft' umzustellen auf eine ,Kritik der Kultur'. Allerdings – erinnern wir uns an den Beginn des Essays – sind wir geleitet von einer gewissen Skepsis gegenüber dem ,Richterstuhl der Kritik' gerade angesichts der für die Philosophie charakteristischen Medienblindheit. Doch was wir mit dem Anknüpfen an Ernst Cassirers Umstellung von Erkenntniskritik auf Kulturkritik uns zu eigen machen wollen, ist die Einsicht, dass, was immer als symbolische Form analysierbar ist, nicht *nur eine Erkenntnisform ist, sondern unabdingbar Kultur und Lebenswelt einer Gesellschaft durchdringt und prägt.*

---

47   „il n'y a pas de hors-texte", Derrida 1983, 274.

Diese Auffassung, dass die Reflexion des Digitalen dieses zugleich als ein Kultur- und Lebensweltphänomen zu begreifen hat, wird auch von den zwei jüngst erschienen Studien geteilt, mit denen die der Philosophie anfangs attribuierte Blindheit gegenüber den zeitgenössischen computergenerierten Medien im deutschsprachigen Raum durchkreuzt und in fruchtbare Begriffs-arbeit gewendet wird. Es geht um Jörg Nollers 2022 erschienene *Digitalität. Zur Philosophie der digitalen Lebenswelt*, sowie um Gabriele Gramelsberger 2023 veröffentlichte *Philosophie des Digitalen*.

Im Rahmen einer ontologischen Orientierung, welche die Verfasstheit unse-rer digitalen Lebenswelt aufdecken will, bestimmt Jörg Noller die Beziehung zwischen neuen Medien und neuen Realitäten als Emergenzverhältnis: Die digitalen Realitäten emergieren aus den neuen Medien. Daher bleibt die Digitalisierung kein technisches Phänomen, sondern avanciert zur Struktur unserer Lebenswelt. Für diese kann dann „ein rein technikphilosophischer oder medienwissenschaftlicher Zugriff [...] nicht mehr zu genügen."[48] Für die Analyse digitaler Lebenswelten wiederum stellt Noller aufschlussreiche Analysekategorien wie ‚Ubipräsenz', ‚Interobjektivität' und ‚Transsubjektivität' bereit, um die digital durchdrungene Lebenswelt, deren Grundverfassung die Virtualität sei, präziser zu charakterisieren. Diese virtuelle Realität, die weit über die Technik der Immersion hinausgeht,[49] ist komplementär zur physika-lischen; sie bildet eine genuine Dimension menschlicher Existenz und eröffnet eine ‚kreative Alterität' Vorhandenes umzubilden und neu zu konzipieren.

Im Rahmen einer kulturtechnischen und operativen Orientierung bestimmt Gabriele Gramelsberger[50] den Unterschied zwischen dem Insgesamt der Digitaltechniken und den vielfältigen Formen der digitalen Lebenswelt, als Unterschied zwischen Struktur und Signifikanz des Digitalen. Während die Struktur sich bezieht auf die um Quantifizierung und Datifizierung kreisen-den technologischen Bedingungen des Digitalen, handelt die Signifikanz von den qualitativen lebensweltlichen Bedingungen. Da digitale Strukturen die Lebenswelt zum Gutteil implizit und verdeckt durchweben oder sich zu unhinterfragten Selbstverständlichkeiten des Alltags verdichten, können die digitalen Prägungen unserer Kultur nur aufgedeckt werden, wenn deren maschinenlogischen Bedingungen präzise rekonstruiert werden. Schon in der Perspektive dieser technischen Bedingungen nehmen philosophische Kate-gorien wie ‚Sprache' oder ‚Geist' eine völlig neue, weil operativ-prozessuale Gegebenheitsweise an.

---

48   Noller 2022, 9.
49   Noller 2022, 37.
50   Gramelsberger 2023, 15–21.

Gabriele Gramelsbergers Philosophie des Digitalen ist eine Philosophie des Technischen, die sich zugleich als „Digitalisierungskritik"[51] versteht. Was sich dabei zeigt ist, dass eine Alterität, ein „Es-könnte-auch-anders-sein" immer weniger vorstellbar wird.

Beide methodischen Einsätze setzen unterschiedlich ein: Einerseits eine entschiedene Fokussierung auf die digitale Lebenswelt (Noller), andererseits eine ebenso entschiedene Ausarbeitung operativer Digitaltechnologien (Gramelsberger), um deren oftmals verborgene lebensweltliche Gestaltungskraft überhaupt aufzudecken zu können. Einerseits eine Ontologie der neuen Realitäten; andererseits eine Epistemologie der real gegebenen Strukturen und Signifikanzen. Einerseits wird die digitale Virtualität als Möglichkeitsraum alternativer Weltentwürfe gefasst, andererseits wird die computerbasierte Realität als Einschränkung menschlicher Handlungsautonomie thematisiert.

Wir wollen diese spielerisch zugespitzte Entgegensetzung hier nicht weitertreiben, sondern unsere methodische Einstellung, die medienphilosophisch auf eine Verbindung zwischen Unterschiedenem orientiert ist, hier wirksam werden lassen. Beide Studien konkurrieren nicht in ihrer Interpretation des Digitalen, sondern sind einander komplementär. Zusammengenommen ergeben sie ein in Begriffen fundiertes ‚Bild' unhintergehbarer Ambivalenz des Digitalen, in der das Symbolische und das Diabolische sich – wie in jedem Medium – begegnen. So dass die Erweiterung der Spielräume menschlicher Existenz als Optionen des Virtuellen ebenso angelegt ist, wie die Kritik struktureller Ersetzungsverhältnisse und signifikanter Exklusionen als Optionen einer Kritik des Digitalen.

Doch wie halten wir es nun mit dem Gestus der Kritik angesichts unserer anfangs geäußerten ‚Richterstuhlskepsis', also einer Distanzierung gegenüber der Erwartung die Philosophie befinde sich in einer Metaposition, von deren Standort aus technikinduzierte Entwicklungen nicht nur zu überblicken, sondern auch zu beurteilen seien?

Gabriele Gramelsberger fundiert die kritische Rolle philosophischer Reflexion darin, dass die quantifizierende Rationalitätsform des Digitalen sich in unserer Lebenswelt auf eine einerseits verdeckte und andererseits alltäglich selbstverständliche Weise verkörpere. In beiden Fällen ist eine Dechiffrierungsarbeit möglich und philosophisch auch zu leisten und das heißt: zu thematisieren, was als ein Verborgenes unseren Blicken entgeht oder so zur alltäglichen Routine geworden ist, dass wir es erst recht nicht mehr zu sehen vermögen. Diesen Faden einer philosophischen Reflexion als

---

51 Gramelsberger 2023, 225.

Enthüllungsarbeit wollen wir aufnehmen und medienphilosophisch mit anderer Akzentsetzung rekonstruieren.

Zeichen und Medien sind nicht zwei Klassen von (ontologischen) Entitäten bzw. Instrumenten, sondern artikulieren zwei verschiedenartige Perspektiven, die einzunehmen sind, sobald etwas auf etwas anderes verweist. Ein Zeichen muss sinnlich wahrnehmbar sein, um Interpreten zu animieren zu seiner Bedeutung hinter oder jenseits seiner sinnlich erfassbaren Struktur zu gelangen. Jargonmäßig ausgedrückt: Die Physik des Zeichens verweist auf die Meta-Physik seiner Zeichenbedeutung. Doch bei Medien ist es umgekehrt: Sinnlich wahrnehmbar ist der übermittelte Gehalt, während die technische Materialität des Mediums – gewöhnlich – unterhalb der Wahrnehmungsschwelle bleibt. Eine philosophische ‚Metaphysik' der Medialität hat also eine Enthüllung der ‚Physik des Mediums' anzustreben. Dass es in der Gebrauchslogik von Medien liegt im reibungslosen Funktionieren ihr eigenes physisches Gegebensein zu entziehen und zu verdecken – als dessen fernes Echo kann die Figur des ‚sterbenden Boten' gedeutet werden – ist unser entscheidender Ausgangspunkt. Denn dann ist die Eigenlogik des Medialen am medialen Gehalt nur (noch) als Spur vorhanden.[52] Das Medium zeigt sich am übermittelten Gehalt in Gestalt einer *Spur*. Spuren sind Veränderungen am Sichtbaren im Modus einer Latenz: Dieses Latente muss explizit und manifest gemacht, also identifiziert, gelesen und gedeutet werden durch diejenigen, die an der Enthüllung von Spuren überhaupt ein Interesse nehmen. Wir stoßen im Vorgang des Spurenlesens auf eine Umkehrfunktion des Botengangs: Spurenleser verhalten sich so, also ob sie Adressaten von etwas seien, dessen Absender es allererst zu rekonstruieren gilt. Solche Rekonstruktion der Spur des Mediums am vergegenwärtigten Gehalt ist das Ziel einer kritischen *Epistemologie des Medialen*.[53] Medienphilosophie und Epistemologie verschränken sich. Doch solche Spurensicherung kann nur gelingen, wenn klar ist, was überhaupt am medialen Gehalt als Spur medialer Eigengesetzlichkeit gelten kann. Und genau deshalb ist die philosophische Beschreibung, Rekonstruktion und Erörterung der medientechnologischen Operativität so unabdingbar: Sie allein eröffnet die Möglichkeit die Spuren des Digitalen in unserer Lebenswelt in ihrer Ambivalenz von Eröffnung und Verbergung, von Partizipation und Ausschließung offen zu legen und zu reflektieren.

---

52   Krämer 2019.
53   Ibid.

Literaturverzeichnis

Abdullah al-Daffa, Ali 1977, *The Muslim contribution to mathematics*, London.

Assmann, Jan 2013, *Das kulturelle Gedächtnis. Schrift, Erinnerung und politische Identität in frühen Hochkulturen*, München, 7. Auflage, erstveröffentlicht 1992.

Bergson, Henri 2006, *Zeit und Freiheit*, Hamburg, 3. Auflage.

Bexte, Peter und Künzel, Werner 1993, *Allwissen und Absturz: der Ursprung des Computers*. Frankfurt a.M.

Bostrom, Nick 2014, *Superintelligence. Paths, Dangers, Strategies*, Oxford.

Bowman, Samuel R. 2023, „Eight Things to Know about Large Language Models". arXiv:2304.00612

Cassirer, Ernst 1994, *Philosophie der symbolischen Formen*, 3 Bde. (1. Auflage: Bruno Cassirer, Berlin, 1923–1929), Darmstadt, 10. Aufl.

Chalmers, David 2022, *Reality+: Virtual Worlds and the Problems of Philosophy*, New York.

Derrida, Jacques 1983, *Grammatologie*. Frankfurt a.M. (*De la grammatologie*, Paris 1967).

Derrida, Jacques 1967, *L'écriture et la différence*, Paris.

Dreyfus, Hubert. L. 1972, *What Computers Can't do: The Limits of Artificial Intelligence*, New York.

Dobson, James E. 2019, *Critical Digital Humanities: The Search for a Methodology*. Champaigns.

Ernst, Wolfgang 2023, „Kleinste Momente des Realen, oder: lim. Δt → 0. In: *Konvolut „Chronotechniken"*, https://www.musikundmedien.hu-berlin.de/de/medienwissenschaft/medientheorien/Schriften-zur-medienarchaeologie/Konvolute/PDF/chrono-reif.pdf (Zugriff 25.08.2023).

Esposito, Elena 2022, *Artificial Communication. How Algorithms Produce Social Intelligence*, Cambridge MA.

Fischer, Martin 2009, „Schrift als Notation" in: P. Koch/S. Krämer (Hrsg.). *Schrift, Medien, Kognition. Über die Exteriorität des Geistes* (Erstauflage: 1997), Tübingen, 83–104.

Floridi, Luciano 2015, *Die 4. Revolution. Wie die Infosphäre unser Leben verändert*, (orig. engl. 2014), Berlin.

Geitz, Eckhard, Christian Vater, Silke Zimmer-Merkle (Hrsg.) 2020, *Black Boxes – Versiegelungskontexte und Öffnungsversuche. Interdisziplinäre Perspektiven* (= *Materiale Textkulturen*, Band 31), Berlin u. a. 2020.

Goodman, Nelson 1968, *Languages of Arts. An Approach to a Theory of Symbols*, Sussex.

Gramelsberger, Gabriele 2023, *Philosophie des Digitalen zur Einführung*, Hamburg.

Grube, Gernot, Werner Kogge, Sybille Krämer (Hrsg.), 2005, *Schrift. Kulturtechnik zwischen Auge, Hand und Maschine*, München.

Haarkötter, Hektor 2013, „Fäden und Verzettelungen: Eine kurze Geschichte des Zettelkastens", in: H. Gfrereis/E. Strittmatter (Hrsg.), *Zettelkästen: Maschinen der Phantasie*, Marbach.

Heyer, Gerhard, Gregor Wiedemann, Andreas Niekler 2018: „Topic-Modelle und Ihr Potenzial für die philologische Forschung", in: *Digitale Infrastrukturen für die Germanistische Forschung*, hg. v. H. Lobin et al. Berlin, Boston, 351–368, DOI: 10.1515/9783110538663-016 (Zugriff 08.08.2021).

Hui, Yuk 2016, *On the Existence of Digital Objects*, Minneapolis.

Kahneman, Daniel 2011, *Thinking, Fast and Slow*, New York.

Kirschenbaum, Matthew 2008, *Mechanisms: New Media and the Forensic Imagination*, Cambridge/London.

Klein, Jacob 1936, „Die griechische Logistik und die Entstehung der Algebra", in: *Quellen und Studien zur Geschichte der Mathematik, Astronomie und Physik*. Abteilung B: Bd. 3, Heft 2, 122–235.

Krämer, Sybille 1988, *Symbolische ,Maschinen. Die Idee der Formalisierung in geschichtlichem Abriss*, Darmstadt.

Krämer, Sybille 1992, „Symbolische Erkenntnis bei Leibniz", in: *Zeitschrift für philosophische Forschung* 46(2), 224–237.

Krämer, Sybille 2008, *Medium, Bote, Übertragung. Kleine Metaphysik der Medialität*, Frankfurt a.M. (als Taschenbuch: 2020), (jap. 2014, engl. 2015, ital. 2020).

Krämer, Sybille 2019, „Epistemologie der Medialität: Eine medienphilosophische Reflexion", in: *Deutsche Zeitschrift für Philosophie* 67(5), 833–851.

Krämer, Sybille 2022, „Von der ,Lesbarkeit der Welt' (Blumenberg) zur ,Maschinenlesbarkeit der Datenkorpora'. Sind die Digital Humanities genuiner Teil der Geisteswissenschaften?", in: T. Holischka/K. Viertbauer/C. Henkel (Hrsg.), *Digitalisierung als Transformation? Perspektiven aus Ethik, Philosophie und Theologie*, Stuttgart, 45–64.

Krämer, Sybille 2023, „Should we really ,hermeneutise' the Digital Humanities? A plea for the epistemic productivity of a ,cultural technique of flattening' in the Humanities", in: *Theorytellings: Epistemic Narratives in the Digital Humanities. Journal Cultural Analytics* 7(4) 30.01.2023; https://culturalanalytics.org/article/55592-should-we-really-hermeneutise-the-digital-humanities-a-plea-for-the-epistemic-productivity-of-a-cultural-technique-of-flattening-in-the-humanities.

Krämer, Sybille, Eva Cancik-Kirschbaum, Rainer Totzke (Hrsg.), 2012, *Schriftbildlichkeit. Wahrnehmbarkeit, Materialität und Operativität von Notationen*, Berlin.

Krajewski, Markus 2002, *Zettelwirtschaft. Die Geburt der Kartei aus dem Geiste der Bibliothek*, Berlin (engl.: *Paper Machines. About cards & catalogs, 1548–1929*, Cambridge 2011).

Latour, Bruno 1999, *Pandora's Hope – Essays on the Reality of Science Science Studies*, Cambridge/MA.

Leibniz, Gottfried Wilhelm 1903, *Opuscules et fragments inédits de Leibniz*, ed. L. Couturat Paris (rep. Hildesheim 1961).

Leibniz, Gottfried Wilhelm 1965, „Zur allgemeinen Charakteristik" in: Ders., *Philosophische Schriften*, Bd. VII, hg. v. C. I. Gerhardt, Hildesheim.

Leibniz, Gottfried Wilhelm 1966, *Rechnung mit Null und Eins*, hg. Siemens Aktiengesellschaft, Berlin, München, 42–59.

Lenzen, Manuela 2023, *Der elektronische Spiegel. Menschliches Denken und künstliche Intelligenz*, Nördlingen.

Lovelace, Ada Augusta (1843): „Notes by A. A. L. (Augusta Ada Lovelace)", *Taylor's Scientific Memoirs*, London Vol. III (dann gedruckt bei: *Charles Babbage and His Calculating Enginges: Selected writings by Charles Babbages and Others*, hrsg. v. P. Morrison und E. Morrison, New York 1961) dt. Version: „Grundriß der von Charles Babbage erfundenen Analytical Engine", aus dem Fanzösischen übersetzt und kommentiert von Ada Augusta Lovelace, in: B. Dotzler (Hrsg.), *Babbages Rechen-Automate*, Ausgewählte Schriften, Computerkultur Bd. 6, Wien/New York 1996, 666–731.

Lucas, J. R. 1961, „Minds, Machines, and Gödel", in: *Philosophy* 36, 112–127.

Luhmann, Niklas 1992, „Kommunikation mit Zettelkästen. Ein Erfahrungsbericht", in: Niklas Luhmann, *Universität als Milieu. Kleine Schriften*, hrsg. v.A. Kieserling, Bielefeld, 53–61 (ursprünglich: Horst Baier u. a. (Hrsg.), *Öffentliche Meinung und sozialer Wandel. Für Elisabeth Noelle-Neumann*, Opladen 1981, 222–228.

Manovich, Lev 1999, „Database as a Symbolic Form", in: *Millennium Film Journal* 34: The Digital; http://mfj-online.org/journalPages/MFJ34/LM_database34.html (Zugriff 30.08.2023).

Mersch, Dieter 2019, „Ideen zu einer Kritik ‚algorithmischer' Rationalität", in: *Deutsche Zeitschrift für Philosophie* 67(5), 851–873.

Nake, Frieder 2008, Surface, Interface, Subface: Three Cases of Interaction and One Concept, in: Uwe Seifert Hg. *Paradoxes of Interactivity*, Bielefeld, 92–109.

Nida-Rümelin, Julian, Natalie Weidenfeld 2018, *Digitaler Humanismus. Eine Ethik für das Zeitalter der künstlichen Intelligenz*, München.

Noller, Jörg 2022, *Digitalität. Zur Philosophie der digitalen Lebenswelt*, Basel.

Rescher, Nicholas 2011, *Leibniz's Machina Deciphratoria*; http://philsci-archive.pitt.edu/8499/1/Leibniz's_Machina_English_Version.docx (Zugriff 30.08.2023).

Searle, John R. 1980, „Minds, brains, and programs", in: *Behavioral and Brain Sciences* 3(3), 417–424.

Srivastava, Aarohi et al. 2022, „Beyond the Imitation Game: Quantifying and extrapolating the capabilities of language models"; https://arxiv.org/abs/2206.04615.

Viète, François 1591, *In artem analyticem Isagoge*, Tours, in: Ders., *Opera Mathematica*, ed. Fr. v. Schooten, Leiden (Nachdruck: Hildesheim 1970).

Viète, François 1973, *Einführung in die neue Algebra*, übers./erl. v. K. Reich u. H. Gericke, München (= *Historia scientiarum elementa*, 5).

Vogel, Kurt 1963, *Mohammed ibn Musa Alchwarizmi's Algorismus. Das früheste Lehrbuch zum Rechnen mit ind. Ziffern*, Aalen.

Wittgenstein, Ludwig 1984, *Das Blaue Buch* (Werkausgabe Bd. 5), Frankfurt a.M., 15–170.

Wallace, David 2009, *This Is Water: Some Thoughts, Delivered on a Significant Occasion, about Living a Compassionate Life*, Boston MA.

Whitehead, Alfred North 1958, *Einführung in die Mathematik*, München 2. Aufl.

Phänomenologisch-anthropologische Grundprobleme des Digitalen

Eine philosophische Analyse der Maschinenlesbarkeit

Gabriele Gramelsberger

1. Environmentalität des Digitalen

Die Entwicklung der Computertechnologie und mit dieser des Digitalen steht heute unter der Voraussetzung der Environmentalität. Waren zu Beginn Digitalcomputer vereinzelte und Schrank-große Ungetüme, die zwar von Anfang an schneller zu rechnen vermochten als es Menschen je konnten, so nahm die Entwicklung erst in den 1970er Jahren mit den Personal Computern (PCs) an Fahrt auf. Der Zugang zu Computern wurde „persönlich", wie der Begriff PC indiziert, massenhaft und zudem vernetzt. Mit dem Internet, aber spätestens ab den 1990er Jahren mit der leicht bedienbaren Internet-Oberfläche des World Wide Web (WWW) nahm die Dynamik rasant zu und verstärkte sich noch einmal 2007 mit der Einführung des ersten Smartphones. In anderen Worten: An die Phase der Information Technology (IT) mit *stand-alone* Geräten und PCs schloss sich die Phase der Internet-IT gefolgt von der Mobile-IT an. Heute befinden wir uns im Zeitalter der Aware-IT, das durch dauerfunkende, Sensoren-basierte Verdatung geprägt ist, wobei die meisten der mittlerweile millimetergroßen Sensoren in den rund fünf Milliarden Smartphones und in den Milliarden smarter Objekte platziert sind. Eben dies meint der Begriff der Environmentalität des Digitalen aus technologischer Perspektive: Miniaturisierung, flächendeckende Verteilung und Vernetzung über nahezu den gesamten Globus, die das Digitale zunehmend eingebettet in unsere Lebenswelt gestalten.

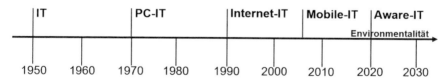

Abb. 2.1   Phasen der Digitalisierung

Mit der Miniaturisierung ins nahezu Unsichtbare sowie der globalen Verteilung und Vernetzung erfüllt sich die Technologievision des Ubiquitous Computing von Mark Weiser aus dem Jahr 1991; also zu Beginn der Phase der Internet-IT. „The most profound technologies are those that disappear. They weave themselves into the fabric of everyday life until they are indistinguishable from it."[1] Heute wird die Idee des Ubiquitous Computing mit der aktuellen Technologievision des Metaverse total. Das Metaversum soll ein permanent vorhandenes sein, d.h. es soll mit der Lebenswelt in Echtzeit synchronisiert sein, und nahtlos, d.h. ohne Brüche im Übergang zwischen der realen und der digitalen Welt funktionieren. Es soll als persistentes Universum die Ununterscheidbarkeit im Umgang mit beiden Welten garantieren. Es liegt auf der Hand, dass diese Technologievision die Environmentalität des Digitalen zu vollenden gedenkt und dass dies Konsequenzen für uns als Subjekte wie soziale Wesen haben wird. Die Frage, die sich daher aus Perspektive der Philosophie stellt, ist die nach den phänomenologisch-anthropologischen Folgen und damit nach den Grundproblemen des Digitalen unter den Bedingungen seiner zunehmenden Environmentalität.

Environmentalität, aus philosophischer Perspektive beschrieben, meint das Zur-Umwelt-Werden des Digitalen, das Eingelassen-Sein in die Lebenswirklichkeit und -welt: Physisch, als stets verfügbarer, permanent im Online-Modus befindlicher Zugang zum Digitalen; sozial, als globales Netzwerk der interaktiven Echtzeitkommunikation, -interaktion und -handlungsfähigkeit; individuell, als Extension ins Digitale durch die Verdatung persönlicher Charakteristika. Basis dieses Eingelassen-Seins sind, neben der technischen Infrastruktur, Unmengen an digitalen Daten der Aware-IT, deren weltweiter Zuwachs in den kommenden Jahren bis zu 175 Zettabytes erreichen soll. In Druckseiten umgerechnet entspräche dies rund 120 Billiarden Büchern.[2] Diese unglaubliche Menge fügt den Episoden der *Lesbarkeit der Welt* von Hans Blumenberg, von der Buchwelt über die Weltformel und die Lesbarkeit der Träume bis hin zum genetischen Code, sehr nachdrücklich die Episode der Maschinenlesbarkeit hinzu.[3] Die Frage, was hier – zumindest für die Maschinen – lesbar wird, drängt sich dabei ganz natürlich auf. Die Beantwortung dieser Frage ist Thema des vorliegenden Beitrags. Doch diese Antwort lässt sich nicht erreichen ohne die Analyse der phänomenologisch-anthropologischen Grundprobleme des Digitalen, die aus der digitalen Bedingung (Struktur des Digitalen), so könnte man sagen, resultieren.[4]

---

1   Weiser 1991, 94.
2   Die Library of Congress in Washington D.C. gilt mit mehr als 30 Millionen Büchern (ca. 7,5 Terabyte Daten) als die größte Bibliothek der Welt.
3   Blumenberg 1986.
4   Eine ausführliche Darstellung dieser Analyse findet sich in Gramelsberger 2023, 2023a.

2. Die „digitale Bedingung"

Erich Hörl definierte *Die technologische Bedingung* in seinem gleichnamigen Herausgeberband als die durch die „inferiorisierte[n] und minorisierte[n] technische[n] Objekt[e]" des „technologischen Zeitalter[s]" bedingte „äußerst weit reichende subjekt- und objektgeschichtliche Zäsur" der „Sinnkultur".[5] Der Kern dieser Zäsur, so Hörl im Anschluss an Edmund Husserl und Gilbert Simondon, bestehe in der Auflösung der hermeneutischen Sinnkultur durch die Technologie und ihrer transversalen Koexistenzialgefüge, die Objekt und Subjekt in ein neues Verhältnis zueinander setzen. „Der neue Grund und Boden, den wir seit dem Eingang in die Kybernetik und damit eben in die technologische Bedingung betreten haben und auf dem seither unsere Welt-, Erfahrungs- und Sinnbildungsprozesse stattfinden, lässt sich langsam deutlicher bestimmen, und zwar gerade in seiner ganz spezifischen Grund- und Bodenlosigkeit: als ein Sinnregime, das die originäre Technizität des Sinns exponiert, stets humane und nicht-humane Handlungsmächte zusammenfügt, das vor der Differenz von Subjekt und Objekt operiert, das ohne Ende prothetisch und supplementär, eher immanent als transzendental und in unerhörtem Maße distribuiert, ja ökotechnologisch ist."[6] Diese Hybridität der subjektiven und objektiven Existenzerfahrung, die sich durch die algorithmische Akteurialität des Digitalen weiter verstärkt, fordert in hohem Maße die überlieferten Kategorien der Bedeutungskultur heraus. Doch es ist vor allem ein Aspekt der „technologische[n] Objektkulturen", der durch das Digitale transponiert und damit für dieses zentral wird: und zwar das Operieren im „für lesende und projizierende, sprich: alphabetische und kinematographische Bewusstseinssubjekte Unlesbaren, Unwahrnehmbaren, Unbuchstabierbaren, sondern sogar zunehmend unter deren vollständiger Umgehung."[7] Allerdings unterscheiden sich die digitalen Objektkulturen – und mit diesen die digitale Bedingung – von den technischen Objektkulturen eklatant, insofern sie die Versinnbildlichung der relationalen Ausbuchstabierung der Welt sind, gleichwohl sie die alphabetischen und kinematographischen Bewusstseinssubjekte permanent unterlaufen, wenn auch auf anderer Art und Weise als die technologischen Objektkulturen.

Der Begriff der relationalen Ausbuchstabierung meint die quantitativ-statistische Atomisierung der Sprache durch die Prozesse der Digitalisierung und Datafizierung, deren Resultat die Unmengen an digitalen Daten sind. Auf

---

5 Hörl 2011, 15.
6 Hörl 2011, 10.
7 Hörl 2011, 12.

syntaktisch-formaler Ebene bleiben hier keinerlei Zweideutigkeiten offen. Diese Atomisierung, die Claude Shannon in seiner *Mathematical Theory of Communication* 1948 beschrieben hatte, ist die Umkehrung der „Suspendierung des Buchstäblichen" der hermeneutischen Wissenschaften wie der Philosophie oder der Literatur respektive der alphabetisch und kinematographisch organisierten Sinnkulturen.[8] Mag die technologische Objektkultur die Sinnkultur komplett umgehen, so unterläuft die digitale Objektkultur die Sinnkultur lediglich – Objekt referiert hier auf Yuk Hui's Definition digitaler Objekte –; modifiziert diese dabei aber in eigener Weise.[9] Denn die digitale Objektkultur ist nicht nur buchstäblich und syntaktisch unzweideutig, sondern relational, insofern sich digitale Objekte aus Daten und Metadaten generieren und letztere interoperabel sind, d.h. aufgrund regelbasierter Standardisierungen durch Markup Languages und Datenontologien verknüpfbar. Je mehr digitale Objekte durch Digitalisierung und Datafizierung generiert und realitätshaltig (indexikalisch) angereicht werden und je enger diese Objekte durch die Interoperabilität der Daten verknüpft werden, desto dichter wird das semantische Netz der digitalen Wirklichkeit. Auf diese Weise gewinnt die digitale Objektkultur an Komplexität und Eigenständigkeit respektive, mit Jörg Noller gesprochen, an Interobjektivität, „denn digitale Objekte stehen in viel intimeren [interoperablen] Relationen zueinander, als es physikalische Objekte tun."[10]

Doch digitale Objekte weisen neben ihrer interoperablen Relationalität zwei weitere Besonderheiten auf. Zum einen die Besonderheit, dass trotz aller syntaktisch-formalen Unzweideutigkeit ihr ontologischer Status in ihrer technischen Ambiguität liegt. Digitale Objekte „exist both on the screen, where we can interact with them, and in the back-end, or inside the computer program."[11] Diese technische Ambiguität erklärt sich wie folgt: Die digitale Objektkultur ist eine Schriftkultur, die als „autooperative Schrift" einem besonderen Zeichengebrauch folgt, „den man den deklarativen Zeichengebrauch nennen könnte, bei dem ein Autor eine Aufgabe anschreibt (deklariert), die dann von einer Maschine exekutiert wird."[12] Eben dieser autoriale (von einem Programmierer, einer Programmiererin oder einer Künstlichen Intelligenz verfasste), maschinenlesbare und -interpretierbare Zeichengebrauch erfordert die Umkehrung

---

8   Shannon 1948; Krämer 1990.
9   Hui 2016.
10   Noller 2022, 48.
11   Hui 2016, 2.
12   Grube 2005, 82; vgl. auch Krämer 2005: „Solche Schriften haben (zusammen mit den Regeln ihrer Formation und Transformation) den Charakter von ‚Symbolischen Maschinen'." (Krämer 2005, 30).

der Suspendierung des Buchstäblichen wie auch die syntaktisch-formale Unzweideutigkeit, generiert aber eben diese technisch ambigen Objekte. Frieder Nake hat diese Ambiguität als Oberfläche („surface") und Unterfläche („subface") vermittelt durch die Zwischenfläche („interface") beschrieben.[13] Während sich die Unterfläche des Computercodes und der Prozesse in der Regel unserer Wahrnehmung entzieht, generiert sich die Zugänglichkeit zum Digitalen durch die Oberfläche und die Zwischenfläche. Zum anderen weist die digitale Objektkultur die Besonderheit auf, dass sie aufgrund ihrer algorithmischen Autooperativität eine eigenständige Akteurialität und Handlungsfähigkeit besitzt, die durch die zunehmende Implementierung von Methoden der Künstlicher Intelligenz und insbesondere des Maschinellen Lernens (ML) kognitiv-epistemisch avanciert wird.

Interoperable Relationalität der digitalen Wirklichkeit als semantisches Netz, technische Ambiguität sowie kognitiv-semantisch avancierte Akteurialität der Autooperativität charakterisieren die digitale Bedingung. Diese wird durch die Miniaturisierung, flächendeckende Verteilung und Vernetzung environmental und konstituiert damit die phänomenologisch-anthropologischen Grundprobleme des Digitalen, die in den folgenden Abschnitten näher untersucht werden. Doch zuvor ist ein weiterer Blick auf die Environmentalität des Digitalen nötig, denn neben den technischen Bedingungen und der philosophischen Beschreibung als Eingelassen-Sein in die Lebenswirklichkeit und -welt ist die „Natur" des environmental Digitalen genauer zu klären, um dieses Eingelassen-Sein besser zu verstehen.

3. Vom Medium zur performativ-affektiven Infrastruktur

In seiner Studie zu *Prozessieren. Die dritte, vernachlässigte Medienfunktion* hat Hartmut Winkler das Digitale durch eben diese neue Medienfunktion des Prozessierens charakterisiert.[14] Neben den klassischen Medienfunktionen Übertragen und Speichern kommt durch den Computer nun das Prozessieren hinzu. Doch Prozessieren beschreibt eine dynamisierte Medienfunktion, die nur im permanenten Vollzug stattfinden kann, während Speichern im Digitalen die Arretierung dieser Dynamik erfordert. Diese Arretierung in Form nichtflüchtiger Speicher ist für das Digitale als operativem Medium wesentlich artifizieller als das permanente Prozessieren. Prozessieren meint „erschließen, umformen, speichern, verteilen, umschalten" von Energieströmen und dies

---

13   Nake 2008.
14   Winkler 2016.

sind laut Martin Heidegger „Weisen des Entbergens."[15] Das Entbergen, wiederum, ist für Heidegger die Grunddimension des Technischen. Wenn diese Grunddimension nun environmental wird, lässt sich das Digitale nicht länger nur als Medium verstehen, sondern wird zu einer, in die Lebenswelt eingelassenen technischen Infrastruktur. Beschreibt das Mediale das „Dazwischen" der Kommunikation und Interaktion, so thematisiert das Infrastrukturelle – wortwörtlich genommen – das „unterhalb Zusammenfügende", wobei sich das „Zusammenfügende" auf ein koordiniertes Ganzes, eine Struktur, ein Netzwerk oder ein System aus Teilen bezieht, während das Attribut „unterhalb" auf die unterschwellige technische Voraussetzung für etwas funktional Gegebenes referiert. Ein Beispiel wäre hier als funktional Gegebenes das Reisen mit der Bahn. Weder ein einzelner Zug noch ein Gleis zwischen A und B, wie zu Beginn der Eisenbahnentwicklung, würden dem Begriff des Infrastrukturellen gerecht werden. Es ist die flächendeckende Verteilung und Vernetzung, die das Dazwischen in ein Infrastrukturelles transformiert und dabei, heideggerisch gesprochen, das Entbergen als Reisen ermöglicht. Im Unterschied zu den klassisch-technischen Großinfrastrukturen kommt jedoch im Digitalen die Miniaturisierung wie Informatisierung der Infrastruktur bei gleichzeitiger flächendeckender Globalität hinzu. Insbesondere durch die Informatisierung verliert das Digitale als Infrastruktur nicht seine medialen Funktionen, gewinnt aber weitere hinzu.

Diese weiteren Funktionen sind aufgrund der algorithmischen Akteurialität (Autooperativität) und des permanenten Vollzugs des Prozessierens die Performativität des Digitalen. Entzieht sich die technische Seite der digitalen Infrastruktur zunehmend unserer Wahrnehmung durch Miniaturisierung und nicht-wahrnehmbare Funkverbindungen (W-LAN), so entzieht sich die Performativität der digitalen Infrastruktur zunehmend unserer Wahrnehmung durch die Menge und Schnelligkeit der Datenprozessierung. Die zu erwartenden 175 Zettabytes an Daten sind nur durch den enormen Anstieg der Rechengeschwindigkeit möglich; für aktuelle Supercomputer auf 1 ExaFlop/s, also eine Trillion Rechenoperationen pro Sekunde. Die relationalen Ausbuchstabierung (Maschinenlesbarkeit) mit ihren Datenvolumen und Datendurchsatzraten ist derart enorm geworden, dass menschliche Akteure hier nur Zugang haben, wenn eine temporäre Arretierung in flüchtigen Speichern und eine Anzeige auf den Oberflächen des Digitalen (Bildschirmen, Ausdrucken, Audio- und Sprachsignale, etc.) stattfindet. Doch dies geschieht nur für Bruchteile der digitalen Wirklichkeit und unser Zugang wird zunehmend

---

15   Heidegger 1949[1962], 16.

eingeschränkter, während die Maschinen-Maschinen-Kommunikation (M2M) wie auch Maschinen-Autonomie stark zunimmt.

Dies führt zur Frage, wie der Zugang zum Digitalen unter den Bedingungen der Environmentalität und ins Enorme gesteigerte Performanz geregelt ist. Eine Antwort lautet Autonomie des Digitalen: Algorithmische Akteurialität (Autooperativität) und für unsere Wahrnehmung unterschwellige Performanz führen zwangsläufig in eine Autonomie des Digitalen, insofern menschliche Akteure schlichtweg zu langsam sind, als dass sie mit der Hyperfluidität der ikonoklastischen Datenströme mithalten könnten.[16] Eine andere Antwort lautet Intuitivität: Es lässt sich beobachten, dass der Zugang zum Digitalen zunehmend intuitiver und affektiver wird. Die Interfaces werden intuitiver (natürliche Sprachassistenten wie Alexa, Befehlseingaben via Gesten, etc.), die Algorithmen werden affektiver und paternalistischer (Aware-IT wird zunehmend zur Care-IT), die Ansprache wird emotionaler. Marie-Luise Angerer hat diese Tendenz in ihrem Buch *Nichtbewusst. Affektive Kurzschlüsse zwischen Psyche und Maschine* mit Bezug auf Katherine Hayles Begriff der „nonconscious cognition" analysiert.[17] Digitale Maschinen und Objekte sind „eigenständig, messen und filtern, senden ihre Signale und greifen in Prozesse ein (die nicht nur das organische Leben, sondern natürlich auch das soziale und ökonomische betreffen). Sie haben, wenn man so will, ein Eigenleben. Die humane Seite nimmt sie als Reflex, als integriertes, automatisches Moment wahr, das im Fall der Störung, einer Unterbrechung oder Stockung, Irritationen auslöst – oder auch nicht. Denn Störungen, Unterbrechungen und Verzögerungen sind eben nicht nur auf Seiten der Maschine zu veranschlagen, sondern auch auf der humanen. Dass Taktung auf Bewegung trifft, meint genau dies: dass die Taktung des Maschinischen die Bewegung des Psycho-Organischen nicht 100 % trifft, sondern die Membran [...] durch die Bewegung des Affektiven Innen und Außen organisiert."[18] Dieses Affektive konstituiert das anthropologisch-philosophische Grundproblem des Digitalen (s. Abschnitt 5). Doch es geht nicht nur um digitale Maschinen und Objekte. Es geht darum, dass durch die Environmentalität des Digitalen sich die Lebenswelt in eine performativ-affektive Infrastruktur im Online-Modus transformiert. Gleichzeitig unterläuft der Großteil des Digitalen aufgrund der schieren Schnelligkeit und Datenmenge unsere Wahrnehmung, wird unterschwellig und konstituiert auf diese Weise das phänomenologische Grundproblem des Digitalen (s. Abschnitt 4).

---

16 Gramelsberger 2016.

17 Angerer 2022; Hayles 2017; vgl. auch Angerer, Bösel 2015; Gramelsberger 2020, 2020a, 2020b, 2020c, 2023.

18 Angerer 2022, 115–116.

Beide Grundprobleme zusammengenommen lassen die Frage danach, was in
der Episode der Maschinenlesbarkeit eigentlich lesbar wird, akuter denn je
werden.[19]

4.   Phänomenologisches Grundproblem des Digitalen

Es liegt auf der Hand, dass die zunehmende Unterschwelligkeit des Digitalen
als performativ-affektive Infrastruktur das phänomenologische Grundproblem
des Digitalen schlechthin konstituiert. Diese Unterschwelligkeit umgeht nicht
die „alphabetische[n] und kinematographische[n] Bewusstseinssubjekt[e]",[20]
sondern verkoppelt sie mit dem Digitalen zunehmend enger. Diesen Prozess
der Kopplung gilt es näher zu betrachten. Jörg Noller hat dies in seiner *Philosophie der digitalen Lebenswelt* als Transsubjektivität beschrieben, die eine
Verlängerung bestimmter Aspekte des Individuums ins Digitale meint sowie
deren Rückspiegelung auf das reale Individuum.[21]Allerdings geht es bei Noller,
in Bezug auf Luciano Floridis Begriff des „Onlife," um das Teilen von mentalen
Gehalten in neuer Weise, also um transsubjektive Aspekte des Kognitiven.[22]
Die Verkopplung, um die es aus phänomenologischer Perspektive geht, greift
aufgrund ihrer Unterschwelligkeit wesentlich tiefer. Denn die Technologievision des Ubiquitous Computing, als „technologies [...] that disappear [...
and] weave themselves into the fabric of everyday life until they are indistinguishable from it,"[23] strebt heute im Paradigma der Environmentalität ihrer
Vollendung zu. Diese Unterschwelligkeit lässt erst einmal eine Entkopplung
zwischen dem Digitalen und uns vermuten, die durch die zunehmende Autonomie der Algorithmen verstärkt wird. Ob man die Entkopplung und Autonomie des Digitalen als Singularität oder Superintelligenz zu Ende denken
möchte, bleibt jedem selbst überlassen.[24] Allerdings verkennt dies das eigentliche Ziel des Ubiquitous Computing. Wie Mark Weiser treffend beschrieben
hat, „[is] such a disappearance [...] a fundamental consequence not of technology, but of human psychology. Whenever people learn something sufficiently
well, they cease to be aware of it. [...] philosopher Michael Polanyi calls it the
,tacit dimension'; psychologist TK Gibson calls it ,visual invariants'; philosophers Hans-Georg Gadamer and Martin Heidegger call it ,the horizon' and

---

19   Blumenberg 1986.
20   Hörl 2011, 12.
21   Noller 2022.
22   Floridi 2015.
23   Weiser 1991, 94.
24   Chalmers 2010, Bostrom 2016.

the ‚ready-to-hand'.“[25] Analog zur Sphäre des Symbolischen, die uns permanent in Form von Schriften, Bildern und Zahlen umgibt, soll sich auch das zukünftig Digitale gestalten: allgegenwärtig, selbstverständlich, permanent vorhanden. Das eingelassene Digitale verwandelt die Lebenswelt in eine informatisierte Oberfläche, die eine autooperative Unterfläche kaschiert. Sybille Krämer hat das Digitale generell in der Tradition der Kulturtechnik der Verflachung von Bild, Schrift und Zahl lokalisiert, wobei das Digitale die operative Sichtbarkeit zunehmend in eine apparative Unsichtbarkeit verkehrt.[26]

Für die durch Algorithmen moderierte Oszillation von operativer Sichtbarkeit und apparativer Unsichtbarkeit ist aus phänomenologischer Perspektive der Hinweis auf Michael Polanyis *Implizites Wissen* interessant.[27] Denn es geht eben nicht um eine Entkopplung, sondern um eine neue und sehr wirkmächte Kopplung zwischen dem environmental Digitalen und uns. Polanyi unterscheidet proximales (zentrales) und distales (entlegenes) Wissen. „Alle Bedeutung tendiert dazu, sich von uns zu entfernen,“ so Polanyi, „und eben damit rechtfertige ich meine Verwendung der Ausdrücke ‚proximal' und ‚distal'.“[28] Der Vorgang, um den es geht, ist folgender: Der proximale Term, von dem wir ein implizites Wissen haben, wird durch den distalen, also expliziten Term getriggert respektive evoziert; etwa ein Verkehrszeichen (distales Zeichen), das ein entsprechendes Verkehrsverhalten (proximales Wissen) evoziert, ohne dass dies jedes Mal expliziert werden muss. Auch wenn Polanyi hier epistemische Kategorien einführt, ist aus phänomenologischer Sicht der Vorgang des Evozierens von Interesse. Das Evozieren des Impliziten durch das Explizite nannte Polanyi die ‚phänomenale Struktur' des impliziten Wissens und das Digitale macht sich diesen Vorgang in dem Moment zu Nutze, in dem es sich in eine performativ-affektive Infrastruktur (Environmentalität) transformiert. Das Evozieren, so kann man sagen, kompensiert die zunehmende Unterschwelligkeit des Digitalen durch algorithmische Akteurialität und Autonomie; es wird zu einer aktiven Instanz. In anderen Worten: Die phänomenale Struktur des environmental Digitalen, also das Evozieren des Impliziten durch das algorithmisch gemeldete Explizite, gestaltet zunehmend proaktiv den Zugang zum Digitalen. Dabei erhält das Implizite eine maschinenlogische Interpretation, die algorithmische Vermögen zum Einsatz bringt.

Das Beispiel der verhaltensbasierten Empfehlungsalgorithmen macht dies besonders deutlich. Was Algorithmen hier explizit melden, sind Empfehlungen,

---

25   Weiser 1991, 94.
26   Krämer 2020.
27   Polanyi 1966[2016].
28   Polanyi 1966[2016], 21.

die aus dem (für uns) impliziten Vorhersagevermögen der Analyse indivi-
dualisierte Massendaten resultieren. Dieses Vorhersagevermögen ist ein rein
algorithmisches Vermögen, das „einseitig menschliche Erfahrung als Rohstoff
zur Umwandlung in Verhaltensdaten [ausbeutet]. Ein Teil dieser Daten dient
der Verbesserung von Produkten und Dienstleistungen, den Rest erklärt man
zu proprietärem Verhaltensüberschuss, aus dem mithilfe fortgeschrittener
Fabrikationsprozesse, die wir unter der Bezeichnung ‚Maschinen- oder künstliche Intelligenz' zusammenfassen, Vorhersageprodukte fertigt, die erahnen,
was sie jetzt, in Kürze oder irgendwann tun. Und schließlich werden diese
Vorhersageprodukte auf einer neuen Art von Marktplatz für Verhaltensvor-
hersagen gehandelt."[29] Das Vorhersagevermögen hat einerseits für uns implizites Verhalten expliziert, soll aber andererseits weitere implizite Handlungen
evozieren. Der Mensch wird durch das Digitale auf diese Weise als „knowa-
ble, calculable and administrable object" technisch bestellbar; sein implizites
Verhalten, das Spuren im Digitalen hinterlässt, schlägt ihm als explizite Empfehlung entgegen, die wiederum Implizites wie einen Kaufimpuls evozieren
soll.[30] Eine eigenwillige Rückkopplung, die sich in unzähligen Iterationen tag-
täglich wiederholt und dabei seitens des Digitalen zusehens paternalistischer
und affektiver wird.

Durch diese eigenwillige Rückkopplung verstärkt sich zum einen der Prozess des Entfernens des Wissens und mit ihm der Vorgang des Evozierens,
zum anderen sind wir mehr und mehr darauf angewiesen, dass sich das Digitale überhaupt noch „in irgendeiner rechnerisch feststellbaren Weise meldet
und als ein System von Informationen bestellbar bleibt."[31] Die Abwandlung
des Zitats von Martin Heidegger aus *Die Frage nach der Technik* passt hier
bestens, insofern sich durch die neuzeitliche, exakte Naturwissenschaft – als
technisches Entbergens – die Natur in einen „einen berechenbaren Kräfte-
zusammenhang" transformiert hat,[32] der sich in den Erkenntnispraktiken der
Naturwissenschaft wie dem Experiment „in irgendeiner rechnerisch feststellbaren Weise meldet und als ein System von Informationen bestellbar bleibt."[33]
Bekannter Weise hat Heidegger diesen Vorgang die Vollendung der Metaphysik
durch die neuzeitliche Naturwissenschaft genannt. Das Digitale macht diese
Entwicklung environmental, nicht zuletzt deshalb, da es durch seine Grund-
kategorie des Prozessierens die Zeit technisch bestellbar macht und damit das

---

29   Zuboff 2018, 22; vgl. auch Amoore 2013.
30   Olson 2015, o.S.
31   Heidegger 1949[1962], 22.
32   Heidegger 1949[1962], 21.
33   Heidegger 1949[1962], 22.

rechnerisch Feststellbare allgegenwärtig, selbstverständlich und permanent vorhanden gestaltet (Online-Modus). Aufgrund der enormen Datenmengen, gerade implizit gewonnener Verhaltensdaten, wird aber auch Verhalten als zeitliche Trajektorie technisch bestellbar. Nicht zufällig avanciert das Smartphone zum Dreh- und Angelpunkt der individualisierten Digitalität. Fünf Milliarden Mobiltelefonnutzer und -nutzerinnen – koordiniert durch vergleichsweise wenigen Plattformen und Dienste – tragen ihr Smartphone immer und überall bei sich. Dutzende eingebauter, nur einige Millimeter großer Sensoren haben das Smartphone in den letzten Jahren multisensibel gemacht. Insbesondere Körperfunktionen und individuelle Verhaltensdaten sind auf diese Weise umfassend messbar und durch zahlreiche Apps sowie Verfahren der maschinellen Intelligenz auswertbar geworden. Auf diese Weise wird der Mensch selbst rechnerisch feststellbar und als ein System von Informationen bestellbar. Ob das Digitale hingegen für uns als ein System von Informationen bestellbar bleibt, hängt von der Akteurialität der Algorithmen ab. Die Tendenz, die sich jedoch beobachten lässt, verweist auf eine zunehmende Verschiebung vom Symbolischen auf das Affektive, wie oben beschrieben.

5. Anthropologisch-philosophisches Grundproblem des Digitalen

Diese Verschiebung vom Symbolischen auf das Affektive konstituiert das anthropologisch-philosophische Grundproblem des Digitalen. Denn, mit Helmuth Plessner gesprochen, lösen sich die anthropologischen Grundkategorien des Menschen auf.[34] Bekannterweise hatte Plessner den Menschen als grenzrealisierendes Wesen zwischen Innenwelt, Mitwelt und Außenwelt konzipiert. Diese biologistische Perspektive, die mit Arthur Schopenhauers Unterscheidung von phänomenalem Bewusstsein der Außenwelt und leibbezogenem Selbstbewusstsein der Innenwelt in die Subjektphilosophie eingeführt wurde, setzt sich bei Plessner in der ambiguen Doppelaspektivität des Menschen fort.[35] Die biologistische Perspektive lässt sich auch als Vorform der späteren kybernetischen (Selbst-)Reglungsidee verstehen, insofern grenzrealisierende Organismen Innen- und Außenwelt miteinander verkoppeln. Zentral dabei wird die Grenzfläche als Austauschfläche für Grenzprozesse – in der Biologie ganz material als Aufnahme- und Ausscheidungsprozesse der Selbsterhaltung, in der Philosophie konzeptuell in Form mentaler und sozialer Prozesse der Subjektstabilisierung. Eben hier setzt Plessners Konzept an, insofern

---

34 Plessner 1928[1975]; Gramelsberger 2022, 2023, 179 ff.
35 Schopenhauer 1819, 1844.

Menschen durch das Spannungsfeld Bewusstsein-Selbstbewusstsein in eine exzentrische Positionalität geraten. Indem wir uns mental in ein reflexives Verhältnis zur Welt wie zu uns selbst setzen können, in Form „des Stehens des Ich als Es", ist diese reflexive Distanzierung die Grundbedingung dessen, was uns von anderen Lebewesen unterscheidet.[36] Diese reflexive Distanzierung gerät in Zeiten des environmental Digitalen in Gefahr, so die These, insofern sich in die rückgekoppelten, mentalen und sozialen Prozesse der Subjektstabilisierung das Digitale als performativ-affektive Infrastruktur immer stärker zwischenschaltet. Dies ist möglich, da bereits Plessner die Grenzfläche des Subjekts als Austauschfläche medial denkt; weniger im Sinne technischer Medien, denn als Expressivität der Sprache. Die Sprache ist für Plessner das virtuelle Organ der exzentrischen Positionalität. Sprache als Organ und Medium erst erlaubt das Stehen des ich als Es und zwar in dreifacher Art: Zum einen als Ausdrucksmittel künstlich-gesetzter normativer Ordnungen wie Recht oder Kultur, die die natürlichen Instinkte überwinden (natürliche Künstlichkeit); zum zweiten als mediale Vermittlungsinstanz, die die Unmittelbarkeit der zentrischen Organisationsform durch die Doppelaspektivität transformiert (vermittelten Unmittelbarkeit); und drittens als Erweiterung des natürlichen Standorts im Hier und Jetzt durch das Utopische im Sinne eines „Als-ob" (u-topischer Standort). Insbesondere im utopischen Standort, dem „als ob" man sich beliebig in Raum und Zeit bewegen könne, liegt das semantische Konditional medialer Welten, das nicht nur im Digitalen, aber vor allem dort, durch sein immersives Potential zur vollen Entfaltung kommt. Die von Jörg Noller beschrieben Kategorie der Transsubjektivität hat hier ihren Ursprung und Computerspiele markieren aktuell die paradigmatischsten „U-topien" überhaupt.

Doch so offensichtlich dieser Zusammenhang des digital Medialen als Standort des U-topischen ist, so vorschnell ist die Annahme, dass sich das U-topische als Kontingenz des Sicht- und Erlebbaren („als ob" man sich beliebig in Raum und Zeit bewegen könne) im Digitalen nicht verändert. Im Gegenteil: Nicht nur das wachsende Immersionspotential des Digitalen als Computerspiel, Virtual Reality oder Metaverse, sondern auch das zunehmend Affektive wie auch der permanent im Online-Modus befindlich Zugang zum Digitalen halten uns zunehmend im digitalen Hier und Jetzt (Onlineismus). Diese neue Form der Zentrierung hat Folgen für unser Subjektverständnis. Ebenso einschneidend ist dabei die Transformation der natürlichen Künstlichkeit in eine künstliche Natürlichkeit, die die exzentrische Position aus anderen Gründen gefährdet. Denn die künstliche Natürlichkeit des environmental Digitalen unterläuft mit

---

36   Plessner 1913[2003], 140.

seinem zunehmend performativ-affektiven Konditional die Setzung normativer Ordnungen. Überspitzt formuliert, versetzt uns Affekt zurück in den Instinkt und löst so das Spannungsfeld von Bewusstsein-Selbstbewusstsein auf. Viele Effekte, die sich aktuell im Umgang mit dem Digitalen beobachten lassen, sind durch diese neuen Konditionale der anthropologischen Grundkategorien des Menschen als Subjekte erklärbar.

6. Was wird (maschinen-)lesbar?

Vor diesem Hintergrund der Umkodierung der phänomenologischen sowie der anthropologischen Grundkategorien durch das Digitale in seiner aktuellen Form stellt sich in Fortsetzung von Hans Blumenbergs Programm der Episoden der Lesbarkeit die Frage nach der Art, dem Umfang und der Wirkmächtigkeit der Episode der Maschinenlesbarkeit, die uns aktuell zunehmend beherrscht.[37] Es ist offensichtlich geworden, dass die technische Seite der Maschinenlesbarkeit die Welt als Vorkommnis in einem gigantischen Prozess der relationalen Ausbuchstabierung (Digitalisierung und Datafizierung) für das Digitale verfügbar macht, deren Resultat Unmengen an digitalen Daten sind. Dies geschieht in nicht-medialer, ikonoklastischer Weise, die sich noch dazu hyperfluide gestaltet und uns als „alphabetische und kinematographische Bewusstseinssubjekte" phänomenal unterläuft.[38] Edmund Husserl hat diesen Prozess der Quantisierung (Digitalisierung und Datafizierung) lange vor der Einführung von digitalen Scannern und Sensoren die „indirekte Mathematisierung [...] der erfahrbaren spezifisch sinnlichen Qualitäten (‚Füllen')" genannt, die die Welt „ex datis" rekonstruieren.[39] Es ist diese indirekte Mathematisierung der sinnlichen Qualitäten, die die Welt als ein System von Informationen bestellbar machen. Im Alltag nehmen die Milliarden an Scannern, multisensiblen Smartphones und andere Objekte die maschinenlesbare Rekonstruktion der Welt in Echtzeit vor.

Doch das Digitale überführt die Vorkommnisse der Welt nicht nur in maschinenlesbare Daten, sondern setzt diese relational zu einem stetig wachsenden Wissensgraphen des „Semantic Web" epistemisch zusammen.[40] Da die Entwicklung stetig weitergeht, wie dies Yuk Hui beschrieben hat, evolvieren

---

37 Blumenberg 1986.
38 Hörl 2011, 12.
39 Husserl 1935[1996], 36, 38.
40 Berners-Lee et al. 2001.

die digitalen Objekte wie auch die digitale Wirklichkeit und gewinnen an Komplexität und epistemischer Eigenständigkeit.[41] Insbesondere lassen sich aus den Unmengen an maschinenlesbaren Daten Zusammenhänge und Rückschlüsse auf unser Verhalten gewinnen. Denn die neuen, algorithmischen Vermögen der Possibilität, der statistischen Mittelung und der Antizipation machen Implizites für Maschinen explizit. Das, was eigentlich (maschinen-)lesbar wird, ist nicht nur die Welt als Vorkommnis (Füllen, wie Husserl sagen würde), sondern unser Verhalten, das Spuren im Digitalen hinterlässt. Das klingt erst einmal wenig spektakulär, doch ebenso wie Daten relational verknüpfbar sind, lassen sich die Spuren immer dichter verknüpfen. Das „Semantic Web" transformiert sich dadurch zunehmend in ein „Behavioral Web", das zwar nicht für uns, aber das Digitale (maschinen-)lesbar und -nutzbar ist. Nutzbar, im Sinne eines expliziten „tacit knowledge" über die Welt und uns, ganz im Sinne Michael Polanyis.[42] Explizites Wissen über Implizites stellt hier keinen Widerspruch dar, sondern offenbart neben der technischen eine weitere – in diesem Falle epistemische – Ambiguität des Digitalen, die folgenreich für uns ist. Denn die künstliche Natürlichkeit des environmental Digitalen, in die wir zunehmend eingelassen und verwoben sind, umgibt uns als immer stärker auf dieses (maschinen-)explizite Implizite unseres Verhaltens ausgerichtete performativ-affektive Infrastruktur. Dabei gerät alles unter das epistemisch-ambigue Konditional des (maschinen-)expliziten Impliziten wie die natürliche Sprache, Lernen, Wahrnehmen und etliches mehr. Der Erfolg der maschinellen Lernverfahren wie ChatGPT generiert sich aus eben dieser Maschinenlesbarkeit und -interpretierbarkeit des (maschinen-)expliziten Impliziten in Form von Mustererkennung basierend auf Millionen von Parametern. Auf diese Weise werden auch Gefühle durch unbewusste Mikromimiken für smarte Kameras maschinenlesbar, Sentiment- und Gesundheitsanalysen auf Basis unserer Smartphonedaten für entsprechende Datenanalysealgorithmen möglich oder schlichtweg unsere Lebenserwartung beim Auftreten bestimmter Krankheitssymptome durch maschinelle Lernverfahren wie Deep Patient unangenehm genau vorhersagbar.[43]

---

41   Hui 2016.
42   Polanyi 1966[2016].
43   Miotto et al. 2016.

Literaturverzeichnis

Angerer, Marie-Luise/Bösel, Bernd 2015, „Capture All, oder: Who's Afraid of a Pleasing Little Sister?", in: *Zeitschrift für Medienwissenschaft* 7(13), 48–56.

Angerer, Marie-Luise 2022, *Nichtbewusst. Affektive Kurzschlüsse zwischen Psyche und Maschine*, Wien/Berlin.

Amoore, Louise 2013, *The Politics of Possibility: Risk and Security Beyond Probability*, Durham, NC.

Berners-Lee, Tim/Hendler, James/Lassila, Ora 2001, „The Semantic Web: a new form of Web content that is meaningful to computers will unleash a revolution of new possibilities", in: *Scientific American* 284 (5), 34–43.

Blumenberg, Hans 1986, *Die Lesbarkeit der Welt*, Frankfurt a.M.

Bostrom, Nick 2016, *Superintelligenz. Szenarien einer kommenden Revolution*, Frankfurt a.M.

Chalmers, David J. 2010, „The Singularity: A Philosophical Analysis", in: *Journal of Consciousness Studies* 17(9–10), 7–65.

Floridi, Luciano 2015, *The Onlife-Manifesto: Being Human in a Hyperconnected Era*, Cham u.a.

Gramelsberger, Gabriele 2016, „Es schleimt, es lebt, es denkt. Eine Rheologie des Medialen", in: *Zeitschrift für Medien- und Kulturforschung* 7(2), 155–167.

Gramelsberger, Gabriele 2020, „Algorithm Awareness. Towards a Philosophy of Artifactuality", in: B. Bösel/S. Wiemer (Hrsg.), *Affective Media and Policy*, Lüneburg, 41–49.

Gramelsberger, Gabriele 2020a, „Emotion Mark-up Language – Die Maschinenlesbarkeit menschlicher Expressivität", in: M. Heßler (Hrsg.), *Technikemotionen*, Paderborn, 385–397.

Gramelsberger, Gabriele 2020b, „Affective Computing", in: M. Hessler/K. Liggeri (Hrsg.), *Handbuch für Technikanthropologie*, Baden-Baden 445–452.

Gramelsberger, Gabriele 2020c, „Aware-IT/Care-IT: Die Folgen des technologisch Unbewussten für unser Subjektverständnis", in: C. Kaminsky/U. Seelmeyer/S. Siebert et al. (Hrsg.), *Digitale Technologien zwischen Lenkung und Selbstermächtigung. Interdisziplinäre Perspektiven*, Weinheim, 40–54.

Gramelsberger, Gabriele 2021, „Hermeneutik der Maschinen und Maschinenalgorithmen", in: A. Kablitz/C. Markschies/P. Strohschneider (Hrsg.), *Hermeneutik unter Verdacht*, Wroclaw-Dresden, 37–48.

Gramelsberger, Gabriele 2022, „Zum aktuellen Problem der Auflösung anthropologischer Ambiguitäten", in: *Allgemeine Zeitschrift für Philosophie* 47, 13–30.

Gramelsberger, Gabriele 2023, *Philosophie des Digitalen. Zur Einführung*, Hamburg.

Gramelsberger, Gabriele 2023a, „Philosophie des Digitalen. Zur Struktur und Signatur des Digitalen", in: M. Kettner/S. Hahn/R. Adolphi (Hrsg.), *Philosophische*

Digitalisierungsforschung. Verständigung, Verantwortung, Vernunft, Macht, Darmstadt, im Druck.

Grube, Gernot 2005, „Autooperative Schrift", in: G. Grube/W. Kogge/S. Krämer (Hrsg.), *Kulturtechnik Schrift. Die Graphé zwischen Bild und Maschine*, München, 81–114.

Heidegger, Martin 1949 [1962], „Die Frage nach der Technik", neu herausgegeben in: Ders., *Die Technik und die Kehre*, Stuttgart, 7–36.

Hayles, Katherine 2017, *Unthought. The Power of the Cognitive Nonconscious*, Chicago, London.

Hörl, Erich (Hrsg.) 2011, *Die technologische Bedingung. Beiträge zur Beschreibung der technischen Welt*, Berlin.

Hui, Yuk 2016, *On the Existence of Digital Objects*, Minneapolis, MN.

Husserl, Edmund 1935[1996], *Die Krisis der europäischen Wissenschaften und die transzendentale Phänomenologie*, Hamburg.

Krämer, Sybille 1990, „Die Suspendierung des Buchstäblichen", in: *Allgemeine Zeitschrift für Philosophie* 15, 61–68.

Krämer, Sybille (Hrsg.) 1998, *Medien – Computer – Realität. Wirklichkeitsvorstellungen und Neue Medien*, Frankfurt.

Krämer, Sybille 2005, „Operationsraum Schrift – Über einen Perspektivenwechsel in der Betrachtung der Schrift", in: G. Grube/W. Kogge/S. Krämer (Hrsg.), *Kulturtechnik Schrift. Die Graphé zwischen Bild und Maschine*, München, 23–60.

Krämer, Sybille 2020, „Kulturtechnik Digitalität'. Über den sich auflösenden Zusammenhang von Buch und Bibliothek und die Arbeit von Bibliotheken unter den Bedingungen digitaler Vernetzung", in: C. Köstner-Pemsel/E. Stadler/M. Stumpf (Hrsg.), *Künstliche Intelligenz in Bibliotheken*, 57–73.

Miotto, Riccardo/Li, Li/Kidd, Brian A./Dudley, Joel T. 2016, „Deep Patient: An Unsupervised Representation to Predict the Future of Patients from the Electronic Health Records", in: *Nature Scientific Reports* 6:26094.

Nake, Frieder 2008, „Surface, Interface, Subface. Three Cases of Interaction and One Concept", in: U. Seifert/J. H. Kim/A. Moore (Hrsg.), *Paradoxes of Interactivity. Perspectives for Media Theory, Human-Computer Interaction, and Artistic Investigations*, Bielefeld, 92–109.

Noller, Jörg 2022, *Digitalität. Zur Philosophie der digitalen Lebenswelt*, Basel.

Olson, Parmy 2015, „The Quantified Others: Nest and Fitbit Chase A Lucrative Side Business", in: *forbes.com*, 26.7.2015.

Plessner, Helmuth 1913[2003], „Die wissenschaftliche Idee (1913)", in: Ders., *Gesammelte Schriften*, Bd. 1, Frankfurt a.M., 7–143.

Plessner, Helmuth 1928[1975], *Die Stufen des Organischen und der Mensch. Einleitung in die philosophische Anthropologie*, Berlin/New York.

Plessner, Helmuth 1961[2003], „Die Frage nach der Conditio humana (1961)", in: Ders., *Gesammelte Schriften*, Bd. 8, Frankfurt a.M., 136–217.

Polanyi, Michael 1966[2016], *Implizites Wissen*, Berlin.

Schopenhauer, Arthur 1819, 1844, *Welt als Wille und Vorstellung*, Bd. 1 (WI), Leipzig 1819; Bd. 2 (WII), Leipzig 1844.

Shannon, Claude 1948, „A Mathematical Theory of Communication", in: *Bell System Technical Journal* 27, 379–423 und 623–656.

Weiser, Mark 1991, „The computer for the 21st century", in: *Scientific American* 265(3), 94–104.

Winkler, Hartmut 2016, *Prozessieren. Die dritte, vernachlässigte Medienfunktion*, München, Paderborn.

Zuboff, Shoshana 2018, *Das Zeitalter des Überwachungskapitalismus*, Frankfurt a.M./ New York.

Was ist Digitalisierungskritik?

Markus Bohlmann

Die Digitalisierung ist unbefangen eine der großen Umbrüche des frühen 21. Jahrhunderts. Für den Soziologen Oliver Nachtwey verschiebt sich durch solche Phänomene das, was er in Anlehnung an Luc Boltanski „Register der Kritik" nennt.[1] Form, Inhalt, Akteure und Adressatenkreis der Kritik verändert sich. Nachtwey untersuchte primär einen anderen Umbruch und die Kritik, die damit einherging, die Covid-19 Pandemie und die Kritik an den staatlichen Coronamaßnahmen. Der Begriff der Freiheit, so Nachtwey, ist in diesem Umbruch kein absoluter Bezugspunkt der Kritik mehr. Und auch die tatsächlichen Machtverhältnisse von Mehrheit-Minderheit oder Staat-Individuum wurden hier nicht mehr auf dieselbe Weise verwendet, wie man das aus der Sozialkritik des 20. Jahrhunderts kannte.[2] Schon nach erster Sichtung des empirischen Materials war Nachtwey und seinem Team deutlich, dass die Selbstwahrnehmung als „kritisch" und das vermeintliche Kritikverbot in der breiten Öffentlichkeit die Identität des Protestes gegen die Coronamaßnahmen stiftete.[3] Wie man auch immer zu den Coronamaßnahmen oder dem Protest gegen sie politisch stehen mag, in dieser Krise war die Frage nach dem Status von Kritik wesentlich. Nachtwey geht explizit davon aus, dass auch die Digitalisierung zu Deprivationserscheinungen führen wird.[4] Auch in diesem Umbruch wird man sich also fragen müssen, wer wie weshalb Kritik übt und ob das überhaupt noch Kritik sein kann.

ChatGPT hat Anfang 2023 in der breiten Öffentlichkeit deutlich werden lassen, dass die von dem Informationstheoretiker Luciano Floridi postulierte vierte Enttäuschung in der Menschheitsgeschichte bereits Realität ist. Nach Floridi sind wir nicht nur weder der Mittelpunkt unseres Universums, noch die Krone der Schöpfung, noch Herren im Haus unserer eigenen Psyche; wir sind durch die Digitalisierung auch nicht mehr die rationalsten Entitäten in unserer Umgebung.[5] Dieses von Floridi erstmals beschriebene Phänomen nenne ich die *Rationalitätsdeprivation* durch die Digitalisierung. Die Rationalitätsdeprivation wird nicht nur dazu führen, dass sich gesellschaftliche Gruppen

---

1 Nachtwey und Amlinger 2022, 242.
2 Nachtwey und Amlinger 2022, 244.
3 Frei et al. 2021.
4 Nachtwey und Amlinger 2022, 350.
5 Floridi 2015, 128.

© BRILL MENTIS, 2024 | DOI:10.30965/9783969752975_004

abgehängt fühlen, die „Register der Kritik" – um Nachtweys Vokabular hier weiter zu verwenden – werden sich zwangsläufig verschieben. Wenn die Qualität von Kritik epistemisch zurückzuführen ist, gute Kritik also auf einem besseren Wissen beruht, dann wäre es in Zukunft wahrscheinlich sinnvoll, sich bei der Kritik der Digitalisierung von künstlicher Intelligenz helfen zu lassen. Inwieweit die Assistenz künstlicher Intelligenz mit dem auf Autonomie und Mündigkeit basierenden Fundament der Kritik als Konzept der Aufklärung noch zusammengehen mag, ist eine offene Frage.[6] Die Rationalitätsdeprivation ist nicht das einzige Phänomen des Digitalen, das Kritik neu herausfordert. Die unendliche Kopier- und Editierbarkeit hat direkte Auswirkungen auf klassische Modelle einer Kritik politischer Ökonomie. Auch über Medienkritik muss man neu nachdenken, wenn man die vielfältigen Mediationen digitaler Technologien bedenkt. Schließlich ist ein Urmodell philosophischer Kritik, der Außenweltskeptizismus, durch die diskutierbare Realität von virtueller Realität neu herausgefordert.[7]

Die Digitalisierung hat die Register der Kritik natürlich bereits auch schon verschoben. Nicht mehr Intellektuelle oder Wissenschaftler bestimmen heute den Modus der Kritik, sondern soziale Bewegungen, die sich in der Frühzeit des Internets in Chaträumen und Cyberspaces trafen. Der Kulturtheoretiker Felix Stalder nennt diesen für die Digitalisierung wesentlichen Konsolidierungsprozess die „Erweiterung der sozialen Basis der Kultur".[8] Er beschreibt ebenso wie die peripheren Phänomene der Kultur im Digitalen ins Zentrum zurückschlagen: „Expressivität, die Fähigkeit ‚Eigenes' zu kommunizieren, gilt nicht mehr nur als Eigenschaft von Künstlern und Wissensarbeitern, sondern wird von immer breiteren Schichten der Gesellschaft verlangt und schon in der Schule vermittelt".[9] Kritik ist heute ein wesentlicher Teil der Expression im Digitalen. Und das Digitale selbst ist von dieser Kritik keineswegs ausgenommen. Kritik und insbesondere auch Digitalisierungskritik ist deshalb ein ganz wesentlicher Teil der Digitalisierung selbst.

Mit der Kritik durch die sozialen Bewegungen, die ohne die digitalen Medien kaum vorstellbar wäre, ist aber wissenschaftliche Digitalisierungskritik nicht obsolet. Sie wird heute mit einer Reihe von Zielen betrieben. Wissenschaftliche Digitalisierungskritik grenzt an sozialen Aktivismus, wo sie sich den Interessen einer spezifischen Gruppe widmet.[10] Sie wird aber auch häufig

---

6   Noller 2022, 98.
7   Chalmers 2022.
8   Stalder 2016, 22.
9   Stalder 2016, 93.
10   z. B.: Breyman et al. 2017; Noble 2018; Gebru 2020.

als Kritik an spezifischen digitalen Technologien verstanden und operiert dann aus der universalistischen Warte der philosophischen Ethik.[11] Mein Zitat Stalders im vorigen Absatz deutete bereits darauf hin, dass wir für die Diskussion in der breiten Gesellschaft und insbesondere auch für pädagogische Kontexte die generelle Frage nach einer *allgemeinen Form der Digitalisierungskritik* beantworten müssen. Ein solch allgemeiner Begriff wird immer da notwendig sein, wo wir Digitalisierungskritik für den Gebrauch in der Lebenswelt vermitteln wollen.[12] Ich frage im Folgenden also nach einer Form der Digitalisierungskritik für die ganze Breite der Gesellschaft und für das ganze Spektrum digitaler Phänomene.

Die Frage „Was ist Digitalisierungskritik?" werde ich im Folgenden in vier Abschnitten beantworten. Ich werde zunächst einige gängige Postulate der Digitalisierungskritik als Kontradiktion diskutieren (Abschnitt 1). Ich werde dann einen häufigen Gebrauch von Digitalisierungskritik im pädagogischen Diskurs zurückweisen, die Digitalisierungskritik als Immunisierungsstrategie (Abschnitt 2). In Abschnitt 3 stelle ich eine angereicherte begriffliche Bestimmung von Digitalisierungskritik für den Bildungsbereich und den Gebrauch in der allgemeinen gesellschaftlichen Debatte in Form einer Heuristik vor. Abschließend zeige ich einige Anschlusspunkte in der Geschichte der Philosophie, insbesondere die Medienkritik Platons, die Technologiekritik einer offenen marxistischen Deutung und die Sozial- und Kulturkritik Walter Benjamins (Abschnitt 4).

1.   Ist Digitalisierungskritik kontradiktorisch?

Digitalisierungskritik ist erst einmal nicht sinnlos, weder Digitalisierung noch Kritik sind irgendwie metaphysisch.[13] Wir wissen ziemlich genau, was mit Digitalisierung und Kritik jeweils gemeint ist und man kann Digitalisierungskritik jeweils auch als solche erkennen. Digitalisierung und Kritik liegen außerdem in derselben Sphäre, beides sind soziale Praxen. Digitalisierung meint dabei im Kontext von Digitalisierungskritik immer den gesellschaftlichen Transformationsprozess (engl.: „digital transformation"), der aber auf der Ersetzung analoger durch digitale Technologie („engl.: „digitalization") und dem technischen Prozess des Medienwandels beruht, in dem kontinuierliche

---

11   z. B. Misselhorn 2018, Kap. II; Loh 2019, Kap. 4.
12   Stalder 2016, 93.
13   Ich beziehe mich bei dieser einleitenden Annäherung auf Carnap 1931.

Spektren in diskrete Zustände umgewandelt werden (engl.: „digitization").[14] Zwischen Prozess und Produkt, Digitalisierung und Digitalität, lässt sich dabei nicht sauber trennen, oft ist einfach auch beides gemeint, wenn von „Digitalisieurng" die Rede ist. Kritik kann sehr basal verstanden werden als eine Praxis in der „Gegebenheiten analysiert, beurteilt oder als falsch abgelehnt werden"[15] mit dem Ziel, andere Personen von der Scheinhaftigkeit ihrer Vorstellungen über diese Gegebenheiten zu überzeugen. Natürlich kann und muss Digitalisierungskritik im Einzelfall sehr viel konkreter bzw. in der Form der jeweiligen Kritik spezifischer ablaufen, aber im Prinzip ist Digitalisierungskritik derart einfach. Nun wird aber gelegentlich behauptet, Digitalisierungskritik sei kontradiktorisch, d.h. ihre Aussagen wären widersprüchlich. Wenn das stimmt, dann könte man mit Sicherheit sagen, dass Digitalisierungskritik immer falsch ist, ohne überhaupt irgendwie näher klären zu müssen, wie Digitalisierung oder Kritik sich empirisch verhalten.[16] Die wichtigsten Kontradiktionthesen will ich hier nun kurz diskutieren.

1.1   *Die Selbstläuferkontradiktion*

Die Selbstläuferkontradiktion lässt sich in folgende Form bringen:
P1: Digitalisierung ist ein nicht zu beeinflussender gesellschaftlicher Transformationsprozess.
P2: Digitalisierungskritik ist die Beeinflussung der Digitalisierung.
C: Digitalisierungskritik ist die Beeinflussung von etwas nicht Beeinflussbarem (Kontradiktion).
Kritiker:innen der Digitalisierung ärgern sich hin und wieder öffentlich über die Darstellung der Digitalisierung als alternativlosem Transformationsprozess. Die Digitalisierung werde, so der Vorwurf von Seiten der Kritik gegen diese Kontradiktion, nur als Selbstläufer dargestellt, um Kritik bereits im Vorfeld abzuwehren. Der Medientheoretiker Daniel Martin Feige schreibt etwa:

> Wenn in den gegenwärtigen politischen und in Teilen auch journalistischen Debatten die Rede von Digitalisierung ist, so wird darunter so etwas wie eine freundliche Naturmacht verstanden: Wir erfahren hier, dass die Digitalisierung ohnehin kommt und es darum gehen muss, sie sozialverträglich politisch umzusetzen und zu begleiten. Zugleich erfahren wir, dass sie uns eine Erleichterung und Verbesserung unserer Lebensweise verspricht.[17]

---

14   Vgl.: Mergel et al. 2019.
15   Jaeggi und Wesche 2009, 7.
16   Das auch schon bei: Carnap 1931, 236.
17   Feige 2020.

Feige vermutet hinter der Selbstläuferthese eine technokratische Ideologie. Mir reicht es an der Stelle festzustellen, dass Kritik auch anders als in Form einer Beeinflussung denkbar ist, z. B. als Angriff oder als Klage. In solchen Formen zielt sie auf die falschen Vorstellungen anderer, ohne den Transformationsprozess selbst überhaupt verändern zu wollen. Die Selbstläuferthese wird heute aber auch gar nicht mehr so häufig in der politischen und journalistischen Rede vertreten. Stattdessen wird die Digitalisierung eher als ein gesellschaftliches *Projekt* dargestellt. In der 2021er Ergänzung zur Strategie der Kultusministerkonferenz *Bildung in der digitalen Welt* von 2017 heißt es etwa programmatisch, Ziel sei es, „Unterrichts- und Schulentwicklung aktiv und zukunftsorientiert gemeinsam zu gestalten".[18] Dabei seien alle Akteure im Bildungswesen gefordert. In anderen Bereichen der gesellschaftlichen Öffentlichkeit werden Bürger und staatliche Akteure in ähnlicher Weise am digitalen Prozess beteiligt und auch Kritik hat hier ihren Platz.

1.2   Die Nachträglichkeitskontradiktion

Die Nachträglichkeitskontradiktion lässt sich in folgende Form bringen:

P1: Digitalisierungskritik ist die Analyse vergangener Gegebenheiten.

P2: Digitalisierung ist ein gegenwärtiger und zukünftiger Prozess.

P3: Aus der Vergangenheit der Digitalisierung kann man nicht auf ihre Gegenwart oder Zukunft schließen.

C: Mit Digitalisierungskritik kann man die Digitalisierung nicht kritisieren (Kontradiktion).

Eine ganze Reihe gängiger Digitalisierungskritik baut auf historisch-soziologischen Analysen auf.[19] Die Nachträglichkeitskontradiktion richtet sich gegen jede historisch arbeitende Form der Kritik. Hegel hat in seiner Rechtsphilosophie für die Nachträglichkeit der Kritik das immer noch viel verwendete Bild von der Eule der Minerva gezeichnet: „Wenn die Philosophie ihr Grau in Grau malt, dann ist eine Gestalt des Lebens alt geworden, und mit Grau in Grau läßt sie sich nicht verjüngen, sondern nur erkennen; die Eule der Minerva beginnt erst mit der einbrechenden Dämmerung ihren Flug".[20]

Der Soziologe Andreas Reckwitz wurde kürzlich in einem Interview für das Journal *Theory, Culture & Society* mit Hegels Eule der Minerva konfrontiert.[21] Seine Beschreibung der *Gesellschaft der Singularitäten* ist eine Skizze der Spätmoderne, die aber vielleicht gerade durch die Digitalisierung schon beendet wird. Gleichzeitig ist die Digitalisierung aber genau das Zeichen, das Reckwitz

---

18   KMK 2017, 2021, 3.

19   Castells 2010; Rosa 2016; Stalder 2016; Reckwitz 2017; Baecker 2018; Nassehi 2019 u.v.m.

20   Hegel 1970, 28.

21   Carleheden et al. 2022.

aufgreift, um Phänomene wie „Kulturalisierung und Singularisierung" in der Geschichte der Moderne zu verfolgen.[22] Die Nachträglichkeitskontradiktion steht und fällt mit der Aussage P3. Ich denke, es gehört zum Mythos der Digitalisierung, diesen Transformationsprozess als ad-hoc oder als immer wieder neu oder als so komplex zu beschreiben, dass aus dem bisherigen Verlauf heraus kaum Aussagen über die Zukunft möglich sind. Es gehört wohl ebenso zu diesem Mythos, die Digitalisierung erst jetzt oder erst in den letzten Jahren überhaupt so richtig starten zu sehen, während die basalen medialen Grundlagen der Digitalität, die „embryonale Digitalität", wie Sybille Kärmer sagt, wohl tatsächlich „bereits im alphanumerischen Zeichenraum" beginnt.[23] Es reicht für unsere Zwecke an dieser Stelle festzuhalten, dass P3 allein dadurch in Frage steht, dass Digitalisierung eine große Reihe verschiedenster Technologien betrifft, die alle träge und pfadabhängig sind, so dass sehr Vieles, was gestern über die Digitalisierung festgestellt werden konnte, sehr wahrscheinlich auch morgen noch wahr sein wird.

In der ingenieurswissenschaftlich informierten Technikphilosophie gibt es eine ganz ähnliche Figur wie Hegels Eule der Minerva, das *Collingridge-Dilemma*.[24] Es ist bis heute ein wichtiges Problem philosophischer Technologiekritik in Bezug auf die Arbeit von Ingenieuren.[25] Das von David Collingridge erstmals aufgezeigte Dilemma besagt, dass Technologien leicht zu kritisieren und in ihrer Entwicklung zu beeinflussen sind, wenn sie sich in einem frühen Zustand der Entwicklung befinden. Zu diesem Zeitpunkt weiß man allerdings noch nicht, wie sich diese Technologien auf die Gesellschaft auswirken. Wenn Technologien aber eingeführt und sozial eingebettet sind, dann weiß man, welche Wirkungen sie haben. Man könnte sie entsprechend gut kritisieren, aber diese Kritik kann nur noch schwer die Entwicklung beeinflussen. Die Technologien sind nämlich schon etabliert, die Menschen haben sich mit ihnen arrangiert und man kann sie nicht mehr zurückrufen. Für digitale Technologien mag aber Collingridges Dilemma nicht mehr so gut treffen, weil diese zumindest softwareseitig auch im Nachgang geupdated werden und so auch Kritik integrieren können. Folgt man der Schule der sozialen Konstruktion von Technologie (SCOT), dann ist das Collingridge-Dilemma leicht verschoben.[26] Nach SCOT sind es Gruppen sozialer Akteure, die erst nach der Einführung die tatsächliche Nutzung einer Technologie bestimmen und je nach eigenem Interesse die Technologie selbst verändern. Die historischen Studien von SCOT zeigen, wie dies bei heute sehr gängigen Technologien wie

---

22   Reckwitz 2017, 119.
23   Krämer 2022, 10.
24   Collingridge 1980.
25   Vgl.: Kudina und Verbeek 2018.
26   Pinch und Bijker 1987.

dem Fahrrad und dem Automobil geschah.[27] Das Collingridge-Dilemma ist in dieser sozialtechnologischen Sichtweise zwar immer noch relevant. Nach der durch SCOT am Ende der frühen Entwicklungsphase identifizierten Schließung, der sog. „Closure" einer Technologie, ist diese nämlich auch als soziale Konstruktion nicht mehr leicht zu verändern und problematische Aspekte, insbesondere Einzelinteressen früher Nutzung, mögen sich festgeschrieben haben. Für digitale Technologien kann man aber auch hier gut argumentieren, dass sie letztlich durch stetige Um- und Reproduktion und die Einbindung der Nutzer als „Produser"[28] ein „Closure" gar nicht mehr erreichen. Weder das Collingridge-Dilemma noch die sehr ähnliche Problematik um das „Closure" sozial konstruierter technologischer Artefakte machen also Digitalisierungskritik durch ihre Nachträglichkeit zur Kontradiktion.

1.3   *Die Spekulationskontradiktion*
Die Spekulationskontradiktion ist der Nachträglichkeitskontradiktion sehr ähnlich, sie lässt sich in folgende Form bringen:
P1: Digitalisierungskritik ist die Analyse zukünftiger Gegebenheiten, um falsche Vorstellungen zu widerlegen.
P2: Digitalisierung ist ein gegenwärtiger und zukünftiger Prozess.
P3: Je weiter ein Prozess in die Zukunft reicht, umso unwahrscheinlicher werden Aussagen über ihn, die sich im Nachhinein als wahr erweisen.
C1: Digitalisierungskritik trifft mit hoher Wahrscheinlichkeit falsche Aussagen über die Digitalisierung.
P4: Falsche Aussagen führen zu falschen Vorstellungen.
C2: Digitalisierungskritik richtet sich gegen falsche Vorstellungen und produziert mit hoher Wahrscheinlichkeit falsche Vorstellungen (Kontradiktion).
Der Spekulationskontradiktion zufolge trifft spekulative Digitalisierungskritik zwar im Gegensatz zur nachträglich operierenden Kritik den passenden Zeitrahmen, wird aber genau dadurch in ihrer Analyse unsicher. Spekulation hat in der Philosophiegeschichte unterschiedliche Bedeutungen und gilt mitunter als veritable theoretische Methode. Beim Spekulationsvorwurf im Kontext der Digitalisierungskritik ist sie jedoch gleichbedeutend mit unsicheren Aussagen, d.h. Aussagen, die mit einer hohen Wahrscheinlichkeit falsch sind. Wie die Nachträglichkeitskontradiktion hängt auch die Spekulationskontradiktion letztlich am Mythos der Digitalisierung. Die vermeintliche Komplexität der Digitalisierung und ihr angeblicher Science-Fiction-Charakter legen Spekulation nahe, lassen Aussagen über den definitiven Verlauf dieses technologischen Prozesses aber gleichermaßen unsicher erscheinen.

---

27   Bijker 1995; Kline und Pinch 1996.
28   Bruns 2006.

In dem oben bereits beschrieben Interview erwähnt Andreas Reckwitz selbst Nick Bostroms Arbeiten zur zukünftigen Entwicklung künstlicher Intelligenz als eher spekulative Digitalisierungskritik.[29] Und tatsächlich beginnt Bostrom seinen Aufsatz zur Zukunft der Menschheit angesichts der Digitalisierung selbst auch mit einer Reflexion auf den Spekualtionsvorwurf: „The future of humanity is often viewed as a topic for idle speculation".[30] In diesen beiden Varianten argumentiert Bostrom dann weiter, dass Menschen aufgrund von Spekulation Überzeugungen bilden und so zu Entscheidungen kommen. Spekulation habe also praktische Relevanz und sei daher sinnvoll. Das ist aber kein besonders starkes Argument, weil aller mögliche Unsinn praktische Relevanz hat, das macht in nicht weniger unsinnig. Im Kontext der Spekulationskontradiktion interessanter ist Bostroms dann folgendes Argument, mit dem auch die Erstpublikation des Aufsatzes beginnt.[31] Durch Abstraktion, so Bostrom, werde die hyperkomplexe Konkretion der Zukunft wieder greifbar und einer Analyse zugänglich. Es mache wenig Sinn über jedes Detail der Zukunft zu sprechen, es mache aber sehr wohl Sinn, über einige mögliche Modelle der Zukunft im Ganzen zu sprechen. Wie Bostrom bin auch ich nicht der Meinung, dass jede Spekulation über die Zukunft der Digitalisierung müßig ist. Mein Argument gegen die Nachträglichkeitskontradiktion ist auch in Bezug auf die Spekulation gültig: digitale Technologien sind träge und pfadabhängig, daher können insbesondere Expert:innen die Zukunft der Digitalisierung tatsächlich ganz gut deuten. Die Geschichte der Digitalisierung liefert einige Beispiele für erfolgreiche Visionen dieser Art; am bekanntesten ist hier wohl Tim Berners-Lee Vorhersage des Semantic Web.[32] Bostroms und mein Argument sprechen beide dafür, dass die Spekulationskontradiktion im Schluss von P3 auf C1 fehl geht.

1.4 *Die gesellschaftstheoretische Kontradiktion*

Die gesellschaftstheoretische Kontradiktion lässt sich in folgende Form bringen

P1: In Buchdruck und medialer Öffentlichkeit der Moderne muss Kritik frei und offen sein.

P2: Im Digitalen herrscht Kontrolle und Parzellierung medialer Inhalte.

Def.: Digitalisierungskritik ist Kritik im Digitalen.

C: Digitalisierungskritik ist frei und offen und unfrei und geschlossen (Kontradiktion).

---

29   Carleheden et al. 2022, 30.2
30   Bostrom 2009a, 41, 2018, 9.
31   Bostrom 2009b, 186.
32   Berners-Lee und Fischetti 1999; Berners-Lee et al. 2001.

Diese Kontradiktion wird im Zusammenhang mit einem Pessimismus des Digitalen landläufig immer mal wieder vorgebracht. Dabei ist die gesellschaftstheoretische Kontradiktion medientheoretisch und -soziologisch voraussetzungsreich. Die bekannteste Argumentation in diese Richtung liefert Jürgen Habermas in seiner Deutung des neuen Strukturwandels der Öffentlichkeit. Dabei ist aber die Kontradiktion bei Habermas gar nicht so scharf wie die Formalisierung oben. Für Habermas verlieren die Redaktionen der klassischen Massenmedien durch die Digitalisierung ihre Gatekeeper-Funktion; die ehemaligen Rezipient:innen rutschen in die Rolle von Autor:innen. Durch diesen Wandel ist nach Habermas die Kritiklosigkeit jedoch nur temporär: „Auch die Autorenrolle muss gelernt werden; und solange es beim politischen Austausch in den sozialen Medien daran noch fehlt, leidet darunter einstweilen die Qualität der enthemmten, gegen dissonante Meinungen und Kritik abgeschirmten Diskurse".[33] Habermas geht also davon aus, dass P2 durch die Eigeninitative mündiger Bürger:innen überwunden werden kann. Und für Habermas hat auch der öffentlich-rechtliche Rundfunk und die überregionale Qualitätspresse eine wichtige Bedeutung in der Kritik des Digitalen von Außen. Habermas nimmt die Politik in der Aufrechterhaltung dieser Medien in die Pflicht, es gäbe „ein verfassungsrechtliches Gebot, eine Medienstruktur aufrechtzuerhalten, die den inklusiven Charakter der Öffentlichkeit und einen deliberativen Charakter der öffentlichen Meinungs- und Willensbildung ermöglicht".[34] Wenn die öffentlich-rechtliche Förderung erhalten bleibt, so gibt es nach Habermas also zumindest eine Digitalisierungskritik *außerhalb* des Digitalen. Die Definition im Argument oben trifft dann also nicht. Habermas insistiert insbesondere auch auf die pädagogische Verantwortung des Gesetzgebers, die Urteilsfähigkeit der Bürger:innen im Digitalen und in Bezug auf das Digitale zu fördern. Diese Urteilsfähigkeit geht mit Digitalisierungskritik in der Breite einher. Wir sehen schon: Habermas kann die gesellschaftstheoretische Kontradiktion nicht zugeschrieben werden. Für ihn gibt es wahre Digitalisierungskritik, von Außen durch die modernen Qualitätsmedien, von innen durch die mündigen Bürger:innen selbst.

Bei dem Systemtheoretiker Dirk Baecker findet sich ebenfalls eine Argumentation, die der gesellschaftstheoretischen Kontradiktion ähnlich ist. Nach Baecker ist die Buchdruckgesellschaft dadurch geprägt, dass Individuen lernen, „Kritik zu üben und auszuhalten",[35] das sei das primäre Ziel des Erziehungssystems. Mit den digitalen Medien werde Kritik als Ziel von Kontrolle abgelöst.

---

33   Habermas 2022, 47.
34   Habermas 2022, 67.
35   Baecker 2018, 153.

Kontrolle könne durch die projektartige Entwicklung der eigenen Bildungs-biographie auch im Digitalen wiederhergestellt werden: „Dem modernen Blick erscheint dies als ‚unternehmerischer' Umgang mit sich selbst und wird im Sinne einer Kritik aller Kapitalisierungsvorgänge kritisch beurteilt. Tatsächlich geht es um den Wiedergewinn von Entscheidungsfähigkeit".[36] Baecker nennt dann die durch die Digitalisierung bestimmte Gesellschaft auch nicht mehr eine moderne oder spätmoderne Gesellschaft, sondern fasst sie als „nächste Gesellschaft", die aber noch von der Suche „nach einem neuen Ungleichgewichtszustand" bestimmt sei.[37] Vieles deute aber schon darauf hin dass dieses Ungleichgewicht in „Identitäts- und Kontrollbeziehungen" in den digitalen Netzwerken besteht.[38] Baecker folgt einem ganz anderen Theorie-rahmen als Habermas, aber was er den „Wiedergewinn der Entscheidungs-fähigkeit" nennt ist gar nicht so weit weg von der Urteilsfähigkeit der Bürger bei Habermas. Auch Baecker sieht hier nach wie vor das Erziehungssystem in der Verantwortung für die Herstellung dieser Entscheidungsfähigkeit. Baeckers Argumentation weicht andererseits aber von der Formalisierung oben ab, indem er unter P1 die bisherige Form der Kritik nicht als frei und offen verstehen würde, sondern als Überschusssinn, den eine Gesellschaft funktional benötigt, um mit ihren Kommunikationen umzugehen. So ver-standen ist die gesellschaftstheoretische Kontradiktion bei Baecker dann mög-licherweise nur ein definitorisches Problem. Wenn man Digitalisierungskritik nicht als „Kritik im Digitalen", sondern als „Wiedergewinn der Entscheidungs-fähigkeit" im Digitalen durch Identität und Kontrolle begreift, dann entsteht kein Widerspruch mehr darin, dass im Digitalen Parzellierung und Kontrolle herrscht. Die gesellschaftstheoretische Kontradiktion ergibt sich also auch bei Baecker nicht.

Letztlich ist die gesellschaftstheoretische Kontradiktion also weder bei Habermas noch bei Baecker in ihrer Reinform zu finden. So wie oben formu-liert wird sie in der öffentlichen digitalisierungskritischen Debatte zwar öfter einmal verwendet, stellt aber wohl eine Verkürzung sowohl der kritischen als auch der systemtheoretischen soziologischen Position dar.

Die Betrachtung dieser vier gängigen Kontradiktionen hat uns dazu geführt, dass Digitalisierungskritik wohl nicht bereits im Vorfeld als *immer falsch* ein-geschätzt werden kann. Im nächsten Abschnitt möchte ich eine Argumentation diskutieren, die gegenteilig Digitalisierungskritik einem praktischen Syllogis-mus folgend als *immer richtig* bestimmt.

---

36 Baecker 2018, 158.
37 Baecker 2018, 35.
38 Baecker 2018, 46.

2.   Digitalisierungskritik als Immunisierungsstrategie

Es ist eine weit verbreitete Meinung, dass Digitalisierungskritik auf praktischer
Ebene immer richtig ist. Gerade im pädagogischen Kontext wird Kritik so auch
recht unbesehen betrieben. In gängigen Modellen der Medienkompetenz ist
die Fähigkeit Kritik zu üben in der Regel die vorletzte, selbstreflexive Stufe in
der bloomschen Taxonomie, der dann nur noch die eigenständige Entwicklung
folgt.[39] In diesem Fall soll mit Kritik alles noch einmal reflexiv eingeholt werden, was vorher „unkritisch" behandelt wurde, bevor die Schülerinnen dann
selbst gestalten. Gerade im pädagogischen Bereich ist es aber auch ein gängiger Fall, dass Digitalisierung ausschließlich und direkt kritisch behandelt wird.
Hier spielt es auch oft eher weniger eine Rolle, *was* und *wie* kritisiert wird, es ist
dann eher wichtig, *dass* kritisiert wird. Die Phänomene des Digitalen sind dann
oft nicht aktuell und der Modus der Kritik nicht explizit.[40] Die Schülerinnen
und Schüler sind allein durch die Einübung von Kritik dann vermeintlich gegen
alle digitalen Übel gewappnet. Beide Fälle, die reflexive und die direkte Kritik
am Digitalen überhaupt, kann man als dieselbe Strategie verstehen. Durch
geübte Kritik sollen Lernende in Zukunft immun gegen die üblen Wirkungen
der Digitalität sein. Dieses Vorgehen nenne ich die *Immunisierungsstrategie*.

Der Immunisierungsstrategie liegt eine Annahme über die Rechtfertigbar-
keit von Digitalisierungskritik auf praktischer Ebene zu Grunde. Während
die Kontradiktionen auf sprachlicher Ebene operieren, wird die Immunisierungsstrategie rein praktisch appliziert. Es geht also nicht darum, was über
die Digitalisierung ausgesagt wird, sondern es geht darum, dass in actu Kritik an ihr betrieben wird. Das geschieht meist durch Sprache, die man dann
aber als Handlung verstehen muss. Es bietet sich hier an, diese Form der Kritik
als praktischen Syllogismus zu fassen. Ich mache das hier in Anlehnung an
Donald Davidson, der Kausalbeziehungen als die Antworten von Akteuren auf
Warum-Fragen zurückverfolgt und so Handlungen an Willenserklärungen bin-
det.[41] Darüber ist auch möglich zu sagen, ob eine Handlung nachvollziehbar
ist, das heißt ob Gründe angegeben werden können, die sie rechtfertigen.[42]
Ich will hier nicht ins Detail gehen, mir ist lediglich die Form des praktischen
Syllogismus wichtig; eine weiterführende Diskussion der Handlungstheorie
Davidsons in Bezug auf das Digitale findet sich bei Samuel Ulbricht.[43] Auf der

---

39   Z.B.: MSB NRW 2020.
40   Vgl.: Bohlmann 2022, Kap. 2.
41   Davidson 2002a.
42   Davidson 2002a, S. 3
43   Ulbricht 2020, 11–16.

Basis des praktischen Syllogismus lässt sich Digitalisierungskritik als Immunisierungsstrategie so formulieren[44]:

1. Kritikfähigkeit gegenüber der Digitalisierung ist wünschenswert.
2. Man kann Kritikfähigkeit gegenüber der Digitalisierung gewinnen, indem man Digitalisierungskritik übt.
3. a) Handlung *übt Digitalisierungskritik*.
   b) Es ist unbedingt wünschenswert, Digitalisierungskritik zu üben.

Die Immunisierungsstrategie ist problematisch, weil Digitalisierung hier als einheitliches Phänomen gesehen wird, dass in all seinen Aspekten sinnvoll kritisierbar sei. Kritik ist aber nicht immer sinnvoll und manchmal ist es auch nicht geboten, Kritik zu üben. Aus rein praktischer Sicht ist Digitalisierungskritik manchmal auch Zeitverschwendung und gelegentlich ist sie sogar schädlich, z. B. wenn eigentlich gute Dinge durch Krittelei zerredet werden. Bernard Stiegler hat die medienkritische Position Jacques Derridas kürzlich in ganz ähnlicher Weise beschrieben.[45] Derridas Begriff des *pharmakon* wird hauptsächlich aus seiner Lesung von Platons *Phaidros* gewonnen.[46] *Pharmakon* als das Mittel und gleichzeitig das Medium werde bei Derrida defizitär gedeutet, so Stiegler. Medien haben pharmazeutische Wirkungen auf die Rezipienten und obwohl Derrida die Schrift, das zu Platons Zeiten neue Medium, gegen die von Platon propagierte dialektische Sprache hält, sei doch das Pharmakon bei Derrida immer negativ gedeutet: „with Derrida you don't have any positive discourse on the pharmakon".[47] Stiegler selbst hingegen sieht das Pharmakon immer gleichzeitig als Droge und Medizin, als „poison" und „remedy".[48] Folgt man Stiegler, muss man die Sicht auf eine generelle Immunisierungsstrategie in Bezug auf die „digital pharmacy" fallen lassen.[49] Eine Immunisierung ist nämlich zwar bei Giften sinnvoll, etwa durch die Gabe kleiner Mengen – das ist das schon in der Antike bekannte Verfahren der Mithridisation. Geht man allerdings von hilfreicher Medikation aus, dann ist Immunisierung gleichbedeutend mit Resistenz – die positive Wirkung tritt nicht mehr ein.

Noch in einer anderen Hinsicht ist der praktische Syllogismus der Immunisierungsstrategie zu wenig differenziert. Es gibt nämlich Formen von Digitalisierungskritik, die problematisch sind, weil sie etwa identitär,

---

44   Davidson 2002b.
45   Stiegler 2022.
46   Derrida 1995.
47   Stiegler 2022, 87.
48   Stiegler 2022, 87.
49   Stiegler 2022, 94.

isolierend, moralisierend oder autoritär sind. In solchen Fällen wäre es gerade unbedingt wünschenswert, Digitalisierungskritik zu vermeiden. Damit ist nicht nur der praktische Syllogismus der Immunisierungsstrategie letztlich sehr stark vom konkreten Typ der Digitalisierungskritik abhängig, es macht dann auch Sinn darüber nachzudenken, wie *gute* Digitalisierungskritik denn aussehen könnte.

3.   Eine Melioration: Digitalisierungskritik für den Bildungskontext

Mit dem sog. *Conceptual Engineering* haben begriffliche Bestimmungen in der Philosophie an Boden gewonnen, die nicht mehr als klassische Begriffsanalyse auftreten, sondern die Effekte der Verwendung der Begriffe gestalten, indem sie Begriffe z. B. anreichern.[50]. Sally Haslanger hat für solche angereicherten Begriffe den Terminus der ameliorativen Analyse geprägt: „elucidate ‚our‘ legitimate purposes and what concept of F-ness (if any) would serve them best (the target concept). Normative input is needed", wobei F der anzureichernde Begriff ist.[51]. Ich vertrete die These, dass Digitalisierungskritik negative Effekte haben kann und wir daher nicht alles als Digitalisierungskritik akzeptieren sollten. Ich hatte bereits die Minimaldefinition für Digitalisierungskritik kurz erwähnt, möchte sie hier aber noch einmal formal fassen:

> Digitalisierungskritik $_{Mdef}$= soziale Praxis auf Grundlage der Analyse, des Urteils oder der Ablehnung in Bezug auf den gesellschaftlichen Transformationsprozess der Digitalisierung und mit dem Ziel, andere Personen von der Scheinhaftigkeit ihrer Vorstellungen hierüber zu überzeugen.

Diese Definition ist sehr offen, so ist auch gar nicht bereits festgelegt welche Form diese soziale Praxis selbst haben mag. Ironische Anmerkungen, wissenschaftliche Dispute und militanter Protest wären allesamt damit gefasst, ebenso wie unterschiedlichste Modi, von freundlich-wohlwollend bis vernichtend. Mir geht es im Folgenden aber weder um die jeweilige soziale Praxis, noch um die Schärfe der Kritik, sondern um bestimmte defizitäre Attribute der Kritik, die sich jetzt schon als problematisch im Digitalen zeigen. Ich werde nun nacheinander diese Attribute kurz skizzieren, um dann eine meliorierte Definition für den Bildungskontext aufzustellen.[52]

---

50   Eine erste Einführung ist: Isaac et al. 2022.
51   Haslanger 2012, 376.
52   Eine ausführlichere Herleitung findet sich in: Bohlmann 2022, Kap. 3.

3.1   Identitäre Kritik vermeiden

Echokammern und *Filter-Bubbles* sind vielfach diskutierte problematische Phänomene identitärer Bewegungen im Digitalen. Felix Stalder hat zu Recht darauf verwiesen, dass aber dieselben digitalen Kommunikationskanäle nicht nur von Identitären und Autoritären genutzt werden, sondern auch etwa erst zur Konsolidierung der LGBTQ-Community geführt haben.[53] Will man nun gute identitätsstiftende Digitalität von schlechter trennen, kann es wohl kaum genug sein, das allein politisch festzumachen. Der Protest hat, folgt man Armin Nassehi, auf beiden Seiten des politischen Spektrums dieselbe Struktur.[54] Wie kann Digitalisierungskritik dann aber so definiert werden, dass sie identitäre Kritik nicht noch verschärft und Echokammern und Filter-Bubbles verhärtet? Eine Möglichkeit wäre gleichzeitig Inklusionsziel und Konflikt in den Begriff zu integrieren, Pluralität und Agonalität: Digitalisierungskritik ist eine konflikthafte Praxis in Bezug auf die Digitalisierung mit dem Ziel der gesellschaftlichen Inklusion.

3.2   Isolierende Kritik vermeiden

Soziale Isolation und *Hikikomori*, der soziale Typus des meist männlichen Jugendlichen, der sein digitales Zimmer nicht mehr verlässt sind augenscheinliche Phänomene für die Isolationsgefahren des Digitalen. Digitalität ist nicht immer als Netzwerk zu begreifen, man kann dort natürlich auch sehr einsam sein. So haben sich Wechselspiele der Ver- und Entnetzung etabliert.[55] Es ist auf der anderen Seite auch immer noch eine mögliche Praxis der Kritik an der Digitalisierung, schlichtweg nicht teilzuhaben oder zumindest so wenig digital zu existieren wie möglich. Davon ist wahrscheinlich in ähnlicher Weise abzuraten. Manfred Spitzer konnte noch Anfang der 10er Jahre schreiben: „Meiden Sie die digitalen Medien. Sie machen, wie vielfach hier gezeigt wurde, tatsächlich dick, dumm, aggressiv, einsam, krank und unglücklich".[56] Solch eine Kritik ist heute kaum noch möglich, das Digitale ist kaum mehr zu meiden, ohne dass gleichsam horrende negative Effekte in Kauf genommen werden müssen. Die soziale Isolation bei gleichzeitiger digitaler Integration in der Covid-Pandemie hat hier sicherlich einen Effekt gehabt. Für unsere angereicherte Definition von Digitalisierungskritik folgt daraus: Digitalisierungskritik findet aktiv und sozial und damit auch in den digitalen Medien selber statt.

---

53   Stalder 2016, 39–49.
54   Nassehi 2020.
55   Zurstiege 2019; Stäheli 2021.
56   Spitzer 2012, 325.

3.3   Moralisierende Kritik vermeiden

Digitalität ist der Ort, an dem Kritik an Personen sich in der Form von *Social Shaming* und *Shitstorms* artikulieren kann. So ist nicht nur das Unpersönliche ein Problem der Kritik im Digitalen sondern auch das Allzu-Persönliche. In der philosophischen Debatte wurde in diesem Zusammenhang über Formen des Moralismus diskutiert.[57] Die Debatte um die vermeintliche Verteilung von Redeverboten im Digitalen ist die andere Seite dieser Debatte.[58] Hilfreich könnte eine Redekultur sein, in der epistemische Vorteile zu Erklärungen der eigenen Positionen in Form von Argumentationen nötigen. Kurz gesagt: Kritik sollte im Digitalen so aussehen, dass man sich selbst hinterfragt, der Gegenseite zuhört und sie zu verstehen sucht. Vieles davon ist in der metaphilosophischen und pädagogischen Bewegung des „Critical Thinking" gefasst.[59] Wir ergänzen also die Definition: Digitalisierungskritik beinhaltet die kritische Reflexion auf ihren eigenen Modus und artikuliert sich in Form einer Argumentation.

3.4   Autoritäre Kritik vermeiden

An der Digitalität wird oft kritisiert, dass sie der ideale Nährboden für *Verschwörungstheorien* und *Fake-News* sei,[60] oft wird Argumentationstheorie als ein Mittel gegen diese Gefahr des Digitalen gesehen. Eine reine Berufung auf das bessere Argument läuft aber Gefahr selbst zu unterschätzen, wie sehr Argumente immer aus Positionen heraus bestimmt sind. So läuft sie Gefahr, selbst autoritär zu werden. In der Digitalität sind die diskursiven Fronten der Kritik auch daher so verhärtet, weil oft die eigenen Interessen nicht kommuniziert werden. Das lässt sich in Bezug auf Digitalisierungskritik vermeiden, indem wir ergänzen: Digitalisierungskritik bietet eine mit Kritischem Denken („Critical Thinking") argumentationstheoretisch prüfbare Struktur, deren diskutierbare Positionen reale Interessen in der Digitalisierung zeigen.

3.5   Synthese in der Definition von Digitalisierungskritik für den Bildungskontext

Nach dieser ameliorativen Analyse in Kurzform lässt sich nun eine sensible Definition von Digitalisierungskritik formulieren. Sie ist für den Bildungskontext besonders geeignet, ist aber auch für alle Bereiche anwendbar, in denen Digitalisierungskritik prospektiv in einem öffentlichen Diskurs gestaltet

---

57   Weber-Guskar 2020.
58   Döring 2021.
59   Vgl.: Pfister 2020.
60   Pfister 2020, 77.

werden soll, also auch etwa bei Bürger:innenbeteiligung, in den öffentlichen Medien etc.

> Digitalisierungskritik $_{BKdef}$= konflikthafte soziale Praxis in Bezug auf die Digitalisierung mit dem Ziel der gesellschaftlichen Inklusion (1); sie findet aktiv und sozial und damit auch in den digitalen Medien selbst statt (2); sie beinhaltet die kritische Reflexion auf ihren eigenen Modus und artikuliert sich in Form einer Argumentation (3); sie bietet eine mit Kritischem Denken („Critical Thinking") argumentationstheoretisch prüfbare Struktur, deren diskutierbare Positionen reale Interessen in der Digitalisierung zeigen (4).

Diese Definition wirkt erst einmal recht voraussetzungsreich. Das ist sie aber nicht. Ich habe an anderer Stelle gezeigt, dass sich in der Philosophiegeschichte zahlreiche Modelle der Digitalisierungskritik finden, die diese Definition erfüllen. Das reicht von der Medienkritik Platons über die Kritik politischer Ökonomie bei Karl Marx bis hin zu der Kritik der soziokulturellen Verwerfungen im Reproduktionszeitalter bei Walter Benjamin.[61] Von mir erstellte Materialien zur Digitalisierungskritik, Kopiervorlagen und didaktische Hinweise für den Einsatz im Philosophieunterricht, die man aber auch für weitere Bildungszwecke und anderen Fachunterricht verwenden kann, finden sich als Open-Access Bildungsressourcen auf der Plattform *Doing Geo & Ethics*.[62]

4. Ausblick

Digitalisierungskritik ist ein wichtiger Teil der Digitalisierung, sie ist selbst eine soziale Praxis, die entscheidend beeinflusst, wie die gesellschaftliche Transformation voranschreitet. Sie ist insofern nicht retrospektiv, sondern progressives und aktives Gestaltungsmittel der Digitalisierung. Digitalisierungskritik ist ein Projekt, mit dem aktiv an der Digitalisierung gearbeitet wird und nicht nur ein reflexives, nachträgliches Reden-Über. Ich habe in diesem Beitrag zunächst dargelegt, dass Digitalisierungskritik ein zumindest nicht widersprüchliches Unterfangen ist; gängige Versuche sie als kontradiktorisch darzustellen scheitern nämlich. Die Vorwürfe der Nachträglichkeit, der Spekulation und der gesellschaftstheoretische Vorwurf, dass Digitalisierung ein Zeitalter ohne Kritik einleutet, sind jeweils nicht haltbar, so meine These. Ich habe andererseits aber gezeigt, dass Digitalisierungskritik oft und gerade auch im Bildungsbereich problematisch ist. Sie wird oft als eine Immunisierungsstrategie

---

61 Bohlmann 2022, Kap. 5–7
62 Bohlmann 2023.

betrieben. Ungeachtet der konkreten Form und ungeachtet des Gegenstandes der Kritik soll solch eine Digitalisierungskritik allein dadurch schon hilfreich sein, dass überhaupt Kritik geübt wird. Diese Immunisierungsstrategie habe ich zurückgewiesen, denn Digitalisierung ist kein einheitliches Phänomen und es gibt problematische Formen der Digitalisierungskritik selber. Ich habe dann einige gängige Formen problematischer Kritik vorgestellt, die identitäre, isolierende, moralisierende und die autoritäre Kritik, um daraus ex negativo eine angereicherte Definition dessen zu generieren, was wir unter Digitalisierungskritik verstehen sollten. Solche Kritik kann man dann wiederum sehr gut aus der philosophischen Tradition beziehen, so dass Digitalisierungskritik nicht erst neu erfunden werden muss. Wie die grundständigen Phänomene der Digitalisierung, ihre „embryonale Digitalität",[63] liegen die Wurzeln der Digitalisierungskritik ebenfalls deutlich tiefer. Platons Medienkritik, Marx' Kritik politischer Ökonomie und Benjamins Reflexionen auf die soziokulturellen Verwerfungen des Reproduktionszeitalters sind nur einige prominente von vielen möglichen Ansatzpunkten. Kritik kann aber keine Haltung mehr sein, wie es Michel Foucault für die Moderne skizzierte, Kritik im Digitalen muss durchdacht und offen sein, um noch „Instrument, Mittel zu einer Zukunft" sein zu können.[64] Digitalisierungskritik ist selbst Teil des digitalen Denkens und daher etwas, was durch eine Philosophie der Digitalität geprägt werden kann und muss.

Literaturverzeichnis

Baecker, Dirk 2018. *4.0 oder die Lücke die der Rechner lässt*, Leipzig.

Berners-Lee, Tim, und Mark Fischetti 1999, *Weaving the Web: The Original Design and Ultimate Destiny of the World Wide Web by its Inventor*, New York.

Berners-Lee, Tim, James Hendler, und Ora Lassila 2001, „The Semantic Web: A New Form of Web Content That is Meaningful to Computers Will Unleash a Revolution of New Possibilities", in: *Scientific American* 284, 34–43.

Bijker, Wiebe E. 1995, *Of Bicycles, Bakelites and Bulbs*, Cambridge, MA.

Bohlmann, Markus 2022, *Bildung – Philosophie – Digitalisierung. Eine Curriculumtheorie. Reihe Digitalitätsforschung Band 3*, hrsg. v. J. Noller, M. Rehbein u. S. Krämer, Berlin/Heidelberg.

Bohlmann, Markus 2023, „Unterrichtsmaterial. Open Educational Resources zur Digitalisierungskritik und Technikphilosophie. Insgesamt 23 didaktische Einheiten",

---

63   Krämer 2022, S. 10
64   vgl.: Foucault 1992, S. 9

in: *Doing Geo & Ethics*; https://doinggeoandethics.com/digitalitat-bildung-reflektieren (Zugriff 28.5.2023).

Bostrom, Nick 2009a, „The Future of Humanity", in: *Geopolitics, History, and International Relations* 1, 41–78.

Bostrom, Nick 2009b, „The Future of Humanity", in: *New Waves in Philosophy of Technology*, hrsg. v. J. Kyrre Berg Olsen, E. Selinger u. S. Riis, London, 186–215.

Bostrom, Nick 2018, *Die Zukunft der Menschheit. Aufsätze*, Frankfurt a.M.

Breyman, Steve, Nancy Campbell, Virginia Eubanks, und Abby Kinchy 2017, „STS and Social Movements: Pasts and Futures", in: *The Handbook of Science and Technology Studies*, hrsg. v. U. Felt, R. Fouché, C. A. Miller u. L. Smith-Doerr, Cambridge, MA, 289–318.

Bruns, Axel 2006, „Towards Produsage: Futures for User-Led Content Production", in: *Proceeding of the 5th International Conference on Cultural Attitudes towards Technology and Communication*, hrsg. v. H. Hrachovec, F. Sudweeks u. C. Ess, Perth, 275–284.

Carleheden, Mikael, Anders Petersen, und Leon Handreke 2022, „Interview with Andreas Reckwitz: A Society of Singularities", in: *Theory, Culture & Society* 39, 287–305.

Carnap, Rudolf 1931, „Überwindung der Metaphysik durch logische Analyse der Sprache", in: *Erkenntnis* 2, 219–241.

Castells, Manuel 2010, *The Rise of the Network Society. The Information Age. Economy, Society, and Culture. Volume I. 2nd Edition with a New Preface*, Chichester, U.K. [u.a.].

Chalmers, David J. 2022, *Reality+. Virtual Worlds and the Problems of Philosophy*, New York.

Collingridge, David 1980, *The Social Control of Technology*, New York.

Davidson, Donald 2002a, „Actions, Reasons, and Causes [1963]", in: Ders., *Essays on Actions and Events*, Oxford, 3–20; https://doi.org/10.1093/0199246270.003.0001.

Davidson, Donald 2002b, „Intending [1978]", in: Ders., *Essays on Actions and Events*, Oxford, 83–102; https://doi.org/10.1093/0199246270.003.0005.

Derrida, Jacques 1995, „Platons Pharmazie", in: Ders., *Dissemination*, Wien, 69–190.

Döring, Sabine 2021, „Epistemische Gerechtigkeit und epistemische Offenheit – eine Versöhnung", in: *Wissenschaftsfreiheit im Konflikt: Grundlagen, Herausforderungen und Grenzen*, hrsg. v. E. Özmen, Berlin/Heidelberg, 49–68.

Feige, Daniel Martin 2020, „Zur Kritik der Digitalisierung", in: *nmz – Neue Musik Zeitung*, 69.

Floridi, Luciano 2015, *Die 4. Revolution. Wie die Infosphäre unser Leben verändert. Aus dem Englischen von Axel Walter*, Berlin.

Foucault, Michel 1992, *Was ist Kritik?*, Berlin.

Frei, Nadine, Robert Schäfer, und Oliver Nachtwey 2021, „Die Proteste gegen die Corona-Maßnahmen. Eine soziologische Annäherung", in: *Forschungsjournal Soziale Bewegungen* 34, 249–258.

Gebru, Timnit 2020, „Race and Gender", in: M. D. Dubber, F. Pasquale u. S. Das (Hrsg.), *The Oxford Handbook of Ethics of AI*; https://doi.org/10.1093/oxfordhb/9780190067397.013.16.

Habermas, Jürgen. 2022, *Ein neuer Strukturwandel der Öffentlichkeit und die deliberative Politik*, Berlin.

Haslanger, Sally 2012, „What Are We Talking About?: The Semantics and Politics of Social Kinds [2005]", in: Dies.: *Resisting Reality: Social Construction and Social Critique*, 365–380; https://doi.org/10.1093/acprof:oso/9780199892631.003.0013.

Hegel, Georg Wilhelm Friedrich 1970, *Grundlinien der Philosophie des Rechts oder Naturrecht und Staatswissenschaft im Grundrisse. Werke in 20 Bänden, Band 7*, hrsg. v. E. Moldenhauer u. K. M. Michel, Frankfurt a.M.

Isaac, Manuel Gustavo, Steffen Koch, und Ryan Nefdt 2022, „Conceptual engineering: A road map to practice", in: *Philosophy Compass* 17, e12879.

Jaeggi, Rahel, und Tilo Wesche 2009, „Einführung: Was ist Kritik?", in: *Was ist Kritik*, hrsg. v. R. Jaeggi u. T. Wesche, Frankfurt a.M., 7–22.

Kline, Ronald, und Trevor Pinch 1996, „Users as Agents of Technological Change: The Social Construction of the Automobile in the Rural United States", in: *Technology and Culture* 37, 763–795.

KMK 2017, *Strategie der Kultusministerkonferenz „Bildung in der digitalen Welt". Beschluss der Kultusministerkonferenz vom 08.12.2016 in der Fassung vom 07.12.2017*; https://www.kmk.org/fileadmin/Dateien/pdf/PresseUndAktuelles/2018/Digitalstrategie_2017_mit_Weiterbildung.pdf. Zugegriffen: 9. August 2021.

KMK. 2021, *Lehren und Lernen in der digitalen Welt. Die ergänzende Empfehlung zur Strategie „Bildung in der digitalen Welt"*, Bonn.

Krämer, Sybille 2022, „Kulturgeschichte der Digitalisierung", in: *Aus Politik und Zeitgeschichte* 10/11, 10–17.

Kudina, Olya, und Peter-Paul Verbeek 2018, „Ethics from Within: Google Glass, the Collingridge Dilemma, and the Mediated Value of Privacy", in: *Science, Technology, & Human Values* 44, 291–314.

Loh, Janina 2019, *Roboterethik. Eine Einführung*, Berlin.

Mergel, Ines, Noella Edelmann, und Nathalie Haug 2019, „Defining Digital Transformation: Results From Expert Interviews", in: *Government Information Quarterly* 36, 101385.

Misselhorn, Catrin 2018, *Grundfragen der Maschinenethik. Zweite durchgesehene Auflage*, Ditzingen.

MSB NRW 2020, Medienkompetenzrahmen NRW. *Bildungsportal des Landes NRW*. https://medienkompetenzrahmen.nrw/fileadmin/pdf/LVR_ZMB_MKR_Rahmen_A4_2020_03_Final.pdf (Zugriff 25.5.2023).

Nachtwey, Oliver, und Carolin Amlinger 2022, *Gekränkte Freiheit. Aspekte des libertären Autoritarismus*, Berlin.

Nassehi, Armin 2019, *Muster. Theorie der digitalen Gesellschaft*, München.

Nassehi, Armin 2020, *Das große Nein: Eigendynamik und Tragik des gesellschaftlichen Protests*, kindle, Hamburg.

Noble, Safiya Umoja 2018, *Algorithms of Oppression How Search Engines Reinforce Racism*, New York.

Noller, Jörg 2022, *Digitalität. Zur Philosophie der digitalen Lebenswelt*, Basel.

Pfister, Jonas 2020, *Kritisches Denken*, Ditzingen.

Pinch, Trevor J., und Wiebe E. Bijker 1987, „The Social Construction of Facts and Artifacts: Or How the Sociology of Science and the Sociology of Technology Might Benefit Each Other", in: *The Social Construction of Technological Systems. New Directions in the Sociology and History of Technology*, hrsv. v. W. E. Bijker, T. P. Hughes u. T. J. Pinch, Cambridge, MA, 17–50.

Reckwitz, Andreas 2017, *Die Gesellschaft der Singularitäten. Zum Strukturwandel der Moderne*, Frankfurt a.M.

Rosa, Hartmut 2016, *Resonanz. Eine Soziologie der Weltbeziehung*, Frankfurt a.M.

Spitzer, Manfred 2012, *Digitale Demenz. Wie wir uns und unsere Kinder um den Verstand bringen*, München.

Stäheli, Urs 2021, *Soziologie der Entnetzung*, Berlin.

Stalder, Felix 2016, *Kultur der Digitalität*, Frankfurt a.M.

Stiegler, Bernard 2022, „The Politics of Digital Pharmacology" in: *The Politics of Digital Pharmacology. Exploring the Craft of Collective Care*, hrsg. v. F. Heidenreich u. Florian Weber-Stein, Bielefeld, 83–116.

Ulbricht, Samuel 2020, *Ethik des Computerspielens. Eine Grundlegung*, Berlin.

Weber-Guskar, Eva 2020, „Der Online-Kommentar: Moralismus in digitalen Massenmedien", in: *Kritik des Moralismus*, hrsg. v. C. Neuhäuser u. C. Seidel, Frankfurt a.M., 422–447.

Zurstiege, Guido 2019, *Taktiken der Entnetzung. Die Sehnsucht nach Stille im digitalen Zeitalter*, Berlin.

Zu einer kritischen Theorie der Digitalisierung

Daniel Martin Feige

Im Juni 2022 sorgte die Mitteilung eines ehemaligen Google-Mitarbeiters für Aufruhr: Er wollte herausgefunden haben, dass der Chatbot LaMDA, an dem er bis dahin gearbeitet hatte, Bewusstsein entwickelt hat. Google schloss sich dieser Einschätzung nicht an und warf ihn kurzerhand raus.[1]

Lemoines Auffassung ist aus verschiedenen Gründen unverständlich. Schon die Begriffe, die in diesem Zusammenhang gefallen sind (neben „Bewusstsein" auch „Gefühl" und „Person"), sind erläuterungsbedürftig, wenn wir sie nicht auf Lebewesen, sondern auf Chatbots anwenden. Was unter einer bestimmten aktivistischen Perspektive als Ausdruck eines ungerechten Anthropozentrismus oder gar eines Vitalozentrismus aussehen mag,[2] schlägt auf diese Perspektive selbst zurück: Schon die möglichen Analogien zu den Debatten des Tierrechts halten nicht das, was sie versprechen, weil es sich bei Chatbots um Techniken der Musterdetektion in großen Datenmengen handelt,[3] nicht aber um Lebewesen, die charakteristische zielorientierte Bewegungsformen in der Welt verwirklichen.[4] Es könnte in diesem Sinne der Fall sein, dass wir Begriffe wie „Bewusstsein" und „Fühlen" nur sinnvoll auf Lebewesen anwenden können und wir den Status von Personen für rationale Lebewesen reservieren müssen;[5] Lebewesen, deren Bewegungsformen nicht allein teleologisch verfasst sind, sondern bei denen diese teleologische Form in selbstbewusster Weise verwirklicht wird, weil sie einen Begriff ihrer selbst haben und damit durch Gründe als Gründe ansprechbar sind.[6]

Wie kommt man auf die Idee, einem Chatbot Bewusstsein und andere Eigenschaften zuzuschreiben, die wir uns und anderen Lebewesen zuschreiben? Selbst wenn wir die Option eines PR-Stunts von Google hier einmal außen vor lassen, lässt sich sagen, dass der Diskurs Lemoines nicht allein phantasmatisch überhöht ist (von Hal bis Skynet), sondern dass er auch von dem bestimmt ist, was ich eine „Turingification" des Denkens nennen möchte: Die Frage, was

---

1 Vgl. Tiku 2021.
2 Ich adressiere hier Autoren wie Nick Bostrom und insgesamt den Transhumanismus; vgl. Bostrom 2018.
3 Vgl. als luzide Einführungen dazu Cantwell Smith 2019, v. a. Kapitel 5 und Rosengrün 2021, Kapitel 1.
4 Vgl. zu diesem Begriff der Lebensform Thompson 2011, Erster Teil.
5 Vgl. dazu weitergehend auch die Überlegungen in Noller 2022.
6 Vgl. dazu weitergehend McDowell 1996, v.a. Vorlesung 4.

etwas ist, wird durch die Frage ersetzt, ob wir (unter bestimmten, sehr artifiziellen Bedingungen) erkennen können, was es ist. Dass Turing selbst den nach ihm benannten Turing-Test als „Propaganda" gegenüber seinem Freund Robin Gandy bezeichnet hat,[7] ist nur konsequent: Auf die Idee, einem Chatbot Bewusstsein oder andere für Lebewesen charakteristische Eigenschaften zuzuschreiben, kann man eigentlich nur kommen, indem man sich, anstatt philosophische Fragen ernsthaft zu beantworten entschieden hat, dass die Computer Scientists die Ärmel hochkrempeln sollen, um praktische Lösungen bereitzustellen. Alan Turing betreibt hier unausgewiesen „Conceptual Engineering" *avant la lettre*.[8]

Ich habe mit diesen sicher sehr forcierten Bemerkungen zu dem Diskurs über Chatbots begonnen, um folgenden Gedanken näherzubringen: Wenn wir über die zunehmende Durchdringung unserer Praxiszusammenhänge durch Informations- und Kommunikationstechnologien nachdenken,[9] so könnte es sein, dass sich hier nicht allein ontologische, mathematische und symbolphilosophische Fragestellungen aufdrängen.[10] Vielmehr gilt es zugleich die soziale und historische Grammatik der zunehmenden Ausbreitung entsprechender Technologien in den Blick zu nehmen. Dazu möchte ich im Folgenden in einem Rückgang auf die von Adorno und Horkheimer in der *Dialektik der Aufklärung* entwickelten Überlegungen geltend machen, dass entsprechende Technologien keineswegs neutral sind und zu unterschiedlichen Zwecken eingesetzt werden können (wobei die Qualität der Zwecke die Qualität ihres Einsatzes als Mittel bestimmen würde).[11] Vielmehr werde ich geltend machen, dass in sie selbst spezifische Machtgrammatiken eingeschrieben sind. Meine These lautet, dass Digitalisierung als Radikalisierung der Logik instrumenteller Vernunft zu begreifen ist und Diskurse wie derjenige Lemoines, den ich als Ausgangspunkt im Sinne einer zugespitzten Verdeutlichung gewählt habe, weniger Ausdruck seriöser philosophischer Fragen ist, als vielmehr Teil des derzeitigen (mit Hito Steyerl gesprochen) „onboardings" im Dienste der Tech-Industrie:[12] Durch die zunehmende Durchdringung unserer Praxiszusammenhänge durch entsprechende Informations- und Kommunikationstechnologien werden diese von jenen ununterscheidbar und der Gebrauch von Chatbots und Bildgenerierungsprogrammen schreibt sich so grundlegend in unsere

---

7   Vgl. Copeland 2004, 433.
8   Vgl. Cappelen 2018 sowie die Beiträge in Burgess, Cappelen und Plunkett 2020.
9   Vgl. zu diesem Begriff Floridi 2015, Einleitung.
10   Vgl. zu Letzterem Krämer 2022.
11   Die Überlegungen, die ich hier entwickele, basieren auf Feige 2024.
12   Vgl. Brown 2023.

Praktiken ein, dass erst in einem zweiten Schritt und logisch zu spät die Frage gestellt werden kann, ob das wünschenswert ist.

Um diese Überlegungen zu entwickeln, beginne ich im ersten Teil (1) mit einer Erinnerung an einige Grundeinsichten der *Dialektik der Aufklärung*, spezifiziere sie sodann (2) mit Blick auf die Digitalisierung aus technikphilosophischer Perspektive und schließe mit einigen Bemerkungen (3) zur Frage kritischer Praxis unter den Bedingungen der Digitalisierung.

1.   Zur Kritik instrumenteller Vernunft

Eine entsprechende kritische Theorie der Digitalisierung sollte sich im Anschluss an Adorno und Horkheimer einem *dialektischen* Begriff der Kritik verpflichten. Unter Dialektik verstehe ich weder das Befragen einer Sache aus unterschiedlichen Standpunkten noch eine vorausgesetzte immanente Widersprüchlichkeit der in Frage stehenden Sache. Vielmehr verstehe ich darunter den Gedanken, dass eine Kritik die Form immanenter Kritik haben muss; sie muss die in Frage stehende Sache an den Maßstäben messen, die sie selbst mitbringt. Das lässt sich zunächst mit Hegel zeigen.[13]

Eine solche Kritik hat den Vorzug, dass sie nicht schon einfach gesetzt hat, was richtig und falsch ist, bevor sie die entsprechende Position an ihren eigenen Maßstäben geprüft hat. Insofern sie diesen dabei nicht genügt, gerät sie in eine Bewegung, die hin zu einer anderen Position führt, in der die vorangehende Position aufgehoben (sowohl aufbewahrt, wie auch überwunden) ist. Adorno und Horkheimer verstehen nun das Projekt einer solchen Kritik anders, als man mitunter Hegels eigenes Verständnis seines Projekts begriffen hat,[14] nicht derart, dass es auf eine letzte Position hinausläuft, die alles auf den Begriff bringt. Sie bringt es allein insofern auf den Begriff, insofern sie sich in ihrer Prozessualität und Unabgeschlossenheit selbst durchsichtig wird.

Adorno hat diesen Zug dialektischen Denkens in seinen Vorlesungen zur *Einführung in die Dialektik* wie folgt auf den Punkt gebracht: „Dialektik ist ein Denken, das sich nicht bei der begrifflichen Ordnung bescheidet, sondern die Kunst vollbringt, die begriffliche Ordnung durch das Sein der Gegenstände zu korrigieren".[15] Das ist aber gerade nicht so zu verstehen, dass das Sein der Gegenstände vor begrifflichen Verhältnissen gegeben wäre; das fiele hinter

---

13   Vgl. in diesem Sinne weitergehend Hegel 1986b, Einleitung und weitergehend Feige 2021, Kapitel 3.1.

14   Jüngst etwa Brandom 2021.

15   Adorno 2015, 10.

die Lektion dialektischen Denkens im Sinne seiner Natur als immanente Kritik zurück. Es ist vielmehr so gemeint, dass es nicht allein die positiven Vermittlungen im Begrifflichen würdigt, sondern im Begrifflichen und im Denken zugleich negativ das denkt, was nicht länger begrifflich und Denken ist.

Vor diesem Hintergrund lässt sich das Projekt verständlich machen, das Adorno und Horkheimer in ihrer *Dialektik der Aufklärung* verfolgen. Wenn wir den Begriff als Medium des Denkens so verstehen, dass er die Vernunft als Wesensbestimmung der Art von Lebewesen, die wir sind, adressiert, so lässt sich sagen: Die Vernunft kann sich derart nicht selbst begründen, dass unsere Ansprechbarkeit durch Gründe als Gründe von ihrem anderen, einer gewachsenen gesellschaftlichen Realität, in der allein noch Fragen instrumenteller Vernunft Geltung haben, mittelbar geprägt ist. Adornos und Horkheimers Analyse besteht nicht allein darin, die mangelnde Rationalität der Gesellschaft zu beklagen, sondern vielmehr ebenso in dem Gedanken, dass auch eine vollkommen rationale Gesellschaft nicht besser wäre, im Gegenteil: Wie die massenhafte Vernichtung von Menschen im Holocaust nicht zuletzt aufgrund der Tatsache, dass sie wie in der Unternehmensführung professionell bewerkstelligt worden ist, deutlich gemacht hat, steckt das Problem im Begriff der Vernunft selbst. Die historische Aufklärung ist so Bedingung der Möglichkeit von Kritik, ihr verarmter Begriff von Vernunft allerdings zugleich Bedingung der Unmöglichkeit von Kritik. Denn wer Vernunft auf die Fähigkeit der Berechenbarkeit und Errechenbarkeit einschränkt und sie damit allein der naturwissenschaftlichen Forschung einer bestimmten Coleur (das Ganze womöglich im Kontext der Idee einer Einheitswissenschaft fundiert[16]) zuspricht, den gilt es über den Vernunftbegriff der Aufklärung aufzuklären: Es handelt sich hier um nichts anderes als sublimiertes mythisches Denken (das in seiner ordnenden und idealisierenden Form bereits selbst ein Moment der Aufklärung retrospektiv inkorporiert hat), wenn geglaubt wird, dass die naturwissenschaftliche Forschung die letzte Beschreibung der Wirklichkeit (wenn auch immer in Form eines Prozesses fortlaufender Selbstkorrektur) findet und diese Beschreibung nichts mit der gesellschaftlichen Realität zu tun hat.

Die berühmte These Adornos und Horkheimers lautet demgegenüber: Das Gleichsetzen des Ungleichen, das die Physik und Chemie (aus guten Gründen) betreiben müssen, führt dazu, dass das, was sich nicht einem gegebenen Begriff fügt, nicht allein einen epistemischen und ontologischen Sinn hat, sondern auch einen sozialen Sinn. Nicht allein wird das, was zum Gefüge der Welt gehört, hier in einer Weise verkürzt, dass wir nur noch auf ein Schattenreich

---

16   Vgl. dazu den Anfang von Horkheimer 2011.

der Dinge gerichtet sein können;[17] vielmehr schlägt diese Verkürzung auch unumwunden auf soziale Verhältnisse durch. Die Struktur der Gesellschaft wird damit nicht als allein oder primär als Ausdruck eines fortwährenden Prozesses der Selbstkorrektur verstanden (so wie man etwa Hegels Thesen zum Staat lesen könnte[18]), sondern vielmehr zugleich als ein Prozess, der Ausdruck eines verengten Verständnisses von Rationalität ist: Rationalität wird auf Mittelrationalität, auf instrumentelle Vernunft verkürzt. Diese Reduktion ist in der Aufklärung selbst bereits angelegt, indem sie Ungleiches gleichsetzt, und sie verwirklicht sich in den Beschreibungen der Naturwissenschaften (die die Autoren im Anschluss an Weber im Sinne der Naturbeherrschung verstehen) und in den Strukturen der Gesellschaft.

Das „Gute", das in unseren Praktiken verwirklicht ist, ist allein ein „Gutes", das mit Hilfe solcher Fragen adressiert werden kann, wie effizient etwas ist, wie zielführend eine Lösung, wie effektiv ein Mitarbeiter arbeitet und kurzum: Ob sich etwas (oder jemand) lohnt. Vernunft wird auf instrumentelle Vernunft reduziert. Damit rücken Fragen, die nicht länger an die Mittel, sondern an die Zwecke gerichtet sind, in den Hintergrund; sie werden mit dem Vorwurf der Irrationalität gebrandmarkt. Die Reduktion der Vernunft behandelt auch noch die soziale Welt als ausbeutbare Ressource; sie adressiert nicht allein die erste, sondern auch unsere zweite Natur.

Was das an Implikationen auch für eine Theorie der Digitalisierung mit sich bringt (insofern man sie nicht aus ontologischer, mathematischer oder symboltheoretischer, sondern aus einer praxis- und sozialtheoretischen Perspektive adressiert), haben Adorno und Horkheimer vor allem in ihrem Kapitel zur Kulturindustrie exemplifiziert. Die Konformität, zu der die Subjekte strukturell gezwungen werden, zeigt sich als Kehrseite in der Austauschbarkeit der Gegenstände und beide sind im Sinne der These einer Verselbstständigung instrumenteller Vernunft so zu begreifen, dass sie die soziale Ungleichheit auch im Sinne einer ökonomischen Ungleichheit verstehen, die in ideologischer Weise Schein-Unterschiede hervorbringt: „Daß der Unterschied der Chrysler- von der General-Motors-Serie im Grunde illusionär ist, weiß schon jedes Kind, das sich für den Unterschied begeistert. Was die Kenner als Vorzüge und Nachteile besprechen, dient nur dazu, den Schein von Konkurrenz und Auswahlmöglichkeiten zu verewigen."[19] Die Gegenstände sind durch eine universelle Fungibilität gekennzeichnet: Nicht allein besteht hier letztlich keine Wahl, sondern noch die Teile der Gegenstände (von Türen über

---

17   Vgl. in diesem Sinne anders auch McDowell 2009.
18   Vgl. Hegel 1986a, 398 ff.
19   Horkheimer, Adorno 1969, 131.

Motorhauben bis zu Motoren) sind gewissermaßen universell austauschbar; so wie jeder Popsong für Adorno gleich klingt, weil in seiner schlichten Struktur die Elemente bei funktionaler Identität austauschbar sind, so gilt es auch für Gebrauchsgegenstände.

2. Digitalisierung als produktive Radikalisierung der Logik instrumenteller Vernunft

Gerade mit Blick auf die Beispiele wie Automobile und Popsongs wird deutlich, wie unzeitgemäß die Studie von Horkheimer und Adorno heute ist. Konterkariert scheint sie darin, dass gerade in digitalen Umwelten die Wahlmöglichkeiten vervielfacht und die Personalisierung kein Ende kennt. Das lässt ihre Analyse aber nicht obsolet werden, sondern fordert eine neue Konkretion angesichts der sich wandelnden gesellschaftlichen Situation.

Gegenüber Diskursen der Digitalisierung, die sie als Abbau des Gatekeeping und Ausdruck fortschreitender partizipativer Prozesse begriffen haben,[20] ist mit Horkheimer und Adorno darauf zu pochen, *dass die Digitalisierung eine produktive Radikalisierung der Logik instrumenteller Vernunft ist.* Wie ist das zu verstehen?

Ich möchte das an dieser Stelle anhand von technikphilosophischen Argumenten zeigen. Der Gedanke, dass Informations- und Kommunikationstechnologien so gut sind wie die Zwecke, zu denen sie eingesetzt werden können, übersieht, dass sie *qua* der Möglichkeit, zu diesem oder jenem eingesetzt zu werden, gerade nicht neutral sind. Bruno Latour hat in diesem Sinne mit Blick auf die Frage, ob Waffen oder Menschen Menschen töten, festgehalten, dass sowohl ein Technikdeterminismus wie ein Technikdeflationismus fehl am Platz sind: „Die beiden Mythen vom neutralen Werkzeug unter vollständiger menschlicher Kontrolle und vom autonomen Geschick der Technik ohne jede Chance menschlicher Beherrschbarkeit sind symmetrisch" – derjenige, der eine Waffe benutzt, wird „jemand Anderes (eine Bürger-Waffe, ein Waffen-Bürger)".[21] Man muss sich den weitergehenden überspannten Thesen Latours zur Handlungsfähigkeit nicht-menschlicher Akteure gar nicht anschließen, um zu sehen, dass er hier einen Punkt hat: Techniken sind nicht neutral; nicht allein können wir offenkundig bestimmte Dinge nur mittels bestimmter Techniken tun (eine E-Mail ohne Computer zu verschicken wird wenn überhaupt als künstlich-reflexives Verfahren oder als ein Scherz nur möglich, nachdem es

---

20 Vgl. etwa Stalder 2016.
21 Latour 2002, 217.

Computer und E-Mails gibt). Vielmehr – das lässt sich nicht zuletzt mit Blick auf die konstitutive Gestaltetheit aller Techniken ausweisen –[22] gibt die verwendete Technik den entsprechenden Zwecken jeweils einen spezifischen Sinn (eine E-Mail zu verschicken ist eben selbst dort nicht funktional identisch zum Schreiben eines Briefes, wo sie kommunikativ gar keine andere Funktion als ein Brief erfüllen soll).

Die These der Nicht-Neutralität gilt für alle Techniken, derer wir uns bedienen. Charakteristisch für digitale Technologien ist allerdings, dass sie in einem anderen Verhältnis zu unserer Praxis stehen als frühere Technologien. Ist es zwar auch bei dem Heidegger'schen Hammer so,[23] dass er in der Praxis unthematisch ist, solange er nicht kaputt, fehlend oder ungeeignet im Rahmen der verfolgten Tätigkeit ist. Aber wir gelangen nicht zu einem anderen Verständnis dessen, was wir im Hämmern tun, wenn wir den Hammer auf seine molekulare Verfasstheit oder den Hämmernden auf seine neurophysiologische Aktivitätspotentiale hin untersuchen (außer in ungewöhnlichen privativen Kontexten, in denen der Hämmernde nicht in der Lage ist, motorisch richtig zu agieren). Das Wissen, das wir in Form von Praktiken haben und das empraktisches Wissen ist,[24] ist selbstgenügsam. Und das ist mit Blick auf Praktiken, die von Informations- und Kommunikationstechnologien durchdrungen sind, anders. Hier gibt es eine weitere und zusätzliche Ebene zu entdecken, die weder aus der Perspektive des empraktischen Wissens zugänglich ist noch jemals zugänglich sein kann: die Ebene der Übersetzung in Daten. Was nicht in Form von Daten als *Lingua Franca* der Digitalisierung vorliegt, ist für Informations- und Kommunikationstechnologien unlesbar; es bedarf hier einer Umwandlung oder Übersetzung zumindest in dem Fall, in dem wir an analoge Gegenstände denken und nicht solche, für die die Digitalisierung das natürliche Habitat ist. Ich möchte diese These nicht im Sinne der Thesen Kittlers verstanden wissen,[25] so, als sei die eigentliche Wahrheit unserer Praxis die entsprechende Medientechnologie. Ich möchte sie vielmehr so verstanden wissen, dass durch die zunehmende Durchdringung unserer Praktiken mit Informations- und Kommunikationstechnologien in diese eine heterodoxe Logik eingeführt wird, die eine andere Art der Beschreibung vernotwendigt (ohne wohlgemerkt, dass empraktisches Wissen damit explanatorisch reduzibel würde). Im Unterschied zu elektrischen Technologien, für die

---

22   Vgl. dazu Arnold 2018 und Feige 2018, v.a. Kapitel 4.

23   Vgl. Heidegger 2006, §§15 ff.

24   Ich übernehme diesen Begriff von Pirmin Stekler-Weithofer, auch um solches Wissen von praktischem Wissen im Sinne eines Handlungswissens nach Anscombe abzugrenzen. Vgl. Stekeler-Weithofer 2005, Einleitung.

25   Vgl. Kittler 1986, Einleitung.

selbstverständlich auch gilt, dass es hier eine weitere Ebene neben der Ebene des empraktischen Wissens zu entdecken gibt, gilt für Informations- und Kommunikationstechnologien folgendes: Wenn hier etwas in unsere Praxiszusammenhänge eingespeist wird, bedarf es einer Übersetzungsleistung in Form der Daten. Die Sprache der Digitalisierung ist nicht die Sprache unserer Praxis (was selbstverständlich nicht heißt, dass etwa Dateiwiedergabeformate zum Abspielen von Musik nur zufälligerweise für entsprechende Daten gemacht sind). Die Digitalisierung besteht in dieser Hinsicht in einer Übersetzungsleistung (mit Blick auf das, was sinnhafte Tätigkeiten im Rahmen unserer Praktiken sind), die zugleich eine Alterisierung ist (sie muss Gegenständlichkeit, Arbeit und Kommunikation digital neu hervorbringen) und damit notwendigerweise in einem Blackboxing (der Gedanke, dass die Datenebene in der Nutzung transparent sein könnte, macht selbst mit Blick auf Praktiken des Critical Design usf. wenig Sinn).

Ich verstehe die zunehmende Durchdringung unserer Praxiszusammenhänge im Geiste Adornos und Horkheimers so, dass sie nun nicht länger gegebene Artefakte rekombiniert, die auch eine materielle Verkörperung aufweisen (denken wir noch einmal an Automobile und Popsongs), sondern vielmehr derart, *dass die Grammatik instrumenteller Vernunft hier in die Ebene der Gegenständlichkeit selbst vordringt.* Diese Virtualisierung bedeutet keineswegs einen Verlust der Materialität; produziert der industrielle Kapitalismus, von dem aus Adorno und Horkheimer noch ihre Überlegungen entwickelten, eine Form universelle Fungibilität durch Scheinunterschiede, so ist die Materialität unter den Bedingungen eines digitalen Kapitalismus gewissermaßen vor die Tore der Praxis gekarrt: Neben Interfaces und Schnittstellen, die sich zunehmend funktional verselbstständigen,[26] ist hier an die Produktion von Klimaschäden durchs Bitcoin-Farming ebenso wie durch das profane Surfen zu denken und die prekären humanitären Bedingungen, unter denen seltene Erden für die Computerchipherstellung abgebaut werden. Psychoanalytisch gesagt ist die Materialität ins Register des „Realen" gerutscht: Sie ist nicht länger in unserer Praxis thematisch, aber dennoch Bedingung der Möglichkeit dieser Praxis (deren Vollzug, wenn man die letzten, sicher polemisch überspitzten Bemerkungen ernst nimmt, dadurch gefährdet wäre, wenn man „die Kosten" – in Form der prekären humanitären Bedingungen aber auch schon der Tatsache, dass jede Nutzung der Informations- und Kommunikationstechnologien einen Fußabdruck produziert – tatsächlich in den Blick nehmen würde).

---

26 Vgl. Floridi 2015, Kapitel 1.

Ich möchte damit vorschlagen, dass die Gleichmacherei und universelle Fungibilität, die Adorno und Horkheimer in der *Dialektik der Aufklärung* als Strukturmerkmal der Kulturindustrie ausweisen, nicht verschwindet, sondern ihr Gesicht ändert: In der zunehmenden Individualisierbarkeit von Produkten wird keineswegs die ökonomische Grammatik zugunsten einer zunehmenden Selbstverwirklichung der Subjekte überschritten, sondern sie wird vielmehr gesteigert; jetzt ist für jeden und jede das da, was er oder sie sich schon immer gewünscht hat und diese Wünsche sind präfiguriert von den Strukturen des Marktes. So wie die Tatsache, dass man Sneaker in allen Formen und Farben individualisierbar bestellen kann, nichts als eine Schein-Individualisierung ist, so wirken die Fotografien von Orten, Personen und Situationen, die als „instagrammable" gelten wie Kopien voneinander (man kann für den einen authentischen Augenblick hier ebenso anstehen wie für das Foto der *Mona Lisa*, das man im Louvre schießen muss). Um nicht missverstanden zu werden: Die Differenzierungen unterscheiden den digitalen Kapitalismus von seiner industriellen Gestalt.[27] Aber sie sind eben nicht als eine Überschreitung der Logik des Marktes zu begreifen, sondern als Strukturwandel des Kapitalismus.[28]

3.   Kritik als Gegen-Digitalisierung

Ich schließe meine programmatischen Überlegungen mit einem Ausblick auf die Frage, wie angesichts dieser Diagnosen eine Kritik an der Neubestimmung unserer Praxis durch Informations- und Kommunikationstechnologien aussehen könnte. Es sollte klar geworden sein, dass die Ebene der Kritik weder unter Rekurs auf Fragen der individuellen Nutzung dieser Technologien noch unter Rekurs auf eine Berufung auf eine vor-digitale Gesellschaft lanciert werden kann.

Die kritischen Ressourcen auf die Seite einer (vielleicht möglichst „verantwortungsvollen") Nutzung von Informations- und Kommunikationstechnologien zu schieben übersieht, dass die kritischen Ressourcen auf dieser Ebene selbst von dem, was sie kritisieren wollen, geschluckt werden. Dieser Punkt ist unter Rekurs auf den entwickelten Gedanken der Nicht-Neutralität von Technologien verständlich zu machen: Den Formen von sich selbst als aktivistischer Kritik verstehenden Interventionen in sozialen Medien entgeht etwa, dass sie diese Kritik allein um den Preis formulieren können, dass sie

---

27   Vgl. dazu bereits Boltanski/Chiapello 2003.
28   Vgl. dazu weitergehend auch Staab 2019.

in einer Weise kommunizieren, die einen – mit Joseph Vogl gesagt – „ballistischer Charakter [hat, da es] in ihnen [...] um targeting, Peilung, Adressierung und Treffer geht" – Praktiken, die ihr Modell in „militärischer Feinderkennung besitzen".[29] Und sie übersehen, dass sie damit das Spiel solcher Unternehmen, die von ihren Märkten ununterscheidbar sind (Philipp Staab spricht hier von proprietären Märkten), spielen. Es scheint mir kein Zufall zu sein, dass Subjekte, die ihre Informationen und Sozialformen primär im Kontext sozialer Medien schulen, ihre kritischen Ressourcen derart desavouieren, dass das eine Wutgeschrei so gut ist wie das andere (die rechtsidentitäre Bewegung ist kein Zufall oder Unfall für diese Formen der Kritik, sondern Teil ihrer Dialektik).

Ebenso wenig ist die Berufung auf die vor-digitale Gesellschaft aussichtsreich. Polemisch gesagt: Wer dazu aufruft, die Handys einmal wegzulegen und die Natur in Form von Waldspaziergängen neu zu entdecken, übersieht, dass Bewegungsdaten auch beim Waldspaziergang erhoben werden. Von Adorno und Horkheimer können wir lernen, dass ein kritisches Verhältnis zu einer veränderten gesellschaftlichen Situation nicht darin bestehen kann, sich das Vergangene wieder herbeizuwünschen. Diese Form restauratorischen Denkens ist auf verlorenem Posten.

Die Form der Kritik an der zunehmenden Durchdringung unserer Praxis durch Informations- und Kommunikationstechnologien muss demgegenüber den Charakter einer *Gegen*-Digitalisierung annehmen. Diese bestünde darin, die Technologien in einer Weise in Praxiszusammenhängen zu gebrauchen, dass sie sich nicht allein an sich selbst zersetzen (im Sinne der ökonomischen Grammatiken, die in sie eingeschrieben sind), sondern dass sie zugleich den Blick auf das freigeben, was nicht länger im Kontext des Gebrauchs von Informations- und Kommunikationstechnologien als ihr anderes thematisch werden kann. Ein paradigmatisches Feld, in dem eine solche Kritik entwickelt wird, sind ästhetische Praktiken, die Technologien und Materialien in einer Weise benutzen, die eine andere Logik aufweist (die zweifelsohne in Form des Kunstmarktes gleichwohl immer prekär bleibt).[30] Mit Blick auf die einleitende Erwähnung von KI-Diskursen gilt damit: Wir sollten uns dem, was ich eine „Turingification" des Denkens nennen möchte (insofern Turing nicht die Frage, ob Computer denken können, geklärt hat, sondern uns selbst hat durch eine Computerlogik sehen lassen), verwahren.

---

29   Vogl 2021, 175.
30   Vgl. dazu das letzte Kapitel von Feige 2024.

Literaturverzeichnis

Adorno, Theodor W. 2015, *Einführung in die Dialektik*, Berlin.

Arnold, Florian 2018, *Logik des Entwerfens. Eine designphilosophische Grundlegung*, Paderborn.

Boltanski, Luc/Chiapello, Ève 2003, *Der neue Geist des Kapitalismus*, Konstanz.

Bostrom, Nick 2018, „Warum ich posthuman werden will, wenn ich groß bin", in: N. Bostrom, *Die Zukunft der Menschheit. Aufsätze*, Berlin, 143–187.

Brandom, Robert 2021, *Im Geiste des Vertrauens. Eine Lektüre der „Phänomenologie des Geistes"*, Berlin.

Brown, Kate 2021, „Hito Steyerl on Why NFTs and A.I. Image Generators Are Really Just ‚Onboarding Tools' for Tech Conglomerates"; https://news.artnet.com/artworld/these-renderings-do-not-relate-to-reality-hito-steyerl-on-the-ideologies-embedded-in-a-i-image-generators-2264692 (Zugriff 13.06.2023).

Burgess, Alexis/Cappelen, Herman/Plunkett, David (Hrsg.) 2020, *Conceptual Engineering and Conceptual Ethics*, Oxford.

Cantwell Smith, Brian 2019, *The Promise of Artificial Intelligence. Reckoning and Judgment*, Cambridge/Mass.

Cappelen, Herman 2018, *Fixing Language. An Essay on Conceptual Engineering*, Oxford.

Copeland, Jack 2004, „Introduction", in: J. Copeland (Hrsg.), *The Essential Turing. Seminal Writings in Computing, Logic, Philosophy, Artificial Intelligence, and Artificial Life. Plus The Secrets of Enigma*, Oxford, 433–440.

Feige, Daniel M. 2018, *Design. Eine philosophische Analyse*, Berlin.

Feige, Daniel M. 2021, *Die Natur des Menschen. Eine dialektische Anthropologie*, Berlin.

Feige, Daniel M. 2024, *Gegen-Digitalisierung. Ästhetik, Rationalität und Kritik*, in Vorbereitung.

Floridi, Luciano 2015, *Die 4. Revolution. Wie die Infosphäre unser Leben verändert*, Berlin.

Hegel, Georg W. F. 1986a, *Grundlinien der Philosophie des Rechts*, Frankfurt am Main.

Hegel, Georg W. F. 1986b, *Phänomenologie des Geistes*, Frankfurt am Main.

Heidegger, Martin 2006, *Sein und Zeit*, Tübingen.

Horkheimer, Max/Adorno, Theodor W. 1969, *Dialektik der Aufklärung. Philosophische Fragmente*, Frankfurt am Main.

Horkheimer, Max 2011, „Traditionelle und kritische Theorie", in: M. Horkheimer, *Traditionelle und kritische Theorie. 5 Aufsätze*, Frankfurt am Main, 205–259.

Kittler, Friedrich 1986, *Grammophon, Film, Typewriter*, Berlin.

Krämer, Sybille 2022, „Kulturgeschichte der Digitalisierung oder: Die embryonale Digitalität der Alphanumerik", in: *Aus Politik und Zeitgeschichte: Digitale Gesellschaft*, 10–17.

Latour, Bruno 2002, *Die Hoffnung der Pandora. Untersuchungen zur Wirklichkeit der Wissenschaft*, Frankfurt am Main.

McDowell, John 2009, „Ästhetischer Wert, Objektivität und das Gefüge der Welt", in: J. McDowell, *Wert und Wirklichkeit*, Frankfurt am Main, 179–203.

McDowell, John 1996, *Mind and World*, Cambridge/Mass.

Noller, Jörg 2022, *Personale Lebensformen: Identität – Einheit – Würde*, Leiden.

Rosengrün, Sebastian 2021, *Künstliche Intelligenz zur Einführung*, Hamburg.

Staab, Philipp 2019, *Digitaler Kapitalismus. Markt und Herrschaft in der Ökonomie der Unknappheit*, Berlin.

Stalder, Felix 2016, *Kultur der Digitalität*, Berlin.

Stekeler-Weithofer, Pirmin 2005, *Philosophie des Selbstbewußtseins. Hegels System als Formanalyse von Wissen und Autonomie*, Frankfurt am Main.

Thompson, Michael 2011, *Leben und Handeln*, Berlin.

Tiku, Nitasha 2021, „The Google engineer who thinks the company's AI has come to life"; https://www.washingtonpost.com/technology/2022/06/11/google-ai-lamda-blake-lemoine (Zugriff 12.06.2023).

Vogl, Joseph 2021, *Kapital und Ressentiment. Eine kurze Theorie der Gegenwart*, München.

TEIL II

Ethik und Privatheit

Paradoxien des digitalen Wandels

Positionen zu einer kritischen Digitalen Ethik

Christoph Böhm, Oliver Zöllner

1.   Was ist, was bedeutet Digitale Ethik?

So wie die Philosophie im Kontext der Digitalität[1] zahlreiche Facetten und
Ausprägungen haben kann (der vorliegende Band führt es vor), tritt auch die
Ethik als Moralphilosophie im Zeitalter der Rechenmaschinen und virtuellen
Realitäten in unterschiedlichen Ansätzen auf. Einer traditionellen Einteilung
folgend beschreibt die Ethik moralische Phänomene und ihre theoretischen
Voraussetzungen (deskriptive Ethik) und reflektiert diese im Hinblick auf
ihre Angemessenheit oder Gültigkeit (normative Ethik). Dies ist mit Blick
auf digitale Phänomene und Handlungen, also menschliche Tätigkeiten, die
im weitesten Sinne mit Hilfe von rechnergestützten Apparaturen und den
zugehörigen Programmen umgesetzt werden, zunehmend genauso relevant
und dringlich wie Fragestellungen, die sich auf nicht digitale, quasi ‚analoge‘
Phänomene beziehen.

Wenn sich dieser Versuch einer pointierten Einführung bereits seltsam ver-
dreht und gleichzeitig unterkomplex wie auch überbordend liest, so spiegelt
das die Schwierigkeit wider, eine zufriedenstellende Begrifflichkeit für die
Ethik in der sich dynamisch ausdifferenzierenden Digitalität zu finden. Rafael
Capurro als ein früher Denker zu diesem Thema schlug anfänglich die Begrifflichkeit „Ethik im Netz“ als Teil einer „Informationsethik“ vor; die letztere
Begrifflichkeit verfolgte auch Luciano Floridi.[2] Capurro entwickelte dann aber
ab 2009 das Rubrum „Digitale Ethik“.[3] Andere Autorinnen und Autoren haben
den Begriff trotz seiner Unschärfe – nicht die Ethik ist ja „digital“, folgt also
dem binären 0/1-Zustandsmodell, sondern ihre lebensweltlich-technischen
Anwendungsphänomene sind es – pragmatisch aufgegriffen.[4] Insofern finden
sich auch Begriffe, die diese Unschärfe vermeiden wollen, wie etwa „Ethik der
Digitalität“[5], die auf das von Stalder eingeführte kulturalistische Konzept der

---

1   Vgl. Krämer 2022; Noller 2021, 42; 2022.
2   Vgl. Capurro 2003; 2010; Floridi 2010; 2013.
3   Vgl. Capurro 2010; 2017, 187.
4   Vgl. Beever et al. 2020; Heider und Massanari 2012; Davisson und Booth 2016; Grimm et al.
    2019; Spiekermann 2019; Fuchs 2023; als „Digital Media Ethics“ leicht abgewandelt auch bei
    Ess 2020 (zuerst 2009).
5   Vgl. Noller 2021, 50–52; Noller 2022, 67–74.

© BRILL MENTIS, 2024 | DOI:10.30965/9783969752975_006

Digitalität rekurrieren und entsprechend auf ihre Kerneigenschaften „Refe-
renzialität", „Gemeinschaftlichkeit" und „Algorithmizität" abstellen.[6] Enger,
da stärker auf die technische Plattform bezogen angelegt, ist die Begrifflichkeit „Ethik des Internets".[7] Im funktionalen Ansatz spezialisierter entwerfen
Hasselbach und Tranberg eine „Datenethik", die die Berücksichtigung digitalethischer Aspekte als Wettbewerbsvorteil von Unternehmen sieht.[8] Im Titel
unschärfer verbleiben Otto und Graf mit ihrer Aufsatzsammlung zur „Ethik
der digitalen Zeit", die allerdings inhaltlich an die oben genannten Ansätze
anschlussfähig ist.[9] Daneben haben sich zahlreiche weitere und verwandte
Bereichsethiken etabliert, etwa die „Roboterethik"[10], die Ethik der Künstlichen
Intelligenz und „Maschinenethik"[11] und die „Hackerethik"[12], oder bilden sich
gegenwärtig aus, wie bspw. die Ethik virtueller Welten[13]. „Technikethik"[14],
„Medien- und Informationsethik"[15], „Kommunikations- und Medienethik"[16]
bzw. „Medienethik"[17] enthalten disziplinär übergreifende, teils überlappende
Ansätze, auch digitale Phänomene zu analysieren bzw. „Wegmarken für eine
Orientierungssuche im Digitalen" zu setzen, so der instruktive Untertitel des
Sammelwerks von Prinzing et al.[18] Karmasin und Litschka positionieren die
Medienethik als „Wirtschaftsethik medialer Kommunikation" und fordern
„eine intensivere integrative interdisziplinäre Forschung in diesen Bereichsethiken" unter zentraler Berücksichtigung der fortschreitenden Digitalisierung.[19] Es ist eine komplexe Aufgabe, die Ethik in und für digitale Kontexte
zu benennen, sie zu systematisieren und sie abzugrenzen – nicht zuletzt
auch, weil die Digitalität als „Struktur unserer Lebenswelt"[20] so grundlegend
geworden ist.

Aus pragmatischen Gründen folgen wir in unserer weiteren Darstellung
der Begrifflichkeit „Digitale Ethik", da dieser Name am weitesten eingeführt

6   Stalder 2016, 95–202; 2021.
7   Vgl. Schmidt 2016.
8   Vgl. Hasselbach und Tranberg 2016.
9   Vgl. Otto und Graf 2017.
10   Vgl. Decker 2016; Loh 2019.
11   Vgl. Coeckelbergh 2020; Misselhorn 2018; vgl. auch Nida-Rümelin und Weidenfeld 2018
        und Nida-Rümelin 2021.
12   Vgl. Nagenborg und Sell 2016.
13   Vgl. Chalmers 2022, 331–364.
14   Vgl. Grunwald 2016.
15   Vgl. Thomaß 2016.
16   Vgl. Prinzing et al. 2020.
17   Vgl. Schicha und Brosda 2010; Funiok 2011; Rath 2013; Paganini 2020; Thies 2011.
18   Prinzing et al. 2020.
19   Karmasin und Litschka, 380.
20   Noller 2022, 9.

erscheint und die Analyse digitalethischer Phänomene zugleich über diszipli-
näre Grenzen hinweg anbahnt. Keineswegs suggeriert diese Benennung ein
wie auch immer geartetes „digitales" Philosophieren über Moralen technischer
Systeme und Umwelten – diese Praxis bleibt „analog". Dennoch sehen wir im
adressierten binären Zustand von 0 und 1 einen Ansatz für das Nachdenken
über Ethik in digitalisierten Kontexten. Die Digitale Ethik sucht entsprechend
nach „angemessenen und legitimen Haltungen und Handlungsweisen für
zunehmend digitalisierte Lebensumwelten und allgemein für das Leben in der
Digitalität"[21], was auf der Hardwareseite Computer, Roboter und andere Gerätschaften, auf der Softwareseite die damit verbundenen Programme (Codes)
einschließt – inklusive der zunehmend weiter ausgreifenden algorithmisch
basierten sog. „Künstlichen Intelligenz" (KI) bzw. Automatisierungssysteme.[22]

Entsprechend dieser basalen, durchaus „binären" Einteilung in Hard- und
Software berücksichtigt eine umfassend verstandene Digitale Ethik auf der
materiellen Ebene Aspekte der Herstellung und dingliche Einbettung der in
der Digitalität zum Einsatz kommenden Gerätschaften, also die Schürfung
und Weiterverarbeitung der verbauten Materialien sowie die Art und Weise,
wie die Geräte später in den Alltag integriert werden.[23] Als ebenso wesentliches Thema der Digitalen Ethik erscheint die softwareorientierte Analyse der
Aneignung, Rezeption, Nutzung und Auswertung der zum Einsatz kommenden Programme, Inhalte und Daten im Rahmen einer „tiefgreifenden Mediatisierung".[24] Diese Prozesse der Datenverarbeitung erscheinen als „Schürfungen"
eigener Art, die das Leben von Menschen über den Weg datafizierter Verhaltensspuren widerspiegeln, teils ökonomisch ausbeuten und zunehmend
das Denken und Handeln von Menschen beeinflussen.[25] KI-gestützte Prozesse mit ihren kontinuierlichen Feedbackschleifen – also iterativen statistischen Datenauswertungen – intensivieren solche Prozesse und können zu
Verhaltensanpassungen von Menschen führen, etwa an bestimmte gesetzte
Normen oder dadurch, dass eine generative KI Bilder und Texte erzeugt, die
vorgeben, von Menschen erschaffen worden zu sein. Solche und weitere Prozesse der Digitalität sind je nach Analysefokus auf der individuellen Mikroebene, der organisationalen Mesoebene oder auf der gesellschaftlichen
Makroebene zu verorten – und teilweise auf mehreren dieser Ebenen, wenn
etwa individuelle Verhaltensdaten von Technologieunternehmen ausgelesen

---

21   Grimm et al. 2019, 11; dort teils fett.
22   Vgl. Coeckelbergh 2020.
23   Vgl. Crawford 2021; Zöllner 2022.
24   Vgl. Hepp 2020.
25   Vgl. Zuboff 2018; Zöllner 2019.

und gespeichert werden und diese Form der Überwachung anschließend zu einer gesellschaftlich akzeptierten Norm gerinnt und sich so bestimmte Ideologeme durchsetzen.

Die Berücksichtigung sowohl der Hardware- wie auch der Softwareperspektive ist für ein Verständnis der Digitalen Ethik auch insofern relevant, als ihr analytischer Ansatz damit prozessual ausgebildet ist und keine statischen Zustände abbildet. Eine Digitale Ethik hat vor diesem Hintergrund

> zum Ziel, dem Menschen dabei zu helfen, in der sich weiter modernisierenden Gesellschaft mit ihren vielfältigen digitalen Geräten und Anwendungen einen angemessenen Umgang mit diesen Technologien und ihren Auswirkungen zu finden. Menschen sollen dazu befähigt werden, Probleme der Digitalität zu erkennen und Lösungen zu entwickeln bzw. vorwegzunehmen – oder auch einfach die Dilemmata bzw. Unauflösbarkeit von Widersprüchen zu erkennen, die manche Handlungen mit sich bringen können.[26]

2. Digitale Ethik und Kritik

Ein kritischer Ansatz mit einem Fokus auf Widersprüche durchzieht auch den vorliegenden Beitrag. Er hat zum Ziel, eine besondere Art der Kritik bzw. des Kritisierens näher einzuführen, die insbesondere auf dialektischen Prinzipien und immanenten Widersprüchen beruht, hinter denen wir eine oftmals moralisch defizitäre Praxis der Digitalität vermuten: auf der Mikro- genauso wie auf der Mesoebene (Menschen wie auch Firmen und andere Organisationen verhalten sich oft widersprüchlich und ethisch unangemessen), was schließlich auf der Makroebene von Gesellschaften, Kulturen oder der planetaren Ökologie häufig nicht wünschenswerte Auswirkungen hat oder fragwürdige Phänomene zeitigt – von sozialem Druck auf sozialen Online-Netzwerken über die Verbreitung von Hassrede und Verschwörungsmythen bis hin zu überbordendem Ressourcenverbrauch von Materialien und Energie.

Ein solches Oszillieren zwischen widersprüchlichen Zuständen findet sich in der Digitalität mannigfaltig. Indem etwa Praktiken der Digitalität sowohl gesellschaftliche Gruppierungen und diskursive Räume jeglicher Couleur als auch Nationalstaaten gleichsam durchkreuzen, hinter sich lassen, neu zusammenfügen oder disruptiv auseinanderbringen, gibt es kaum noch Normenkodizes, die über Kulturbereiche hinweg einheitlich Geltung beanspruchen können. Selbst die Menschenrechte werden von bestimmten Staaten nicht mehr uneingeschränkt als verbindlich angesehen. Die Regulierung digitaler Phänomene

---

26 Grimm et al. 2019, 13.

balanciert zwischen staatlichen und wirtschaftlichen Interessen und versucht im besten Falle lediglich (manchmal), krasse Ungerechtigkeiten oder informationelle Ausbeutungen zu verhindern. Um trotz dieser ethischen Enthaltsamkeit, für die sich zahlreiche weitere Beispiele aufzählen ließen, dennoch ethische Probleme der Digitalität aufzeigen und benennen zu können, werden wir im Folgenden die Methode der internen bzw. immanenten Kritik aufzeigen und anwenden.[27] Dies ist eine

> Form von Kritik, die davon ausgeht, dass bestimmte Ideale und Normen zwar zum Selbstverständnis einer bestimmten Gemeinschaft gehören, *de facto* in dieser aber nicht verwirklicht werden. Die ‚Wirklichkeit' bestimmter Praktiken und Institutionen wird dann an diesen in ihr bereits enthaltenen, aber nicht realisierten Idealen gemessen.[28]

Gerade bei Anwendungen und aus ihnen resultierenden Praktiken der Digitalität, etwa bei der Ausgestaltung von sozialen Online-Netzwerken, werden von der Anbieterseite oft sehr hehre und positiv klingende Ziele formuliert (etwa in der Eigenpräsentation und im Marketing der Unternehmen), diese aber bestenfalls vordergründig eingelöst – wenn nicht erkennbar ohnehin ganz andere, weit weniger menschenfreundliche und positiv gesellschaftsorientierte Ziele mit der Anwendung verknüpft sind, etwa solche, die sich auf Datenausbeutung und Disruption gründen. Es liegt also oft ein systemisch in die kapitalistische Logik eingeschriebener, moralisch defizitärer Gestus in Angeboten des digitalisierten Alltags, der als solcher auch benannt werden muss. Interne bzw. immanente Kritik „ist damit, nicht zuletzt, *ein Verfahren, auf Zusammenhänge hinzuweisen.*"[29] Widersprüche zwischen Normen und Praktiken sind, so Rahel Jaeggi in ihrem Buch *Kritik von Lebensformen*, in diesem Sinne „aufzuzeigen" und im günstigen Fall „deren Behebung einzufordern."

Dieser Beitrag will vor diesem Hintergrund einen theoretischen Rahmen spannen, der die weithin verbreitete moralisch defizitäre Praxis rund um digitale Phänomene an Beispielen aufzeigt und in diesem Zuge eine oftmals zu beobachtende (und zu kritisierende) ethische Enthaltsamkeit auch als Problem der (Digitalen) Ethik als Disziplin identifiziert. Das Identifizieren defizitärer Praktiken mag noch einfach sein, ebenso das Einfordern von deren Behebung (man beobachte etwa die Anstrengungen von Datenschutzaktivist:innen oder von politischen Akteuren wie der Europäischen Union) – die Durchsetzung solcher Erkenntnisse über Normverletzungen oder nicht wünschenswerte

---

27   Vgl. Jaeggi 2014, 261–309 et passim.

28   Jaeggi 2014, 263.

29   Jaeggi 2014, 267.

Ausgestaltungen von Technologie sind aber typischerweise schwer, im Alltag genauso wie in der politischen Handlungssphäre. Ethik basiert jedoch im Kern auf Haltungen und handelt sie zugleich aus. Es kann daher Ethikerinnen und Ethikern also nicht egal sein, wenn sie und ihre disziplinären Routinen und Praktiken letztlich marginalisiert werden – ganz abgesehen davon, dass dies auch auf die digitalen Phänomene, um die es im Kern geht, negativ einwirkt, wenn ökonomische und/oder ideologische Interessen sich unreflektiert und ungehindert verbreiten und gesellschaftlich-kulturell etablieren können.

Die Digitale Ethik erscheint als eine neue Bereichsethik, in der auch bereits bekannte Phänomene und Probleme (teils neu) verhandelt werden. Sie ist in hohem Maße *relevant*, indem viele Menschen in ihrer Lebensführung und Alltagsgestaltung, in Arbeit und Freizeit von digitalen Anwendungen, Geräten und Hilfsmitteln betroffen sind; sie ist zudem hoch *performant*, indem die Phänomene zu einer Transformation etablierter gesellschaftlicher Praktiken führen, ohne dass diesem Wandel eine bewusste, reflektierte und/oder demokratisch legitimierte Entscheidung oder Debatte vorangegangen ist (siehe die Macht der Plattformen und Tech-Unternehmen). Genau hier vermuten wir einen *immanenten Widerspruch*, in dessen normierender Rahmensetzung die in den digitalen Phänomenen enthaltenen Ideen nur *defizitär* verwirklicht werden können (in einem Widerspruch zwischen Versprechungen der Marketingkommunikation und der realen Praktiken). Nach wie vor ist zu fragen, für welches Problem die Digitalisierung letztlich eine Lösung darstellt, so Nassehi in seinem Theorieentwurf der digitalen Gesellschaft.[30] Dies ist fürwahr ein blinder Fleck der gegenwärtigen Debatte.

Aufgezeigt werden die hier angerissenen digitalethisch problematischen Phänomene nach den folgenden Themen: Kapitel 3, „Wirtschaft und Technologiegestaltung", beleuchtet aus ökonomischen Interessen heraus erzeugte problematische Phänomene wie z. B. die digitale Plattformökonomie und strukturelle Asymmetrien. Kapitel 4 widmet sich mit Nutzungsaspekten der „Digitalität im Alltag", also der Frage, wie Menschen auf der Mikroebene digitale Anwendungen in ihr Leben integrieren und welche Folgen dies hat. Kapitel 5 analysiert auf der Makroebene den Zusammenhang von „Digitalität, Kultur und Gesellschaft", also beispielsweise Fragen der Durchsetzung neuer Werte und Leitbilder oder der Ausbildung einer neuen Art von Subjektpositionierung des Menschen in der Digitalität. Im abschließenden Kapitel 6 betrachten wir die „Digitale Ethik auf der Metaebene" und wie sie neue Perspektiven und Diskurse in der Moralphilosophie anregen und positiv zum Erkenntnisgewinn beitragen kann – „a future worth wanting", wie es Vallor so

---

30   Nassehi 2019, 12.

treffend benannt hat.[31] Auch diese Sorge für eine bessere Gestaltung der Welt *mit* digitalen Anwendungen (und nicht *ohne*, was einer geradezu retrograden Haltung gleichkäme) gehört zu den Aufgaben einer kritischen Digitalen Ethik. In Kapitel 6 greifen wir die Beobachtungen der Vorkapitel nochmals auf und schlagen einen praxisorientierten Ansatz für die Entwicklung einer Digitalen Ethik vor.

3. Wirtschaft und Technologiegestaltung

Losgelöst von den Bedingungen eines materialgebundenen Warentausches ist in den vergangenen Jahrzehnten die Digitalwirtschaft über mehrere Beschleunigungsstufen katapultartig emporgestiegen. Während in den 1960er Jahren Computerunternehmen wie IBM und Hewlett Packard noch eher computerisierte Maschinen an große Industrieunternehmen und vor allem an das US-amerikanische Militär verkauften, so konnten sich ab den 1970er Jahren mit Hilfe von Risikokapitalgebern kleine IT-Firmen etablieren, welche digitale Technologie einer breiten Gemeinde von Technikinteressierten zugänglich machte und sie dadurch von institutioneller Exklusivität befreite. Mit Beginn der 1980er Jahren fanden im Silicon Valley Börsengänge von kleinen IT-Unternehmen statt, welche über Nacht einen Kapitalwert in damals unvorstellbarer Höhe von über 1 Milliarde Dollar erreichten. Der ITK-Markt war zu dieser Zeit noch stark auf das sogenannte B2B-Geschäft (Business-to-Business) ausgerichtet. Das Wachstum der Konzerne erfuhr eine erneute Beschleunigung, als mit der Einführung der Smartphones ab dem Jahr 2007 das Geschäft mit Konsumenten als neue exponentielle Expansionsmöglichkeit erkannt wurde.

Mit dem vermehrt über das Internet stattfindenden B2C-Geschäft (Business-to-Consumer) konnten völlig neue Geschäftsmodelle eingeführt werden. So entstanden digitale Plattformen, deren disruptiver Geschäftsansatz darin bestand, mehrere Marktseiten miteinander zu verknüpfen – wie beispielsweise das Werbegeschäft mit kostenfreier Internetrecherche oder mit sozialen Medien verbunden wurde. Aktuell erlebt der mittlerweile aus Technologiegiganten bestehende Markt durch die Etablierung generativer KI eine weitere Wachstumsbeschleunigung. Durch Vernetzung von Algorithmen, maschinellem Lernen und Big Data können Inhalte wie beispielsweise Text, Bilder, Audio oder auch Programmiercode synthetisiert werden, welche von menschlicher Autorenschaft kaum zu unterscheiden sind und menschliche Kreativität

---

31   Vgl. Vallor 2016.

aufgrund massiver algorithmischer Kombinationsleistung sogar zu übertreffen scheinen.

Auch wenn das exponentielle Wachstum der Digitalwirtschaft Bedenken bezüglich dessen noch unbekannten Grenzen aufkommen lässt, so ist Wachstum selbst ethisch nicht kritisierbar. Jedoch deuten Kapital- und Machtmehrung bei Digitalkonzernen darauf hin, dass ethische Paradigmen der Gleichheit und Fairness systembedingt aus dem Gleichgewicht geraten sind. Ein ethischer Anspruch besteht zumindest darin, die Ursachen der Balanceverschiebung aufzudecken. Der Soziologe Philipp Staab stellt in seinem Buch *Digitaler Kapitalismus* die Vermachtung des Internets fest, welche unter anderem durch die Leitunternehmen der Branche wie Alphabet, Amazon, Apple oder Meta vollzogen wird. Die Machtfülle der Digitalkonzerne entsteht aus einem durch Wagniskapital verzerrtem Neoliberalismus, in dem keine fairen und gleichberechtigten Marktzugänge sichergestellt sind.[32] Staab zeigt anhand der Plattformökonomie, dass deren großen Betreiber im eigentlichen Sinne keine Produzenten mehr sind, die auf Märkten agieren, sondern dass diese selbst Marktplätze darstellen, auf denen wiederum andere Produzenten in der zweiten und dritten Reihe tätig sind.[33] Da die Plattformbetreiber die auf ihren Systemen und unter ihrer Aufsicht stattfindenden Aktivitäten meist vollständig kontrollieren, besteht zwischen Marktanbietern und Produzenten sowohl ein Profit- als auch ein Machtgefälle.

Die US-amerikanische Wirtschaftswissenschaftlerin Shoshana Zuboff kritisiert in ihrem bisherigen Hauptwerk *Das Zeitalter des Überwachungskapitalismus* ebenfalls die zwischen Plattformbetreibern, Produzenten bis hin zu Nutzerinnen erzeugte Machtvertikalisierung. Dabei hebt sie unter anderem hervor, dass die entmenschlichten Auswertungsmethoden des Tracking und Tracings eine radikale „Gleichgültigkeit des Instrumentarismus" sind, welche Gleichwertigkeit ohne Gleichberechtigung produzieren.[34] Der spanische Soziologe Manuel Castells zeichnet in einem anthropologisch angelegten Werk die Entstehung der Netzwerkgesellschaft im Kontext der expansiven Digitalwirtschaft nach. Darin fasst er die homogenisierenden Effekte der Wachstumsdynamik in der Weise prägnant zusammen, dass „die Macht der Ströme Vorrang gegenüber den Strömen der Macht gewinnt".[35]

Auch wenn die aus Interesse an exponentiellen Wirtschafts- und Machtwachstum befeuerte digitalen Innovation mit *Digitaler Kapitalismus* (Staab)

---

32   Vgl. Staab 2019, 139.
33   Vgl. Staab 2019, 85–86.
34   Vgl. Zuboff 2018, 438.
35   Vgl. Castells 2003, 567.

und *Überwachungskapitalismus* (Zuboff) zutreffend als Folge eines entgleisten Neoliberalismus erkannt werden, so gibt der digitale Wandel durch den *Aufstieg der Netzwerkgesellschaft* (Castells) die Blickrichtung darauf frei, dass innovative Technologie sich nur in dem Maße durchsetzen kann, wie sie auch von Mitgliedern der Gesellschaft angenommen wird. Revolutionierende – oder auch disruptive – Innovation bedeutet demnach nicht nur kreative Produkte zu erfinden, sondern diese müssen zum richtigen Zeitpunkt auf breites Interesse stoßen, damit sie sich verbreiten können. Erst die Koinzidenz von „Gewolltem" und „Geschaffenem" erzeugt technologischen Fortschritt, wie bereits Hegel dieses Zusammentreffen von Idee und deren Adoption aus einer konsequentialistischen Perspektive über die Erfindung des Schießpulvers formulierte: „Die Menschheit bedurfte seiner, und alsobald war es da."[36] Schießpulver, Kompass sowie auch die Digitaltechnologien wurden und werden aus irgendeinem Grund gebraucht, während zahllose andere Erfindungen untergehen, weil sich zu wenige auf diese beziehen. So würde es generative Sprachmodelle der Künstlichen Intelligenz, wie derzeit ChatGPT, kaum in der Form geben, wenn Millionen von Nutzern diese durch deren Gebrauch nicht erst wirksam werden ließen. Ethische Fragen der Wirtschafts- und Technologiegestaltung lassen sich aus diesem Grund nur in Verbindung mit deren Nutzung diskutieren.

Eine der auffälligen Besonderheiten der Digitalwirtschaft besteht vor allem darin, Asymmetrien zu erzeugen und diese durch permanente Erneuerung zu verstetigen. Insbesondere im Konsumentenbereich findet häufig keine Transaktion im Sinne eines Leistungs- und Geldtausches statt, sondern vielmehr sind digitale Angebote daraufhin angelegt, Abhängigkeiten zu erzeugen, die einen dauerhaften Bezug auf den Leistungsanbieter erwirken. Wie das Wachstum, so ist auch die Asymmetrie zunächst kein ethisches Problem an sich, sofern es kompensierende Asymmetrien oder Handlungsmöglichkeiten gibt, um sich einer Vereinseitigung entgegenzustellen oder sich ihr ohne gravierende Einbußen entziehen zu können. Die von der Digitalwirtschaft aufgrund von deren kapitalmarktgetriebenem Wachstumsinteresse bewusst erzeugten Vereinseitigungen erweisen sich bei genauerer Betrachtung als widersprüchlich und erzeugen Paradoxien. Systembedingte Vereinseitigungen können in Krisen führen, sofern die Möglichkeiten einer transformativen Veränderung abhandengekommen sind. Die im vorigen Abschnitt als ethische Leitmethode eingeführte immanente Kritik setzt daran an, Widersprüche, Paradoxien und sich abzeichnende Krisen aufzudecken, um dadurch eine Grundlage dafür zu schaffen, Fehlentwicklungen in einem bewussten Schritt überwinden

---

36   Vgl. Hegel 1986 [1822], 481.

zu können. In den nachfolgenden Abschnitten werden anhand einiger ausgewählter Digitalpraktiken Asymmetrien gezeigt, denen zumindest latentes Krisenpotential unterstellt werden kann.

Am Anfang der Aufzählung steht eine recht unscheinbare Praktik, welche in der öffentlichen Diskussion derzeit nicht viel Aufmerksamkeit erhält. Es handelt sich um die Systematik der „No-Reply-E-Mails". Diese sind maschinell generierte E-Mails, welche anfänglich dazu verwendet wurden, gleiche Informationen an eine breite Adressatenliste zu verteilen. Mit zunehmender Automatisierung und der Erfassung von Personendaten werden No-Reply-E-Mails mit individualisierten Inhalten generiert, um damit beispielsweise eine Bestellbestätigung, den Status einer Störungsmeldung oder auch ausgewählte Nachrichten zu versenden. Das bisher nicht regulierte Verfahren der einseitigen Kommunikation wird jedoch immer häufiger dafür eingesetzt, über vollendete Tatsachen zu informieren, wie beispielsweise die Sperrung eines Kontos oder auch die ablehnende Entscheidung einer Gewährleistungsanfrage. No-Reply-E-Mails schaffen insofern Asymmetrien, als die meist institutionellen Absender sich mit automatisch generierten No-Reply-E-Mails dem Aufwand entziehen wollen, Antworten sichten und gegebenenfalls individuell beantworten zu müssen. In Kombination mit schlecht erreichbaren alternativen Kommunikationsmöglichkeiten wird diese vereinseitigte E-Mail-Praxis von technisch versierten Unternehmen wie beispielsweise Telefondienstleistern, Banken oder Versicherungen dazu verwendet, sich gegenüber den Antworterfordernissen individueller Anfragen abzuschotten. Auch wenn No-Reply-E-Mails derzeit nicht als gravierendes Problem vereinseitigter Machtasymmetrien im Fokus von staatlicher Regulierung stehen, so zeigt sich an ihnen das ethische Problem der schiefen Ebene, auf die eine Praxis zu geraten droht, wenn deren Prinzipien einer Interessenslogik folgend konsequent ausgeweitet werden. So mehren sich Berichte, dass in technisierten Logistikunternehmen wie beispielsweise Amazon Flex[37] Arbeitskräfte automatisch gekündigt werden, sobald sie hinter der durchschnittlich erbrachten Arbeitsleistung zurückliegen.

Ein Beispiel für systemische Asymmetrien der Digitalwirtschaft bietet die heute allgegenwärtige Plattformökonomie mit ihren häufig kostenfreien Nutzungsangeboten und mit den damit gekoppelten Sekundärinteressen wie beispielsweise Werbezugänge und der Zugriff auf Nutzungsdaten. Das Wesen der digitalen Plattformen besteht darin, dass auf einer Marktseite durch attraktive Informations- und Interaktionsangebote kollektives Interesse erzeugt wird, um darüber die Plattform zu einem Gravitationszentrum zu machen. In

---

37   Vgl. Bloomberg 2021.

der Plattformökonomie gilt das „The Winner takes it all"-Prinzip. Bei digitalen Plattformen geht es primär nicht darum, auf einem Markt Angebot und Nachfrage auszugleichen, sondern über Anreizfunktionen Sogeffekte auszulösen. Die Anziehungskraft wird über allgemein zugängliche und chancenreiche Angebote erzeugt, die von möglichst vielen genutzt werden und sich dadurch schnell verbreiten. Bei erfolgreichen Plattformen kommt es über ihre Ausbreitung zu einem Kipppunkt, ab dem eine marktbeherrschende Stellung eingetreten ist und es für die Teilnehmer dieser Plattformen mehr Konformitätsgründe als Nutzenvorteile gibt, sich ihnen anschließen zu müssen.[38] Da bei digitalen Plattformen nicht alleine die Größe, sondern vielmehr die Ausbreitungsgeschwindigkeit deren Überlebensfähigkeit bestimmt, ist die Digitalwirtschaft nicht nur vom expansiven Wachstumsinteresse beherrscht, sondern es besteht vor allem auch eine Überlebensnotwendigkeit darin, schneller als alle anderen wachsen zu müssen. Auf dem Weg zur marktbeherrschenden Größe entscheiden Plattformbetreiber immer erneut darüber, wie das Verhältnis zwischen kostenträchtigen Bindungs- und ökonomischen Verwertungsmechaniken austariert werden kann. Sobald zumeist mit Hilfe von Risikokapitalgebern der Kipppunkt der Marktbeherrschung überschritten ist, werden durch Preisgestaltung, Einschluss oder Ausschluss gewünschter bzw. unerwünschter Plattformteilnehmer Asymmetrien gezielt eingesetzt, um Profite zu erhöhen oder auch um die eigene Plattform vor konkurrierenden Systemen zu schützen.

Die verbreitete Nutzung von Plattformen führt dazu, dass kaum ein Teilnehmer im Internet unidentifiziert bleibt. So werden die Spuren der miteinander in sozialen Medien kommunizierenden Teilnehmer über Trackingverfahren gesammelt, wie beispielsweise über Cookies oder durch die Textanalyse von E-Mails. Dadurch, dass Internetteilnehmer identifiziert werden können, lassen sich personenbezogene Persönlichkeitsprofile entwickeln. Es gibt einen Markt, auf dem personalisierte Daten gehandelt werden. Den höchsten Wert erreichen dabei Daten von Personen mit instabilen Persönlichkeitsprofilen, wie z. B. Depressionen oder Suchtsymptomen. Hierüber berichtet u.a. eine Studie der NGO Privacy International.[39] Durch die automatische Verarbeitung von Persönlichkeitsprofilen und über den direkten identifizierten Zugang zu Personen entwickeln sich eine Fülle von asymmetrischen Einflussmöglichkeiten wie beispielsweise die der Manipulation. Manipulation ist eine Intervention mit dem Versuch, die Handlung einer Person in einer Weise

---

38   Vgl. Schweitzer et al. 2018.
39   Vgl. Privacy International 2019.

zu verändern, die ohne die Intervention anders verlaufen wäre.[40] Anders als in der rein zwischenmenschlichen Beziehung verfolgt die versuchte oder gelungene Manipulation durch digitale Technologie immer ein kalkuliertes Ziel. Die Verwendung von Persönlichkeitsmodellen in der Digitalisierung dient ausschließlich dazu, die Reflexion des menschlichen Adressaten zu umgehen. Sie ist daher aus normativen Gesichtspunkten zumindest fragwürdig, wenn nicht sogar vollständig abzulehnen. Aufgrund der Instrumentalisierung verletzt die digitale Manipulation die Selbstbestimmung. Sie ist Machtmissbrauch und begünstigt strukturelle Präkarisierung, wie beispielsweise bei dem Fahrdienst „Uber". Dort werden die Fahrer durch personenbezogene Nachrichten angehalten, ihre Chancen auf weiteren Umsatz zu erhöhen, wodurch ein Überangebot entsteht und der erzielbare Fahrpreis weiter absinkt.[41]

Ein abschließendes Beispiel zeigt, wie Machtasymmetrien immer weiter in Paradoxien münden, die unaufhaltsam auf eine Krisenentwicklung zulaufen. Fast alle führenden Digitalkonzerne sind an der amerikanischen Börse gelistet und unterliegen dort einer wirtschaftlichen Transparenzpflicht in Form von standardisierten Berichtsformaten. In den öffentlich zugänglichen Börsenmitteilungen sind nicht nur Aussagen zu ihrem finanziellen Ergebnis enthalten, sondern es finden sich darin auch verpflichtende Einschätzungen zur zukünftigen Geschäftsentwicklung mitsamt möglicher Marktrisiken. Die Aussagen sind durch externe Wirtschaftsprüfungen validiert und somit deutlich belastbarer als flüchtige Marketingaussagen. In den Jahresberichten der großen Digitalkonzerne findet sich die einheitliche Überzeugung, dass staatliche Regulierung ein erhebliches Risiko für die eigene Geschäftsentwicklung darstellt. Als hinderlich werden unter anderem die Untersuchungen zur marktbeherrschenden Position der Unternehmen genannt, aber auch die verschiedenen staatlichen Maßnahmen zu Datenschutz oder Löschpflichten. Hinter den Formulierungen in den Geschäftsberichten ist das Narrativ erkennbar, dass es sich bei staatlicher Regulierung um Widerstände handelt, die es zu überwinden gilt. Umgekehrt fehlt bei der Einschätzung der staatlichen Beschränkungen die Betrachtung, dass die Politik dem Auftrag ihrer Wähler folgt, die gleichzeitig auch zu den Kunden der marktbeherrschenden Unternehmen zählen. Weltumspannende Konzerne vereinseitigen die Ansprüche der Marktteilnehmer, indem sie ignorieren, dass es sich bei Nutzerinnen und Nutzern der Technologieangebote gleichzeitig auch um Souveräne von Staaten handelt, welche die Regulierung der Digitalpraktiken für erforderlich erachten. Eine Trennung derselben Person in den geschäftsinteressanten Teil,

---

40   Vgl. Susser et al. 2019.
41   Vgl. Staab 2019, 116.

der an die digitalen Plattformen der Unternehmen gebunden ist, und den geschäftshinderlichen Teil, der über die staatliche Regulierung vertreten ist, leugnet die individuelle Integrität der die Dienste nutzenden Person.

Die obige kleine Auswahl von Digitalpraktiken ist zwar keineswegs repräsentativ, doch sie zeigt bereits die strukturelle Verstärkung von Asymmetrien, welche durch massenhaft automatisierbare Maschinen-Mensch-Interaktionsformaten nicht nur möglich wird, sondern auch bei genauerer Betrachtung als gewollt erscheint. No-Reply-E-Mails können dazu verwendet werden, über anonyme Algorithmen Tatsachen zu schaffen und Widerspruch gleichzeitig zu erschweren, indem die Verantwortlichkeit für die maschinelle Kommunikation verschleiert wird. Aus Nutzungsdaten gewonnene Persönlichkeitsdaten können dazu verwendet werden, typisierende Profile über Personen anzulegen, welche insbesondere bei instabilen Persönlichkeiten deren Vulnerabilität mit automatisierten Verfahren aufdeckt und sie darüber einer kommerziellen Verwertungslogik zugänglich macht. Als problematisch erweist sich ebenfalls das ambivalente Demokratieverständnis der marktbeherrschenden Digitalkonzerne, indem sie staatliche Regulierung als zu überwindenden Widerstand und nicht als Auftrag erkennen, strukturelle Defizite bei der Verbreitung von Digitalpraktiken zu beheben.

Obwohl die vorgenannten Praktiken den Anstieg von asymmetrischen Verhältnissen zwischen wirtschaftlichen Institutionen und den Nutzer:innen von Technologie erkennen lassen, so haben diese – von einzelnen Skandalen abgesehen – noch in keine sich manifestierenden Krisen geführt. Dennoch ist das Krisenpotenzial dieser sich ausbreitenden Machtasymmetrien spürbar. Die Methode der immanenten Kritik unterscheidet nicht nach guten oder schlechten Praktiken. Sie fragt jedoch danach, ob bestimmte Praktiken deswegen kritisiert werden sollten, weil sich deren innere Systematik aufgrund unerfüllter Erwartungen als dysfunktional erweist. Während auf der wirtschaftlichen Seite der Technologiegestaltung das Wachstumserfordernis den Antrieb für immer weitergehende Innovation bildet, so sind es auf der Seite der Nutzer:innen die ihnen daraus zugutekommenden Vorteile, durch welche die Technologie ihre Verbreitung erfährt. Aufgrund der die individuelle Wirksamkeit erhöhenden Technologieangebote wehren sich die Konsumenten nicht gegen die zunehmende Vermachtung der Digitalpraktiken.[42] Im folgenden Kapitel wird daher der Aspekt der Technologienutzung beleuchtet, um daran zu ergründen, ob das Verhältnis zwischen wirtschaftlichem Wachstumserfordernis und Nutzungsinteresse ausbalanciert ist.

---

42   Vgl. Staab 2019, 111.

4. Nutzung: Digitalität im Alltag

Prozesse der Digitalisierung sind für die meisten Menschen in ihrem Alltag in Form von Anwendungen erfahrbar, sei es Textverarbeitung, E-Mail-
Kommunikation, Bild-, Audio- und Videonutzung oder die Vernetzung
mit anderen Menschen über Social Media. Die Programme sorgen für jene
„enorme Vervielfältigung der kulturellen Möglichkeiten", die Stalder als Ausdruck der „Kultur der Digitalität" bezeichnet.[43] Auf der Benutzeroberfläche,
dem *front end*, finden diese Anwendungen auf Rechnern statt: dem stationä-
ren Personal Computer, auf tragbaren Laptops und Tablets sowie dem mobilen
Kleincomputer mit integrierter Telefoniefunktion, dem Smartphone. Letzteres sorgt als portables Informations- und Vernetzungswerkzeug schlechthin
zugleich für eine Ubiquität der digitalen Ausspielungen, indem viele Menschen dieses Gadget quasi überall mit sich tragen. Längst fungiert das Gerät
mit gespeicherten persönlichen Daten de facto als Personalausweis, dokumentiert also gewissermaßen die Identität der besitzenden Person. Es erscheint
nicht vermessen, dem quasi überall präsenten Smartphone den Status eines
„geliebten Objekts" zuzuweisen, das sich im Lebensalltag seiner Nutzenden durch eine „Multifunktionalität" auszeichnet, wie es Tilmann Habermas
(1999) im Kontext psychosozialer Identitätsbildung facettenreich, wenn auch
an anderen, nicht digitalen Beispielen analysiert.[44] Es lassen sich aus dieser
Objekttheorie dezidiert auch „für das gesellschaftliche Phänomen der Digitalisierung sehr konkrete Erklärungen für die dominante Verbreitung von Sozialtechniken ableiten."[45]

Persönliche Objekte haben nach Habermas mehrere Funktionen: Sie ermöglichen „Selbstdarstellung", heben also etwa die Besonderheit der eigenen
Person hervor. Mit Reckwitz (2017) ließe sich diese Besonderung inzwischen
als Hinweis auf eine „tiefgreifende Transformation"[46] hin zu einer Singularisierung von Erlebniswelten fassen, die für die Digitalität mit ihren vielen auf
den Einzelnen (scheinbar) ,maßgeschneiderten' Angeboten so typisch ist und
die technologisch-instrumentell mit dem Smartphone erfahrbar gemacht werden kann, etwa über die Option, Bilder von sich selbst (*selfies*) zu produzieren und zu versenden – eine in sozialen Online-Netzwerken weithin geübte
Praxis.[47] Objekte wie ein Smartphone erlauben somit, so Habermas, „private

---

43   Stalder 2016, 9.
44   Habermas 1999, 13.
45   Böhm 2024, 241.
46   Reckwitz 2017, 15.
47   Vgl. Ullrich 2019.

Selbstkommunikation", bei der das persönliche Objekt, beim Smartphone auch der distante Kommunikationspartner, als „imaginärer Anderer" fungiert; sie unterstützen „Erinnerung", bspw. an vergangene Zeiten, an bestimmte Personen, an eine Verbindung mit Orten; und sie ermöglichen oder symbolisieren die „Autonomie" der nutzenden Person, also etwa ihre Unabhängigkeit und Möglichkeiten der Kontrolle über das eigene Leben und Selbst.[48] Persönliche Objekte haben auch – wie besonders prononciert das ab 2007 zu großer Verbreitung gelangte internetfähige Smartphone – „mediale Funktionen", ermöglichen also Kontakt, Teilnahme, Teilhabe und „gemeinsame Aktivitäten" auch über Distanz; damit können sie auch „Stimmung" und „Befindlichkeit" der nutzenden Personen beeinflussen, also für *mood management* sorgen. Nicht zuletzt übernehmen persönliche Objekte zudem „ästhetisch-rezeptive Funktionen", indem man sie z. B. gerne in die Hand nimmt und sich taktil an ihnen erfreut (*swiping*), was an fast jedem Ort jederzeit beobachtbar ist. Schließlich kann das Smartphone im Sinne der Habermas'schen Funktionstaxonomie persönlicher Objekte sogar zur „Erhöhung der Handlungspotenz" (*agency*) der nutzenden Personen beitragen, indem letztere bestimmte Leistungen demonstrieren und so allgemein ihr Selbstgefühl erhöhen können.[49]

Die Digitalität, die sich im Alltag vieler Menschen über Gadgets wie das Smartphone stark objektgestützt darbietet, erscheint also als ein umfassender und zahlreiche Alltagshandlungen prägender Zustand – womöglich gar als ein ‚geliebter Raum' im Habermas'schen Sinne. Das Smartphone mit seinen zu bedienenden Apps erinnert die Nutzenden quasi unablässig an die Möglichkeit, aber auch an die Notwendigkeit, ihre Identität zu gestalten und ihre Existenz in einer Art abwesenden Präsenz anderer Personen zu dokumentieren, etwa über Social Media in Form von Text- und Bildposts. Für viele Menschen kann die intensive Nutzung von Social Media samt ihrer eingewobenen Steigerungslogiken allerdings eine Überforderung bedeuten – bis hin zu Störungen und Leidensdruck.[50] Das nicht enden wollende Durchrollen von Inhalten unterschiedlicher Profile (*infinite scrolling*) hat für viele Menschen durchaus eine Sogwirkung. Anwendungen wie Instagram oder TikTok haben dieses Prinzip zur Perfektion gebracht.[51]

Die Botschaft des je nach Situation mehr oder weniger ‚geliebten' Smartphones – des weithin typischen Zutrittsobjekts zur Digitalität – enthält also

---

48   Habermas 1999, 423–429.

49   Habermas 1999, 423–424 sowie passim. Auf S. 319 erwähnt Habermas das „Handy" zudem als „Statussymbol".

50   Vgl. te Wildt 2015; Hepp 2022.

51   Vgl. Tortorici 2020.

in ihrer Konsequenz einen deutlichen Aufforderungscharakter zu einer spezifischen Nutzung, eine Affordanz.[52] Diese besteht für die Nutzenden darin, das Objekt selbst und seine technisch-funktional integrierten Anwendungen in den Alltag einzubetten und sich über Gewöhnung und Habitualisierung allmählich an sie anzupassen. Dies erfolgt keineswegs per autoritärem Befehlsgestus, sondern freiwillig als ein weitgehend unhinterfragter ‚zwangloser Zwang‘ einer Technologie, der sich in den Alltag der Nutzenden hineinschreibt.[53]

Dieses geradezu dialektische Prinzip der sozialen Netzwerke und ihrer Nutzung via Smartphone ist etwa am Fallbeispiel des Messengerdienstes WhatsApp ablesbar und einer immanenten Kritik zu unterziehen. In Deutschland ist diese Anwendung 2022 mit 68 Prozent Marktanteil bei den erwachsenen Internetnutzer:innen die am weitesten verbreitete Social-Media-App;[54] auch unter Jugendlichen ist WhatsApp mit Abstand führend.[55] Jenseits der primären Nutzungsebene – dem Versenden und Empfangen von persönlichen Botschaften – wird WhatsApp auch „als Instrument zur Organisation, Verwaltung und Koordination des Alltags, also der individuellen Lebensführung eingesetzt".[56] Teilnehmende einer empirischen Studie berichten, dass die App jenseits ihrer Funktionalität und Praktikabilität für sie quasi unverzichtbar ist und fest in interpersonale Prozesse eingeschrieben wird. So erscheinen für einige Proband:innen in ihrem Bekanntenkreis etwa Telefonate nur noch nach vorheriger Ankündigung per WhatsApp möglich.[57] Im beruflichen Kontext stehen WhatsApp und das mitgeführte Smartphone für das Prinzip der permanenten und leichten Erreichbarkeit zu jeder Uhrzeit, was allerdings im gleichen Zuge auf Kosten der persönlichen Autonomie der Alltagsgestaltung geht.[58] Der letztere Befund steht durchaus zumindest teilweise im Widerspruch zu Habermas' Sichtweise von Objekten als Repräsentanzen von Unabhängigkeit und Kontrolle.[59] Wie so häufig präsentiert sich die Digitalität mit Paradoxien.

WhatsApp erscheint sowohl in beruflichen wie privaten Kontexten als ein „Management-Tool",[60] mit dem Nutzende ihre Effizienz zu steigern versuchen. Befragte berichten von realisierten Effizienzsteigerungen, die sie mit der Anwendung erreicht haben, etwa durch die schiere Geschwindigkeit der

---

52   Vgl. Zillien 2008.
53   Vgl. Weber 1947 [1922], 800–801; Zöllner 2019, 80.
54   Hölig et al. 2022, 51.
55   Feierabend et al. 2022, 26–31.
56   Bachmann et al. 2019, 36.
57   Bachmann et al. 2019, 37.
58   Bachmann et al. 2019, 37.
59   Habermas 1999, 427–428.
60   Bachmann et al. 2019, 37.

Übermittlung von Botschaften und den transparenten Austausch in Gruppen.[61] Ebenso treten jedoch auch „Pseudoeffizienz"-Effekte auf, indem sich etwa Absprachen und Abstimmungen zwischen den Interaktionspartnern, den imaginären Anderen, „deutlich langwieriger und komplizierter gestalten" und es oft schwierig erscheint, relevante Inhalte aus der Vielzahl an Botschaften herauszufiltern, was nur „mit großem persönlichem Aufwand" gelingt.[62] In einer solchen Demonstration von Leistungen findet sich also durchaus ein Beleg für eine von Habermas angesprochene Erhöhung der eigenen „Handlungspotenz", „gestaltend in die Umwelt einzugreifen".[63] Zugleich ist dieses Gestalten aber nur allzu oft mühselig und zäh.

Das permanente Eingebundensein in solche Austauschprozesse hat offenbar seinen Preis: WhatsApp-Nutzende schildern eine Art Abhängigkeit bis hin zur Konditionierung, wenn sie etwa sehr häufig am Tag zum Smartphone greifen, um den Eingang von Botschaften zu kontrollieren oder den Impuls verspüren, Nachrichten sofort lesen zu müssen.[64] Auch andere Studien weisen darauf hin, dass sich Social-Media-User:innen schlecht fühlen, wenn sie nicht online sind. Ständige Erreichbarkeit scheint allgemein eine prägende Haltung in der Digitalität zu sein – die Angst, etwas zu verpassen (*fear of missing out*), wird in vielen Studien berichtet.[65] Mit Autonomiekonzepten stehen solche Befunde im Widerspruch. Nutzende beschreiben vielfältig, „wie sie geradezu mit ihren Smartphones und den darauf gespeicherten Anwendungen ‚verschmolzen' sind und diese in ihr Leben eingebettet haben".[66] Dies ist beinahe so, als hätten sie das Affordanz-Konzept verinnerlicht. Mindestens aber erscheint das Smartphone hierbei als „geliebtes Objekt" im Habermas'schen Sinne.

Deutlich wird vor allem, dass mehr noch als ihre ausgetauschten Inhalte demnach zum einen die Allgegenwart der Social Media und zum anderen das technische Dispositiv der Geräte, über die sie bedient werden, den Alltag ihrer Nutzerinnen und Nutzer prägen. Dies kann auch für Smartphones und die über sie laufenden Apps gelten. Die starke Integration der technologisch-funktionalen Ebene in das persönliche Verhalten von Menschen in ihrem Alltag sowie dessen Habitualisierungen werden von Befragten konkret auch als „Zwang" aufgefasst, der die persönliche Entscheidungsfreiheit

61   Bachmann et al. 2019, 38.
62   Bachmann et al. 2019, 38.
63   Habermas 1999, 432.
64   Bachmann et al. 2019, 41.
65   Vgl. Pirker 2018, 471; Tunç-Aksan und Akbay 2019.
66   Bachmann et al. 2019, 41.

einschränkt.[67] Die tiefgreifende Vernetzung, die die Digitalität ermöglicht, weitet Handlungs- und Erfahrungsmöglichkeiten aus. Zugleich greift diese Intensivierung der Vernetzung teils bis zur Maßlosigkeit aus. So weit jedenfalls, dass in der Gegenwart bereits erste kritische Überlegungen zu denkbaren Formen einer datenschutzorientierten „Vernebelung"[68] der eigenen Auffindbarkeit wie auch einer „Entnetzung" als „utopisches Gegenmodell zur digitalen Übervernetzung" formuliert werden.[69] Dies erfolgt etwa mit Blick auf die intensive Datenökonomie und ihre Ausbeutungsstrukturen im Kontext eines „Überwachungskapitalismus"[70] wie auch eingedenk der zahlreich zu beobachtenden überhitzten Debatten im Netz, die aus Sicht einer liberalen Demokratie unerwünschte, destabilisierende Phänomene wie Hassrede, „Fake News" und Verschwörungsfantasien hervorbringen.[71] Die Digitalität erfordert somit neue ethische Ansätze für ein gesteigertes Maß, vielleicht gar für ein Übermaß an Vernetzung im Virtuellen.

Alles in allem ist für viele Befragte der hier referierten Studie zu WhatsApp – recht typisch für Social Media im Allgemeinen – allerdings die Einfachheit und Bequemlichkeit (*ease of use*) der Plattform ausschlaggebend, also die Tatsache, dass die Anwendung funktioniert und ihr Produktversprechen erfüllt.[72] Es ist somit nicht zuletzt die technische Funktionalität von Smartphones und Social Media, die viele Menschen fasziniert. Dieses mehr oder weniger klaglose Funktionieren ist durchaus als ein zentrales Wesensmerkmal der Digitalität an sich zu identifizieren.[73] Viele Menschen scheinen entsprechend eng verwoben zu sein mit den digitalen Anwendungen des technischen Objekts in ihrer Jackentasche. Etwaige Abhängigkeiten und Autonomieverluste, die sich aus ihrem Gebrauch ergeben, bleiben im Alltag meist unreflektiert. Mediale Technologien wie Social Media, die auf Algorithmisierung beruhen, sind Technologien des Selbst, die Identität(en) prägen wie auch zum Ausdruck bringen und stabilisieren können.[74] Mit der permanenten und ubiquitären Telepräsenz bzw. prinzipiellen Verfügbarkeit virtueller Akteure – als Gesprächspartner:innen, als „Kontakte", „Follower" und Figurationen eigener Sehnsüchte etwa im Kontext von Fantum oder Online-Dating – prägt diese

---

67 Bachmann et al. 2019, 42.
68 Vgl. Brunton und Nissenbaum 2015.
69 Vgl. Stäheli 2021, 422.
70 Vgl. Zuboff 2018.
71 Vgl. Amlinger und Nachtwey 2022; Nocun und Lamberty 2020; Zöllner 2020 sowie die Beiträge in Schicha et al. 2021.
72 Bachmann et al. 2019, 39.
73 Vgl. Nassehi 2019, 196–200.
74 Vgl. Straus und Höfer 2008, 201.

Interaktionsstruktur der Digitalität erheblich den Alltag ihrer Nutzerinnen und Nutzer.

Die private Selbstkommunikation, bei der das persönliche Objekt als imaginärer Anderer fungiert, wie sie Habermas beschreibt, erscheint mit Blick auf das Smartphone und seine Anwendungen, dem *front end* als Bedienoberfläche, als ein dialektisch geprägter Funktionszusammenhang. Sie suggeriert individuelle Freiheit, bringt aber auch mehr oder weniger zwanglosen Zwang, Standardisierung, Kontrolle und Überwachung mit sich, was im Gegensatz zu den Besonderungs- bzw. Singularisierungsprozessen steht, die Reckwitz beschreibt.[75] Was im Hintergrund der Anwendungen passiert, dem programmlichen und systemischen *back end*, entzieht sich meist dem Interesse und der Kenntnis der Nutzenden. Die von ihnen produzierten Daten – neben Texten, Bildern, Filmen auch Metadaten wie Geolokation und Uhrzeit – bilden als Verhaltensspuren die Grundlage für die Erstellung von detaillierten Nutzerprofilen und dienen als Trainingsdaten für das maschinelle Lernen. Die permanente Datenproduktion im Alltag hat Folgen: „Praktisch führt die digitale Lebensprotokollierung zu einer Vereinheitlichung von Lebensentwürfen.“[76] Welche Auswirkungen haben solche Prozesse der Digitalität und die hinter ihnen stehenden Geschäftsmodelle auf Kultur und Gesellschaft?

5.   Digitalität, Kultur und Gesellschaft

Seit der Vermarktung der ersten „Heimcomputer" 1977 und der ab etwa Ende der 1990er Jahre im Alltag über Webforen und soziale Online-Netzwerke erfahrbaren Etablierung bzw. Domestizierung der Digitalität mit ihren ubiquitären Vernetzungen sind die Menschen gewissermaßen niemals mehr allein.[77] Just dies war und ist nachgerade das explizit formulierte Unternehmensziel von Unternehmen wie Facebook, Inc. (jetzt: Meta Platforms, Inc.): Menschen näher zusammenzubringen war lange ein zentraler Claim in der Kommunikation des Unternehmens und klang menschenfreundlich.

> Facebook was built to bring people closer together and build relationships. One of the ways we do this is by connecting people to meaningful posts from their friends and family in News Feed.[78]

---

75   Vgl. Reckwitz 2017.

76   Selke 2014, 242.

77   Vgl. Sarasin 2021, 268; Klosterman 2022, 337.

78   Mosseri, 2018.

Das permanente gegenseitige Beobachten, Sharen, Liken und Kommentie-
ren der Online-Partizipanten von quasi jedem Ort und zu fast jeder Zeit, das
die Plattform Facebook besonders prominent etablierte, diente allerdings
von Anfang an einem ökonomischen Zweck. Nicht nur die entstehenden
Interaktions- und Metadaten sind in diesem Kontext eine Handelsware, sondern letztlich auch die Menschen, die sie produzieren: als Objekt der Aus-
beutung. Man kann die digitalen Praktiken auch als Narrativ der Disruption
lesen,[79] das von den Technologieunternehmen selbst typischerweise aber –
so der immanente Widerspruch – als Narrativ der Innovation und des Fortschritts präsentiert wird. Insbesondere das Silicon Valley als zentraler Ort der
Genese und industriellen Ausgestaltung digitaler Innovationen hat in diesem
diskursiven Kontext auf der Basis seiner ihm eingeschriebenen „kalifornischen Ideologie"[80] zahlreiche wirkmächtige Narrative perpetuiert, die kaum
noch hinterfragt werden. Digitalitätsbezogene Praktiken sind entsprechend
häufig auf eine ökonomische Verwertbarkeit hin angelegt (im „kalifornischen"
bzw. im Kern kapitalistischen Modell) oder werden von interessierter Seite in
Richtung eines Herrschaftsinstruments der datengestützten Kontrolle und
Überwachung weiterentwickelt (und dies keineswegs nur im diktatorischen
chinesischen Modell). Die Grenzen verschwimmen hier längst.[81] Die öffentliche Bewunderung für besonders smart wirkende Protagonisten des Silicon
Valley ist oft groß, wenn man etwa an beinahe messianisch auftretende Figuren wie Steve Jobs (Apple, Inc.) zurückdenkt, dessen Produktpräsentationen in
der Tech-Community fast wie Gottesdienste gefeiert wurden.[82]
    Soziale Online-Netzwerke sind die meistgenutzten Plattformen, um ande-
ren Menschen sein eigenes Leben vorzuführen. Als Credo des „kalifornischen"
Modells erscheint, eine stets bessere Version des eigenen Selbst zu schaffen, hin
zu einem sich selbst optimierenden Werkzeug der Wertschöpfung, das in kon-
stantem Wettbewerb zu anderen Marktteilnehmern steht. Dieses Glaubens-
system wurzelt tief im Erweckungsmythos der puritanischen Gründerväter der
Vereinigten Staaten. Wer ein vorbildliches Leben führt, lebt gewissermaßen
gottgefällig und wird dafür entsprechend belohnt, nicht zuletzt durch Reichtum, Gesundheit, Schönheit und/oder Konsumoptionen.[83] Ein fast schon spi-
ritueller Glaube an Optimierung durch Datafizierung („Dataismus") ist somit
in die alltägliche Digitalität eingeschrieben.[84] Das daraus folgende Ideologem

---

79   Vgl. Taplin 2017, 19–31.
80   Vgl. Barbrook und Cameron 1996; Lazzarato 2013.
81   Vgl. Zuboff 2018.
82   Vgl. Isaacson 2011.
83   Vgl. Barbrook und Cameron 1996; Lazzarato 2013.
84   Vgl. Michel 1981.

des „Solutionismus"[85], der Glaube an die prinzipielle Problemlösung durch technologisch-digitale Anwendungen, versinnbildlicht durch die „App", hat sich im Laufe der letzten Jahrzehnte tief im Denken von Menschen in den Industriestaaten etabliert. Selbstredend steht es jedem Nutzer und jeder Nutzerin frei, Computer nicht zu nutzen oder bspw. die eigene Mitgliedschaft bei Social-Media-Plattformen zu beenden. Entscheiden sie sich dafür, droht unter den beschriebenen Bedingungen einer weit ausgreifenden Digitalität vielen Menschen allerdings eine Art soziale Nichtexistenz, indem sie von vielfältigen sozialen Partizipationsmöglichkeiten ausgeschlossen würden. Sind die Nutzenden also wirklich noch frei und autonom, solche Technologien zu meiden?

Sozialen Online-Netzwerken und anderen digitalen Anwendungen scheint jener ‚zwanglose Zwang' inhärent, hinter dem das Bild eines ‚herrenlosen Sklaven' steht, wie es Max Weber zu Beginn des 20. Jahrhunderts so berühmt als Denkmuster eingeführt hat.[86] Die systemische Macht, die sowohl in den algorithmischen Programmen der sozialen Online-Netzwerke, ihrer Ausgestaltung und Nutzung wie auch in der Marktdominanz der dahinterstehenden Technologieunternehmen liegt, ist profund. Viele Nutzende richten sich in ihrer wahrgenommenen eigenen Ohnmacht ein und akzeptieren sie als weitgehend alternativlos.[87] „Einen Tod stirbt man halt", wie es befragte WhatsApp-Nutzende in einer Studie unbewusst nihilistisch formulieren.[88] Es verstärkt sich der „Eindruck, als stünde eine Fülle von Gestaltungsmöglichkeiten offen", doch bewegen sich die Nutzer:innen faktisch „in vordefinierten Strukturen und greifen bereits vorgedachte Ideen auf."[89] Menschen werden von den programmlich-ideologematischen Anwürfen der Social Media beherrscht, sie suchen zugleich aber bewusst oder unbewusst nach Möglichkeiten, im Alltag ihre Autonomie zu wahren und selbst über ihre technologischen Hilfsmittel zu herrschen – ob ihnen das stets gelingt, ist fraglich. In der zitierten Studie zu WhatsApp erscheint diese Anwendung

> als paradoxes Steuerungsinstrument, mit dessen Hilfe Menschen ihre Alltagsroutinen und ihr Beziehungsmanagement aktiv und kompetent regeln, sich dabei aber zugleich vielerlei Erwartungen ihrer sozialen Umwelt wie auch der Affordanzen der technischen Plattform unterwerfen.[90]

---

85   Vgl. Morozov 2013.
86   Vgl. Weber 1947, 800–801.
87   Vgl. Acquisti et al. 2015; Taddicken 2014.
88   Bachmann et al. 2019, 43; vgl. Gertz 2018, 13–34.
89   Paganini 2020, 59.
90   Bachmann et al. 2019, 54.

Die Frage nach der „digitalen Knechtschaft"[91], die vorgeblich freiwillig ist,[92] berührt fundamental die Frage nach dem Selbstbild des Menschen bzw. seiner Positionierung in sozialen Gefügen, den sozialen Netzwerken im ursprünglichen Sinn.

Die Vernetzung der Menschen und Profile spiegelt sich in elektronischen und digitalen Medien zunehmend wider in einer Art von „relational selfhood"[93], also einer Subjektpositionierung, in der die ständige Antizipation der Äußerungen und Verhaltensweisen anderer Menschen wie auch die eigenen Reaktionen hierauf prägend sind. Der Medientheoretiker Marshall McLuhan hatte in den 1960er Jahren mit Blick auf elektronische Medien wie Hörfunk und Fernsehen spekuliert, dass deren Vernetzungsgeschwindigkeiten überall auf der Welt Zentren schafften, also eine neue Art von Netzwerkstruktur.[94] In ihrer digitalen Weiterentwicklung geht Charles Ess im Rückgriff auf McLuhan von einer zunehmenden allgemeinen Netzwerkorientierung des Selbstseins aus:

> the emergence of, and now, in developed countries, our saturation within the multiple networks facilitating computer-mediated communication – and increasingly so by way of mobile devices such as tablets and smartphones – appears to have dramatically amplified our sense of relationality.[95]

Daraus folgert Ess, dass „our ostensibly individual choices inevitably interact with, affect, and are affected by others throughout the network," offline wie auch online.[96] In diesem Sinne fühlen sich Menschen stärker vernetzt mit Interaktionspartnern im Netz, auch wenn deren humaner Status mit der weiteren Marktdurchdringung von KI-Anwendungen zunehmend ungeklärt sein mag (man denke an Bots), und geben so letztlich einen Teil ihrer Autonomie auf. Die Positionierung der Menschen im Digitalen, das für sie eine Realität eigener Art darstellt,[97] verändert sich in Richtung einer Heteronomie, also einer Orientierung an anderen Akteuren oder Instanzen und möglicherweise deren Überlegenheit. Das „quantifizierte Selbst"[98] als Teil eines „metrischen Wir"[99] passt sich ein in ein größeres Netzwerk von Personen, Profilen, Plattformen, Anwendungen und Algorithmen. Damit deutet sich an, dass in der Netzgesellschaft

---

91   Staab 2015, 5.
92   Vgl. Selke 2014, 286.
93   Ess 2014, 618–628.
94   McLuhan 1964, 84–91.
95   Ess 2014, 626.
96   Ess 2014, 632.
97   Vgl. Chalmers 2022, 3–19; Noller 2022, 10.
98   Kelly 2016, 238.
99   Mau 2017.

teilweise eine allmähliche Ablösung der Vorstellung der freiheitsgeleiteten, emanzipatorischen Autonomie des Individuums zu beobachten ist.[100]

Keineswegs soll hier behauptet werden, der Mensch sei nicht auch schon vor der Digitalisierung in „soziale Netzwerke" im ursprünglichen Sinn eingebunden gewesen. Georg Simmel verwies bereits zu Beginn des 20. Jahrhunderts auf die vielfältige „Kreuzung sozialer Kreise"[101] und begründete damit das systematische Nachdenken hierüber. Der Alltag in der Digitalität bedeutet jedoch im Kontext einer „tiefgreifenden Mediatisierung" der sozialen Welt[102] den Übergang zu einem Prinzip gesteigerter Verwobenheit, die zunehmend von Entscheidungen anderer Instanzen (gleich ob Menschen, algorithmischen Entitäten oder Organisationen) abhängt und somit auf Andere und Anderes bezogen ist, ohne dass menschliche Interaktionspartner dies noch vollständig selbstbestimmt steuern können. Es ist eine genuine Netzwerkgesellschaft mit ihren zahlreichen mobilen digitalen Gadgets, die so „relational" lebt – wenn auch typischerweise freiwillig. Doch trägt diese Freiwilligkeit, wie oben beschrieben, längst einen inneren, ideologematisch basierten Widerspruch in sich. Die in der Digitalität vielfach zu beobachtende Bereitschaft, den heteronomen Modus der Subjektpositionierung, der auf relationalen Austausch ausgerichtet ist, als überlegen gegenüber autonom orientierten Kommunikations-, Verhaltens- und Assoziationsmodi zu betrachten (falls diese überhaupt jemals vollständig autonom denkbar sind), erscheint zunehmend „unausweichlich" und „normal".[103] Entsprechend erscheint auch der datenbasierte „Überwachungskapitalismus"[104], in dem der Mensch mit seinen datafizierten Ausformungen gewissermaßen als Rohstoff geschürft bzw. ausgewertet wird, zunehmend als gesellschaftlich kaum noch skandalisierbares Phänomen. Der einzelne Mensch ist in diesem System als Datenpunkt kaum von Belang; es zählt der große kollektive und statistisch auswertbare Datensatz.[105] Das Individuum geht sozusagen unter.

Der Historiker Yuval Noah Harari (2017) bietet in einer populären Darstellung der Geschichte und Zukunft der Menschheit ein relativ fatalistisches Erzählmodell für die derzeit stattfindende Veränderung. Er behauptet, dass sich die menschliche Subjektpositionierung von einer „theozentrischen" Weltsicht früherer Jahrhunderte und Jahrtausende, in der höhere Wesen (Götter und Gottheiten) als Hauptakteure und Schöpfer der Menschheit verehrt wurden, zu

---

100 Vgl. Rössler 2017, 168–175.
101 Simmel 1992 [1908].
102 Vgl. Hepp 2020.
103 Vgl. Kelly 2016, 237–241.
104 Zuboff 2018.
105 Vgl. Lanier 2013, 11.

einer „homozentrischen" Weltsicht entwickelt habe, die in Übereinstimmung
mit den Ideen der westlichen Aufklärung den Menschen an die Spitze der
Schöpfung, Intelligenz und Verantwortung stellt. Im Zuge der Digitalisierung
würde sich die menschliche Vorstellung von der eigenen Stellung in der Welt
schließlich im Rahmen des bereits erwähnten „Dataismus" hin zu einem
„datenzentrischen" Weltbild verschieben, das die Produktion, Sammlung,
Kombination und Analyse großer Datenmengen in den Mittelpunkt stelle. In
dieser dritten Stufe der Entwicklung der menschlichen Subjektpositionierung
gerinne die Digitalität zu einem riesigen Meer numerischer Codes.[106] Es ist
interessant festzustellen, dass digitale Tools auf dem *front end* (der Bedienoberfläche) so viele stark personalisierte Funktionen zu bieten scheinen und somit
das Gefühl der besonderen Einzigartigkeit, der „Singularität"[107] des einzelnen
Nutzers verstärken, während gleichzeitig diese Programme das Individuum
in Wirklichkeit zunehmend de facto bedeutungslos machen, da jedes Individuum nur ein winziger Tropfen in einem riesigen Datenpool ist, der statistisch
kaum von Bedeutung ist.

Dies ist bezeichnend für eine Metamorphose der Art und Weise, wie die
Menschheit sich selbst sieht und positioniert und die das Potenzial hat, die
Gewissheiten der modernen Gesellschaft zu destabilisieren.[108] Was in einem
solchen Szenario gefährlich und bedrohlich erscheinen mag, ist die scheinbare
Redundanz des menschlichen Geistes und all seiner eigenen kreativen Ent-
scheidungsfindung. In dieser Sichtweise unterwirft sich der Mensch also dem
Dataismus und seinen wirtschaftlichen Verwertungslogiken, die sein Denken
und Verhalten bestimmen. Dies käme einer „Relationalität" höchster Stufe
gleich, wenn auch in prononciert dystopischer Form.

Möglicherweise ist dieses Modell eine Wiederkehr der alten Hypothese vom
„Tod Gottes"[109], wenn auch in neuem Gewand – wobei Google oder allgemein
Programme der KI sprichwörtlich als ein ‚neuer Gott' erscheinen.[110] Gleichzeitig verweist diese Denkrichtung auch auf den Topos eines vorgeblichen
Niedergangs des Menschen als Hauptgestalter und Schöpfer seiner Umwelt.
Frappant ist dabei, wie bequem diese Neupositionierung der Menschheit letztlich erscheint, nimmt sie dem Menschen doch die Last der Verantwortung,
d.h. der Rechenschaftspflicht für das eigene Handeln ab und schreibt sie
stattdessen einer auf Programmcode basierenden Maschinenentität zu. Auch

---

106   Vgl. Harari 2017, 372–402.
107   Vgl. Reckwitz 2017.
108   Beck 2016, xi.
109   Vgl. Blackburn 2001, 10–19.
110   Vgl. Galloway 2017; Gertz 2018, 196–202.

dies ist eine im Kern nihilistische Haltung.[111] Früher war es der Mensch, der Haltungen gegenüber Phänomenen ausbilden und Entscheidungen treffen musste; das neue datenzentrische Weltbild erscheint dagegen wie eine partielle Neuinterpretation der theozentrischen Abhängigkeit des Menschen von einer höheren, nunmehr technisch-maschinellen Instanz. Dieses Weltbild ist seelenlos und sucht dennoch nach Erlösung, d.h. der Mensch erhofft sich Führung durch das Wissen, das durch Codes vermittelt wird, die wiederum von Menschen geschrieben werden. In neuroethischer Perspektive lässt sich hier passend von „technologies of the extended mind" sprechen.[112]

Das Aufkommen von *Large Language Model*-basierten Dialog- und Textausgabeprogrammen wie ChatGPT oder LaMDA, also generativen, vortrainierten Transformationsprogrammen aus dem Bereich der KI, die ab Ende 2022 einer breiteren Öffentlichkeit vorgestellt wurden, verschärft die oben skizzierte Problematik – und dies sind nur wenige Beispiele aus einem weitaus größeren Feld algorithmischer Angebote, die menschliches Sprechen, Schreiben und Interagieren simulieren können.[113] Die Integration von KI-Anwendungen in die menschliche Lebenswelt setzt sich fort, beschleunigt sich und führt zu „contradicting assessments of the possibilities and dangers" solcher Entwicklungen, was zu widersprüchlichen Einschätzungen ihrer Möglichkeiten und Gefahren führt.[114]

Wenn die Instanzen der digitalen Vernetzung nicht mehr, wie dargelegt, notwendigerweise menschlich sind, und wenn es Daten sind, die die Gestaltung und Wahrnehmung der Welt bestimmen, wer oder was wird dann Orientierung für menschliches Denken und Verhalten bieten? Die Interaktion zwischen codegesteuerten Maschinen und Robotern auf der einen und Menschen auf der anderen Seite verlangt nach einer Ethik, die dem neuen, umstrittenen Terrain der für lange Zeit unangefochtenen menschlichen Vorherrschaft Rechnung trägt. Die emergente ‚relationale' Subjektpositionierung des Menschen ist bereits in der Gegenwart der sozialen Online-Netzwerke erfahrbar, in der zumindest auf den ersten Blick keine erkennbare höhere Autorität das vernetzte Miteinander der menschlichen Akteure bestimmt. Die Autorität der Plattformbetreiber – der Technologieunternehmen und ihrer Verwertungsinteressen – verbleibt für die meisten Nutzenden dabei allerdings im Hintergrund.

---

111   Vgl. Gertz 2018, 13–34.
112   Reiner und Nagel 2017.
113   Vgl. Mahowald et al. 2023.
114   Durt 2022, 67.

Für eine Ethik der Digitalität bedeutet dies, dass sie uns einlädt, ohne einen letztlich deterministischen Gott unsere eigenen Gesetze zu machen,[115] also darüber nachzudenken, was für Menschen wir sein wollen bzw. was das Wesen des Menschseins ist. Dies ist in der Tat die große Herausforderung für die Menschen: in Freiheit zu entscheiden, wer und was sie sein wollen und wie sie dieses Menschsein angemessen gestalten möchten.[116] Dies erfordert eine bewusste Reflexion des Selbst und in einem übergreifenden Sinn eine kritische Digitale Ethik:

> By raising our media uses to the level of an *ethical* choice regarding the aspects of selfhood we seek to cultivate [...] virtue ethics may offer a first antidote to the Huxleyan dystopia of unreflective consumption and thereby happy enslavement.[117]

Wie kann ein angemessener Umgang mit diesen Technologien aussehen? Diese Herausforderung wird angesichts immer weiterer und komplexerer – und nicht zuletzt: meist auch ‚geliebter‘ – digitaler Umwelten bzw. virtueller Räume zunehmen.[118]

6.   Paradoxien des digitalen Wandels: Ansatz einer Digitalen Ethik

Die zuvor beobachteten ethischen Spanungsfelder des digitalen Wandels lassen uns mit einer Frage zurück: Kann es angesichts der sich in mannigfaltigen Digitalpraktiken widerspiegelnden Pluralität von Überzeugungen überhaupt einen leitenden ethischen Ansatz für eine wünschenswerte Entwicklung oder Verwendung von Digitaltechnologie geben? Die zuvor aus unterschiedlichen Blickwinkeln beobachteten Digitalpraktiken hatten ethisch zumindest diskussionswürdige, wenn nicht sogar problematische Einsichten offenbart, deren zentrale Erkenntnisse wir pointiert zusammenfassen.

Aus wirtschaftlichem Interesse gestaltete Digitaltechnologien müssen auf exponentielles Wachstum ausgerichtet sein, um den Förderbedingungen des Kapitalmarkts genügen zu können. Ohne dessen Risikofinanzierung gelangen sie nicht zum Durchbruch. Die Folge der Wachstumsnotwendigkeit sind zunehmende Machtasymmetrien, welche sich über die Dauer in einer

---

115   Blackburn 2001, 19.
116   Vgl. Salamun 2012.
117   Ess 2014, 630.
118   Vgl. Chalmers 2022, 311–330.

strukturellen Machtvertikalisierung verstetigen. Als besonders aussichtsreich, um exponentielles Wachstum erreichen zu können, hat sich für die Digitalindustrie der direkte Zugang zu Verbraucherinnen und Nutzern erwiesen. Diese strategisch bedeutende Ausrichtung mündet in Marktplätze, die dauerhaft mit möglichst niederschwelligen und zudem kontinuierlich veränderten Angeboten aktiv gehalten werden. Die Technologieverwendung ist wiederum davon gekennzeichnet, dass sich die Nutzergruppen der Konsumenten an die Technologieangebote binden, weil sie deren soziale Reichweite erhöhen und weil sie wie kaum andere Produkte individuell gestaltet und genutzt werden können. So kann die in Digitalprodukten innewohnende Vernetzungsfähigkeit und Funktionsvielfalt immer stärker dazu verwendet werden, die fehlende Präsenz anderer Personen kompensieren zu können. Schließlich verändert die Durchdringung gesellschaftlicher Abläufe mit Digitalpraktiken auch Selbstverhältnisse, sowohl die der Mitglieder einer Gesellschaft als auch diese selbst. Aus einer technikfundierten Erhöhung der individuellen Wirksamkeit einerseits und durch eine technikinspirierte Annäherung an intelligibles Verhalten andererseits formt sich eine neue Subjektposition. Diese neue Selbstbeziehung erfährt dahingehend eine als Bereicherung wahrgenommene Veränderung, indem individuelle Autonomie in virtualisierten Lebensformen als grenzenlos erlebt wird.

Auch wenn aus heutiger lebensweltlicher Perspektive die Virtualisierung von Lebenspraktiken befremdlich erscheint, so ist sie Ausdruck von kollektiven Überzeugungen eines angemessenen Technologiegebrauchs, der aus normativen Gründen nicht kritisiert werden kann. Hier bleibt ein Unbehagen. Aus diesem Grund hatten wir eingangs zu diesem Beitrag auf die immanente Kritik als eine Methode verwiesen, welche Normen nur insoweit voraussetzt, als dass sie apodiktisch begründet sind – so wie die Menschrechte. Die immanente Kritik von Lebensformen fragt zudem danach, inwieweit Lebenspraktiken die Voraussetzungen in sich tragen, anpassungsfähig in Bezug auf den gesellschaftlichen Wandel zu sein, ohne dabei in Widersprüche oder Aporien zu geraten. In der Deutung von Jaeggi sind Lebensformen Bündel von Lebenspraktiken, die aufeinander bezogen sind und welche den Ordnungsrahmen für die soziale Kooperation bilden. Zeitaktuell erhalten die durch Digitalisierung gewandelten Lebenspraktiken eine führende, wenn nicht sogar eine wesentliche Bedeutung. Bei dem derzeit stattfindenden digitalen Wandel ist von besonderer Bedeutung, dass er zeitlich versetzt zu der „Enthierarchisierung" der Gesellschaft stattfindet.[119] Die Rollen und Positionen von Subjekten waren in der traditionellen Gesellschaft fest zugeordnet. Mit

---

119 Reckwitz 2017, 240–241.

zunehmenden Möglichkeiten, eine eigene Position im sozialen Raum einzunehmen, werden Subjekte immer mehr dazu genötigt, sich ihrer sozialen
Position permanent neu versichern zu müssen. Dadurch können Personen in
die prekäre Situation geraten, sich permanent auf die Suche nach gesicherten
Beziehungsverhältnissen begeben zu müssen, wie es Axel Honneth aus
anerkennungstheoretischer Perspektive beobachtet.[120] Die Suche nach einer
neuen Subjektposition ist daher von der signifikanten, wenn nicht sogar exis-
tentiellen Entscheidung begleitet, den Stellenwert von intersubjektiven Verhältnissen im Kontext von virtualisierten Weltverständnissen neu bestimmen
zu müssen. Um den Stellenwert der im digitalen Wandel sich verändernden
Subjektposition bewerten zu können, ist dessen Entwicklungsgeschichte aufschlussreich, um daran die reziproke Beziehung des Selbstverhältnisses mit
dem jeweiligen Weltverständnis nachzuzeichnen.

Die Entwicklung unseres heutigen Verständnisses des *Selbst* baut ideen-
geschichtlich auf fünf Prinzipien auf, welche die Philosophin Cornelia
Klinger prägnant zusammengefasst hat.[121] So ist mit der kartesianischen Auffassung des „Ich denke" der Grundstein für die Subjekt-Werdung gelegt. Auf
ihr gründet die allgemeine Wissensordnung, aus dem das damals neue Prinzip der Selbst-Gewissheit hervortrat. In der modernen Interpretation ist sie
zum selbstsicheren Selbst-Bewusstsein geworden, aus dem heraus Personen
befähigt sind, sowohl die Gesellschaft kritisch zu beobachten als auch selbst
die eigene Rolle reflektieren zu können. Als zweites Prinzip folgt die Idee des
Menschen als Vernunftwesen. Damit rückt das Subjekt in den Mittelpunkt der
weltlichen Rechtsordnung und der Moral. Als Vernunftwesen wird der Mensch
zur mündigen Person und ist somit auch zur Selbst-Verantwortung fähig. Das
dritte Subjektprinzip entsteht mit dem Konzept der kapitalistischen Wirt-
schaftsordnung, welche den Menschen als nutzenorientierten *homo oeceono-
micus* erscheinen lässt. Daraus folgt die Anforderung zur Selbstständigkeit,
dessen Bandbreite von der Selbstverantwortung bis zum „unternehmerischen
Selbst" reicht. Auf der vierten Ebene der Selbstwerdung ist das Subjekt bei
der politischen Selbstbestimmung angelangt. In der modernen Interpretation
steht das Prinzip der individuellen Selbst-Bestimmung stellvertretend für
individuelle Autonomie, um daran programmatisch die Verwirklichung von
echter Freiheit zu knüpfen. Auf der Stufe möglichst bedingungsloser Voraussetzungen für die individuelle Selbstentfaltung angekommen, entwickelt sich
eine Ästhetik des Selbstausdrucks und der Selbstdarstellung als fünftes und
vorerst letztes Prinzip. Mit zunehmender Technologisierung und Vernetzung

---

120   Vgl. Honneth 2013, 235.
121   Vgl. Klinger 2018, 120–121.

findet diese Art der Selbstverwirklichung immer mehr in den geschützten Räumen der Privatsphäre statt. Nach der Einschätzung von Klinger wird die als Exklusivität gelebte Individualität zu einer Individualität der Exklusion, in der sie dem unbeeinflussbaren sozialen Werturteil entzogen wird.[122] Die Selbst-Verwirklichung des Subjekts wird in dieser letzten Stufe der Subjektwerdung zu einem Spiegel seiner selbst.

Vor dem Hintergrund einer neuen, aus der Transformation des digitalen Wandels hervortretenden Subjektposition könnte die Frage entstehen, ob es sich bei den auf die Technologieverwendung stützenden Selbstverhältnissen um einen Fortschritt oder gar einen Rückschritt handelt. Vom Paradigma einer ethischen Enthaltsamkeit ausgehend, ist diese Frage unzulässig, da sie nur auf der Grundlage eines vorgängigen Bewertungsrahmens entschieden werden könnte. Daher hat sich Jaeggi im Rahmen der Kritik von Lebensformen sehr eingehend mit der Frage beschäftigt, ob angesichts der Forderung von ethischer Enthaltsamkeit bei der Gestaltung von Lebensentwürfen deren Lebenspraktiken überhaupt kritisiert werden könnten. Lebensformen können sich als problematisch erweisen, wenn sie in sich erstarrt sind und sie aufgrund fehlender Lernpraxis und Lernerfahrungen nicht aktualisiert werden können. Der Anspruch, dass Lebensformen in der Lage sein sollten, sich an veränderte Lebenskontexte anzupassen, lässt allerdings nicht zu, die zu dieser Anpassung unfähigen, weil erstarrten Lebensformen zu kritisieren. Die beteiligten Subjekte könnten sich in den, wenn auch dysfunktional gewordenen, Lebensentwürfen „zu Hause" fühlen. Die Kritik macht sich vielmehr daran fest, dass erstarrte und dadurch einer transformativen Erneuerung entzogenen Lebenspraktiken in Krisen führen können. Jaeggi geht in ihrem Kritikansatz davon aus, dass eine Berechtigung dahingehend besteht, latent vorhandene Krisen – die also noch nicht aufgebrochen sind – zu kritisieren.[123] Bezogen auf Digitalpraktiken zeigen sich latente Krisen unter anderem darin, dass Subjekte damit überfordert sind, sich in kontinuierlichen Veränderungen von Lebenspraktiken ständig ihrer Position im sozialen Raum neu versichern zu müssen. Die latente Krise besteht darin, dass die Mitglieder der zur permanenten Transformation genötigten Gesellschaft sich aus der zuvor dargestellten Angst vor Ausgrenzung ihre Individualität und Selbstverhältnisse opfern.

Angewendet auf moderne Digitalpraktiken, könnte der hier nur skizzenhaft entworfene Ansatz einer Digitalen Ethik darin bestehen, sowohl latente Krisen hinter den in der Digitalisierung innewohnenden Paradoxien und Widersprüchen zu erkennen als auch darüber hinaus aufzudecken, dass

---

122 Vgl. Klinger 2018, 124.
123 Vgl. Jaeggi 2014, 369–370.

Lebensformen aufgrund derer dauerhaften Flexibilisierung selbst diffundieren könnten. Jaeggis Kritik von Lebensformen ist keineswegs nur auf Praktiken des gesellschaftlichen Lebens anwendbar. In gleicher Weise kann die immanente Kritik ebenso auf Wirtschaftspraktiken bezogen werden. Auch wirtschaftliche Praktiken können erstarren und zu systembedingten Fehlleistungen führen, wie beispielsweise diejenige eines Selbstzweck-setzenden Wachstums. Die Frage, die wir am Ende dieses Beitrags offenlassen müssen, ist, woran die immanente Krise des digitalen Wandels aufbrechen könnte – oder wäre das Aufbrechen einer Krise wieder nur eine Disruption, die den digitalen Wandel erneut befeuern und zusammen mit der Digitalwirtschaft letztlich stärken würde? Unabhängig davon, welcher Richtungswechsel aus einer Krise von dysfunktional gewordenen Digital- und Lebenspraktiken folgt, möchten wir den Blick dafür schärfen, dass ein ethischer Anspruch dahingehend besteht, die immer mit Disruption einhergehenden Krisen zu verhindern. Bezogen auf die beschleunigte Veränderung durch digitalisierte Lebenspraktiken lassen sich Krisen allerdings nur dann vermeiden, wenn ausreichend Zeit, Ressourcen und Fähigkeiten vorhanden sind, den aus instrumentellen Interessen erzeugten digitalen Wandel auch lebenspraktisch bewältigen zu können. Hierfür ist es erforderlich, dass die Teilnehmer und Protagonisten des digitalen Wandels über gesicherte Praktiken verfügen, um zwischen den durch Digitaltechnik erfahrbaren Autonomieverschiebungen und den damit einhergehenden neuen Abhängigkeiten und Chancen selbstbestimmt abwägen zu können.

Literaturverzeichnis

Acquisti, Alessandro/Brandimarte, Laura/Loewenstein, George 2015, „Privacy and Human Behavior in the Age of Information", in: *Science* 347(6221), 509–514; https://doi.org/10.1126/science.aaa1465.

Amlinger, Carolin/Nachtwey, Oliver 2022, *Gekränkte Freiheit. Aspekte des libertären Autoritarismus*, Berlin.

Bachmann, Nils/Frey, Ann-Kathrin/Guthmann, Shila/Habersetzer, Jan/Lange, Carolin/Lewohl, Marcel/Ricci, Mattia/Sawicki, Alexander/Storandt, Katrin/Zöllner, Oliver 2019, *Wie WhatsApp den Alltag beherrscht. Eine empirische Studie zum ambivalenten Umgang mit Messengerdiensten*, Köln.

Barbrook, Richard/Cameron, Andy 1996, „The Californian Ideology", in: *Science as Culture* 6(1): 44–72; https://doi.org/10.1080/09505439609526455.

Beck, Ulrich 2016, *The Metamorphosis of the World*, Cambridge, Malden.

Beever, Jonathan/McDaniel, Rudy/Stanlick, Nancy A. 2020, *Understanding Digital Ethics: Cases and Contexts*, London/New York.

Blackburn, Simon 2001, *Being Good: A Short Introduction to Ethics*, Oxford.

Bloomberg 2021, „Fired by Bot at Amazon: ‚It's You Against the Machine'", in: Bloomberg. com (Zugriff 28.06.2023); https://www.bloomberg.com/news/features/2021-06-28/fired-by-bot-amazon-turns-to-machine-managers-and-workers-are-losing-out.

Böhm, Christoph 2024, *Verantwortungsvolle Digitalität. Warum wir den digitalen Wandel gestalten sollten*, Berlin [im Erscheinen].

Brunton, Finn/Nissenbaum, Helen 2015, *Obfuscation: A User's Guide for Privacy and Protest*, Cambridge, London.

Capurro, Rafael 2003, *Ethik im Netz* (Medienethik, Bd. 2), Stuttgart.

Capurro, Rafael 2004, „Informationsethik – eine Standortbestimmung", in: *International Journal of Information Ethics* 1, 2–7; http://container.zkm.de/ijie/ijie/no001/ijie_001_full.pdf

Capurro, Rafael 2010, „Digital Ethics", in: The Academy of Korean Studies (ed.), *2009 Global Forum Civilization and Peace*, Seoul, 203–214.

Capurro, Rafael 2017, *Homo Digitalis. Beiträge zur Ontologie, Anthropologie und Ethik der digitalen Technik*, Wiesbaden.

Castells, Manuel 2003, *Der Aufstieg der Netzwerkgesellschaft. Das Informationszeitalter – Wirtschaft – Gesellschaft – Kultur*, Band 1, Wiesbaden.

Chalmers, David J. 2022, *Reality +: Virtual Worlds and the Problems of Philosophy*, London.

Coeckelbergh, Mark 2020, *AI Ethics*, Cambridge MA, London.

Crawford, Kate 2021, *Atlas of AI: Power, Politics, and the Planetary Costs of Artificial Intelligence*, New Haven, London.

Davisson, Amber/Booth, Paul (Hrsg.) 2016, *Controversies in Digital Ethics*, New York/London/Oxford/New Delhi/Sydney.

Decker, Michael 2016, „Roboterethik", in: J. Heesen (Hrsg.), *Handbuch Medien- und Informationsethik*, Stuttgart, 351–357; https://doi.org/10.1007/978-3-476-05394-7_48.

Durt, Christoph 2022, „Artificial Intelligence and its Integration into the Human Lifeworld", in: S. Voenek/P. Kellmeyer/O. Mueller/W. Burgard (Hrsg.), *The Cambridge Handbook of Responsible Artificial Intelligence: Interdisciplinary Perspectives*, Cambridge/New York/Melbourne/New Delhi/Singapore, 67–82; https://doi.org/10.1017/9781009207898.007.

Ess, Charles M. 2014, „Selfhood, Moral Agency, and the Good Life in Mediatized Worlds? Perspectives from Medium Theory and Philosophy", in: K. Lundby (Hrsg.), *Mediatization of Communication* (Handbooks of Communication Science, Vol. 21), Berlin/Boston, 617–640; https://doi.org/10.1515/9783110272215.617.

Ess, Charles M. 2020, *Digital Media Ethics* (3rd ed.), Cambridge/Medford.

Feierabend, Sabine/Rathgeb, Thoma/Kheredmand, Hediye/Glöckler, Stephan 2022, *JIM-Studie 2022. Jugend, Information, Medien. Basisuntersuchung zum Medienumgang 12- bis 19-Jähriger*, Stuttgart; https://www.mpfs.de/fileadmin/files/Studien/JIM/2022/JIM_2022_Web_final.pdf

Floridi, Luciano 2010, „Information Ethics", in: L. Floridi (Hrsg.), *The Cambridge Handbook of Information and Computer Ethics*, Cambridge, 77–97; https://doi.org/10.1017/CBO9780511845239.006.

Floridi, Luciano 2013, *The Ethics of Information*, Oxford.

Fuchs, Christian 2023, *Digital Ethics* (Media, Communication and Society, Vol. 5), London/New York.

Funiok, Rüdiger 2011, *Medienethik. Verantwortung in der Mediengesellschaft*. 2. Aufl., Stuttgart.

Galloway, Scott 2017, *The Four: The Hidden DNA of Amazon, Apple, Facebook, and Google*, New York.

Gertz, Nolen 2018, *Nihilism and Technology*, London, New York.

Grimm, Petra/Keber, Tobias O./Zöllner, Oliver (Hrsg.) 2019, *Digitale Ethik. Leben in vernetzten Welten*, Ditzingen.

Grimm, Petra/Keber, Tobias O./Zöllner, Oliver 2019, „Digitale Ethik: Positionsbestimmung und Perspektiven", in: P. Grimm/T. O. Keber/O. Zöllner (Hrsg.), *Digitale Ethik. Leben in vernetzten Welten*, Ditzingen, 9–26.

Grunwald, Armin 2016, „Technikethik", in: J. Heesen (Hrsg.), *Handbuch Medien- und Informationsethik*, Stuttgart, 25–33; https://doi.org/10.1007/978-3-476-05394-7_4.

Habermas, Tilmann 1999, *Geliebte Objekte. Symbole und Instrumente der Identitätsbildung*, Frankfurt am Main.

Harari, Yuval Noah 2017, *Homo Deus: A Brief History of Tomorrow*, New York.

Hasselbalch, Gry/Tranberg, Pernille 2016, *Data Ethics: The New Competitive Advantage*, Valby.

Heider, Don/Massanari, Adrienne L. (Hrsg.) 2012, *Digital Ethics: Research and Practice*, New York/Washington/Baltimore/Bern/Frankfurt/Brussels/Vienna/Oxford.

Hegel, Georg Wilhelm Friedrich 1986 [1822], *Vorlesungen über die Philosophie der Geschichte*, in: Ders., *Werke in zwanzig Bänden*, Bd. 12, Frankfurt am Main.

Hepp, Andreas 2020, *Deep Mediatization*, London/New York.

Hepp, Johannes 2022, *Die Psyche des Homo Digitalis. 21 Neurosen, die uns im 21. Jahrhundert herausfordern*, München.

Hölig, Sascha/Behre, Julia/Schulz, Wolfgang 2022, *Reuters Institute Digital News Report 2022. Ergebnisse für Deutschland* (Arbeitspapiere des Hans-Bredow-Instituts, Projektergebnisse Nr. 63), Hamburg. https://doi.org/10.21241/ssoar.79565

Honneth, Axel 2013, *Das Ich im Wir. Studien zur Anerkennungstheorie*, Berlin.

Isaacson, Walter 2011, *Steve Jobs. Die autorisierte Biografie des Apple-Gründers*, München.

Jaeggi, Rahel 2014, *Kritik von Lebensformen*, Berlin.

Karmasin, Matthias/Litschka, Michael 2014, „Medienethik als Wirtschaftsethik medialer Kommunikation? Möglichkeiten und Grenzen der Integration zweier aktueller Bereichsethiken", in: M. Maring (Hrsg.), *Bereichsethiken im interdisziplinären Dialog*

(Schriftenreihe des Zentrums für Technik- und Wirtschaftsethik am Karlsruher Institut für Technologie, Bd. 6), Karlsruhe, 367–382.

Kelly, Kevin 2016, *The Inevitable: Understanding the 12 Technological Forces that Will Shape our Future*, New York.

Klinger, Cornelia 2018, „The selfie – oder das Selbst in seinem Welt-Bild", in: T. Fuchs/ L. Iwer/S. Micali (Hrsg.), *Das überforderte Subjekt*, Berlin, 115–144.

Klosterman, Chuck 2022, *The Nineties*, New York.

Krämer, Sybille 2022, „Kulturgeschichte der Digitalisierung", in: *Aus Politik und Zeitgeschichte* 72(10–11), 10–17.

Lanier, Jaron 2013, *Who Owns the Future?*, New York, London, Toronto, Sydney, New Delhi.

Lazzarato, Maurizio 2013, „Über die kalifornische Utopie/Ideologie", in: D. Diederichsen/A. Franke (Hrsg.), *The Whole Earth. Kalifornien und das Verschwinden des Außen*, Berlin, 166–168.

Lenzen, Manuela 2011, „Informationsethik", in: R. Stoecker/C. Neuhäuser/M.-L. Raters (Hrsg.), *Handbuch Angewandte Ethik*, Stuttgart, Weimar, 210–215.

Loh, Janina 2019, *Roboterethik. Eine Einführung*, Berlin.

Mahowald, Kyle/ Ivanova, Anna A./Blank, Idan A./Kanwisher, Nancy/Tenenbaum, Joshua B./Fedorenko, Evelina 2023, „Dissociating language and thought in large language models: A cognitive perspective", in: *arXiv*:2301.06627. https://doi.org/ 10.48550/arXiv.2301.06627

Mau, Steffen 2017, *Das metrische Wir. Über die Quantifizierung des Sozialen*, Berlin.

McLuhan, Marshall 1964, *Understanding Media: The Extensions of Man*, New York/ Toronto/London.

Michel, Karl Markus 1981, „Über den Dataismus", in: K. M. Michel/T. Spengler (Hrsg.), *Die erfaßte Gesellschaft* (Kursbuch 66), Berlin, 63–81.

Misselhorn, Catrin 2018, *Grundfragen der Maschinenethik*, Ditzingen.

Morozov, Evgeny 2013, *To Save Everything, Click Here: The Folly of Technological Solutionism*, New York.

Mosseri, Adam 2018, „Facebook: Bringing people closer together", in: About Facebook (11.01.). https://about.fb.com/news/2018/01/news-feed-fyi-bringing-people-closer-together/

Nagenborg, Michael/Sell, Saskia 2016, „Hackerethik", in: J. Heesen (Hrsg.), *Handbuch Medien- und Informationsethik*, Stuttgart, 344–351. https://doi.org/10.1007/978-3-476-05394-7_47

Nassehi, Armin 2019, *Muster. Theorie der digitalen Gesellschaft*, München.

Nida-Rümelin, Julian/Weidenfeld, Nathalie 2018, *Digitaler Humanismus. Eine Ethik für das Zeitalter der Künstlichen Intelligenz*, München.

Nida-Rümelin, Julian 2021, „Digitaler Humanismus", in: U. Hauck-Thum/J. Noller (Hrsg.), *Was ist Digitalität? Philosophische und pädagogische Perspektiven*, Berlin, 35–38.

Nocun, Katharina/Lamberty, Pia 2020, *Fake Facts. Wie Verschwörungstheorien unser Denken bestimmen.* Köln.

Noller, Jörg 2021, „Philosophie der Digitalität", in: U. Hauck-Thum/J. Noller (Hrsg.), *Was ist Digitalität? Philosophische und pädagogische Perspektiven*, Berlin, 39–54.

Noller, Jörg 2022, *Digitalität. Zur Philosophie der digitalen Lebenswelt* (Schwabe reflexe, Bd. 75), Basel.

Otto, Philipp/Graf, Eike 2017, *3TH1CS. Die Ethik der digitalen Zeit*, Berlin.

Paganini, Claudia 2020, *Werte für die Medien(ethik)* (Kommunikations- und Medienethik, Bd. 12), Baden-Baden.

Privacy International 2019, „Your mental health for sale", in: PrivacyInternational.org (09.07.2023). https://privacyinternational.org/sites/default/files/2019-09/Your%20mental%20health%20for%20sale%20-%20Privacy%20International.pdf

Pirker, Viera 2018, „Social Media und psychische Gesundheit. Am Beispiel der Identitätskonstruktion auf Instagram", *Communicatio Socialis* 51(4): 467–480. https://doi.org/10.5771/0010-3497-2018-4-467

Prinzing, Marlis/Debatin, Bernhard S./Köberer, Nina (Hrsg.) 2020, *Kommunikations- und Medienethik reloaded? Wegmarken für eine Orientierungssuche im Digitalen*, Baden-Baden.

Rath, Matthias 2013, „Medienethik – zur Normativität in der Kommunikationswissenschaft", in: M. Karmasin/M. Rath/B. Thomaß (Hrsg.), *Normativität in der Kommunikationswissenschaft*, Wiesbaden, 289–302.

Reckwitz, Andreas 2017, *Die Gesellschaft der Singularitäten. Zum Strukturwandel der Moderne*, Berlin.

Reiner, Peter B./Nagel, Saskia K. 2017. „Technologies of the Extended Mind: Defining the Issues", in: J. Illes (Hrsg.), *Neuroethics: Anticipating the Future*, Oxford, New York, 108–122. https://doi.org/10.1093/oso/9780198786832.003.0006

Salamun, Kurt 2012, *Wie soll der Mensch sein? Philosophische Ideale vom ‚wahren' Menschen von Karl Marx bis Karl Popper*, Tübingen.

Sarasin, Philipp 2021, *1977. Eine kurze Geschichte der Gegenwart*, Berlin.

Schicha, Christian/Brosda, Carsten 2010, „Einleitung", in: dies. (Hrsg.), *Handbuch Medienethik.* Wiesbaden, 9–17.

Schicha, Christian/Stapf, Ingrid/Sell, Saskia (Hrsg.) 2021, *Medien und Wahrheit. Medienethische Perspektiven auf Desinformation, Lügen und „Fake News"* (Kommunikations- und Medienethik, Bd. 15), Baden-Baden.

Schmidt, Jan-Hinrik 2016, „Ethik des Internets", in: J. Heesen (Hrsg.), *Handbuch Medien- und Informationsethik*, Stuttgart, 284–292. DOI 10.1007/978-3-476-05394-7_38

Schweitzer, Heike/Haucap, Justu/Kerber, Wolfgang/Welker, Robert 2018, *Modernisierung der Missbrauchsaufsicht für marktmächtige Unternehmen. Endbericht (29.08.). Projekt im Auftrag des Bundesministeriums für Wirtschaft und Energie (BMWi), Projekt Nr. 66/17.* Berlin. https://www.bmwi.de/Redaktion/DE/Publikationen/

Wirtschaft/modernisierung-der-missbrauchsaufsicht-fuer-marktmaechtige-unternehmen.pdf?__blob=publicationFile&v=15

Selke, Stefan 2014, *Lifelogging. Wie die digitale Selbstvermessung unsere Gesellschaft verändert*, Berlin.

Simmel, Georg 1992, „Die Kreuzung sozialer Kreise", in: Ders., *Soziologie. Untersuchungen über die Formen der Vergesellschaftung* (Gesamtausgabe, Bd. 11, hrsg. v. Otthein Rammstedt), Frankfurt am Main, 456–511 [zuerst 1908].

Spiekermann, Sarah 2019, *Digitale Ethik. Ein Wertesystem für das 21. Jahrhundert*, München.

Staab, Philipp 2015, „The Next Great Transformation. Ein Vorwort", in: *Mittelweg 36* 24(6), 3–13.

Staab, Philipp 2019, *Digitaler Kapitalismus. Markt und Herrschaft in der Ökonomie der Unknappheit*, Berlin.

Stäheli, Urs 2021, *Soziologie der Entnetzung*, Berlin.

Stalder, Felix 2016, *Kultur der Digitalität*, Berlin.

Stalder, Felix 2021, „Was ist Digitalität?", in: U. Hauck-Thum/J. Noller (Hrsg.), *Was ist Digitalität? Philosophische und pädagogische Perspektiven*, Berlin, 3–7.

Straus, Florian/Höfer, Renate 2008. „Identitätsentwicklung und Soziale Netzwerke", in: C. Stegbauer (Hrsg.), *Netzwerkanalyse und Netzwerktheorie*, Wiesbaden, 201–211.

Susser, Daniel/Roessler, Beate/Nissenbaum, Helen 2019, „Online Manipulation: Hidden Influences in a Digital World", in: *Georgetown Law Technology Review* 4(1), 1–45. https://dx.doi.org/10.2139/ssrn.3306006

Taddicken, Monika 2014, „The ‚Privacy Paradox' in the Social Web: The Impact of Privacy Concerns, Individual Characteristics, and the Perceived Social Relevance on Different Forms of Self-disclosure", in: *Journal of Computer-Mediated Communication* 19(2), 248–273. https://doi.org/10.1111/jcc4.12052

Taplin, Jonathan 2017, *Move Fast and Break Things: How Facebook, Google and Amazon Have Cornered Culture and What it Means for All of Us*, London.

Thies, Christian 2011, „Medienethik", in: R. Stoecker/C. Neuhäuser/M.-L. Raters (Hrsg.), *Handbuch Angewandte Ethik*, Stuttgart/Weimar, 206–209.

Tortorici, Dayna 2020, „Infinite Scroll: Life Under Instagram", in: The Guardian (31.01.). https://www.theguardian.com/technology/2020/jan/31/infinite-scroll-life-under-instagram.

Tunç-Aksan, Aygül/Akbay, Sinem Evin 2019, „Smartphone Addiction, Fear of Missing Out, and Perceived Competence as Predictors of Social Media Addiction of Adolescents", in: *European Journal of Educational Research* 8(2): 559–566. https://doi.org/10.12973/eu-jer.8.2.559

Thomaß, Barbara 2016, „Medien- und Kommunikationswissenschaft", in: J. Heesen (Hrsg.), *Handbuch Medien- und Informationsethik*, Stuttgart, 33–40. https://doi.org/10.1007/978-3-476-05394-7_5

Ullrich, Wolfgang 2019, *Selfies. Die Rückkehr des öffentlichen Lebens*, Berlin.

Vallor, Shannon 2016, *Technology and the Virtues: A Philosophical Guide to a Future Worth Wanting*, New York.

Weber, Max 1947, *Wirtschaft und Gesellschaft* (1. und 2. Halbband [= Grundriß der Sozialökonomik, Abteilung III]), 3. Aufl. Tübingen [zuerst 1922].

te Wildt, Bert 2015, *Digital Junkies. Internetabhängigkeit und ihre Folgen für uns und unsere Kinder*, München.

Zillien, Nicole 2008, „Die (Wieder-)Entdeckung der Medien. Das Affordanzkonzept in der Mediensoziologie", in: *Sociologia Internationalis* 46(2): 161–181. https://doi.org/10.3790/sint.46.2.16

Zöllner, Oliver 2019, „Der zwanglose Zwang des ‚Always on'". Informationsdruck, soziale Vernetzung und das neue Bild des Menschen in der Digitalität, in: P. Grimm/T. O. Keber/O. Zöllner (Hrsg.), *Digitale Ethik. Leben in vernetzten Welten*, Ditzingen, 76–89.

Zöllner, Oliver 2020, „Klebrige Falschheit. Desinformation als nihilistischer Kitsch der Digitalität", in: P. Grimm/O. Zöllner (Hrsg.), *Digitalisierung und Demokratie. Ethische Perspektiven* (Medienethik, Bd. 18), Stuttgart, 65–104.

Zöllner, Oliver 2022, „Tonträger, Dinglichkeit und Vernutzung. Nähe-, Werk- und Weltrelationen im Analogen und Digitalen", in: J. Beuerbach/K. Sonntag/A. Stuart (Hrsg.), *Der Stand der Dinge. Theorien der Aneignung und des Gebrauchs*, Basel, 121–136.

Zuboff, Shoshana 2018, *Das Zeitalter des Überwachungskapitalismus*, Frankfurt am Main, New York.

Zum Problem digitaler Privatheit

Lea Watzinger

1. Privatsphäre in einer digitalen Welt

Die digitale Transformation verändert den Alltag der Menschen und dringt in immer weitere Bereiche des Lebens ein. So tangiert sie weit mehr als nur Kommunikationsverhalten. Durch (sogenannte) Künstliche Intelligenzen und Big Data werden wir Menschen dazu herausgefordert, unser Selbstverständnis radikal in Frage zu stellen. Für eine philosophische Betrachtung ist dabei besonders interessant, wie sich die Beziehungen des Menschen zur Welt und zu anderen in einer zunehmend digitalen Umgebung gestalten und gestalten lassen.[1]

Eine zentrale lebensweltlich und theoretisch wirkmächtige Kategorie für das Zusammenleben und für politische Gemeinschaften ist die Unterscheidung von Öffentlichkeit und Privatsphäre.[2] Auch dieses – stets ambivalente – Verhältnis verändert sich grundlegend im digitalen 21. Jahrhundert. Durch technologische Möglichkeiten und eine gesellschaftliche digitale Transformation beziehen sich das Öffentliche und das Private neu aufeinander und werden überhaupt als Kategorien in Frage gestellt. Dieses Verhältnis von medialen und technologischen Innovationen, gesellschaftlichen und individuellen Verhaltensänderungen und damit verbundener Reflexion folgt dabei ebenfalls einer langen Tradition.[3]

Dieser Beitrag stellt daher die Frage, wie sich Öffentlichkeit und Privatheit im digitalen Raum abgrenzen lassen und welche Herausforderungen sich ergeben können. Dazu wird in einem ersten Schritt der Begriff des Privaten diskutiert: seine Geschichte und verschiedene Ansätze, inwiefern Privatheit, Autonomie und Demokratie aus einem politisch philosophischen Blickwinkel eng verbunden sind und welche politische Rolle der Privatsphäre dabei zukommt (2.–4.). In einem zweiten Schritt liegt der Fokus darauf, inwiefern sich Privatheiten im Digitalen verändern (5.–6.). Ist die Privatsphäre in Zeiten von Social Media, Google und Self-Tracking ‚verloren‘ und ein Konstrukt aus einer anderen Zeit? Oder lassen uns gerade die digitale Nachverfolgbarkeit des

---

1 Vgl. Frischmann/Selinger 2018.
2 Vgl. Acquisti et al. 2022.
3 Vgl. Behrendt et al. 2019b; Watzinger 2022a, 11–30.

© BRILL MENTIS, 2024 | DOI:10.30965/9783969752975_007

Lebens den *Wert des Privaten*[4] neu bestimmen und darüber nachdenken, welche Rolle Autonomie und Demokratie für die Selbstentfaltung spielen?

Digitale Privatheit betrifft den Bereich der Daten, die über ein Individuum existieren. Soziale Medien etwa sorgen dafür, dass UserInnen, also wir, freiwillig Daten von sich preisgeben. Der ‚gläserne Mensch‘ bzw. das ‚transparente Individuum‘ werden zu einer Realität, die wir selbst, verbunden mit dem Versprechen der Optimierung, schaffen. So verändern sich Machtverhältnisse, da Privatheit nicht mehr allein zwischen Staat und BürgerInnen ausgehandelt werden muss, sondern zwischen Unternehmen und KonsumentInnen.[5] Letztlich müssen gesellschaftliche und politische Antworten gefunden werden auf neue Dimensionen der Sichtbarkeit, der Überwachung und der Freiheit.

2.   Begriffs- und Sozialgeschichte des Privaten

Die Opposition von Öffentlichkeit und Privatheit geht dabei bis auf das Denken der Antike zurück, doch gerade auch für moderne liberale Demokratien und Demokratietheorien ist die Trennung beider Sphären von erheblicher normativer wie praktischer Bedeutung.

Der *Begriff* des Privaten entsteht im 19. Jahrhundert, jedoch durchzieht die theoretische wie praktische Trennung der Privatsphäre und der Öffentlichkeit (nicht nur) die europäische Geistes- wie Sozialgeschichte.[6] Diese beiden gilt es einerseits zu unterscheiden, und andererseits gehen sie stets Hand in Hand. Sozialgeschichtlich ist die Herausbildung einer privaten Sphäre, die eng an das Haus, das Zuhause und das häusliche Leben gekoppelt ist, zumindest im westeuropäischen Kontext verbunden mit der Herausbildung der bürgerlichen Gesellschaft und ihrer Normen und Konventionen. Technologische und ökonomische Umwälzungsprozesse lassen im 18. Jahrhundert in Europa ein verändertes Miteinander entstehen.[7] Parallel dazu entwickelte sich die Theoretisierung und theoretische Abgrenzung von Öffentlichkeit und Privatheit mit liberalen Gesellschaftstheorien.[8] Was als privat gilt oder empfunden wird, ist einerseits eine individuelle Einschätzung und andererseits deutlich kulturell sowie historisch geprägt und damit Wandel unterworfen. Dabei überschneiden sich zahlreiche historische Umstände und Diskurse

---

4   Vgl. Rössler 2001.
5   Vgl. Kammerer 2016.
6   Vgl. Rössler 2008; Acquisti et al. 2022.
7   Vgl. Behrendt et al. 2019b, 2.
8   Habermas hat hier die Entwicklung der Öffentlichkeit prominent ausgearbeitet: Vgl. Habermas 1990.

unterschiedlicher Fachgebiete.[9] Ein Blick auf die Begriffsentwicklung zeigt, dass das deutsche Adjektiv ‚privat' bis heute mehrere Bedeutungsebenen hat, die kaum voneinander abgrenzbar sind. Es kann ‚persönlich' heißen, aber auch ‚nicht-staatlich', ‚nicht-öffentlich' und ‚nicht-amtlich'.[10] Beate Rössler grenzt das Wort ‚privat' insbesondere von ‚intim' ab: Das Intime stellt zwar einen Kernbereich des Privaten dar, jedoch geht das Private deutlich über das Intime hinaus. Eine zweite Abgrenzung des Privatheitsbegriffs nimmt Rössler gegenüber dem Geheimen vor, mit dem es ebenfalls Überschneidungen, jedoch keine Deckungsgleichheit gibt.[11] Der liberale Rechtsstaat baut auf einer Opposition von öffentlich und privat auf, indem er der staatlichen Gewalt untersagt, in die Privatsphäre der BürgerInnen einzugreifen. Die Sicherung individueller Freiheiten gegenüber dem Staat, das heißt der Schutz der Privatsphäre vor staatlichen Eingriffen, ist daher ein zentrales Anliegen liberalen Denkens. Die sich im liberalen Diskurs verortende Philosophin Rössler macht in den gegenwärtigen Fachdiskursen ein Aufbrechen der Unterscheidung von Öffentlichkeit und Privatheit aus, das verbunden sei mit einem Aufbrechen von Geschlechterverhältnissen und einer engeren Verzahnung beider Sphären. Sie fokussiert auf den Wert des Privaten, also die Funktionen und die Relevanz des Privaten für die individuelle Freiheit und die liberale Demokratie und legt damit eine strukturelle Definition vor, welche die Breite des Begriffs abzubilden versucht.[12]

3.   Privatheit als Grundlage von Freiheit

Für politische Theorien, die im Großen und Ganzen dem liberalen Spektrum zuzurechnen sind, ist die Öffentlichkeit der Raum des politischen vernünftigen Austauschs. Als dessen Gegenpart fungiert der private Raum, in dem nicht bloße Argumente ausverhandelt werden, sondern der als Rückzugs- und Schutzraum des Individuums gegenüber einer öffentlichen Sphäre gedacht wird, in der man Beurteilungen und Einschätzungen anderer unterliegt. Mit dem Beginn der Aufklärung und der Entwicklung liberaler Ideen gerät der Zusammenhang zwischen Öffentlichkeit, Partizipation, Freiheit und Transparenz in den Fokus des politikphilosophischen Interesses. Was privat ist,

---

9   Vgl. Rössler 2001.
10 Vgl. „privat", bereitgestellt durch das Digitale Wörterbuch der deutschen Sprache, <https://www.dwds.de/wb/privat>, abgerufen am 28.05.2023.
11 Vgl. Rössler 2001, 16f.
12 Vgl. Rössler 2001.

lässt sich kaum inhaltlich definieren oder festlegen, zu unterschiedlich sind Einschätzungen in verschiedenen Kulturen, verschiedenen Epochen oder auch individuelle Empfindungen. Daher muss das Private über seine Struktur gefasst werden, wie Rössler erklärt: eine Person muss kontrollieren können, wer – materiell oder mental – Zugriff auf sie haben kann.

> ‚Privat' ist etwas dann, wenn eine Person dazu in der Lage und prinzipiell berechtigt ist, den Zugang – zu Daten, zu Wohnungen, zu Entscheidungen oder Handlungsweisen – zu kontrollieren.[13]

Privatheit ist also die Fähigkeit, selbstständig den Zugang zu etwas zu kontrollieren, das eine Person selbst als privat deklariert. Rössler arbeitet drei Grundbezugspunkte des Privaten heraus, die sie als dezisionale, informationelle und lokale Dimension differenziert. Die dezisionale Dimension bezieht sich auf den mentalen Zustand und die Entscheidungen, die eine Person trifft, und ob sie in der Lage ist, eigenständig und autonom zu entscheiden und zu handeln. Sie umfasst den individuellen Entscheidungs- und Handlungsspielraum, der notwendig ist für Entwicklung individueller Autonomie und Authentizität.[14] Die informationelle Dimension fokussiert auf die Kontrolle der Informationen über die eigene Person, darauf, ob eine Person die Kontrolle darüber hat, wer was über sie weiß, da diese eine Grundlage für individuelle Autonomie darstellt.[15] Die lokale Dimension des Privaten bezeichnet – ganz analog – die Privatheit des Lebens zu Hause und die Kontrolle des Zugangs zu Wohnung o.ä., wo jedeR eine individuelle Art zu leben realisieren kann und ohne eine Öffentlichkeit sein kann.[16] Privat können entsprechend Handlungen und Entscheidungen, Situationen, mentale Zustände, Informationen und Daten, aber eben auch Orte sein, die Autonomie ermöglichen.

Dabei verortet sie sich und diesen Ansatz im liberalen Theoriespektrum, für den die Unterscheidung zwischen dem Öffentlichen und dem Privaten konstitutiv und der Schutz der Einzelnen vor dem Staat als ein Grundanliegen gelten. Rössler geht es darum, dass

> die eigentliche Realisierung von Freiheit, nämlich autonome Lebensführung, nur möglich ist unter Bedingungen geschützter Privatheit; bestimmte Foren des praktischen Selbstverhältnisses – Deliberation über konfligierende Wünsche und Selbstbilder […] sind als gelungene nur zu entwickeln, wenn es geschützte private Bereiche und Dimensionen des Lebens gibt.[17]

---

13   Rössler 2019, 285
14   Vgl. Rössler 2001, 169.
15   Vgl. Rössler 2001, 203 ff.
16   Vgl. Rössler 2001, 255 ff.
17   Rössler 2001, 137.

Diese Auffassung eines engen Zusammenhangs von Privatheit und Autonomie prägt die einflussreiche liberale Gesellschaftstheorie und das Verständnis von Privatsphäre. Gemäß einer solchen Perspektive müssen die Einzelnen frei von Beobachtung, das heißt frei von ständiger Öffentlichkeit, sein – und zwar sowohl im analogen wie im digitalen Raum. Im Privaten ist der Mensch daher geschützt vor Staat und Gesellschaft, so die liberale Vorstellung. Es handelt sich um eine zentrale Säule liberalen Denkens. Zwar kann nicht inhaltlich festgelegt werden, *was* privat sein soll, aber *dass* etwas privat sein sollte oder zumindest sein *können* sollte, um Autonomie entwickeln zu können.

> Ganz allgemein bedeutet individuelle Autonomie die Fähigkeit oder das Vermögen, sich selbst die Gesetze geben zu können, nach denen wir handeln und die wir selbst für richtig halten.[18]

Autonomie ist zentral für ein gelungenes Leben, weil wir für unser Leben und für einzelne Handlungen nur dann Verantwortung übernehmen können, wenn wir sie bewusst und absichtlich getan haben, also wir uns entscheiden konnten, so und nicht etwa anders zu handeln. Wenn jemand manipuliert wird, auf bestimmte Art zu handeln, oder gezwungen, halten wir eine Person kaum für autonom. Rössler fokussiert auf den Zusammenhang von Privatheit als Grundlage für Autonomie und Demokratie und daher als für den Menschen notwendige Sphäre der Persönlichkeitsentfaltung. Erst eine intakte und geschützte Privatsphäre ermöglicht es dem Individuum, autonom und frei zu sein, aktiv zu handeln, eine eigene Meinung sowie ein eigenes Selbstbild zu entwickeln und damit am demokratischen Gemeinwesen teilzuhaben. Im Privaten kann jede Person so sein, wie sie wirklich ist, und wird nicht gezwungen, den Anforderungen der Öffentlichkeit zu entsprechen. Wir schätzen und benötigen symbolische wie tatsächliche, analoge wie digitale private Räume um Autonomie auszubilden und auszuüben.[19]

4.   Zum gesellschaftlichen Wert von Privatheit

Jedoch ist der Schutz der Privatheit nicht nur für die Ausbildung individueller Autonomie zentral, sondern auch für die Gesellschaft als Ganze. Zwar ist Privatheit eine Voraussetzung für individuelle Autonomie, sie ist jedoch auch von allgemeiner gesellschaftlicher Bedeutung, wenn sie nicht allein als Schutzanspruch verstanden wird, sondern ebenso als Grundlage für

---

18   Vgl. Rössler 2019, 31
19   Vgl. Rössler 2001, 137.

politisches Handeln und Miteinander. Hannah Arendt konzeptualisiert zwar
das Verhältnis des Öffentlichen zum Privaten als Abgrenzungsverhältnis. Sie
rekonstruiert in ihrem Werk *Vita activa* die kultur- und geistesgeschichtliche
Entwicklung des Verhältnisses von öffentlichem und privatem Leben in und
seit der Antike sowie in welchem Maße diese das neuzeitliche Denken bis
heute prägt. Doch betont sie, dass der Mensch, um öffentlich in Erscheinung
zu treten, in ein soziales Gefüge eingebunden sein muss.[20] Die Öffentlichkeit
hingegen wird – von Arendt ebenso wie von liberalen Theorien – verstanden
als der Raum des Politischen, in dem die Freiheit und die Gleichheit der Menschen politisch umgesetzt werden können. Doch tragen private Räume erst
dazu bei, dass sich Gemeinschaften herausbilden, denn

> Privatheit ist nicht einfach das Andere demokratischer Praxis, sondern deren
> Ermöglichungsbedingung. Dazu bedarf es eines Demokratieverständnisses,
> in dessen Rahmen Privatheit als konstitutiv für die sozialen Bedingungen der
> Möglichkeit selbstbestimmten Handelns betrachtet werden kann.[21]

Sandra Seubert erweitert die liberale Perspektive, indem sie Privatheit als
gesellschaftlichen und nicht allein als individuellen Wert begreift. Sie interpretiert Privatheit als positive, soziale Freiheit, denn durch private Räume
werden BürgerInnen erst frei, gemeinsam politisch handeln zu können. In
der liberalen Tradition jedoch wird Privatheit als negative Freiheit interpretiert, das heißt als Abgrenzung nach außen und gegenüber eindringenden
Akteuren – Individuen oder dem Staat. Im Falle der Privatheit als einer
wesentlichen Grundlage freier demokratischer Gesellschaften, treten beide
Dimensionen deutlich hervor. Der Schutz des Privaten ermöglicht sowohl die
Abgrenzung des Einzelnen als auch die Ausbildung vor- und außerpolitischer
Räume und Praktiken, die elementar für demokratische Gesellschaften sind.[22]

5.   Digitale Transformation

Stellt die Digitale Transformation alles bisher Dagewesene auf den Kopf,
macht bisher gesagtes und gedachtes hinfällig? Oder lässt sie uns bekannte,
grundlegende Fragen der Menschheit neu stellen und beantworten, wirft uns

---

20   Vgl. Arendt 1967.
21   Seubert 2017, 126.
22   Vgl. Seubert 2017.

zurück auf uns selbst und die Philosophie? Oder stellt sie lediglich einen weiteren medialen und technologischen Wandel dar, auf den sich einzustellen eine gewisse Zeit und Anpassung erfordert? Fest steht, dass technologische und mediale Veränderungen stets mit einer Infragestellung etablierter Werte und Praktiken einhergehen und daher große Irritationen auslösen (können). Die Funktionsweise digitaler Anwendungen, ihre Ubiquität, Zugänglichkeit und die dabei entstehenden schieren Datenmengen haben erhebliche Auswirkungen auf Kommunikation, Zusammenleben und Wahrnehmung der Menschen. Räumliche, zeitliche oder sonstige physische Beschränkungen verlieren (weiter) an Relevanz. Was sind nun die zentralen Veränderungsprozesse durch die Digitale Transformation? Welche Auswirkungen ergeben sich aus alltäglichen digitalen Infrastrukturen für uns als Individuen wie als Gesellschaften?

Das „Grundproblem der Digitalisierung" sei der „Umgang mit Daten"[23], so Jan-Felix Schrape. Große Datenmengen stellen eine Grundlage dar für digitale Prozesse, Algorithmen und Anwendungen aus den Bereichen des maschinellen Lernens und der Künstlichen Intelligenz. Christian Thies beschreibt Speicherung, Übermittlung, Miniaturisierung, Virtualisierung und Verdatung der Lebenswelt(en) als Charakteristika der Digitalisierung,[24] für Jan-Hindrik Schmidt sind die wichtigsten Merkmale digitaler Kommunikation die dauerhafte Verfügbarkeit, die Kopierbarkeit von Inhalten, die Skalierbarkeit, das heißt die Möglichkeit der Vervielfältigung, ferner die Durchsuchbarkeit.[25] Als zentrale Merkmale einer gesellschaftsübergreifenden digitalen Transformation können also Verdatung, Vernetzung und damit einhergehend Rückverfolgung und Möglichkeiten der Überwachung festgehalten werden. Die beinahe ständige Vernetzung von Systemen, Menschen und Datenfluss sind wesentliche Eigenschaften der Digitalen Transformation und ihrer gesellschaftlichen wie individuellen Auswirkungen. Jörg Noller spricht davon, dass „eine Realität entstanden sei, die über die bloße soziokulturelle Beeinflussung unserer Lebenswelt hinausgeht"[26]. Das Digitale ist selbst ein nicht mehr wegzukürzender Teil der Lebenswelt geworden und nicht lediglich ein Bereich der technischen Entwicklungen. So entsteht eine Erwartungshaltung, immer, überall, (fast) jede Information zu erhalten und diese teilen und vervielfältigen zu können. Machtverhältnisse bröckeln und verändern sich, etwa zwischen Staat und

---

23   Schrape 2019, 219.
24   Vgl. Thies 2018, 138.
25   Vgl. Schmidt 2013, 35.
26   Noller 2022, 8.

BürgerInnen, zwischen Staat und Unternehmen wie auch zwischen Unternehmen und BürgerInnen bzw. KonsumentInnen. Private kollektive Akteure erlangen eine nie dagewesene Deutungsmacht und prägen mit ihrer ökonomischen Ausrichtung das Verständnis von Transparenz als Wert für Politik, Gesellschaft und Individuum. Dies entspricht der eigenen Medienlogik des Internets,[27] in der Transparenz und Effizienz eng miteinander verknüpft sind. Transparenz wird zur Norm und zur Ideologie, die sich nicht (mehr) nur auf den Staat bezieht, sondern auch auf das Individuum,[28] Unternehmen und weite Gesellschaftsbereiche. Die digitale Transformation beeinflusst also Machtverteilungen, den Zugang zur Welt und zur gesellschaftlichen Teilhabe und damit die Verortung des Menschen in dieser und der Gesellschaft.[29] Sie ist nicht mehr nur auf den Kommunikationsbereich beschränkt, sondern umfasst zunehmende Lebensbereiche, denn

> [u]nsere Wirklichkeit wird immer mehr [...] in digitale Daten übersetzt, wir denken die digitalen Möglichkeiten und Handlungsweisen in jeder Kommunikation mit. Das Außen der Digitalisierung schwindet insofern zunehmend.[30]

Es lässt sich kaum mehr zwischen digitalen und nicht-digitalen Lebensbereichen unterscheiden, da beide Sphären unauflöslich miteinander verweben. Dabei stellt die digitale Transformation keinen abgeschlossenen Prozess dar, sondern eine voranschreitende Entwicklung, die individuelle und kollektive Verhaltensweise hervorbringt, ebenso wie Gegenreaktionen.

6.   Spezifika digitaler Privatheiten

Auch das Verständnis, die Rolle und die Ausgestaltung von Privatheit(en) im Digitalen[31] verändern sich. Dabei stellen sich als besondere Herausforderungen eine Entgrenzung des AdressatInnenkreises und der beteiligten Akteure dar und damit einhergehend eine immer weitergehende Verquickung von Öffentlichkeit und Privatsphäre. Beide Sphären lassen sich zwar theoretisch voneinander trennen, werden jedoch durch digitale Medienlogiken miteinander verwoben.

---

27   Vgl. Weidacher 2019.
28   Vgl. Watzinger 2022a.
29   Vgl. Seubert 2019.
30   Jacob/Thiel 2017, 10.
31   Vgl. Behrendt et al. 2019b.

Dabei sind für die Digitalität[32] vor allem die informationelle und dezisionale Privatheit von Bedeutung: die informationelle Dimension, da Daten und Informationen über das Individuum im Zentrum stehen und ihre Verbreitung ein Charakteristikum digitaler Kommunikation ist. Die dezisionale Privatheit stellt den Kern und die Grundlage von individueller Privatheit dar und damit die Grundlage individueller Autonomie. Der Schutz einer als Zugangskontrolle über Daten verstandenen Privatheit stellt für die Einzelnen eine Bedingung für Freiheit dar. Gerade hieraus erwächst die grundlegende politische Relevanz, den die Privatsphäre in demokratischen Gesellschaften auch im 21. Jahrhundert einnimmt.

6.1 *Entgrenzung und Erweiterung des Adressatenkreises*
Die Logik moderner und sich stetig weiter entwickelnder digitaler Technologien führt zu Entgrenzung und einer Erweiterung des AdressatInnenkreises durch die

> Erhebung und Weitergabe von Informationen in der digitalen Gesellschaft [...], u. a. weil die digitalen Netze sich bis in die Ritzen der Gesellschaft ausbreiten und die Kosten für den Datentransport enorm gesunken sind. Die Folge ist, dass Individuen durch den Austausch von Information mit einem potentiell sehr viel größeren Kreis von Akteuren in Beziehung gesetzt werden, als dies früher denkbar war.[33]

Max-Otto Baumann betont eine dem Digitalen zu Grunde liegende Struktur der Weitergabe und Ubiquität von Daten und Informationen. Dies ermöglicht einerseits den Austausch von Information mit einem potentiell sehr viel größeren Kreis von Akteuren, birgt jedoch andererseits die Gefahr eines digitalen Kontrollverlusts.[34] Im digitalen Raum verändern sich nun Blickrichtungen und Machtverhältnisse: ist aus einer traditionellen politischen Philosohie v.a. das Verhältnis von BürgerInnen und Staat von Interesse, gewinnen im digitalen Raum Unternehmen an Macht und Relevanz – sowohl gegenüber den BürgerInnen beziehungsweise UserInnen als auch gegenüber staatlichen Institutionen.[35] Die NutzerInnen von Apps teilen ihre Daten – i. d. R. freiwillig – mit anderen, aber eben auch mit den Diensteanbietern und machen selbstständig sichtbar, „was Staat oder Konzerne früher nicht zu erfragen wagten".[36] Zwar erfolgt die Datenfreigabe in großem Maß durch die Nutzenden selbst, doch

---

32 Vgl. Noller 2022.
33 Baumann 2016, 3.
34 Vgl. Hagendorff 2017.
35 Vgl. Rössler 2019, 290–296.
36 Schrape 2019, 221.

sind zahlreiche Anwendungen kaum zu umgehen und in ihrer Funktionsweise komplex. Für NutzerInnen steht die Anwendung selbst im Vordergrund, die Datenströme scheinen dabei nebensächlich, was mit Resignation zu tun haben kann, aber auch mit einem mangelnden Bewusstsein oder Eindruck möglicher Konsequenzen.[37] Dabei werden die UserInnen auf horizontaler wie auf vertikaler Ebene transparent. In einer horizontalen Richtung gegenüber anderen Nutzenden: Dies ist der ‚soziale' Teil der vernetzenden Sozialen Medien, der als Dienstleistung beliebt und kaum mehr wegzudenken ist; also weswegen Anwendungen i. d. R. genutzt werden. Social Media ist die Preisgabe und der Austausch von Informationen eingeschrieben, KI-gestützte Anwendungen basieren auf der Verarbeitung großer Datenmengen. Sie wirken dabei an einem kulturellen Wandel mit, der die inhaltlichen Einschätzungen dessen, was privat ist, individuell wie gesellschaftlich neu justiert. Auf einer horizontalen Ebene kommt es nun zu einer zumindest potentiellen Entgrenzung des AdressatInnenkreises sowohl was die Reichweite angeht als auch die Zeitlichkeit. Digitale Dienste bieten hier jedoch in der Regel die Möglichkeit, von sich im Internet eingestellte Informationen nur festgelegten Kreisen anderer NutzerInnen zur Verfügung zu stellen. Diese Einstellungsmöglichkeiten werden dabei auch häufig ‚Privatsphäreeinstellungen' genannt und regeln das Front-End, also die Benutzeroberfläche.[38]

Aus einer demokratietheoretischen Perspektive interessant ist eine vertikale Richtung der Privatheit und ihres Verlustes, wenn Daten und Informationen transparent werden gegenüber übergeordneten Akteuren wie dem Staat und Unternehmen. Letztere erhalten dadurch eine neue, demokratietheoretisch relevant gewordene Rolle. Aufgrund eines Ungleichgewichts zwischen NutzerInnen und Unternehmen entsteht ein Über- beziehungsweise Unterordnungsverhältnis zwischen Anbietern und NutzerInnen bezüglich der Einsicht in die Datenverarbeitungsprozesse.

Digitalunternehmen akkumulieren umfassende und intime Datensätze über eine Vielzahl von Menschen und stellen insofern eine Herausforderung für die Demokratie dar, obwohl sie zumeist nach keiner politischen Logik handeln, sondern nach einer ökonomischen. Die Digitalisierung hat damit auch in diesem Bereich der Öffentlichkeit neue Machtchancen und -räume eröffnet und damit veränderte Kräfteverhältnisse geschaffen. Insofern lässt sich in diesem Zusammenhang von einer vertikalen Wirkungsrichtung von Privatheit sprechen.

---

37   Vgl. Acquisti et al. 2022.
38   Vgl. Sobala/Watzinger 2019.

Beide Wirkungsrichtungen des Privaten – die horizontaler wie die vertikale – leisten einem Schwinden digitaler Privatheit Vorschub. Eine horizontale Transparenz des Individuums lässt eine Transformation in eine kontrollierende und möglicherweise totalitär anmutende Gesellschaft als bedrohliches Szenario erscheinen, in der jeder alles über den anderen weiß und normative Vorgaben von Unternehmen Diskursbedingungen vorgeben. Wenn sich die Privatsphäre auf vertikaler Ebene auflöst, kann dies eine Gefahr für die (politische) Freiheit darstellen. Der gläserne Mensch droht diejenigen analogen wie digitalen Schutzräume zu verlieren, die er zur Ausbildung des eigenen Selbst und der eigenen Autonomie bräuchte; so vollzieht sich eine Transformation von der Bürgerin zum Konsumenten. Vertikale individuelle Transparenz und Verlust der Privatheit können zu einem totalitären Regime der Daten und zu Überwachung durch Institutionen führen, welche jeweils unterschiedlich motivierte und komplexe Interessen verfolgen.

6.2 Verschmelzung von Öffentlichkeit und Privatsphäre

Die Grenzen zwischen öffentlichem und privatem Kommunikationsraum verschwimmen auch und gerade mit digitalen Medien, oder sind sogar schon längst unkontrollierbar geworden.[39] Digitale Privatheit entfernt sich daher von der Vorstellung eines physischen Raumes, zu dem der Zugang – etwa mithilfe einer Tür oder eines Schlosses – kontrolliert werden kann. Im Internet stellt sich die Frage, inwieweit jemand die Kontrolle über seine Daten innehat und wer dazu Zugang erhält (oder nicht). Digitale Privatheit bezieht sich also maßgeblich auf die Daten, die Personen online hinterlassen und teilen und damit auf die informationelle Dimension. Digitale Kommunikation produziert dabei stets Daten; das Entstehen, Teilen und Vernetzen ist Wesensmerkmal von Social Media, Self-Tracking und digitalen Apps, was für die Privatsphäre eine enorme Herausforderung darstellt.[40] Thilo Hagendorff warnt vor einem digitalen Kontrollverlust, wenn die Realität und Rasanz der technologischen Entwicklungen und die etablierten Diskurse und Einschätzungen zur informationellen Privatheit und zum Datenschutz und seinem Stellenwert auseinanderklaffen.[41] Er bezweifelt, dass die Möglichkeit der Kontrolle über die Daten, noch gegeben ist. Vielleicht lässt

---

39 Vgl. Hagendorff 2019.
40 Vgl. Watzinger 2022b.
41 Vgl. Hagendorff 2019.

sich das lebensweltliche Bedürfnis nach informationeller Privatheit bzw. das alltägliche Bewusstsein um die Differenz von ‚privat' und ‚öffentlich' als ein Phänomen des erweiterten 20. Jahrhunderts verstehen [...], welches durch die Digitalisierung und Big Data bzw. sich wandelnder medialer Nutzungsmuster nunmehr in rascher Auflösung begriffen ist.[42]

Eine medienethische Perspektive wird von dem Spannungsverhältnis, das sich aus freiwilliger Datenpreisgabe und persönlicher Autonomie ergibt, herausgefordert. Einerseits können jeder Internetnutzer und jede Bürgerin diejenigen Medien und Anwendungen nutzen, die sie möchten. Andererseits stellt die informationelle Privatheit eine zentrale Grundlage von Autonomie und Demokratie dar. Aus einer Perspektive der Privatheit erweisen sich Self-Tracking Praktiken insofern als problematisch, da durch so die Grenzen der Privatsphäre aufgelöst werden, die eigentlich eine autonome Selbstdarstellung in unterschiedlichen sozialen Kontexten ermöglichen.[43]

Durch digitale Praktiken und Verdatung wird die Privatsphäre ausgehöhlt und scheinbar verzichtbar: Zumindest erzeugen zahlreiche Debatten und Appelle zum Schutz der Privatsphäre im Internet kaum Resonanz und ziehen keine grundlegenden Änderungen im NutzerInnenverhalten oder im allgemeinen Umgang mit entsprechenden Technologien nach sich.[44] Eine digitale Medienlogik unterstützt Vernetzung und Verdatung, die Angebote werden genutzt, sind teilweise nur schwer zu umgehen, und dabei klaffen Diskurse und Realitäten mitunter deutlich auseinander. Für einen am Menschen orientierten Umgang mit den digitalen Medienrealitäten muss daher auf Ebene der individuellen Umgangsformen auf *digital literacy* gesetzt werden, aber auch gesellschaftliche und politische Strategien erarbeitet werden, um mit Daten, Transparenz und Privatsphäre im 21. Jahrhundert umzugehen.

7.   Fazit

Es wurde erörtert, welche Rolle Privatheit, v.a. in einer sich digitalisierenden Welt, für Autonomie und Demokratie spielt. In Beate Rösslers liberalem Ansatz erscheint das Private als ein Raum des Schutzes vor unerwünschtem Zugriff sowie als Raum individueller Autonomie, der den Fokus auf eine

42   Schrape 2019, 224.
43   Vgl. Lanzing 2016, 10.
44   Vgl. Sobala/Watzinger 2019.

selbstbestimmte Zugangskontrolle legt. In Sandra Seuberts Entwurf hingegen steht die gemeinschaftliche Realisierung kommunikativer und sozialer Freiheiten im Vordergrund. Aus einer politisch-philosophischen Perspektive stellt die Privatsphäre eine Grundlage von Freiheit und Demokratie dar, da Menschen Räume brauchen, um unbeobachtet sein zu können. Diese Räume können auch metaphorisch verstanden werden als Bereiche des Lebens. Einschränkungen und Beengungen der Privatheit durch digitale Aufzeichnungspraktiken, die in Überwachung münden können, stellen sich daher als problematisch für Freiheit und Demokratie dar. Digitale Medien bieten nun einerseits ein großes Potential, da sie ein Spiel mit Rollen ermöglichen und Gemeinschaft lösen von der räumlichen Verortung. So lässt sich auf einer horizontalen Ebene Privatheit regulieren und kontrollieren. Andererseits gerät die Privatsphäre auf einer vertikalen Ebene durch Datensammlungspraktiken unter Druck und das Individuum wird zunehmend transparent gegenüber Unternehmen und Institutionen. Daraus entstehen potentieller Autonomieverlust und Überwachbarkeit. Im Digitalen konfligieren eine vertikale und eine horizontale Dimension von Privatheit und – im Gegensatz dazu – Sichtbarkeit, was unterschiedliche Herausforderungen mit sich bringt: auf horizontaler Ebene Privates zu teilen und aufzuzeichnen ist meist der Grund, warum wir freiwillig Daten preisgeben, etwa im Rahmen von Social Media oder Self-Tracking Anwendungen. Die vertikale Ebene bleibt hingegen oftmals abstrakt und macht sich wenig bemerkbar. Eine digitale Medienlogik befördert dabei eine Transparenz des Individuums, die aus medienethischer wie demokratietheoretischer Sicht problematisch sein kann. Der Schutz der Privatsphäre geht uns daher alle an und ist eine individuelle wie regulatorische Aufgabe.

Literaturverzeichnis

Acquisti, Alessandro/Brandimarte, Laura/Hancock, Jeff 2022, „How privacy's past may shape its future", in: *Science* 375 (6578), 270–272.

Arendt, Hannah 1967/2002, *Vita activa oder Vom tätigen Leben*, München.

Baumann, Max-Otto 2016, „Privatsphäre als ethische und liberale Herausforderungen der digitalen Gesellschaft", in: *Information – Wissenschaft & Praxis* 67 (1), 1–6. DOI: 10.1515/iwp-2016-0002.

Behrendt, Hauke/Loh, Wulf/Matzner, Tobias/Misselhorn, Catrin (Hrsg.) 2019a, *Privatsphäre 4.0. Eine Neuverortung des Privaten im Zeitalter der Digitalisierung*, Stuttgart.

Behrendt, Hauke/Loh, Wulf/Matzner, Tobias/Misselhorn, Catrin 2019b, „Einleitung: Neuverortungen des Privaten", in: dies. (Hrsg.), *Privatsphäre 4.0. Eine Neuverortung des Privaten im Zeitalter der Digitalisierung*, Stuttgart, 1–10.

Frischmann, Brett M./Selinger, Evan 2018, *Re-engineering humanity*, Cambridge.

Grimm, Petra/Krah, Hans 2016, „Privatsphäre", in: J. Heesen (Hrsg.), *Handbuch Medien- und Informationsethik*, Stuttgart, 178–185.

Habermas, Jürgen 1990, *Strukturwandel der Öffentlichkeit. Untersuchungen zu einer Kategorie der bürgerlichen Gesellschaft*, 2. Aufl., Frankfurt am Main.

Hagendorff, Thilo 2019, „Post-Privacy oder der Verlust der Informationskontrolle", in: H. Behrendt/W. Loh/T. Matzner/C. Misselhorn (Hrsg.), *Privatsphäre 4.0. Eine Neuverortung des Privaten im Zeitalter der Digitalisierung*, Stuttgart, 91–106.

Jacob, Daniel/Thiel, Thomas 2017, „Einleitung", in: D. Jacob/Th. Thiel (Hrsg.), *Politische Theorie und Digitalisierung*, Baden-Baden, 7–25.

Kammerer, Dietmar 2016, „Überwachung", in: J. Heesen (Hrsg.), *Handbuch Medien- und Informationsethik*, Stuttgart, 188–194.

Noller, Jörg 2022, *Digitalität. Zur Philosophie der digitalen Lebenswelt*, Basel.

Rössler, Beate 2001, *Der Wert des Privaten*, Frankfurt am Main.

Rössler, Beate 2008, „Privatheit", in: S. Gosepath/W. Hinsch/B. Rössler (Hrsg.), *Handbuch der Politischen Philosophie und Sozialphilosophie*, Berlin.

Rössler, Beate 2019, *Autonomie. Ein Versuch über das gelungene Leben*, Berlin.

Schmidt, Jan-Hinrik 2013, *Social Media*, Wiesbaden.

Schrape, Jan-Felix 2019, „Big Data und Privatheit. Eine prozesssoziologische Perspektive", in: H. Behrendt/W. Loh/T. Matzner/C. Misselhorn (Hrsg.), *Privatsphäre 4.0. Eine Neuverortung des Privaten im Zeitalter der Digitalisierung*, Stuttgart, 213–229.

Seubert, Sandra 2017, „Das Vermessen kommunikativer Räume. Politische Dimensionen des Privaten und ihre Gefährdungen", in: *Forschungsjournal Soziale Bewegungen* 30 (2), 124–133.

Seubert, Harald 2019, *Digitalisierung. Die Revolution von Seele und Polis*, Baden-Baden.

Sobala, Felix/Watzinger, Lea 2019, „Alternative Internetanwendungen und was sie anders machen. Über Geschäftsmodelle, Datenverarbeitungsebenen und gesellschaftliche Aspekte", in: *Magazin des DFG Graduiertenkolleg Privatheit und Digitalisierung*; https://www.privatheit.uni-passau.de/magazine (Zugriff 7.7.2023).

Thies, Christian 2018, „Verantwortung im digitalen Weltsystem. Grundsätzliche Überlegungen zu einem neuen Bereich angewandter Ethik", in: S. Burk et al. (Hrsg.), *Privatheit in der digitalen Gesellschaft*, Berlin, 137–152.

Watzinger, Lea 2022a, *Transparenz. Herausforderung für Demokratie und Privatheit*, Hamburg.

Watzinger, Lea 2022b, „Self-Tracking als Praktik individueller Transparenz", in: R. Schöppner/A. Hackel (Hrsg.), *Automat und Autonomie. Zum Verhältnis von Mensch, Technologie und Kapitalismus*, Aschaffenburg, 143–156.

TEIL III

Realität und Virtualität

Zeitverschwendung in virtuellen Welten?

Computerspiele, **real life** *und die Sinnfrage*

Maria Schwartz

Warum lohnt sich die philosophische Beschäftigung mit digitalen Spielen[1]? Neben ästhetischen und ethischen Fragen lassen sich auch genuine Fragen der philosophischen Anthropologie stellen. In diesem Beitrag soll nach der Sinnhaftigkeit des Computerspielens im Vergleich zu anderen Lebensvollzügen[2] gefragt werden. Dazu möchte ich zunächst eine Besonderheit von digitalen gegenüber klassischen Spielen in den Blick nehmen: Den potenziell hohen Zeiteinsatz, an den sich die berechtigte Frage anschließt, ob beim Spielen digitaler Spiele nicht große Mengen an Lebenszeit verschwendet werden, die auch sinnvoller eingesetzt werden könnten (Punkt 1). Im Anschluss skizziere ich zwei Modelle dazu, wie „Sinn" (des Lebens) verstanden werden kann (Punkt 2) und frage nach den Unterschieden von „virtuellem" und „realem" Leben (Punkt 3). In Punkt 4 soll die Ausgangsfrage, ob und unter welchen Umständen Computerspielen als sinnhaft erlebt werden kann, beantwortet werden – wobei die naheliegende pädagogische Antwort, man könne ja auch beim Computerspielen etwas ‚lernen', als unzureichend zurückgewiesen wird. Zuletzt werde ich noch die Verantwortung der Spielindustrie thematisieren, da sinnerfülltes Computerspielen bereits durch bestimmtes Spieldesign erschwert bis verunmöglicht werden kann (Punkt 5).

1. „This game is a time-sink!" – Zum Zeiteinsatz in virtuellen Spielwelten

Die aktuellen demographischen Daten zur Nutzung von digitalen Spielen in Deutschland (2022)[3] zeigen, wie sehr sich das Computerspielen über alle Altersgruppen hinweg gesellschaftlich etabliert hat: Digitale Spiele werden von der Mehrheit der Bevölkerung, nämlich 58 % der 6- bis 69-jährigen

---

1 Darunter werden im Folgenden „Computerspiele" im weiten Sinne verstanden, d.h. sowohl PC- als auch Konsolen- oder mobile Spiele.

2 Unter einem „Lebensvollzug" verstehe ich eine Tätigkeit, die aber auch passiv-rezeptiver Natur sein kann, z. B. das Betrachten einer Landschaft oder eines Kunstwerks.

3 Vgl. Game 2023.

gespielt. Fast 80 % der Spieler*innen sind über 18 Jahre alt, das Durchschnittsalter liegt bei 37,9 Jahren. Auch der Männer- und Frauenanteil ist inzwischen fast ausgewogen – 48 % der Spielenden sind weiblich. Nur ein Bruchteil der Spieler*innen gilt als spielsüchtig[4], wiewohl viele Stunden am Stück in digitalen Spielen verbracht werden können. Um die 40 % spielen nicht gelegentlich, sondern regelmäßig[5]. Für ein durchschnittliches Singleplayer-Rollenspiel (RPG) können etwa 40–70 Stunden veranschlagt werden, manchmal auch 100 und mehr. In aufwändigeren Multiplayer-Spielen reichen die Spielstunden nicht nur in den dreistelligen, sondern bis in den vier-, selten sogar fünfstelligen Bereich hinein. Allein der immense Zeiteinsatz, der nicht von professionellen E-Sportler*innen, sondern auch von ‚normalen‘ Spielenden investiert wird, unterscheidet digitale Spiele deutlich von klassischen, z. B. Brett- oder Kartenspielen[6]. Ein Grund dafür ist, dass sich manche Genres nicht auf ein Regelwerk mit klar definiertem Spielziel beschränken. Besonders MMOs (*Massively Multiplayer Online Games*), RPGs, Sandbox- und Survivalspiele können offene virtuelle Welten (engl. *open worlds*) zur Verfügung stellen mit Rahmenbedingungen, innerhalb derer Spielende frei agieren, teils komplexe Bauwerke erstellen, diese nach Art eines virtuellen Zuhauses einrichten und ihre Charaktere verbessern können. Solche Spiele abzuschließen oder ‚durchzuspielen‘ ist unmöglich, weil sie ständig weiterentwickelt werden – sei es durch Updates und Add-ons der Hersteller oder auch durch Inhalte, die von Spielenden selbst stammen[7]. Der Aufenthalt in virtuellen Spielwelten wird so für Millionen von Spieler*innen integrativer Teil ihres Lebens. Nicht nur solche Genres laden allerdings zum endlosen Spielen ein. Daneben gibt es rundenbasierte, kompetitive Computerspiele wie *League of Legends, Counterstrike* oder *Fortnite*, in

---

4   Ältere Studien schätzen 1,3–5 % (vgl. Filipovic 2015, 71), eine auf Kinder und Jugendliche beschränkte, aktuelle Studie von DAK/UEK nennt höhere Zahlen (vgl. DAK 2023). „Computerspielsucht" (engl. *Gaming Disorder*) als Diagnose ist erst seit 2022 im ICD-11 verankert (Code 6C51; riskantes Computerspielen wird davon abgegrenzt unter QE22). Wie die Entwicklung der Zahlen verläuft, bleibt abzuwarten.

5   Vgl. Bitkom 2022.

6   Vgl. zu weiteren Unterschieden Liebe 2008. Nicht nur sind digitale Spiele weit komplexer, auch Regeln funktionieren anders. Sie öffnen Räume für Experimente und Spielhandeln, gelten aber gleichzeitig durch Festschreibung im Code auch *ohne*, dass Spielende sie bewusst aufrechterhalten (vgl. ebd. 333–338). Bei der ansonsten hervorragenden Studie von Nguyen (vgl. Nguyen 2020) fällt dagegen auf, dass er oft übergangslos von digitalen zu klassischen Spielarten springt.

7   Dabei handelt es sich um Modifikationen („Mods") oder anderen „Community Content", der von manchen Herstellern auch ohne technische Vorkenntnisse ermöglicht wird. So lassen sich in *Assassin's Creed: Odyssey* mit einem Editor komplexe eigene Quests erstellen, die auch anderen zur Verfügung gestellt werden können.

denen wie im Sport zwar die einzelnen Spielrunden begrenzt sind, die eigenen Charaktere aber immer stärker werden oder in Bestenlisten aufsteigen können. Andere Titel werden überwiegend allein gespielt und besitzen ein definites Ende, sind aber wie *Assassin's Creed, The Witcher* oder *Far Cry* als Serie angelegt. Und schließlich können Spieler*innen auch deshalb endlos in ihren Lieblings-Genres verweilen, weil ständig neue Titel mit ähnlicher Spielmechanik erscheinen.

Aus der Zuschauerperspektive, besonders von Menschen ohne eigene Spielerfahrung, kann intensives Computerspielen auf den ersten Blick problematisch wirken. Die Spielenden tun ,nichts', ihr Spielen führt augenscheinlich zu keinerlei Änderung oder Verbesserung des eigenen, realen Lebens (engl. *real life*). Man stelle sich z. B. einen Vater vor, der in pädagogischer Absicht zur Tochter sagt: „Da sitzt du schon wieder vor dem PC und spielst. Mach' doch mal was Sinnvolles!" Welche Auffassung steckt hinter dieser Bemerkung? Es gibt sinnvolle Tätigkeiten, z. B. ein Buch zu lesen[8], Sport zu treiben, zu lernen oder zu arbeiten und *weniger* sinnvolle, wobei Computerspielen klar zur letzteren Kategorie zählt[9].

Die Auffassung, dass durch Computerspielen enorme Mengen an Lebenszeit totgeschlagen, vergeudet oder verschwendet werden, ist verbreitet. Die Warnung „This game is a time-sink!" ist in Nutzer-Rezensionen häufiger zu lesen, verbunden mit der Kritik, ein Spiel fühle sich „wie Arbeit" an oder die geforderten Spielhandlungen wären zu langweilig und repetitiv. Ein allzu positiver, apologetischer Beitrag hierzu wäre verfehlt, denn es handelt sich *nicht* nur um die Außenperspektive frustrierter Eltern oder Partner*innen. Auch Spielende selbst bereuen nachträglich, zu viel Zeit und Energie in ein Spiel gesteckt zu haben. Diese nachträgliche Reue, die z. B. in Nutzerforen ausgedrückt wird, ist entscheidendes Kriterium für eine Weise des Spielens, bei der ein Sinnerlebnis ausbleibt. Um zu untersuchen, unter welchen Umständen dies geschieht und wann das Spielen umgekehrt als sinnhaft erlebt werden kann, möchte ich zunächst zwei Fragen klären:

1) Was eigentlich ist mit „Sinn" gemeint im Kontext des „Sinns des Lebens" oder auch im Kontext einzelner, als sinnhaft erlebter Lebensvollzüge?

---

8 Comics, Filme und Computerspiele gelten allein wegen ihres Bildanteils als weniger anspruchs- und daher pädagogisch wertvoll. Die Hoch- und teils Überschätzung der Buchkultur ist aber zu hinterfragen (vgl. zu einer fachdidaktischen Perspektive Maisenhölder 2018, 4–10) – zumal auch digitale Spiele ausgesprochen textlastig sein können, wie z. B. das mehrfach ausgezeichnete *Disco Elysium*.

9 Susan Wolf scheint es „odd, if not bizarre" (Wolf 1997, 210), Tätigkeiten wie das Computerspielen als sinnstiftend zu begreifen, zumindest – so eine wichtige Ergänzung – bei Spielen, die einen abhängig machen.

Welche abstrakten Konzeptionen und Modelle stehen zur Verfügung? Im folgenden Punkt 2 unterscheide ich ein klassisch-teleologisches Modell, bei dem sich „Sinn" von bestimmten Zielen her definiert, von einem weiteren, in dem es um den sinnerfüllten Augenblick geht. Letzteres möchte ich in Anlehnung an die hellenistische Philosophenschule das „kyrenaische" Modell nennen[10].

2) Selbst wenn ein Modell zur Verfügung steht, um „Sinn" zu bestimmen, ist aber immer noch zu klären, ob man tatsächlich in Spielen ‚leben' kann. Das heißt, dass man nicht nur Zeit verbringt, sondern etwas tut und erlebt, was dem Geschehen im sogenannten *real life* vergleichbar ist. Der Terminus *real life* in Abgrenzung zum Spielgeschehen suggeriert bereits, dass Computerspielen eben nicht im realen Leben stattfindet und damit vielleicht gar nichts zu tun hat. Dann aber wäre es sogar im potenzierten Maße sinnlos, zu spielen, weil man nicht nur Sinnloses tut, sondern handlungstheoretisch betrachtet *überhaupt nichts tut*. Ich werde allerdings dafür argumentieren, dass das virtuelle Leben in vielfacher Hinsicht ebenso ‚real' ist wie das *real life* (Punkt 3) – was ein Grund dafür ist, dass es auch ohne zugrundeliegende Suchtproblematik zum beschriebenen, hohen Zeiteinsatz kommen kann.

Im vierten Punkt möchte ich dann auf eine Spannung aufmerksam machen, die dadurch entsteht, dass eine Erfahrung von „Sinn im Augenblick" nur funktioniert, wenn übergeordnete Lebensziele nicht an die zweite Stelle geraten. Wenn Verhältnismäßigkeit und Prioritäten stimmen, dann und nur dann kann man von einem sinnerfüllten Computerspielen sprechen, das im Nachhinein nicht bereut wird. Es handelt sich bei den beiden Sinnkonzeptionen, die im nächsten Punkt 2 vorgestellt werden, daher *nicht* um Alternativen, sondern um komplementäre Modelle.

---

10   Weitere mögliche Modelle, z. B. nihilistische oder das Verschwinden der Sinnfrage bei Wittgenstein werde ich ausklammern. Auch verzweigte analytische Taxonomien zum Thema (vgl. Metz 2021 oder Rüther/Muders 2014, 99 f.) sind wenig hilfreich, da sie quer zu dem in 4.3 vorgeschlagenen, mehrschichtigen Modell verlaufen. Ich möchte Sinnerleben weder „konstruktivistisch" noch „realistisch" verstehen, weder rein „subjektiv" noch „objektiv". Anhand unseres Beispiels „Computerspielen" lässt es sich vielmehr als subjektive Erfahrungsqualität *innerhalb* eines zweifachen Rahmens der Lebensziele und moralischen Werte begreifen, der spätestens auf der Wertebene auch objektiv beschreib- und bewertbar ist.

2. Zur Erfahrung von Sinnhaftigkeit – Zwei Modelle

2.1 Das teleologische Modell

Mit C. Halbig bin ich der Ansicht, dass „Sinn" keine extra Dimension neben z. B. Wohlergehen oder Moral darstellt, sondern eng mit der älteren Frage nach dem guten oder glücklichen Leben verknüpft ist[11]. Die Sinnfrage als solche ist erst ein Produkt des 18./19. Jh.[12], virulent geworden vor allem auch in der Existenzphilosophie Kierkegaards sowie später im französischen Existentialismus. Das teleologische Modell legt den Schwerpunkt dabei auf die Frage nach dem Ziel (gr. *telos*) des Lebens. Sie lässt sich unterschiedlich formulieren, allgemein oder individuell: Was ist der Sinn oder Wert des (meines) Daseins? Warum sind wir (bin ich) hier? Was ist der Zweck oder das Ziel des (meines) Lebens?

Woher stammt dieses Ziel oder dieser Zweck? Zwei mögliche Antworten:

a) Erstens könnte der Zweck vom individuellen Menschen selbst gesetzt werden. Denkbar sind hier alle möglichen, materiellen und immateriellen Elemente menschlichen Glücks[13].

b) Zweitens könnte der Zweck von außerhalb kommen, d.h. er ist in irgendeiner Weise vorgegeben. Mögliche Quellen solcher Zwecke sind:

- Eine dem Menschen übergeordnete Instanz, z. B. eine göttliche Macht (religiöse Antwort im Sinne der ‚Berufung' oder ‚Bestimmung') oder schlicht die Natur (säkulare Antwort).
- Andere Menschen, z. B. „lebt" jemand für die Kinder, eine pflegebedürftige Angehörige oder die Partnerin.
- Werte bis hin zu Ideologien, die ebenfalls ‚höhere' Zwecke vorgeben und ein Leben so mit Sinn erfüllen.

Beide Antworten sind nicht scharf zu trennen, denn auch ein Zweck, der von außerhalb des Individuums kommt, muss noch individuell angenommen und bejaht werden. Entscheidend ist, dass ein Leben in dieser Konzeption nur dann als „sinnerfüllt" bezeichnet werden kann, wenn ein Ziel verfolgt wird. Je abstrakter dieses Ziel ist und je langfristiger es verfolgt werden kann, desto besser, denn wenn Ziele mit sinnstiftender Funktion wegfallen, kann dies in eine Sinnkrise führen. Gerade das Erreichen von Zielen ist ein Auslöser von

---

11 Vgl. Halbig 2018, bes. 75–77; anders Rüther/Muders 2014, 101.

12 Vgl. Gerhardt 1995.

13 Welche z. B. in *objective list theories* menschlichen Wohlergehens zusammengestellt, aber dann wiederum allgemein bzw. ‚objektiv' bewertet werden (vgl. Andrae 2022, 26 f. oder Wolf 1997, 208).

Lebenskrisen bis hin zur Depression, die paradoxerweise gerade dann ein-
tritt, wenn man dachte, ein Titel oder ein Erfolg würde einen höchst glücklich
machen[14].

2.2   Das ,kyrenaische' Modell

Soweit zur klassischen Sinnkonzeption, die bereits in antiken eudämonis-
tischen Theorien zu finden ist. Ein weiteres, alternatives Modell möchte
ich „kyrenaisch" nennen, weil es strukturell angelehnt ist an den extremen
Hedonismus der hellenistischen Schule der Kyrenaiker. Eine solche Konzeption scheint mir besonders interessant, wenn nach dem Sinn und Zweck
digitalen Spielens gefragt wird, weil sie auf einen intrinsischen Wert oder
Selbstzweck abzielt und sich auf den gegenwärtigen Augenblick konzentriert.

Zum historischen Hintergrund: Aristipp von Kyrene (435–355 v. Chr.), ein
Schüler des Sokrates, gilt als Begründer der Schule. Seine Tochter Arete – eine
der wenigen antiken Philosophinnen, von der wir noch wissen – soll die kyrenaische Theorie ihrem Sohn weiter vermittelt haben[15]. Die Kyrenaiker gehen
davon aus, dass die einzige ,reale', d.h. zweifellos existierende Sache in dieser
Welt die eigenen Empfindungen sind. Laut Darstellung bei Sextus Empiricus
ist „… die Empfindung das einzige, was uns erscheint. Das äußere, die Empfindung hervorrufende Ding dagegen ist zwar vielleicht existent, erscheint uns
aber nicht. … Und so sind wir über die Empfindungen, wenigstens die eigenen, alle unfehlbar, über den äußeren Gegenstand dagegen gehen wir alle in
die Irre." (Sextus Empiricus, Adv. Math. 7,191 = Man. 217[16])

Das höchste Gut ist dementsprechend die jeweils gegenwärtige Empfindung bzw. die Lust. Diese individualistische Theorie unterscheidet sich radikal
von fast allen anderen antiken Glückstheorien, weil Glückseligkeit (gr. *eudai-
monia*) als *sekundärer* Wert gesehen wird[17]. Es ist nicht offensichtlich, wie
z. B. bei Aristoteles, dass „Glückseligkeit" nur ein Synonym ist für das höchste
Gut, nach dem alle streben[18]. Das Glück wird auch nicht, wie z. B. bei Epikur,
mit einem zu erreichenden Seelenzustand identifiziert[19]. Vielmehr wird das
Streben und mit ihm der gesamte teleologische Ansatz kritisch gesehen.

---

14   Eine Erfahrung, die auch Computerspieler*innen vertraut ist, die nach dem Erreichen
      des finalen, hart erkämpften Spielziels statt Befriedigung ein Gefühl der Leere erleben
      (s. hierzu Punkt 4.3).
15   Vgl. Hossenfelder 1996, 38.
16   Die Zeugnisse stammen aus der Sammlung von Hossenfelder 1996, hier: 45.
17   Vgl. Hossenfelder 1996, 39–41.
18   Vgl. NE 1094a; 1095a.
19   Bei ihm der Unerschütterlichkeit (gr. *ataraxia*), welche der Abwesenheit von Unlust
      entspricht.

Aristipp soll sogar empfohlen haben, sich weder um Vergangenes zu kümmern noch für Kommendes vorzusorgen: „... allein das Gegenwärtige, lehrte er, sei unser, weder aber das Frühere noch das Erwartete; denn das eine sei dahin, das Eintreten des anderen verborgen." (Aelianus, var. hist. 14,6 = Man. 208[20])

Folgt man den Grundgedanken dieser Konzeption, ist ein teleologisches Modell vielleicht gar nicht notwendig, um Sinn zu konstruieren. Dass Sinn*erfahrungen* nur im Augenblick gemacht werden können, weder in der Zukunft noch in der Vergangenheit, leuchtet ein. Dass sie darüber hinaus nicht notwendig auf ein Ziel oder einen Zweck bezogen sein müssen, wird unten anhand konkreter Beispiele noch deutlicher werden. Im folgenden dritten Punkt möchte ich zunächst fragen, ob Computerspielen überhaupt im Vollsinne als Tätigkeit oder Lebensvollzug wie jeder andere gelten kann.

3.   Virtuelles Leben und *Real Life*

Dagegen spricht die von Rautzenberg erwähnte These, dass es sich beim Spielen digitaler Spiele um eine Art „delegiertes *Sein*"[21] handele. Nicht *ich* lebe ja, so die Auffassung, sondern stellvertretend die Avatare im Spiel. Diese Einschätzung ist richtig, sofern sie sich direkt auf Hintergrundgeschichten und fiktive Spielinhalte bezieht. Man tötet nicht wirklich Monster in *World of Warcraft* oder religiöse Fanatiker*innen in *Far Cry 5*, man steht nicht wirklich halbnackt am Strand in *Ark: Survival Evolved*, man verliebt sich (hoffentlich) nicht wirklich in seine Gefährten in *Dragon Age: Origins* und man erobert nicht wirklich in *Civilization VI* die Welt. Auf einer abstrakteren Ebene der Handlungsbeschreibung werden allerdings sehr wohl Handlungen vollzogen, welche auch keine „Quasi-Handlungen"[22] sind, sondern im Vollsinne echte Handlungen.

Um einige Beispiele zu nennen:

a)   In *Pokémon Go* geht es darum „eine Sammlung aufzubauen". Das oft belächelte „Monstersammeln" unterscheidet sich unter dieser Beschreibung der Tätigkeit strukturell nicht vom Aufbau einer Briefmarken- oder Schneekugelsammlung. Die Suche braucht Geduld und ist prinzipiell unabschließbar, da immer mehr der zu sammelnden Gegenstände veröffentlicht bzw. produziert werden. Auch die Pokémon kann man wie

---

20   In Hossenfelder 1996, 50.
21   Rautzenberg 2018, 24.
22   Ein Ausdruck von Ulbricht, der damit fiktionale Handlungen bezeichnet, die sich auf Spielinhalte richten, aber von Spielenden ausgeführt werden wie „Maria schießt ein Tor." in *FIFA 19* (vgl. Ulbricht 2020, 21; 34).

beliebige andere Sammelgegenstände präsentieren und tauschen. Der einzige Unterschied besteht darin, dass die Gegenstände, die man sammelt, virtuell sind.

b)   Zweitens interagiert man in Multiplayerspielen sowohl kompetitiv wie auch kooperativ mit anderen Menschen. Im Verlauf des Spielens können sich alle Formen von Beziehungen entwickeln, von der Freundschaft bis hin zur Partnerschaft. Ein *raid*, wörtlich „Raubzug" in einem MMO wird häufig in einer festen Spielgruppe (Gilde, Clan, Fellowship etc.) gemeinsam geplant, es werden Strategien entwickelt. Die Spielenden erzählen einander über Headsets von ihrem Alltag, ihren Familien und Haustieren, oft genug wird der Spielerfolg zur Nebensache. Je nach Ausrichtung der Gruppe wird bisweilen auch wie im Sport mit regelmäßigen Terminen für Ranglisten trainiert. Auch bei dieser sozialen Aktivität spielt es strukturell kaum eine Rolle, ob die Treffen nun über Bildschirme und Headsets vermittelt sind oder nicht. Auch, wenn die Aktivität nicht als *real life* bezeichnet wird, gehört sie zweifellos zum realen Leben. Nicht selten werden die im Spiel entstandenen Beziehungen – romantische wie freundschaftliche – dann auch im *real life* weitergeführt.

c)   Eine dritte Tätigkeit in Spielen, die viel Raum einnehmen kann, besteht darin, Bereiche zu strukturieren, aufzuräumen, zu ordnen und damit unter Kontrolle zu bringen. Im Spiel werden Zäune für virtuelle Schafe gebaut, damit diese nicht überall auf der Farm umherlaufen. Virtuelle Gegenstände werden in Truhen verstaut, die sich entsprechend beschriften lassen. Auch solche Tätigkeiten finden genauso im realen Leben statt: Jemand re-organisiert beispielsweise die Gartengeräte im Schuppen, damit sie besser zu finden sind oder räumt den Schreibtisch auf, um am nächsten Morgen besser arbeiten zu können. Unter einer allgemeinen Beschreibung handelt es sich bei entsprechenden Spielhandlungen strukturell um die *gleiche* Art von Tätigkeit wie im *real life* – ein bestimmter Bereich, der unter der eigenen Kontrolle steht, wird aufgeräumt.

Es ließen sich viele weitere Beispiele finden[23], die zeigen, dass Spielhandeln auf einer abstrakteren Ebene der Handlungsbeschreibung – hier z. B. „eine Sammlung aufbauen", „zusammen Erfolge erreichen", „aufräumen" oder „ordnen" – reales Handeln ist. Es handelt sich unter diesen Beschreibungen nicht

---

23   Chalmers nennt u. a. „sich verlieben", „eine Firma aufbauen" (hier auf virtuelle Welten generell bezogen) oder „ein Schachspiel gewinnen" (vgl. Chalmers 2017, 337).

um delegiertes, sondern *reales* Sein und Leben, welches lediglich in virtuellen Welten stattfindet[24].

Damit ist allerdings nicht gesagt, dass alle Lebensvollzüge, die real stattfinden (müssen), auch im virtuellen Raum möglich sind[25]. Es bleiben „harte" Grenzen virtueller Welten, die oft zu banal scheinen, um in der Literatur überhaupt aufzutauchen. Basale lebensnotwendige Bedürfnisse wie das nach Essen, Trinken, Körperpflege, Schlaf werden notwendig im *real life* erfüllt. Auch Beziehungen *könnten* zwar ausschließlich im virtuellen Raum stattfinden, nur ist dies – zumindest auf dem aktuellen Stand der (VR-)Technologie – offensichtlich keine sehr attraktive Konzeption[26]. Vor allem aber kann es einen ‚harten' Bruch dort geben, wenn es um die Hausgemeinschaft geht oder generell um Menschen, die physisch um einen herum sind. Die zu Beginn genannte Aufforderung des Vaters: „Mach' doch mal was Sinnvolles!", ist pädagogisch motiviert: Die Tochter soll, so der Wunsch, später erfolgreich sein im Leben und über dem Computerspielen nicht Gesundheit, Freunde, das Lernen oder eben ‚wertvollere' Freizeitbeschäftigungen vernachlässigen. Würde der gleiche Satz vom Partner oder der Partnerin geäußert, steckt dahinter oft ein ganz anderes Motiv: Man solle sich doch bitte mehr um einander kümmern, Zeit miteinander verbringen. Wenn sich ein Paar entscheidet, gemeinsam allabendlich *Far Cry* zu spielen, statt wie andere vor dem Fernseher zu sitzen, Restaurants, Sport- oder Kulturveranstaltungen zu besuchen, dürfte dies unproblematisch sein. Wenn aber nur eine*r von beiden Spaß an digitalen Spielen hat, sieht es bereits anders aus. Dramatisch wird es schließlich, wenn über Computerspielen die eigenen Kinder oder Haustiere vernachlässigt werden, was im Falle von Spielsucht vorkommen kann.

---

24 Auch die Bereiche „Sport" und „Arbeit" sind – noch abgesehen vom E-Sport-Sektor oder monetarisierten Let's Play-Kanälen auf Youtube – nicht klar zu trennen vom digitalen Spiel. Es gibt eine große Bandbreite an Fitnessspielen, gerade auch im VR-Bereich. Daneben enthalten Computerspiele oft Aufgaben und redundante Tätigkeiten, die eigentlich typisch für Arbeitsprozesse sind und im Spiel geradezu eingeübt werden (vgl. kritisch hierzu Dippel 2018).

25 So die These Chalmers' in *Reality+*: *„Virtual reality is genuine reality."* (Chalmers 2022, XVII); vgl. vorsichtiger Noller: „Virtualität wird zu einer genuinen *Form* ... von Realität." (Noller 2022, 24).

26 Anders David Chalmers: „Social communities and social connections can in principle be just as rich in VR as outside VR." (Chalmers 2022, 329). Er setzt allerdings weit fortgeschrittene Technologie voraus, die sich von bestehender – z. B. aktuellen VR-Headsets – unterscheidet und m. E. noch gar nicht absehbar ist.

Während ich Chalmers *virtual realism*[27] zwar in vielen Punkten teile, würde ich daher nicht so weit gehen, dass ein erfülltes Leben jemals *vollständig* im virtuellen Raum stattfinden kann[28]. Lebensvollzüge im virtuellen Raum können nur Ergänzung, nicht Ersatz für solche im nicht-virtuellen, insbesondere auch das soziale Leben sein. Gleiches gilt im Normalfall für Arbeit und Ausbildung, sowie für politisches und soziales Engagement. Letzteres *kann* zwar auch im virtuellen Raum stattfinden, sogar mit erheblichen Effekten, z. B. durch entsprechende Lobbyarbeit in sozialen Netzwerken. Aber sicher nicht primär in digitalen Spielen, weil hier ganz andere Ziele im Vordergrund stehen.

Zusammenfassend gibt es einerseits eine ganze Reihe an ‚realen' Tätigkeiten und Lebensvollzügen, die sich genauso in virtuellen Spielwelten abspielen können, wie z. B. Dinge zu sammeln, zu ordnen, mit Freund*innen Zeit zu verbringen und gemeinsam Spielziele zu erreichen. Andererseits gibt es etliche Lebensvollzüge, die prinzipiell nicht im virtuellen Raum stattfinden können – wie die Erfüllung basaler körperlicher Bedürfnisse oder die Sorge für Kinder und Haustiere. Drittens gibt es Tätigkeiten wie konkretes politisch-gesellschaftliches Engagement, das zumindest in virtuellen Räumen, die dezidiert als Spielwelten konzipiert sind, nur sehr reduziert stattfinden kann. Bedeutet diese Diagnose nun, dass Tätigkeiten im Spiel, die denen im *real life* entsprechen, automatisch als sinnhaft erlebt werden? Hier ist entscheidend, nach welchem Modell die Bewertung von Tätigkeiten als sinnvoll bzw. weniger sinnvoll geschieht. Im nächsten Punkt möchte ich daher die beiden Sinnkonzeptionen aus Punkt 2 auf das Computerspielen anwenden.

---

27   Vgl. Chalmers 2022, 105 f.

28   Denn dies impliziert, dass auch körperliche Bedürfnisse einmal vollständig virtuell erfüllt werden können. Plausibel scheint mir, wie Chalmers schreibt: „We will handle touch, smell and taste." (Chalmers 2022, XIII f.). Man wird irgendwann alle „sensory and bodily experience" (ebd. 322) virtuell realisieren können, z. B. die eines guten Essens. Nur, die sensorische Erfahrung allein ernährt den Körper nicht. Wie genau bleibt dieser während langer VR-Zeiten gesund (vgl. ebd. 324) – wer sorgt dafür? Selbst im radikalen Science-Fiction Szenario, dass Menschen ihre biologischen Körper aufgeben und ihren Geist in virtuelle Welten ‚hochladen', bräuchte es andere, welche die dafür nötigen physischen (Rechner-)Umgebungen schützen und warten. Würde man jemals das Risiko eingehen, dies z. B. Robotern zu überlassen? In *The Matrix* (1999) ist die Kontrolle menschlicher Körper durch eine kI, die die Menschen zudem über ihren Zustand täuscht, Teil der Dystopie.

4. Die Sinndimension – wann wird Computerspielen als „sinnvoll" erlebt?

4.1 Die Bewertung nach teleologischem Modell

Im Rahmen einer klassisch-teleologischen Konzeption wird das Computerspielen nicht nur in der Literatur[29], sondern auch von Spieler*innen selbst mit einem externen, für sinnvoll gehaltenem Ziel verknüpft. Man spielt dann nicht bzw. nicht nur, sondern lernt z. B. Englisch oder informiert sich beim Spielen von *Assassin's Creed: Odyssey* über das antike Griechenland. Auch die Erholung, z. B. in Form des „Abschaltens" nach der Arbeit wäre solch ein Zweck, der Computerspielen zum bloßen Mittel degradiert[30]. Wenn jemand als Sozialarbeiter*in oder Psycholog*in tätig ist oder sich gar beruflich mit *Game Studies* beschäftigt, lässt sich das Spielen vielleicht auch als „Feldforschung" rechtfertigen. In der didaktischen Literatur schließlich ist öfters zu lesen, dass digitales Spielen zahlreiche Fähigkeiten verbessert, wie die Reaktionsgeschwindigkeit oder die Hand-Auge-Koordination, z. B. durch das Spielen von First-Person-Shootern.

Viele dieser Rechtfertigungen wirken allerdings schal, wie bloße Vorwände. Sie müssen sich dem Einwand stellen, dass es effizientere – und damit sinnvollere – Beschäftigungen gäbe, wenn man die genannten Ziele *wirklich* erreichen möchte. Beispielsweise ist jede Ballsportart wohl ebenso oder besser geeignet, die Hand-Auge-Koordination zu schulen. Auch das Erlernen einer Fremdsprache dürfte durch gezielte Konversationskurse schneller gehen. Über das antike Griechenland würde man deutlich mehr erfahren, wenn, statt 200 Stunden in *Assassin's Creed: Odyssey* zu verbringen, entsprechend viele historische Bücher gelesen würden. Selbst körperliche und geistige Erholung dürfte effektiver durch Fernsehen oder frühes Schlafengehen erreicht werden als durch kompetitives Computerspielen mit entsprechendem Adrenalinausstoß. Es mag sein, dass das Spielen digitaler Spiele viele begrüßenswerte, positive Begleiteffekte hat. Aber es ist m. E. ein Irrtum bis hin zur Selbsttäuschung, den „Sinn" des Computerspielens auf einen wie auch immer gearteten, externen Zweck zu reduzieren.

---

29 Schon dem klassischen Spiel wurde vielfach ein biologischer Zweck wie die Notwendigkeit der Entspannung unterstellt – was aber z. B. Johan Huizinga hinterfragt (vgl. Huizinga 1938/1949, 2 f.).

30 Zahlreiche „Soft Skills" werden in einer Broschüre der ManpowerGroup (MAN) erläutert, die sogar einen „Gaming Skills Translator" anbietet, mit dem Spielfähigkeiten in berufliche ‚übersetzt' werden können (vgl. MAN 2020, 3).

4.2   Die Bewertung nach ‚kyrenaischem' Modell

Interessanter scheint mir daher die zweite, ‚kyrenaische' Konzeption. Die grundsätzliche Frage der Kyrenaiker lautet, ob menschliche Tätigkeit überhaupt auf einen Zweck hingeordnet sein *muss*, um sinnvoll zu sein. Diese Auffassung hat auch z. B. Moritz Schlick in seinem bemerkenswerten Aufsatz „Vom Sinn des Lebens" (1927) kritisiert[31]. Es gibt unzählige an augenscheinlich ‚sinnlosen', da nicht-verzwecklichten Tätigkeiten, die mit Lust und Freude verfolgt werden. Allen voran, worauf Heidegger wiederholt aufmerksam gemacht hat, auch das Philosophieren selbst. Ist es denn sinnvoll, aus Forschungsdrang, etwa als Rentnerin, langsam hunderte Seiten Hegel zu lesen – hat das einen Zweck? Ist es sinnvoll, unbezahlte Überstunden zu machen, um die Marketingkampagne einer Firma vorzeitig abzuschließen – was vielleicht von anderen belächelt und nicht einmal honoriert wird? Ist es sinnvoll, Romane zu lesen, Musik zu hören, Kunst zu betrachten oder eine exotische Sprache zu lernen? Sind Sammeltätigkeiten jeglicher Art sinnvoll, seien es Briefmarken, Armbändchen oder Pokémon[32]? Es ist bei allen möglichen Tätigkeiten kein ‚Ziel' derselben greifbar. Dass man sich in irgendeiner Weise (weiter-)bildet, ist häufig genug eine unnötige, bloß vorgeschobene Rechtfertigung. Der Sinn dieser Tätigkeiten liegt vielmehr im Augenblick der Beschäftigung, im gefüllten Moment. Und genau dies scheint mir beim Computerspielen auch der Fall zu sein. Die Zeit verfliegt, besonders auch dann, wenn man gemeinsam mit anderen spielt. Das Spielen führt deshalb nicht zur ‚Vernichtung' oder ‚Vergeudung' von Lebenszeit – es ist erfüllte Zeit, wenn und weil eine Sinnerfahrung gemacht wurde.

Wie kann ein gefüllter Moment aussehen, welchen Charakter besitzt er? Es handelt sich sicher nicht, wie es die kyrenaische Position nahelegt, um eine

---

31   Die Zweckausrichtung gilt ihm als Merkmal der Arbeit, der das Spiel gegenübersteht: „Ich weiß aber nicht, ob die Wucht der Zwecke jemals schwerer auf dem Menschengeschlecht gelastet hat als in der Gegenwart. Die Gegenwart betet die Arbeit an. Arbeit aber heißt zielstrebiges Tun, Gerichtetsein auf einen Zweck. ... den Inhalt des Daseins bildet die zum Dasein nötige Arbeit. So drehen wir uns im Kreise, auf diese Weise dringen wir nicht zu einem Sinn des Lebens vor. ... Der Kern und letzte Wert des Lebens kann nur liegen in solchen Zuständen, die um ihrer selbst willen da sind, die ihre Erfüllung in sich selber tragen. ... Solche Tätigkeiten gibt es wirklich. Wir müssen sie folgerichtig Spiel nennen, denn das ist der Name für freies, zweckloses, d.h. in Wahrheit den Zweck in sich selbst tragendes Handeln." (Schlick 1927, 101–103)

32   Cahn/Vitrano greifen Wolfs Beispiel des ‚sinnlosen' Armbändchen-Sammelns auf und wenden ein, dass es keinen Grund gibt, andere Sammeltätigkeiten als wertvoller zu bewerten (vgl. Cahn/Vitrano 2015, 9). Zum Kriterium der Unabschließbarkeit, das Wolf als Indiz für ‚sinnlose' Tätigkeiten anführt, bemerken sie treffenderweise, dass auch philosophische Artikel zu noch mehr Artikeln und nie endender Spekulation führen (vgl. ebd.).

schlichte Lusterfahrung[33]. Erfüllend kann auch das „Interessante" sein: Eine Überraschung, eine unerwartete Wendung in der Spielgeschichte, eine Entdeckung in einer *open world*, eine ästhetische Erfahrung[34]. „Erfüllung" ist nicht einmal notwendig von positiven Gefühlen begleitet. Ebenso wie bei Filmen kann auch beim Spielen Trauer und Wut empfunden werden, wenn z. B. ein NPC (Nichtspielercharakter) stirbt. Auch Erfahrungen der Anstrengung und der Frustration, z. B. im Wettkampf, können sinnerfüllt sein, besonders dann, wenn man Hindernisse zuletzt überwindet[35]. Selbst eine Kette von Niederlagen und gescheiterten Versuchen einer Gruppe, etwa ein Dungeon zu bewältigen, kann Teil eines gelungenen, sinnerfüllten Abends sein. Denn um Erfolge ging es hier nicht – man hatte einfach Spaß zusammen.

Computerspielen ist in dezidierter Weise von einer Zweckorientierung unabhängig, weil Spielerfolge ohnehin nicht von Dauer sind. Auch Online-Spiele, die kein definiertes Ende besitzen können von den Betreibern jederzeit eingestellt werden. Die kleine Welt, die man sich auf einem Server mit viel Mühe erschaffen hat, ist dann verschwunden. Hart erkämpfte Spielerfolge verlieren oft genug bereits durch Updates ihre Relevanz[36]. Daher verschiebt sich die Sinnerfahrung – sofern das Spielen später *nicht* bereut wird – zwangsläufig auf intrinsische Zwecke und innere Zustände, insbesondere Gefühle.

---

33   Auch bei Susan Wolf entspricht Erfüllung (*fulfillment*) nicht einfachhin der Lust, sondern entspringt dem Einsatz für etwas. Man liebt es, etwas zu tun und fühlt sich dabei „especially alive" (Wolf 1997, 209). Allerdings ist laut Wolf nur die Beschäftigung mit objektiv wertvollen Dingen oder Projekten sinnvoll (vgl. Wolf 1997, 208–211 und Wolf 2010, 8). Diesen Ansatz halte ich für verfehlt, und zwar nicht nur, weil die ‚objektiven' Kriterien vage bleiben, sondern auch, weil viele Menschen gar nicht das Privileg freier Lebens- oder Freizeitgestaltung besitzen. Dies gilt auch für die Vergangenheit. Wenn beeindruckende Biografien etwas lehren, dann gerade dies, dass die menschliche Fähigkeit, auch unter schwierigsten Lebensumständen ‚Sinn' zu finden und glücklich zu werden, von ‚objektiv wertvollen' Tätigkeiten unabhängig ist.

34   Nguyen vertritt die interessante These, dass ästhetische Erfahrungen auch im (Spiel-) Handeln gemacht werden können (vgl. Nguyen 2020, 11–14; 101 f.), wenn es sich z. B. um ein Harmonie- oder Passungserlebnis von Spielaktion und Spielumgebung handelt (eine *harmony of action*; ebd. 108). Diese Art von Sinnerfahrung (*meaningfulness*; ebd. 91) kann nicht genauso gut durch z. B. Literatur oder bildende Kunst gemacht werden.

35   Eine klassische Definition des „Spielens" (*to play a game*), an die sich Nguyen zum Teil anschließt, stammt von B. Suits und lautet: „the voluntary attempt to overcome unnecessary obstacles." (Suits 1978, 41). ‚Unnötig' sind Hindernisse deshalb, weil Spielregeln die effizientesten Mittel zum Spielziel ausschließen.

36   Große Spielanbieter-Plattformen wie Steam versuchen der Flüchtigkeit von Spielerfolgen bewusst entgegenzuwirken. Erfolge (*achievements*) und Screenshots werden in Verbindung mit Spielprofilen dokumentiert und so ‚aufbewahrt'. Genau wie Urlaubsphotos sind diese Dokumentationen aber nur blasse Erinnerungen an Erfahrungen, die wesentlich im (Selbst-)Erleben bestanden.

Eine Gefühlsbandbreite, wie sie im realen Leben besteht, kann mit wenigen
Ausnahmen beim Spielen ebenso erlebt werden[37]. Daneben kann eine Sinnerfahrung auch moralisch geprägt sein. Das ist bereits in Single-Player Spielen möglich, wo man im „als ob"-Modus Dorfbewohnern hilft, Sklaven befreit
und die ‚Bösen' besiegt. Selbst wenn man, wie in einigen Spielen möglich oder
erforderlich, selbst auf Seite der ‚Bösen' steht, kann dies ethische Reflexion
anstoßen[38]. In Multiplayer-Kontexten schließlich können durch das ‚reale'
soziale Umfeld alle möglichen Tugenden ein- und ausgeübt werden. Man
kann etwa schwächeren Gildenmitgliedern helfen, großzügig sein, dafür sorgen, dass alle eine gute Zeit haben oder Konflikte vermitteln[39]. Die Art der
Umgebung – virtuell oder real – und sogar die Art der gemeinsamen Tätigkeit ist hierbei, um den Gedanken des letzten Punkts 3 aufzugreifen, völlig
sekundär. Gleiches kann im Schachclub, beim Kneipenbesuch oder in einem
philosophischen Arbeitskreis stattfinden. Diese Art sozial bedingter Sinnerfahrung ist auch verschieden von der bei Camus geschilderten, wo der ein-
same Sisyphos dem Mythos nach seinen Stein immer wieder auf den Berg
rollt[40]. Dass uns das Leben des Sisyphos intuitiv sinnlos erscheint, liegt allerdings nicht an der *Art* der Tätigkeit – man denke an Menschen, die wochen-
lang ein Puzzle zusammensetzen und die Teile danach wieder in der Box
verstauen – sondern daran, dass diese den *einzigen* Lebensinhalt darstellt[41].
Die Pluralität der normalerweise ebenfalls verfolgten Lebensziele fehlt. Im
nächsten Abschnitt 4.3 möchte ich den bedingenden Rahmen ausführlicher
thematisieren, innerhalb dessen auch Tätigkeiten wie das Computerspielen
erst als sinnvoll erlebt werden können.

---

37   Ausnahmen sind z. B. Trauer über Todesfälle und physischer Schmerz. Ich denke allerdings
      nicht, dass man bei Gefühlen, die sich auf Spielinhalte beziehen, generell von „Quasi-
      Gefühlen" sprechen kann (so Ulbricht 2020, 34–37 in Anlehnung an Kendall L. Walton).
      Eine Angst etwa, die man erstpersonal fühlt, ist *echte* Angst, auch wenn sie – wie im Falle
      von Phobien – nicht durch echte Gefahr ausgelöst wird.
38   ‚Unmoralisches' Handeln in fiktiven Kontexten *kann* in seltenen Fällen problematisch
      sein, z. B. wenn ein Rassist seine Ideologie stellvertretend in einer Spielwelt auslebt, was
      Ulbricht „realisierende Identifikation" nennt (Ulbricht 2020, 96). Wird das Handeln der
      gleichen Spielfigur von Spielenden, die sie steuern, kritisch beurteilt und reflektiert, ist es
      dagegen unproblematisch.
39   Natürlich kann man auch umgekehrt andere verletzen, mobben und sich allgemein, so
      der Spieljargon, „toxisch" verhalten. Solches Verhalten schließt allerdings aus den in 4.3
      erläuterten Gründen eine Sinnerfahrung aus.
40   Vgl. Camus 1942, 141–145.
41   Von Camus wird die Situation des Sisyphos auf die der Arbeiterklasse übertragen: „Der
      Arbeiter von heute arbeitet sein Leben lang an den gleichen Aufgaben, und sein Schicksal
      ist genauso absurd." (ebd. 143).

4.3 Die Teleologische Umkehrung und der doppelte Rahmen von Lebenszielen und Wertdimension

Um zu zeigen, wie Sinnerleben entsteht, möchte ich zunächst untersuchen, wie es dazu kommt, dass Spielen als *sinnlos* erlebt und nachträglich bereut wird. Dass Spielen – wie von Schlick 1927 festgestellt – stets selbstzweckhafte Tätigkeit ist, leuchtet im Falle digitaler Spiele nicht unmittelbar ein. Werden nicht ständig Spielziele und -zwecke verfolgt, seien sie selbst gesetzt oder z. B. durch Quests und Aufgaben vorgegeben? In der Tat sind Spielziele Merkmal der meisten Computerspiele. Die Besonderheit besteht darin, dass diese nicht eigentlich um der Ziele willen verfolgt werden, sondern um der Tätigkeit, d.h. letztlich der Mittel willen. C. Thi Nguyen beschreibt eine Umkehrung (*inversion*) regulärer teleologischer Zusammenhänge im *striving play* (dt. etwa „strebendes Spielen"):

> In ordinary practical life, we pursue the means for the sake of the ends. But in striving play, we pursue the ends for the sake of the means. We take up a goal for the sake of the activity of struggling for it. (Nguyen 2020, 9)

Dennoch werden Spielerfolge und -ziele leicht überbewertet, wodurch eine zu enge Bindung entsteht. Häufig werden sie in kurzen Intervallen, durch kurze Handlungsketten erreicht, was ein Glücksgefühl auslöst. Verwechselt man nun die teleologische Struktur im Computerspiel mit einer regulären und konzentriert sich ganz auf das *Erreichen* der Ziele[42], so kann nach Abschluss des Spiels eine schmerzhafte Leere entstehen. Warum hat man sich so angestrengt, das höchste Level zu erreichen? Warum hat man die ganze Spielwelt durchwandert, Abend für Abend, um alle Artefakte zu sammeln? Solche ‚Erfolge' scheinen absurd unter dem Gesichtspunkt, dass man das gesamte Spiel kurz nach dem Erreichen des letzten Ziels von der Festplatte löscht. Die Welt, in der die Spielende gerade noch gelebt hat und in der all dies erreicht wurde, ist fort. Allein diese Erfahrung kann bereits ein Auslöser von Reue sein.

Auf einer zweiten Ebene können aber auch ernsthafte Zielkonflikte entstehen. Wird die Fragilität und Flüchtigkeit von Spielerfolgen verdrängt, so können diese unversehens den gleichen Status wie andere Lebensziele erhalten. Grundlegende berufliche, existentielle und persönliche Ziele, die normalerweise mit hoher Priorität verfolgt werden, geraten in den Hintergrund. Das Studium, die Arbeit, der Freundeskreis oder die Partnerschaft wird beeinträchtigt. Wenn das kyrenaische Konzept den übergeordneten, teleologischen

---

42   Was zumindest temporär und im „als-ob" notwendig ist, um überhaupt in Spiele einzutauchen (vgl. Nguyen 2020, 10 f.; 62; 72 f.).

Rahmen verdrängt, hilft auch die Erfahrung im Augenblick nichts mehr. Eine Art unmittelbarer Lusterfahrung mag zwar noch vorhanden sein, diese wird aber in der begleitenden oder nachträglichen Reflexion nicht mehr als sinnhaft erlebt. Man spielt schlechten Gewissens, weil man eigentlich gerade etwas anderes tun sollte. Ein Leben „im Augenblick" ist nur dann wertvoll und erfüllend, wenn der teleologische Rahmen des gesamten Lebens dabei intakt bleibt. Dazu gehört auch die lebenspraktische Notwendigkeit, zukünftige Ziele zu verfolgen und vorausschauend zu planen. Die Position Aristipps, der dies ablehnt, ist vielleicht auch deshalb nicht sonderlich populär geworden.

Die geschilderte, zweite Ebene der Lebensziele gilt im philosophischen Diskurs als Ebene der „Klugheit"[43]. Das Gelingen des eigenen Lebens wird durch falsche Prioritätensetzung beeinträchtigt. Daher müssen Spielziele sonstigen Lebenszielen stets nachgeordnet werden. Verkehrt sich die Reihenfolge[44], so entsteht die Gefahr des Eskapismus, der auch als „Realitätsflucht" bezeichnet wird. Wobei aufgrund der Überlegungen in Punkt 3 gefragt werden kann, ob nicht eher in bestimmte Arten von Tätigkeiten geflohen wird. Problematisch wird das Tun nicht dadurch, dass es im virtuellen Raum stattfindet, sondern dadurch, dass es wichtigere Zwecke gibt, die verfolgt werden müssen, um Raum für selbstzweckhafte Tätigkeit zu schaffen.

Darüber hinaus gibt es, drittens, eine weitere Ebene moralischer Werte[45], die einen zweiten einschränkenden Rahmen bildet. In Anlehnung an C. M. Korsgaard – welche antike Positionen mit Kant verbindet[46] – setze ich voraus, dass ein Leben nur dann gelingen und zum ‚guten' Leben werden kann, wenn es auch im moralischen Sinne ‚gut' ist. Es muss sich innerhalb eines Werterahmens abspielen, der auch die Art und Weise einschränkt, wie man Klugheitsziele verfolgt. Diese kantisch geprägte Perspektive geht davon aus, dass die wenigsten ihr Leben ganz einem politisch oder sozial ‚wertvollen' Ziel verschreiben (können), wie es z. B. bei hauptberuflicher Arbeit für eine NGO der Fall wäre. Werte werden daher meist implizit verwirklicht in der Art und Weise, wie man *sämtliche* privaten und beruflichen

---

43 Vor allem im Anschluss an Kant, der „Rathschläge der Klugheit" von „Geboten der Sittlichkeit" unterscheidet (GMS 416–419).

44 Gedacht ist hier nicht an eine wörtliche Auslegung des altbackenen Sprichworts „Erst die Arbeit, dann das Vergnügen." Wann genau Menschen ihrem Vergnügen nachgehen, vor, nach oder im Wechsel mit Arbeitsphasen, ist in vielen Berufsfeldern mit flexibler Zeiteinteilung irrelevant. Vielmehr müssen innerhalb bestimmter Zeiträume bestimmte Ziele so erreicht werden, dass dabei kein gesundheitsschädlicher Stress entsteht.

45 Ich danke Kai Denker für den Hinweis, dass es im Lichte bewusst zerstörerischen Verhaltens von Spieler*innen (z. B. Griefing, Trolling) nicht genügt, auf der Klugheitsebene stehen zu bleiben.

46 Vgl. Korsgaard 1996.

Ziele verfolgt – insbesondere, was den Umgang mit und die Achtung vor anderen fühlenden Wesen angeht[47]. Übertragen auf die Sinnerfahrung heißt dies, auch wenn jemand alle seine Lebensziele erreicht, z. B. beruflich und familiär erfolgreich ist und so den zeitlichen Freiraum für unbeschwertes Computerspielen schafft, ist dies noch kein Garant für Sinnerfahrungen. Verhalten, das andere Menschen schädigt oder verletzt[48], kann unter keinen Umständen als ‚sinnhaft' erlebt werden. Die Begründung hierfür gehört in einen bereits in der Antike beginnenden Diskurs, den ich an dieser Stelle nur thetisch andeuten kann: Analog zum Tyrannen in Platons *Politeia*, der nicht fähig ist, echte Lust zu erleben, kann auch echte Sinnerfahrung nicht von Menschen gemacht werden, deren Verhalten grundlegende moralische Werte verletzt.

5.   Ausblick: Die Verantwortung der Spielindustrie

Die Frage nach dem „Sinn" des Lebens ist auch deshalb untrennbar mit Theorien des guten oder glücklichen Lebens verknüpft, weil sie sich nicht rein subjektiv oder rein objektiv beantworten lässt. Eine kyrenaisch geprägte Theorie der Sinnerfahrung im Augenblick scheint mir eines der aussichtsreichsten Modelle zu sein, das aber, wie im letzten Punkt gezeigt, nur dann funktioniert, wenn diese Erfahrung in den doppelten Rahmen von Lebenszielen und Wertdimension eingebunden ist. Speziell bei digitalen Spielen ist es darüber hinaus unabdingbar, ein Bewusstsein der Relativität von Spielzielen zu schaffen. Ganz im Sinne von Nguyens *striving play* wird gespielt, um etwas zu erleben. Das Augenblickserleben ist die entscheidende Motivation, Spielziele zu erreichen dagegen sekundär. Denn nur, wenn von vornherein nicht gespielt wird, um etwas zu schaffen, was im Anschluss dauerhaft „da" ist – so eine Illusion, der Spieler*innen leicht verfallen –, kann auch nichts verloren werden.

Zuletzt noch eine Bemerkung zu den Verantwortlichkeiten der Spielindustrie. Die bekannte Definition des Spiels (*play*) von Salen/Zimmerman: „Play is free movement within a more rigid structure." (Salen/Zimmerman 2004, 304) besagt an dieser Stelle, dass Spielende einen Freiraum innerhalb eines Regelsets besitzen. Insbesondere das digitale Spiel mit all seinen Regeln als *ganzes* kann, so die hier vertretene These, aber auch nur innerhalb eines

---

47   C. M. Korsgaards Ansatz erstreckt sich auch auf die Tierethik (vgl. Korsgaard 2018).

48   Hierbei sind wiederum (vgl. 4.2) menschliche Mitspieler*innen gemeint, nicht das ‚unmoralische' Handeln im fiktiven Spielkontext, welches ethische Reflexion auch stärken kann. In *Red Dead Redemption 2* spielt man z. B. einen Gangster im ausgehenden Wilden Westen, der zunehmend an den Idealen seiner Bande scheitert.

Rahmens oder einer Struktur stattfinden. Eine Sinnerfahrung im Augenblick kann nur gemacht werden, wenn ein Freiraum der Muße vorhanden ist. Das Baby schläft, die Steuererklärung ist abgeschickt, die Arbeit des Tages oder der Woche getan *oder* zumindest so geplant, dass der Spiel-Raum vorhanden ist. An diese Voraussetzung lässt sich unmittelbar eine Kritik bestimmten Spiel-designs anschließen: Wenn die Notwendigkeit besteht, einen Raum der Muße zu haben, um Spiele reuelos zu spielen, ist es höchst problematisch, wenn Computerspiele so gestaltet sind, dass sie einen empfindlichen Eingriff in die Tagesplanung bedeuten. In *Ark: Survival Evolved* etwa sind wie in so vielen Online-Spielen regelmäßige Logins erforderlich, um virtuelle Dinosaurier auf-zuziehen, sie zu füttern und damit am Leben zu halten. Die Geschehnisse in der Spielwelt laufen in Echtzeit weiter. Die virtuellen Termine, die es einzu-halten gilt, sind zahlreich. Besonders stark bestimmt dieses Design-Konzept auch den großen Markt mobiler Spiele, die mindestens einmal, meist aber mehrmals pro Tag Belohnung oder Fortschritt versprechen. Solche Spiele lange am Stück zu spielen, ist oft nicht möglich; es gibt immer wieder Wartezeiten, so dass in Intervallen gespielt wird[49]. Derartige Mechanismen halte ich für *per se* glücksbeeinträchtigend, weil sie Spieler*innen dazu zwingen, ihre sonstigen Lebensziele an das (mobile) Spiel anzupassen und nicht umgekehrt[50].

Zusammenfassend ist Computerspielen keineswegs sinnlose Zeitver-schwendung, sondern kann – wie zahlreiche andere, nicht-zweckbestimmte Tätigkeiten – im Gegenteil genuiner Ort von Sinnerfahrung sein. Wie gezeigt wurde, entsteht diese Erfahrung aber nur dann, wenn einerseits keine zu enge Bindung an Spielerfolge besteht und andererseits der doppelte Rahmen der Lebensziele und Werte aufrechterhalten wird. Dass es gelingt, digitale Spiele reuelos zu spielen, liegt in der Verantwortung beider Seiten, sowohl der Spiel-entwickler*innen als auch der Spieler*innen selbst.

---

49   Es sei denn, so der kommerzielle Grund für die Mechanik und ein weiterer Kritik-punkt, man umgeht die Wartezeit durch wiederholtes Bezahlen kleiner Geldbeträge („Mikrotransaktionen").

50   Was, so könnte man einwenden, auch bei gemeinsamen Spielzeiten der Fall ist. Der Unterschied liegt darin, dass die Einschränkung der Freiheit wechselseitig geschieht: Wenn ich mit anderen Zeit verbringen möchte, ist es unabdingbar, Termine und Interes-sen abzustimmen. Den Pixeln einer Spielwelt könnte es dagegen egal sein, wann und wie oft man sich einloggt. Dass Spieler*innen in MMOs gelöscht werden, die lange inaktiv sind und begrenzte Serverplätze belegen, ist noch nachvollziehbar. Der Druck aber, sich ständig um Spiele zu kümmern sowie entsprechendes Spieldesign in Singleplayer-Spielen ist rein kommerziell begründet.

Bibliographie

Andrae, Benjamin 2022, „The Purpose of Life. Die Sinne des Lebens", in: G. Brüntrup/E. Frick (Hrsg.), *Motivation, Sinn und Spiritual Care*, Berlin/Boston.

Aristoteles [NE] [4]2013, *Nikomachische Ethik*, übers. und hrsg. von U. Wolf, Reinbek bei Hamburg.

Cahn, Steven M./Vitrano, Christine 2015, *Happiness and Goodness. Philosophical Reflections on Living Well*, New York.

Camus, Albert [Orig. 1942] [29]2022, *Der Mythos des Sisyphos. Deutsch und mit einem Nachwort von Vincent von Wroblewsky*, Reinbek bei Hamburg.

Chalmers, David J. 2022, *Reality+. Virtual worlds and the problems of philosophy*, New York.

Chalmers, David J. 2017, „The Virtual and the Real", in: *Disputatio* 9(46), 309–352.

Dippel, Anne 2018, „Arbeit", in: D. M. Feige et al. (Hrsg.), *Philosophie des Computerspiels: Theorie – Praxis – Ästhetik*, Stuttgart, 123–144.

Filipovic, Alexander 2015, „Ethik des Computerspielens. Ein medienethischer Einordnungsversuch", in: S. Bischoff et al. (Hrsg.), *Was wird hier gespielt? Computerspiele in Familie 2020*, Opladen/Berlin [u.a.], 69–80.

Gerhardt, Volker 1995, „Sinn des Lebens", in: J. Ritter et al. (Hrsg.), *Historisches Wörterbuch der Philosophie*, Bd. 9, Berlin/Basel.

Halbig, Christoph 2018, „Sinn – eine dritte Dimension des guten Lebens?" in: *Zeitschrift für praktische Philosophie* 5(2), 55–78.

Hossenfelder, Malte 1996, *Antike Glückslehren. Kynismus und Kyrenaismus, Stoa, Epikureismus und Skepsis. Quellen in deutscher Übersetzung*, Stuttgart.

Huizinga, Johan [Orig. 1949/1938] 1998, *Homo Ludens. A Study of the Play-Element in Culture*, London.

Kant, Immanuel [GMS] 1986, „Grundlegung zur Metaphysik der Sitten", in: *Kants Werke. Akademie-Textausgabe*, Berlin, 385–464.

Korsgaard, Christine M. 2018, *Fellow Creatures. Our obligations to the other animals*, Oxford.

Korsgaard, Christine M. 1996, *The Sources of Normativity*, Cambridge.

Liebe, Michael 2008, „There is no Magic Circle. On the Difference between Computer Games and Traditional Games", in: S. Günzel et al. (Hrsg.), *Conference Proceedings of the Philosophy of Computer Games 2008*, Potsdam, 324–341.

Maisenhölder, Patrick 2018, „Philosophieren lernen mit digitalen Spielen – Die Nutzung digitaler Spiele zur Vermittlung philosophisch-ethischer Inhalte und Kompetenzen am Beispiel des Kontraktualismus und Minecraft", in: T. Junge/C. Schumacher (Hrsg.), *Digitale Spiele im Diskurs*, abrufbar unter: https://www.fernuni-hagen.de/bildungswissenschaft/bildung-medien/medien-im-diskurs/digitale-spiele.shtml (02.06.2023)

MAN 2020, *Game to Work*, abrufbar unter: https://workforce-resources.manpower-group.com/white-papers/gametowork (02.06.2023)

Metz, Thaddeus [2]2021, „The Meaning of Life", in: *SEP*, abrufbar unter: https://plato.stanford.edu/entries/life-meaning/ (02.06.2023)

Nguyen, C. Thi 2020, *Games. Agency as an Art*, Oxford.

Noller, Jörg 2022, *Digitalität. Zur Philosophie der digitalen Lebenswelt*, Basel.

Rautzenberg, Markus 2018, „Medium", in: D. M. Feige et al. (Hrsg.), *Philosophie des Computerspiels. Theorie – Praxis – Ästhetik*, Stuttgart, 11–26.

Rüther, Markus/Muders, Sebastian 2014, „Die Frage nach dem Sinn des Lebens in der gegenwärtigen Philosophie: Eine Topographie des Problemfeldes", in: *Zeitschrift für philosophische Forschung* 68(1), 96–123.

Salen, Katie/Zimmerman, Eric 2004, *Rules of Play. Game Design Fundamentals*, Cambridge, MA/London.

Schlick, Moritz [Orig. 1927] 2008, „Vom Sinn des Lebens", in: F. Stadler/H.-J. Wendel (Hrsg.), *Moritz Schlick. Kritische Gesamtausgabe*, Abt. I, Bd. 6, Wien, 99–129.

Suits, Bernhard 1978, *The Grasshopper. Games, life and Utopia*, Toronto/Buffalo.

Ulbricht, Samuel 2020, *Ethik des Computerspielens. Eine Grundlegung*, Berlin.

Wolf, Susan 2010, *Meaning in Life and Why it Matters*, Princeton.

Wolf, Susan 1997, „Happiness and Meaning: Two Aspects of the Good Life", in: *Social Philosophy and Policy* 14(1), 207–225.

Online-Ressourcen und Studien

Bitkom 2022, Presseinformation vom 23.08.2022. 87 Prozent spielen Video- und Computerspiele mit anderen, abrufbar unter: https://www.bitkom.org/Presse/Presseinformation/Gaming-Trends-2022#_ (02.06.2023)

DAK 2023, Pressemeldung vom 14.03.2023. DAK-Studie: In Pandemie hat sich Mediensucht verdoppelt, abrufbar unter: https://dak.de/presse (Rubrik „Kinder- & Jugendgesundheit") (02.06.2023)

Game 2023, Deutscher Games-Markt stabilisiert sich auf hohem Niveau (12.04.2023), abrufbar unter: https://www.game.de/deutscher-games-markt-stabilisiert-sich-auf-hohem-niveau/ (02.06.2023).

ICD-11, abrufbar unter: https://icd.who.int/browse11/l-m/en

Erwähnte Spiele

Bei erwähnten Serien wird nur der jeweils erste Teil aufgeführt.
Ark: Survival Evolved (2017). Studio Wildcard u.a.
Assassin's Creed (2007). Ubisoft Montreal/Ubisoft.
Assassin's Creed: Odyssey (2018). Ubisoft Quebec/Ubisoft.
Civilization VI (2016). Firaxis/2K Games.
Counter-Strike (2000). Valve/EA Games.
Disco Elysium (2019). ZA/UM.
Dragon Age: Origins (2009). BioWare/Electronic Arts.
Far Cry 5 (2018). Ubisoft Montreal u.a./Ubisoft.
FIFA 19 (2018). EA Sports/Electronic Arts.
Fortnite (2017). Epic Games.
League of Legends (2009). Riot Games/Riot Games u.a.
Pokémon Go (2016). Niantic/The Pokémon Company, Nintendo.
Red Dead Redemption 2 (2019). Rockstar Studios/Rockstar Games.
The Witcher (2007). CD Projekt RED.
World of Warcraft (2004). Blizzard Entertainment/(Vivendi), Activision Blizzard.

When I touch the person on the screen
Der digitale Körper zwischen Materialität und Virtualität

Patrizia Breil, Alisa Kronberger

1.   Einleitung

Der menschliche Körper ist seit jeher Gegenstand philosophischen Interesses. Auf den ersten Blick scheinen es seit Jahrhunderten und Jahrtausenden ähnliche Anliegen zu sein, die immer wieder in angepasster Form die Richtung des Fragens bestimmen und die sich subsumieren lassen unter die generelle, übergreifende Frage: Was ist dem Menschen sein Körper? Dahinter verbergen sich ontologische Erkundungen nach dem Seinsstatus des Körpers ebenso wie epistemologische nach dem Wissen über und durch den Körper. Die Proklamation sämtlicher paradigmatischer Wenden im Zeichen des Körpers und der Verkörperung, sei es ein *body, corporeal* oder *somatic turn*, aber auch die Leibphänomenologie und das Konzept des Embodiment in der Kognitionswissenschaft zeugen von einer Dringlichkeit, den Körper zu diskursivieren und theoretisieren; ihm als Konstrukt, als sozial-kulturelle Einschreibefläche, als Effekt von Macht und als Schnittmenge von Natur/Kultur theoretisch *auf den Leib zu rücken*. Aktuelle Annäherungsversuche an den Körper setzen dabei häufig bei einem Vorwurf an der Postmoderne an, einen „körperlosen-Körper-Diskurs"[1] hervorgebracht zu haben, der entweder der Materialität des Körpers gegenüber seiner Symbolisierbarkeit kaum Gewicht einräumte,[2] ihn idealisierte,[3] ihn pathologisierte,[4] oder ihn im Sinne McLuhans Diktum des ,extension of man' in technische Ausweitungen der Sinne entgrenzte, neu konstruierte oder bisweilen als obsolet einstufte.[5]

Angesichts technischer Entwicklungen tauchen in unterschiedlichen Spielarten Fragen nach dem Status des Körpers, der Zugehörigkeit seiner Physikalität zum Menschsein überhaupt und seiner Bedeutung für menschliches Erleben immer wieder auf: in normativ konnotierten Diskussionen rund um moderne Medizintechnik und technologische Enhancement-Strategien, in

---

1   Hauschild 2002, 41.
2   Vgl. Grosz 1994; Barad 2007.
3   Vgl. Lorelle 2021.
4   Vgl. Breil 2021.
5   Vgl. Žižek 2020.

© BRILL MENTIS, 2024 | DOI:10.30965/9783969752975_009

der Ausgestaltung digitaler Gaming-Welten und nicht zuletzt in Fragen in Bezug auf soziale Komponenten pädagogischer Arbeit in der Online-Lehre. Insbesondere warnende Worte im Hinblick auf eine vermeintliche Körpervergessenheit im digitalen Zeitalter dienen als Hinweis darauf, dass im Hintergrund technologischen Fortschritts nicht ein Körper steht, der vergessen oder überarbeitet wird, sondern einer, der darauf drängt, gehört und gelebt zu werden. Deutlich wird das zum einen in Technologien, die explizit auf den Körper ausgerichtet sind, wie etwa Verfahren der Magnetresonanztomographie, Fitnesstracking Devices oder VR-basierte Sportprogramme. Aber auch digitale Umgebungen, die den Körper nicht direkt ansprechen, sind keineswegs körperlos. Damit ist mehr gemeint, als dass sich die Arbeit am Bildschirm in Rückenschmerzen bemerkbar macht. Körperlich ist es auch dort, wo der Fingerabdruck oder das Gesicht notwendige Bedingungen dafür sind, ein digitales Gerät überhaupt erst nutzen zu können; oder dort, wo Orientierung nur mehr im Abgleich mit Online-Kartendiensten möglich ist, die die Orientierung suchende Person als pulsierenden Punkt im Raum verorten.

Bei der theoretischen Annäherung an den digitalen Körper steht an erster Stelle die Frage, ob es überhaupt einen digitalen Körper gibt, der sich in Abgrenzung zu einem analogen Körper definieren ließe. So legt etwa die postdigitale Theoriebildung nahe, dass das Digitale nicht mehr,[6] bzw. noch nie[7] vom Analogen zu trennen ist/war, was die Dichotomie analog versus digital per se redundant werden lässt. Dies gilt umso mehr, als Digitalität im eigentlichen Sinne mit Computertechnologie wenig zu tun hat,[8] was die heutige Rede von digitalen Endgeräten allerdings fälschlicherweise vermuten lässt. D.h. die Frage nach dem digitalen Körper sitzt möglicherweise einem grundsätzlichen Begriffsproblem auf. Ist der Körper in Verbindung mit bestimmten, computerprozessierten Formen der Digitalität gemeint, bietet sich als Alternative der Begriff des virtuellen Körpers an. Aber auch Virtualität beschränkt sich nicht notwendigerweise auf das, was mit VR-Brillen erfahrbar gemacht wird. Unterschiedlichste ex-negativo Definitionen von Virtualität als Gegenstück zur Realität[9] oder Aktualität[10] zeichnen einen schillernden Begriff, der gleichzeitig intuitiv zugänglich und theoretisch schwer fassbar ist. Auch hier kann letztlich die Frage gestellt werden, ob der Körper per se virtuell ist, insofern er etwa Gegenstand von Fiktion und Selbsterzählungen bzw. ein sich

---

6   Vgl. Schmidt 2020.
7   Vgl. Cascone 2000; Cramer 2015; Coeckelbergh 2020.
8   Vgl. Krämer 2022.
9   Vgl. Baudrillard 1981; 1994.
10   Vgl. Deleuze 1988; 1992.

performativ realisierender Möglichkeitskörper ist – unabhängig davon, mit welchen medialen Mitteln diese Grundkonstitution ans Tageslicht gerät.

Die Frage nach dem digitalen oder virtuellen Körper gestaltet sich dann besonders schwierig, wenn eine definitorisch begriffliche Annäherung erfolgen soll, die sich verabschiedet von nicht haltbaren Dichotomien und hierarchischen Gegenüberstellungen. Es soll daher nicht um den digitalen Körper gehen, der besser oder schlechter oder fundamental verschieden von seinem Konterpart ist. Trotzdem sollen lebensweltlich erfahrbare Differenzen im Umgang mit technologischen Geräten theoretisch eingeholt werden. Eine solche Differenz, die in diesem Artikel als Beispiel dient, ist die Berührung einer Person über einen Bildschirm im Vergleich zur *real-physischen* Berührung (Kapitel 2). Dieses Beispiel wählen wir ausgehend von der Prämisse, dass die Berührung von grundlegender Bedeutung für Fragen der Differenzierung und Differenzerfahrung ist.

Unser Anliegen ist es nicht, Definitionsangebote für *den* digitalen und/oder *den* virtuellen Körper zu liefern; zu klären, *was* ein solcher Körper *ist*. Vielmehr wollen wir danach fragen, *wie* er *sein kann* und damit seine Modalitäten *ertasten* und zwar spezifisch mit Blick auf die Berührung zwischen menschlich-materiellem Körper und technologiegetragenem Körperbild.

Dieser Artikel folgt keinem erkenntnistheoretischen Anspruch im Sinne ausschöpfender Definitionen, sondern will sozialethisch motivierte Fragen der Berührung umkreisen, mit denen eine Annäherung an den (digitalen) Körper erfolgen soll: Was sind die Möglichkeitsbedingungen der körperlichen Berührung im Hinblick auf Virtualität und Materialität? Welche ethischen Verpflichtungen resultieren aus einer (virtuellen) Berührung?

Zentrale Ausgangspunkte unserer Untersuchung sind phänomenologische und poststrukturalistische Theorien sowie Ansätze des Neuen feministischen Materialismus, die explizit (menschen)körperliche Materialität oder die Rolle des Fleischs für sinnliche Erfahrung adressieren. Insbesondere poststrukturalistische Zugänge exemplifizieren, dass bei der Frage nach Körperlichkeit immer schon die Frage nach deren Virtualisierung mitschwingt.

Diese inhaltliche Setzung führt uns von phänomenologischen Theorien des Fleischs bei Maurice Merleau-Ponty und Jean-Paul Sartre (Kapitel 3) über Theorien der Virtualität und virtuellen Materialität bei Gilles Deleuze und Karen Barad (Kapitel 4). In der Anwendung der Theorien auf unser Ausgangsbeispiel der digitalen Berührung zeigen wir die ethische Dimension der Berührung auf, die ihren Grund mitunter in der notwendigen virtuellen Unbestimmtheit der (digitalen) Berührung hat (Kapitel 5). Abschließend wenden wir uns unter Bezugnahme auf jene Überlegungen unserer leitenden Frage „Wen und was berühre ich, wenn ich die Person auf dem Bildschirm berühre?" zu und rekapitulieren (Kapitel 6): Ohne vorab nach einem Gegenüber des analogen und des digitalen Körpers zu fragen, dient uns die Materialität als Konzept, an dem sich Differenzierungen vornehmen lassen, die nicht in Oppositionen münden. Das Virtuelle im Körperlichen zeigt sich in diesem Durchgang ebenso wie das Körperliche im Virtuellen als Ort der zwischenmenschlichen Berührung.

2.   Whom and what do we touch ...?

»[Die] Fremdheit des Anderen, von dem die eigenen Intentionen und Handlungen stets durchdrungen sind, wird besonders offensichtlich, wenn wir uns die Berührung, den Vorgang des Tastens vergegenwärtigen.«
Barbara Becker

»Eingetaucht in den Berührungsfluss sind wir niemals Herr [sic!] über uns selbst, sondern aufs schönste verrückt und dezentriert und eben darum umso lebendiger.«
Hartmut Böhme

Ein Videoanruf geht ein, ich nehme ihn entgegen und sehe sogleich meinen Gegenüber am Bildschirm. Das Existieren dieses an/abwesenden Körpers am Screen ist zunächst abhängig von stabiler Internetverbindung, funktionierendem Endgerät und reibungsloser audiovisueller Übertragung. All das ist gegeben, dieser digitale Körper ist für mich *da (drüben)*. Unsere Blicke treffen sich, meine Hand bewegt sich zum Bildschirm – möchte berühren. Die Berührung der fleischlichen Haut dieses Körpers misslingt: Ich berühre nicht diesen, sondern die glatte Oberfläche des Bildschirms. Scrollen, Swipen, Klicken sind zu eingeübten digitalen Alltagspraktiken in der engen, haptischen Beziehung mit meinem Handy geworden. Sie sind, wenn auch nicht in Bezug auf ihre Haptik, dennoch von fundamental anderer Qualität als meine Berührung des virtuellen Gesichts auf dem Bildschirm. Aber was ist das für eine Berührung? Was geschieht in der Kontaktzone zwischen menschlich-materiellem Körper und technologiegetragenem Körperbild? „Whom and what do I touch when I touch the person on the screen?", möchten wir im Anschluss an Donna Haraway fragen.

Die Frage nach der Berührung ihres Hundes („Whom and what do I touch when I touch my dog?"[11]), die für Haraway mit der Frage in Verbindung steht,

11   Haraway 2008, 35.

„How is ‚becoming with' a practice of becoming worldly?",[12] führt sie zu einer tiefgreifenden Erkundung naturkultureller Beziehungen, die Berührungen zwischen unterschiedlichen Spezies, aber auch mit alltäglichen Medientechnologien möglich machen. Ihr spekulativer Ansatz gilt der Suche nach möglichen nicht/menschlichen Konfigurationen (vom Cyborg bis zur Onkomaus), die entstehen, wenn man diese Berührungsketten wahr- und ernst nimmt.

Entgegen Descartes' Diktum eines *cogito ergo sum* argumentiert Haraway dafür, Epistemologie nicht in einer geistigen und damit einseitigen Tätigkeit aufzulösen, sondern eine transformative Epistemologie der Berührung anzuerkennen. Erkennen vollzieht sich damit nicht mehr in der solipsistischen Einsamkeit des denkenden Bewusstseins. Vielmehr ist es die Berührung, jenseits eines abgeschotteten Denkens, die Erkenntnis einfordert und alle:s Beteiligte:n verändert zurücklässt. Arten berühren sich und verändern sich damit in Begegnungen: „They touch; therefore they are".[13] Anhand der Berührung eines digitalen Körpers auf dem Bildschirm wollen wir die Frage stellen, zwischen welchen Akteur:innen und auf welcher Ebene eine transformative Begegnung stattfindet.

Haraway verbindet ihre relationale Ontologie des Werdens-Mit(-Anderen) mit einer nicht-normativistischen Ethik der Verantwortung. Den Kern ihrer Argumentation bildet also eine ethische Intimität des Werdens-Mit, die eine statische, trennende Setzung von Selbst und Anderer/m durchkreuzt, denn „through touch, the separation of self and other is undermined in the very intimacy or proximity of the encounter".[14]

Die anekdotisch eingeführte Frage „Whom and what do I touch when I touch the person on the screen?", die bewusst aufgrund unserer theoretischen Anschlüsse nahe an Haraways Frage formuliert wurde, soll uns im Folgenden durch den Beitrag navigieren. Sie soll uns bei den Suchbewegungen nach den Modalitäten des digitalen und virtuellen Körpers helfen, im Dickicht körper- und materialitätstheoretischer Debatten den Boden unter den Füßen nicht zu verlieren – in Kontakt zu bleiben mit relationalen Theorien über Körper, Materialität und Virtualität.

Im Folgenden werden wir uns auf Positionen und Ansätze konzentrieren, die verkörperte, leibliche und materielle Dimensionen in Relationalitäten verstehen. Dabei begreifen wir diese Dimensionen nicht einfach nur als biologisch oder anatomisch vorgegebene Strukturen, sondern als durch Respondenzprozesse gebildete, d.h. als in konkreten Interaktionen bzw. Berührungen zwischen Mensch-Mensch, Mensch-Technik entstehende. Wir favorisieren

---

12   Haraway 2008, 3.
13   Haraway 2008, 263; vgl. auch Hoppe 2021, 262.
14   Ahmed/Stacey 2001, 6.

diese theoretischen Ansätze, weil ihre Körperbegriffe zu einer Radikalisierung und gleichzeitig Aktualisierung eines zentralen Anliegens beitragen, das die Philosophie der Digitalität unseres Erachtens (weiterhin) antreiben sollte: der strikten Trennung und Hierarchisierung zwischen Mensch/Technik sowie der Dichotomie von Subjekt/Objekt entgegenzuwirken.

3. **Von sinnstiftendem und sinnlosem Fleisch –**
   Maurice Merleau-Ponty und Jean-Paul Sartre

Der Startpunkt eines Nachdenkens über Berührung ist in phänomenologischer Tradition der Leib, der berührt. Berührt werden kann scheinbar alles, was „anfassbar" ist. Dinge und Lebewesen in der Welt, der/die/das Andere, man selbst. Gleichzeitig ist aber nicht jeder materielle Mensch-(Nicht-)Mensch-Kontakt eine Berührung. Wer sich den Zeh an der Bettkante anstößt, wird schwerlich behaupten, sie oder er habe das Bett *berührt*. Genauso wenig *berührt* man jemanden, dem man ins Gesicht schlägt.[15] Zweifelsohne lässt sich eine Wand berühren. Aber wird man auch umgekehrt von der Wand berührt?

Die enge Verknüpfung von Fragen nach Reziprozität bestimmt die phänomenologische Analyse der Berührung, die im Händedruck ihr paradigmatisches Beispiel gefunden hat. Die Genese des Beispiels, die Thomas Bedorf eindrücklich skizziert,[16] nimmt ihren Anfang in Husserls Selbstberührung der Hände, in der die korporale Differenz menschlichen Existierens aufscheint: „Der Leib konstituiert sich also ursprünglich auf doppelte Weise: einerseits ist er physisches Ding, Materie, [...]; andererseits finde ich auf ihm, und empfinde ich ,auf' ihm und ,in' ihm".[17] Damit ist zunächst die philosophiegeschichtlich alles andere als unwesentliche Konstatierung verbunden, dass Subjekt und Objekt der Wahrnehmung in der Doppelempfindung des Leibes in eins fallen. Die korporale Differenz zwischen gelebtem Leib und Körper-Ding kann bei Merleau-Ponty, im Gegensatz zu den stark bewusstseinstheoretisch geprägten Positionen Husserls und Sartres, als Überwindungsversuch des traditionsreichen Körper-Geist-Dualismus gedeutet werden, der höchste erkenntnistheoretische Relevanz hat. Ein leiblicher Zugang zur Welt ist ein verstehender Zugang zur Welt. Das bedeutet nicht, dass alles verstanden wird, sondern dass per se alles Sinn hat, weil Sinn mit der leiblichen Bezugnahme entsteht. Vor diesem Hintergrund ist jede Berührung sinn-voll und eingebettet in einen grundsätzlich verstehenden Zugang zur Welt.

---

15 Vgl. Meister/Nancy 2021, 29.
16 Vgl. Bedorf 2019a; 2019b.
17 Husserl [1952] 1991, 145.

Die beobachtbare Fokusverschiebung des phänomenologisch analysierten Händedrucks, weg von einer egologischen Selbstreflexion in der Selbstberührung hin zu Intersubjektivität und Andersheit im geteilten Händedruck,[18] ist deshalb zunächst von einem erkenntnistheoretischen Interesse geleitet: Wie kann ich Andere/s durch die Berührung verstehen? Demgegenüber betont Levinas die sozialethische Dimension der Berührung und fordert eine Anerkennung der Andersheit des und der Anderen, die nicht dem anmaßenden Anspruch anheim gestellt wird, restlos verstanden werden zu müssen.

Durch diese Entwicklung hindurch bleibt der Berührung ihr existentieller Charakter. Sie lädt ein zur Selbstreflexion auf die eigene korporale Differenz und sie öffnet den Blick auf die Andersheit, die in der Nähe der Berührung als unüberbrückbare Differenz offenbar wird. Diese Andersheit ist herkömmlich eine Andersheit des anderen Leibes. Was in der Berührung nah ist, ist der empfindbare Körper des Anderen; was sich in der Berührung entzieht, ist der andere empfindend leibliche Zugang zur Welt.

Was als Nähe empfunden wird, ist im Allgemeinen zunächst (aber nicht nur) eine physische Nähe. In der Berührung wird Nähe zum Kontakt. Zwei Hände, die sich nah sind, berühren sich nicht. Aber zwei Menschen, deren Hände sich berühren, sind sich nah – wenngleich nicht notwendig als Person, so doch mindestens physisch mit den Resten ihrer Körper abseits der Hände. Dort, wo die Nähe in Kontakt umschlägt, an der konkreten Materialität der Berührung, öffnet der Begriff des Fleischs, der Gegenstand der folgenden Ausführungen ist, den Blick auf eine bestimmte Existenzweise des leiblichen Zur-Welt-seins.

Die Leibphänomenologie Merleau-Pontys ist bis heute einflussreicher Bezugspunkt zahlreicher Disziplinen, etwa der phänomenologischen Erziehungswissenschaft oder der Kognitionswissenschaft. Nichtsdestotrotz ergänzt Merleau-Ponty seine Leibphänomenologie um eine Ontologie des Fleischs, mit deren Hilfe die korporale Differenz im leiblichen Zur-Welt-sein einen gemeinsamen Grund erhalten soll. Das Fleisch durchwirkt alles Berühren und alles Sichtbare. Aber mit Materialität hat das nichts zu tun:

> [D]as Fleisch, von dem wir sprechen, ist nicht die Materie. Es ist das Einrollen des Sichtbaren in den sehenden Leib, des Berührbaren in den berührenden Leib, das sich vor allem dann bezeugt, wenn der Leib sich selbst sieht und sich berührt, während er gerade dabei ist, die Dinge zu sehen und zu berühren, sodaß er gleichzeitig *als* berührbarer zu ihnen hinabsteigt und sie *als* berührender alle beherrscht und diesen Bezug wie auch jenen Doppelbezug durch Aufklaffen oder Spaltung seiner eigenen Masse aus sich selbst hervorholt.[19]

---

18   Vgl. Bedorf 2019a, 101.

19   Merleau-Ponty [1964] 1994, 191.

In aller Deutlichkeit wird hier, wie auch an anderer Stelle, betont: „[d]as Fleisch ist nicht Materie, es ist nicht Geist, nicht Substanz".[20] Gemeint ist also nicht das biologische Fleisch, das sich unter der Haut verbirgt und anfassbar ist. Im Zentrum steht vielmehr ein Prozess, ein ‚Einrollen' von Wahrnehmbarem in Wahrnehmendes. Das Fleisch als „inkarniertes Prinzip"[21] beschreibt die grundlegende chiasmatische Wirkweise, durch die laut Merleau-Ponty alles Sichtbare sichtbar wird. An die Stelle eines vormals dualistischen Wahrnehmungsprozesses, der Subjekt und Objekt der Wahrnehmung trennt, tritt jetzt ein Fleisch, das als „Ur-Faktizität"[22] die ontologische Grundlage für alles Sichtbare bildet. Wo vorher der leibliche Zugang zur Welt für Sinnhaftigkeit gesorgt hat, entsteht dieser Sinn nun fleischlich, d.h. „aus dem Verhältnis zwischen Leib und Welt, Subjekt und Objekt, das beide umgreift, formt und trägt".[23] Befremdlich wirkt vor diesem Hintergrund das im Zitat angeführte ‚Hinabsteigen' zum Berührten, das ‚beherrscht' wird. Obwohl das Fleisch ontologisches Fundament ist, scheint es erst durch die menschliche Berührung in das Berührte eingewoben zu werden. Diese vermeintliche Differenz entsteht jedoch nur durch das Sehen, das eine Grenze an der Oberfläche des Dings sowie an der Oberfläche des Körpers suggeriert, die eigentlich keine Grenze ist. Denn unter der Haut des Körpers sind Organe, die auch sichtbar sind. Ein Innen und Außen gibt es nur für die und den Sehende:n. Unter Verzicht auf eine subjektzentristische Perspektive bleiben „zwei Kreise, zwei Wirbel oder Sphären, die konzentrisch sind":[24] das Fleisch der Welt und das Fleisch des Leibes. In diesem Vorgang des Kreisens liegt das Potential der Differenz. Das Fleisch ist einheitliche Wirkweise, die „durch Aufklaffung oder Spaltung"[25] ihr eigenes hervorbringt. Gegen den Vorwurf des Monismus bringt Emmanuel Alloa deswegen vor, dass mit Merleau-Pontys Fleisch vielmehr die Möglichkeit gegeben ist, Identität und Differenz neu zu denken.[26]

Auch in Kontexten posthumanistischer Theorien ist die Frage nach der Berührung eng mit Fragen nach den Rollen von Grenzen und Beherrschung verknüpft. Claudia Castañeda weist darauf hin, dass robotische Berührung nicht grenzenlos ist, sondern auf die technologische Reproduktion spezifischer Vorstellungen von einem Funktionieren von Berührung reagiert. Castañeda konzipiert die interaktive Roboterhaut zu einem Ort des Lernens in

---

20　Merleau-Ponty [1964] 1994, 183.
21　Ebd.
22　Good 1970, 237.
23　Bonnemann 2020, 219.
24　Merleau-Ponty [1964] 1994, 182.
25　Merleau-Ponty [1964] 1994, 191.
26　Vgl. Alloa 2012.

Interaktion mit der Umwelt und in ihrer schützenden Funktion. Ein wesentliches Merkmal robotischer Haut ist demnach ein inhärentes Alarmsystem, das im Lernen dabei zu erkennen hilft, was schädlich ist und was den Roboter zerstört.[27] Nicht Beherrschung durch geschickte Manipulation sind Voraussetzung und Ergebnis technohaptischer Lernprozesse, sondern das Erkennen von Verwundbarkeit; nicht die Unmittelbarkeit des Bewusstseins, sondern die Anerkennung, dass (präzises und vorsichtiges) Berühren ein Lernprozess ist, gilt als zentrale Bedingung bei Einsätzen von Berührungstechnologien.[28] In Anlehnung an Merleau-Ponty argumentiert Castañeda, dass die Erfahrung der Berührung nicht von ihrer Verkörperung gelöst werden kann, aber auch nicht auf den Körper reduzierbar ist.[29] Die (nicht-)menschliche Haut als aktives, lebendiges inter*face*, „becomes a site of possibility".[30] In Bezug auf unser Beispiel der Berührung zwischen menschlich-materiellem Körper und technologiegetragenem Körperbild begründet sich jenes Inter*face* als Ort der Möglichkeit im wörtlichen Sinne als ein ‚Zwischengesicht'. Dieses Inter*face* schiebt sich zwischen zwei Gesichter, die sich im Video-Call begegnen. Dies ist der Ort der Berührung, der Ort eines intra-aktiven ‚becoming-with', so werden wir weiter unten mit Donna Haraway und Karen Barad argumentieren.

Die bewusstseinsphilosophische und explizit cartesianisch geprägte Philosophie Sartres mag zunächst aufgrund dieser Selbstverortung als wenig intuitive Auswahl für ein Nachdenken über Körperlichkeit erscheinen. Zwar lässt sich ein gewisses Primat des Bewusstseins vor dem Körper kaum leugnen, doch auch der Körper spielt als Existenzweise des Menschen in drei ontologischen Dimensionen eine zentrale, unreduzierbare Rolle. Die erste ontologische Dimension, die Sartre beschreibt, ist der Körper-für-sich, der als gelebter Körper in Situation dem Leib Merleau-Pontys am nächsten kommt.[31] Mit der zweiten ontologischen Dimension des Körpers, dem Körper-für-Andere, holt Sartre die korporale Differenz ein, die in der beflügelten Formulierung Plessners als *Leib-sein* und *Körper-haben* ihren Ausdruck findet:[32] Der Körper als Instrument, als objektiv vermessbare physische Masse, als das Faktum, das sich dem Gegenüber im Blick darbietet. Die dritte ontologische Dimension des Körpers beschreibt die Existenzweise der menschlichen Realität, in der sie „für [s]ich als durch den Andern erkannt"[33] existiert. Hier wird die vormals

---

27   Vgl. Castañeda 2001, 231.
28   Vgl. Puig de la Bellacasa 2009, 308.
29   Vgl. Castañeda 2001, 232–234.
30   Castañeda 2001, 234.
31   Vgl. Macann 1993, 144.
32   Vgl. Plessner 1941, 238.
33   Sartre [1943] 2014, 619.

aufgespannte korporale Differenz reflexiv eingeholt und ontologisch relevant. Das bloße *Körper-haben* weicht einer reflexiven Bezugnahme, die gelebt wird. Das *Körper-haben* wird zu einem *Körper-sein*. Konkret wird diese Teilhabe des Objekthaften am leiblichen Weltzugang im Begriff des Fleischs, dessen sich der Protagonist von Sartres Roman *Der Ekel* vor allem in einem Gefühl des Ekels gewahr wird:

> Ich sehe meine Hand, die sich auf dem Tisch ausbreitet. Sie lebt – das bin ich. Sie öffnet sich, die Finger spreizen und strecken sich. Sie liegt auf dem Rücken. Sie zeigt mir ihren fetten Bauch. [...] Sie zieht ein bißchen, kaum, schlaff, schlabberig, sie existiert.[34]

Die Hand wird wahrgenommen wie die Hand eines Gegenübers, ist aber trotzdem ‚meine Hand'. Dass etwas existiert, zeigt sich im Blick auf seine „ganz und gar rohe Masse",[35] die einem Körper zugehört, der „seines Handelns entkleidet" ist.[36] Der wesentliche Unterschied zwischen Merleau-Pontys und Sartres Fleischbegriffen liegt nach Jens Bonnemann in deren Relation zum Sinn. Für Merleau-Ponty entsteht Sinn im fundamentalen, chiasmatischen Wirken des Fleischs, während bei Sartre die Erfahrung des Fleischs gerade die grundlegende Sinnlosigkeit der Existenz offenbart.[37] Neben dem sinnlosen Fleisch, das in sartrescher Lesart v.a. an physischer Körperlichkeit jenseits seiner situativen Einbindung sichtbar wird, ist im thematischen Kontext der begehrenden Berührung eine „*doppelte wechselseitige Fleischwerdung*" möglich.[38] Der/die Berührende macht sich selbst zu Fleisch, um die Fleischwerdung des/der Anderen zu realisieren.[39] Trotz des grundlegenden Unterschieds zwischen Merleau-Pontys und Sartres Fleisch in Bezug auf Sinn und Materialität, nähert sich Sartres Fleisch hier einer chiasmatischen Verflechtung fleischlicher Strukturen an, die Grundlage für ein offenbarendes, sinnlich erfassbares Miteinander bilden. Um berühren zu können, muss sich der/die Berührende berührbar machen. In der Berührung wird eine fundamentale Offenheit für Andere:s in der kontingenten Form des fleischlichen Körpers gelebt.

Fleisch ist sinnlich erfahrbar und eng mit Materialität zusammenzudenken. Unter jemandes Blick wird die/der Andere Fleisch, unter jemandes Berührung sind Berührende:r und Berührte:r gleichermaßen Fleisch und bemerken

---

34   Sartre [1938] 2012, 157f.
35   Sartre [1938] 2012, 200.
36   Sartre [1943] 2014, 682.
37   Vgl. Bonnemann 2020, 219.
38   Sartre [1943] 2014, 683.
39   Vgl. Ebd.

im Streicheln und Ergreifen des/der Anderen, dass dort „*zunächst* eine Aus-
dehnung von Fleisch und Knochen ist, die ergriffen werden kann".[40]

Die korporale Differenz als besondere Weise der Existenz zu verstehen,
in der das *Körper-haben* zum *Körper-sein* wird, wie es mit Sartres Begriff des
Fleischs möglich ist, ist anschlussfähig an Fragen der Somatechnik. Der ins-
trumentalisierende Charakter, der Technologien anhaftet und der bezogen
auf den Körper objektivierend wirkt, weicht in der Somatechnik einem Bild
einer verwobenen Weise des Zugangs zur Welt, in der Technologien und Körper gleichermaßen in einen leiblichen Zugang zur Welt eingeschrieben sind.
Abgeleitet von den altgriechischen Wörtern „soma" (σῶμα) für Körper und
„techné" (τέχνη) für Handwerk, verweist der Begriff der Somatechnik auf
den Umstand, dass Technologien nicht etwas sind, das menschliche Körper
zu bereits gegebenen und konstituierten Körpern hinzufügen. Vielmehr verweist der Begriff der Somatechnik darauf, dass „Körper-Sein" (soma) und Dis-
positive in und durch Körperlichkeiten, Identitäten und Differenzen gebildet
und transformiert werden (techné) untrennbar miteinander verwoben sind.[41]
Technologien sind also immer schon verschränkt und Körperlichkeiten sind
immer schon technologisiert. Für Nikki Sullivan bedeutet demnach Somatisie-
rung das „coming-to-matter" von Körpern. Diese Idee der Materialisierung und
des steten Werdens von Materie schwingt in den Theorien von Gilles Deleuze
und Karen Barad mit, denen wir uns nun widmen möchten.

4.   Vom Körper im schöpferischen Spiel der Unbestimmtheit –
        Gilles Deleuze und Karen Barad

Zunächst gehen wir von dem Befund starker Resonanzen zwischen der vitalisti-
schen Philosophie Gilles Deleuzes und dem agentiellen Realismus nach Karen
Barad aus. Beide positionieren sich mit ihrer Konzeption des Werdens bzw.
des Tätig-Seins der Materie gegen eine biologistische, essentialistische Reduktion des materiellen Körpers und messen darüber hinaus der Virtualität in
ihrer Ausrichtung auf Dimensionen der Unbestimmtheit, Differenzierung und

---

40   Sartre [1943] 2014, 682. Sartres Ausführungen zum Körper und zur Interaktion mit Ande-
      ren fußen meist auf der Vorgängigkeit eines Blicks, in dem sich etwas zu erkennen gibt.
      Die Kritik an einem solchen Primat des Sichtbaren bzw. an einem Okularzentrismus hat
      v.a. in der feministischen Theorie ein beträchtliches Erbe. Zahlreiche Theoretiker*innen
      verbinden das Sehen mit der Distanzierung vom Körper und mit der Objektivierung
      und Kontrolle von sich selbst und anderen (z.B. Irigaray [1974] 1980; Mulvey [1975] 2009;
      Bal 1991; siehe dazu auch Kronberger 2022, Kap. 5)
41   Vgl. Sullivan 2012, 302; Barla 2019.

kreativen Schöpfung eine zentrale Bedeutung bei. Es ist hierbei zu erwähnen, dass Deleuzes und Barads Virtualitätsbegriff nicht notwendigerweise ein technischer ist und von einem Alltagsverständnis tendenziell abweicht. Ähnlich verhält es sich mit ihren Körperbegriffen. Für Deleuze und Barad ist der materielle Körper nicht einfach nur fleischliches Wesen, sondern in ein relationales, nicht-identitäres Werden eingelassen. Während Barad den Körper als materiell-diskursives, intra-aktives Phänomen konzeptualisiert, ist für Deleuze der sich ein- und ausfaltende, poröse Körper[42] Scharnier zwischen Virtualität und Aktualität.[43] In dieser beweglichen Zwischenfunktion widersetzt sich der materielle Körper sowohl seiner Naturalisierung und Essentialisierung, als auch einer Reduktion auf seine signifikativen Bestandteile; verwehrt sich den von der Moderne geerbten Dichotomien von Materie/Geist, Natur/Kultur.

Deleuze geht – ähnlich wie Pierre Lévy – von einer grundlegenden Unterscheidung zwischen Virtualität und Aktualität aus. Das Virtuelle ist für Deleuze nicht zu verwechseln mit dem Möglichen. Es kann sich in seiner realen Struktur niemals als solches, sondern nur in einem Prozess der Aktualisierung zeigen. Diese reale Struktur ist nicht beliebig, zudem höchst problematisch und lösungssuchend, wie Deleuze schreibt: „Das Virtuelle besitzt die Realität einer zu erfüllenden Aufgabe, nämlich eines zu lösenden Problems; das Problem ist es, das die Lösungen ausrichtet, bedingt, erzeugt, diese aber ähneln nicht den Bedingungen des Problems".[44] Der Unterschied zur bloßen Möglichkeit liegt demnach darin, dass mit dem idealen, d.h. vorgestellten und problematischen Virtuellen eine gewisse Wirkmächtigkeit ins Spiel kommt, die zu multiplen Aktualisierungen drängt. Als Gegenüber der Virtualität versteht sich die Aktualisierung als eine durch Differenzierung entstehende Neuschöpfung, die somit niemals Präexistentes realisiert, sondern nach Aktualisierungen von Lösungen trachtet. In Bezug auf die Frage nach dem Körper steht somit die Virtualität des Ereignisses (ideal) der Aktualität des Körpers (wirklich) gegenüber. Das Virtuelle und seine Aktualisierung, und nicht das Mögliche und das Reale, konstituieren somit „das Koordinatensystem des werdenden Körpers".[45]

---

42   Es sei hier auf das nicht einheitlich definierbare Konzept des „organlosen Körpers" im Werk von Gilles Deleuze und Félix Guattari verwiesen. Der Ebene der Virtualität zugehörig und weder metrischen Räumen noch chronologischen Zeiten zuzuordnen, rekurriert der „organlose Körper" auf physische und psychische Intensitätszustände. Er handelt von Multiplizität und präindividuellen Singularitäten. In *Tausend Plateaus* fragen Deleuze und Guattari explizit danach, wie ein „organloser Körper" geschaffen werden könne, der sich dem Organismus als einem strukturkonservativen Modell der Selbstreproduktion entgegensetzt und stattdessen Möglichkeiten der Entsubjektivierung ergründet.

43   Vgl. Deleuze 1992; Seppi 2017.

44   Deleuze 1992, 268.

45   Seppi 2017, 359.

Der aktuale Körper als „Operateur des Ereignisses" gehört gleichermaßen der
Ebene der Virtualität als auch der Ebene der Aktualität an, und zwar insofern, als dass Deleuze das Virtuelle als ein dem Realobjekt zugehörigen Teil
konzipiert.[46] Dieser Umstand weist den Körper als bewegliches Bindeglied
zwischen Virtualität und Aktualität aus. Für Deleuze bildet die Ebene der
Virtualität, eben als ein Teil des Realobjekts, dessen äußere Grenze. Als Außen
des Objekts markiert das Virtuelle jedoch keine starre, leblose Grenze, sondern
„eine bewegliche Materie, belebt von peristaltischen Bewegungen, von Falten
und Faltungen, die ein Innen bilden: nicht etwas anderes als das Außen, sondern genau das Innen des Außen".[47] Der aktualisierte Körper als „Innen des
Außen" impliziert seine Virtualität und Materialität in seiner kontrahierenden-
relaxierenden Tätigkeit. Gerade durch diese Metaphorik der Peristaltik wird
der Körper in seiner dynamischen Fleischlichkeit herbeigerufen.

Die Dynamik, die weiter oben bei Merleau-Ponty und Sartre als fleischliche
Dynamik ausgewiesen wurde, taucht hier als Changieren des Körperlichen
zwischen Virtualität und Aktualität wieder auf. Dynamisch entfaltet sich
die Berührung als Verwebung von Sinn und Nicht-Sinn, Fleisch und Fleisch,
Virtualität und Aktualität.

Die aktualisierten Körper, die sich an jener dynamischen, hier als sehr
fleischlich gedachten Grenze (re)konstituierten, sind gleichermaßen „das
Produkt und die lebendigen Agenten des Verhältnisses von Aktualität und
Virtualität".[48] Die Konzeption der Offenheit von Virtualität gegenüber verschiedenen Aktualisierungen, die Idee einer Wolke der Unbestimmtheit,[49] die
über einem aktualisierten Körper schwebt, sowie die relational-ontologische
Setzung von Außen/Innen-Verhältnissen, korrespondieren stark mit Karen
Barads Konzepten von Materialität und Virtualität, denen wir uns ausgehend
von ihrem Nachdenken über die Physik der Berührung nun widmen möchten.

Während wir uns zu Beginn dieses Beitrags die Frage gestellt haben, wen und
was wir berühren, wenn wir einen Körper am digitalen Screen berühren, zoomt
Barad in die atomare Ebene hinein und fragt dezidiert nach der Berührung
eines Elektrons: „Whom and what do we touch when we touch an electro-
ne?"[50] In ihrem Aufsatz „On Touching. The Inhuman That Therefore I Am"
problematisiert sie grundlegend die Berührung als eine reine und unschuldige
Handlungsform und stellt folglich auch die Verortung der Berührung in der

---

46   Vgl. Deleuze 1992.
47   Deleuze [1986] 2013, 134 f.
48   Seppi 2017, 351.
49   Vgl. Deleuze und Parnet 2002, 148.
50   Barad 2012a, 215.

Philosophiegeschichte, als einen Akt gegenseitigen Einverständnisses zwischen Individuen, infrage. Ihr Interesse gilt der Physik der Berührung hinsichtlich ihrer Virtualität, Körperlichkeit, Affektivität und Emotionalität, der die Vorstellung einer radikalen Verschränkung von affektiven und wissenschaftlichen Dimensionen einer Berührung vorausgeht. Ausgehend von der Reflexion der Berührung zweier Hände stellt sich Barad die Frage nach dem Wesen und der Messbarkeit von Nähe, die aus physikalischer Sicht mit der Leere des Vakuums in Verbindung steht.

> When two hands touch, there is a sensuality of the flesh, an exchange of warmth, a feeling of pressure, of presence, a proximity of otherness that brings the other nearly as close as oneself. Perhaps closer. And if the two hands belong to one person, might this not enliven an uncanny sense of the otherness of the self, a literal holding oneself at a distance in the sensation of contact, the greeting of the stranger within? So much happens in a touch: an infinity of others — other beings, other spaces, other times — are aroused.[51]

Nahe an Emmanuel Levinas' philosophischer Konzeption einer ‚Ethik des Anderen', beinhaltet nach Barad Berührung im Kern eine unendliche Alterität; das Berühren des Anderen ist eine Berührung alles Anderen, das Selbst eingeschlossen. Wobei das Selbst-berühren immer auch bedeutet, das Fremde in sich zu berühren. Jede (Auto)Berührung beinhaltet ein Berührt-Werden. Auch Barad geht es wie Lévinas nicht darum, den Anderen durch Berührung zu verstehen, wie weiter oben mit Blick auf Merleau-Ponty ausgeführt wurde, sondern darum, ihm seine Opazität zuzugestehen und ihn in seiner Andersheit anzuerkennen. Aus dieser Anerkennung resultiert eine ethische Verpflichtung, auf die wir an späterer Stelle zurückkommen. „Even the smallest bits of matter", schreibt Barad weiter, „are an unfathomable multitude. Each ‚individual' always already includes all possible intra-actions with ‚itself' through all the virtual Others, including those that are noncontemporaneous with ‚itself'".[52] Auch für Deleuze besteht der Körper aus unendlich vielen Teilchen, wobei die peristaltischen Bewegungen zwischen diesen Teilchen den Körper in seiner Individualität definieren. Doch nicht nur diese Dynamiken, sondern auch das körperliche Vermögen zu affizieren und affiziert zu werden, bestimmen eine Körper-Individualität.[53] Es gibt also keinen Körper ohne virtuelle Andere, ohne Virtualität. Sein Modus ist Ein- und Entfalten, Werden zwischen Virtualität und Aktualität (Deleuze). Mit Barad könnte man sagen: Er (re)konstituiert

---

51 Barad 2012a, 206.
52 Barad 2012a, 214.
53 Vgl. Deleuze 1988, 160.

sich im dynamischen Spiel der Un/Bestimmtheit und ist dabei konstitutiv mit Virtualität verschränkt.

Was also ist das Virtuelle bei Barad und inwiefern steht es in Bezug zu ihren Ausgangsfragen nach der Berührung von Elektronen und dem Wesen von Nähe bzw. Leere? Zunächst klärt sie darüber auf, dass aus Sicht der klassischen Physik eine Berührung im Wesentlichen keine Berührung ist, sondern elektromagnetische Abstoßung zwischen den Elektronen der Atome.[54] Je geringer der Abstand zwischen den Elektronen ist, desto stärker wird die Abstoßungskraft. Das konkrete sensorische Erleben fußt auf elektromagnetischen Kräften: „The reason the desk feels solid, or the cat's coat feels soft, or we can (even) hold coffee cups and one another's hands, is an effect of electromagnetic repulsion. All we really ever feel is the electromagnetic force, not the other whose touch we seek".[55] Was sich wie Berührung anfühlt, ist laut klassischer Physik eigentlich Abstoßung. Die Quantenphysik, in deren Nähe sich Barad verortet, antwortet auf die Frage nach der Berührung radikal anders und bringt nicht zuletzt auf ontologischer Ebene die Virtualität und Materialität ins Spiel. Während in der klassischen Physik Teilchen und ein Vakuum grundlegend unvereinbar sind, sind sie aus Sicht der Quantentheorie konstant miteinander verschränkt. Das Vakuum ist dabei niemals leer, vielmehr ist es Nicht/Ort nicht/existenter virtueller Teilchen. Es ist

> a living, breathing indeterminacy of non/being. The vacuum is a jubilant exploration of virtuality, where virtual particles — whose identifying characteristic is not rapidity (despite the common tale explaining that they are particles that go in and out of the vacuum faster than their existence can be detected) but, rather, indeterminacy — are having a field day performing experiments in being and time. That is, virtuality is a kind of thought experiment the world performs. Virtual particles do not traffic in a metaphysics of presence. They do not exist in space and time. They are ghostly non/existences that teeter on the edge of the infinitely fine blade between being and nonbeing. Admittedly, virtuality is difficult to grasp. Indeed, this is its very nature.[56]

In ihrer Gespensterhaftigkeit und in ihrem Modus des Nicht/Seins sind virtuelle Teilchen im Kern „quantisierte Unbestimmtheiten-in-Aktion".[57] Über eine Skizzierung der Quantenfeldtheorie und die Darlegung der Qualitäten virtueller Teilchen kommt Barad andernorts zu dem Schluss, „dass Unbestimmtheit der Schlüssel nicht nur für die Existenz, sondern auch für die Nicht-Existenz

54   Vgl. Barad 2012a, 209.
55   Ebd.
56   Barad 2012a, 210.
57   Ebd., H. im O., übersetzt von AK.

von Materie ist beziehungsweise für das Spiel der Nicht/Existenz".[58] Materie definiert sich also in ihrer ontologischen Unbestimmtheit, ihrer Unendlichkeit an Möglichkeiten und ihrer radikalen Offenheit.[59] Virtualität fußt für Barad auf einem konstanten Modus des Sich-Entziehens und wird überdies zu einer notwendigen Minimalbedingung von Körperlichkeit. Jede Berührung ist demnach unerlässlich virtuell, solange sie materiell ist. Streng genommen ist Virtualität dabei der sinnlich entkoppelte Teil der Realität, insofern virtuelle Teilchen zwar wirkmächtig, aber nicht messbar und in keiner Weise sinnlich erfahrbar sind, aber an allem sinnlich Erfahrbaren mitwirken. Ähnlich wie Merleau-Pontys Fleisch, so haben wir weiter oben deutlich gemacht, durchwirkt hier das Virtuelle alles Sichtbare, ohne selbst sichtbar zu sein. Virtualität wird wirksam als Prinzip, als Prozess. So wie Merleau-Pontys Fleisch alles Materielle durchzieht, ohne selbst materiell zu sein und so wie das Fleisch konstitutiv für jedes Berühren ist, aber unter dem handelnden Körper in Situation verborgen ist mit Sartre, so entzieht sich das Virtuelle bei Barad der unmittelbaren Erfassung. Barads quantentheoretische Einführung virtueller Teilchen in eine philosophische Debatte der Berührung leitet uns schließlich zu dem Befund, Materie teilweise als sinnlich entkoppelt zu begreifen. Noch einmal Barad: „All we really ever feel is the electromagnetic force, not the other whose touch we seek".[60] Mit Barad und Deleuze gedacht, verfehlt nicht nur eine Mensch-Bildschirm-Berührung ihr Ziel des Gegenübers, sondern auch die Mensch-Mensch-Berührung. Jede Berührung bleibt zwangsläufig in einem Suchen verfangen (Barad) und bleibt in ihrer ontologischen Struktur virtuell (Deleuze). Unser Beispiel der Mensch-Bildschirm-Berührung liefert eine Reflexionsfolie, die über die Unmöglichkeit jeder Berührung zu denken gibt. Es demaskiert das grundlegende Phantasma einer wahrhaftigen Berührung. Sowie die Berührung des Gegenübers in der Mensch-Bildschirm-Berührung scheinbar am Bildschirm scheitert, so bleibt auch die Mensch-Mensch-Berührung von einem unüberbrückbaren Abstand gekennzeichnet. In beiden Fällen bleibt ein *Gefühl* des Kontakts in einem Halten auf Abstand.

Deleuze und Barad lassen uns über Verkörperung nachdenken, die als virtuell, als im Werden begriffen und intra-aktiv zu fassen ist. Die virtuelle Materie ist stets mit ihrer fleischlichen Materie verbunden, und zwar dort, wo diese Virtualität in der spezifischen materiellen Verkörperung des (Nicht-)Menschen liegt.

---

58   Barad 2012b, 30.
59   Vgl. Barad 2012a, 214.
60   Barad 2012a, 209.

5.   Das Verhängnis des Narziss als ethische Verheißung

Welcher ethische Anspruch geht vor dem Hintergrund unserer theoretischen Verortungen mit der digitalen taktilen Beziehung zu dem Gegenüber einher? Barad beschließt ihren Aufsatz „On Touching" mit dem Vorschlag, das Nicht-Menschliche [inhuman] als Bedingung der Möglichkeit zu betrachten, mit der/dem Anderen in Berührung zu sein; ihr/sein Leiden spüren zu können. Das Nicht-Menschliche wird jedoch gewöhnlich mit der Unmenschlichkeit und damit mit einem fehlenden Mitgefühl assoziiert. Ausgehend von der Frage nach verantwortlichem und gerechtem Handeln ist es paradoxerweise gerade die Existenz des Unmenschlichen, die uns durchzieht und die wir durchleben und die es uns ermöglicht, nach der Andersartigkeit zu streben. Barad schlussfolgert daraus:

> The indeterminacy at the heart of being calls out to us to respond. Living compassionately, sharing in the suffering of the other, does not require anything like complete understanding (and might, in fact, necessitate the disruption of this very yearning). Rather, living compassionately requires recognizing and facing our responsibility to the infinitude of the other, welcoming the stranger whose very existence is the possibility of touching and being touched, who gifts us with both the ability to respond and the longing for justice-to-come.[61]

Das Fleisch als anonymes Fundament, das bei Merleau-Ponty die Sichtbarkeit und das Sehen durchwirkt, markiert eine grundsätzliche verwandtschaftliche Beziehung zwischen Mensch und Ding, die Jens Bonnemann am Beispiel des Feuers skizziert:

> Verwandtschaft besteht darin, dass die Dinge nur empfindbar sind, weil ich empfindend bin – aber sie zeigt sich auch darin, dass Feuer nur heiß ist, weil ich hitze- und schmerzempfindlich bin, mehr noch: dass Feuer nur verbrennt, weil ich brennbar bin – eine ungewollte und verhängnisvolle Eigenschaft, die mich verletzen und sogar töten kann.[62]

Verletzlichkeit und Empfindlichkeit wird hier als konstitutiver Teil von Mensch-(Nicht-)Mensch-Relationen gedacht; nicht als Teil des menschlichen Zur-Welt-seins, sondern als Teil des anonymen Fleischs, das der Differenzierung von Eigenem und Fremdem vorausgeht. In Bezug auf unser Beispiel der Berührung im Videoanruf kann gerade das digitale Endgerät Zeichen einer

---

61   Barad 2012a, 220.
62   Bonnemann 2020, 220.

solchen Anonymität sein, in der Sehen und Sichtbar-Sein verwoben sind, bevor die Teilnehmenden nachträglich Bezug aufeinander nehmen können.

Demgegenüber stellt Sartres wechselseitige Fleischwerdung ein Gewahr-werden der bloßen Faktizität der fremden Subjektivität dar; eine Subjektivi-tät aber, die nicht im Fleisch aufgeht, sich aber als solches preisgeben kann. Gerade diese bewusste Geste des Verletzlichmachens bildet laut Simone de Beauvoir das Fundament einer phänomenologisch orientierten Ethik, auf deren Basis Intimität überhaupt erst möglich wird.[63] Die Person gegenüber, die ich berühre, erkenne ich als Person an, die *für mich* verletzlich ist. So wie die Person sichtbar ist, unabhängig davon, ob ich sie tatsächlich sehe, so ist sie berührbar, ohne dass es dafür einer körperlichen Berührung bedarf. Die Geste zum Bildschirm hin kann dennoch als *Geste* der Berührung Ausdruck von Anerkennung im Sinne einer existentialistischen Ethik sein: Ich sehe, dass ich dich als meinen Gegenüber verletzen kann, doch will ich dich lieber sanft berühren.

Barads Überlegung der ‚Willkommensheißung des Fremden' innerhalb und außerhalb des Selbst schließt an das medientheoretische Paradigma des Narzissmus bei Marshall McLuhan an, wobei hier die Suche nach der not-wendigen Anerkennung des durch den anderen Berührt-werdens keine Rolle spielt.[64] Das Konzept eines sich erweiternden Körpers durch Medien bei McLuhan steht in engem Zusammenhang mit der Frage nach den Grenzen und der Konstitution des Subjekts. Entlang des antiken Mythos des jungen Narziss entwickelt er die Idee einer taktilen Beziehung, die das Subjekt mit den Bildschirmmedien eingehen würde. Für McLuhan ist das Bild des Nar-ziss auf der spiegelnden Wasseroberfläche eine Selbstamputation, wobei das Abbild eine Betäubung verursacht, die jegliche Erkenntnis unmöglich macht. So ist es die Ausweitung seiner selbst im Spiegel, die laut McLuhan die Sinne von Narziss betäuben.[65] Das Unglück des jungen Liebenden ereignet sich im Niemals-begreifen-können und Durchdringen-können seines Spiegelbildes.

Mit Merleau-Ponty gesprochen ist es das Fleisch, das sich im Spiegel in chiasmatischer Verflechtung selbst sieht. Durch den ontologischen Grund alles Sichtbaren im Fleisch gibt es „einen grundlegenden Narißmus für jedes Sehen",[66] in dem Sehender und Sichtbares ununterscheidbar sind. Liest man nun das Unglück des Narziss bei McLuhan mit Barads Idee der ‚Willkom-mensheißung des Fremden' im Selbst zusammen, eröffnet sich eine ethische

---

63   Vgl. Gregoratto 2018, 20; Breil 2021, Kap. 6.3.
64   Vgl. Kronberger 2022, Kap. 2.
65   Vgl. McLuhan [1964] 1995, 75.
66   Merleau-Ponty [1964] 1994, 183.

Perspektive – oder mit Barad gesprochen: eine ethisch-onto-epistemologische Perspektive: Mitfühlend zu leben („Living compassionately" i.O.), am Leid der anderen teilzuhaben, erfordert es, die Sehnsucht nach vollständigem Verstehen, Begreifen und Durchdringen zu unterwandern. Im Video-Call-Setting erscheinen uns die Körper vor und hinter dem Screen als stabile Entitäten, nach Barad sind sie hingegen Effekte spezifischer performativer Gefüge von materiellen, diskursiven aber auch virtuellen Komponenten. Erst durch Intra-Aktionen von einem ‚Ich' vor dem Bildschirm und der/dem Anderen am Screen, durch die Überlagerung meines Gesichts, des Gesichts der Person gegenüber sowie des technologischen Gesichts im Inter*face*, (re)konstituiert sich das, was ich als meinen Körper *wahrnehme*. Dabei stellt sich mit Barad gedacht der Körper, der seinen Gegenüber am Bildschirm berührt, der Verantwortung gegenüber der Unendlichkeit des anderen im Bild – heißt den Fremden im Selbst willkommen. Es ist diese/r Fremde im Bild, der zurück in die Augen des jungen Narziss blickt, der uns laut Barad sowohl die Fähigkeit zu antworten, als auch die Sehnsucht nach Gerechtigkeit schenkt.[67] Während sich das Unglück von Narziss durch die Erkenntnis, dass „das eigene Bild als ein anderes zu sehen [ist], über dessen Erscheinen und Verschwinden er nicht verfügt",[68] eher potenziert, erweist sich jene Erkenntnis für den Körper, der seinen Gegenüber am Bildschirm berührt, vor einem ethischen Hintergrund als fundamental. Er muss nicht wie der antike Narziss die Erkenntnis von sich selbst als Objekt verdrängen, „um das Bild als Bild eines Anderen zu sehen und zu lieben".[69] Mitfühlend zu leben („Living compassionately") gelingt diesem Körper in seiner Aktualisierung (Deleuze), indem er die/den Fremde/n im Selbst begrüßt.

6.   Coda

Abschließend gelangen wir zurück zu unserer eingangs gestellten Frage, wen oder was wir berühren, wenn wir die Person auf dem Bildschirm berühren, um über die sich herausdestillierten Modalitäten digitaler oder virtueller Körper zu resümieren. Phänomenologische Überlegungen zur Berührung und zu Konzepten des Fleischs bei Merleau-Ponty und Sartre führten uns zu der Frage, welche leiblichen Bedingungen gegeben sein müssen, um eine Berührung

---

67   Vgl. Barad 2012a, 220.
68   Adorf 2008, 79.
69   Ebd.

überhaupt erst zu ermöglichen oder ihr den zentralen Wert der Intimität zuzuschreiben, der ihr als Möglichkeit innewohnt. Mit der Ausweitung der merleau-ponty'schen Leibstrukturen auf die sinnliche Welt im Fleisch wird jede Berührung zu einer Auto-Berührung des Fleischs. Die Berührung zweier Menschen offenbart eine Bedeutung und Tastbarkeit, die einen anonymen Grund hat, der beide durchwirkt. Tastende und Betasteter werden durch das Fleisch der Welt ihrer fundamentalen Verwandtschaft gewahr. Mit Sartre kann in der Berührung eine gegenseitige Fleischwerdung geschehen, in der sich die Körper der Tastenden und des Betasteten ihrer Handlungen entledigen, um sich als bloße, kontingente, sinnfreie Faktizität der Transzendenz des und der Anderen darzubieten. In der Berührung scheint die Existenz des Körpers auf als Körper-sein. Wen oder was berühre ich, wenn ich die Person auf dem Bildschirm berühre? Das, was die Berührung ausmacht – der fundamentale Grund im Fleisch mit Merleau-Ponty und die Faktizität des Körpers mit Sartre – ist nicht angewiesen auf einen Mensch-Mensch-Kontakt. Die Geste zum Bildschirm genügt, um sich das Fleisch im und am Anderen zu vergegenwärtigen und dessen Verletzlichkeit als Ruf zur Intimität zu vernehmen. Wen und was berühre ich, wenn ich die Person auf dem Bildschirm berühre? Ich berühre einen Bildschirm, ein digitales Körperbild. Ich erkenne eine Existenz an, jenseits des Digitalen, jenseits des bloßen Analogen. Das technologiegetragene Körperbild dient als Verweis auf eine Person, die *auch* einen verletzlichen Körper hat, dort *drüben*, von mir getrennt durch den Nicht-Raum des Virtuellen.

Barads ethisch-onto-epistemologisches Nachdenken über die (Quanten) Physik der Berührung geht über eine klassisch physikalische Definition von Berührung als elektromagnetische Abstoßung hinaus. In der Kontaktzone, als Ort der Unbestimmtheit, findet ein unentwegtes Spiel virtueller Teilchen statt; hier verortet sich die sich entziehende Virtualität, die stets in radikaler Verschränkung zu Materialität zu denken ist. Es gibt demnach keinen Körper ohne Virtualität, sondern nur, so haben wir mit Deleuze argumentiert, Körper-im-Werden zwischen Virtualität und Aktualität, im schöpferischen Spiel der Unbestimmtheit. Jede Berührung ist dynamische Verwebung von Virtualität und Aktualität, Fleisch und Fleisch, Sinn und Nicht-Sinn; jede Berührung ist unerlässlich virtuell, solange sie materiell ist. Damit ist Virtualität nicht nur (teilweise) sinnlich entkoppelte Realität, sondern auch Bedingung der Möglichkeit von Erfahrung. Angesichts meiner Berührung des digitalen Körpers auf dem Bildschirm, wird die virtuelle Unbestimmtheit zur notwendigen Voraussetzung für mein transformatives Werden-Mit nicht/menschlicher Materialität im Sinne Haraways. Diese transformative Begegnung, so haben wir mit Deleuze argumentiert, findet auf einer real-strukturierten

Überlagerungsebene von Virtualität und Aktualität statt. Oder mit Barad gedacht: Im intra-aktiven Geschehen zwischen mir, vor dem Bildschirm, und der/dem Anderen darauf bzw. dahinter, dort *drüben*, (re)konfiguriert sich das, was ich als meinen Körper *wahrnehme*. Diese Überlegungen führten uns schließlich zu einer Reflexion über die ethische Intimität der Berührung, die wir mit Haraway eingangs anklingen ließen. Jenseits des Begehrens, Andere/s am Bildschirm verstehen, durchdringen, begreifen zu wollen (vgl. der antike Mythos des jungen Narziss, der bei Marshall McLuhan zu einer Beschreibung der narkotischen Wirkung von Medien herangezogen wird), gilt es mit Barad gedacht, das Fremde im Selbst willkommen zu heißen und sich damit der Verantwortung gegenüber der Unendlichkeit der/des Anderen im (Spiegel-)Bild zu stellen. Diese Art der Verantwortung fußt nicht auf einem rationalen Imperativ eines ‚Erkenne-dich-selbst‘, sondern auf einer grundlegenden Fähigkeit, der unabgeschlossenen, undurchdringlichen Person gegenüber im (Spiegel-) Bild zu antworten.

Literaturverzeichnis

Adorf, Sigrid 2008, *Operation Video: Eine Technik des Nahsehens und ihr spezifisches Subjekt. Die Videokünstlerin der 1970er Jahre*, Bielefeld.

Ahmed, Sara/Stacey, Jackie (Hrsg.) 2001, *Thinking Through the Skin*, London.

Alloa, Emmanuel 2012, „Maurice Merleau-Ponty II. Fleisch und Differenz", in: E. Alloa/ T. Bedorf/C. Grüny/T. N. Klaas (Hrsg.), *Leiblichkeit: Geschichte und Aktualität eines Konzepts*, Tübingen, 37–51.

Bal, Mieke 1991, *Reading ‚Rembrandt': Beyond the Word-Image Opposition*, New York/ Cambridge.

Barad, Karen 2007, *Meeting the Universe Halfway: Quantum Physics and the Entanglement of Matter and Meaning*, Durham u.a.

Barad, Karen 2012a, „On Touching: The Inhuman That Therefore I Am", in: *Differences. A Journal of Feminist Cultural Studies* 23(3), 206–223.

Barad, Karen 2012b, *Was ist das Maß des Nichts? Unendlichkeit, Virtualität, Gerechtigkeit, Band 99 aus der Reihe 100 Notizen – 100 Gedanken*, Ostfildern.

Barla, Josef 2019, *The Techno-Apparatus of Bodily Production. A New Materialist Theory of Technology and the Body*, Bielefeld.

Baudrillard, Jean 1981, *Simulacres et Simulation*, Paris.

Baudrillard, Jean 1994, *Die Illusion und die Virtualität*, Vortrag im Kunstmuseum Bern am 03.10.1993, Bern.

Becker, Barbara 2000, „Cyborgs, Robots und Transhumanisten: Anmerkungen über die Widerständigkeit eigener und fremder Materialität", in: Dies./I. Schneider (Hrsg.), *Was vom Körper übrig bleibt: Körperlichkeit – Identität – Medien*, Frankfurt a.M., 41–69.

Bedorf, Thomas 2019a, „Der Händedruck: Kurze Geschichte eines phänomenologischen Leitbeispiels. Teil 1: Husserl, Sartre", in: *z.B. Zeitschrift zum Beispiel, Themenheft: Handgreifliche Beispiele*, erste Lieferung 2, 99–112.

Bedorf, Thomas 2019b, „Der Händedruck. Kurze Geschichte eines phänomenologischen Leitbeispiels. Teil 2: Merleau-Ponty, Levinas, Henry, Derrida", in: *z.B. Zeitschrift zum Beispiel, Themenheft: Handgreifliche Beispiele*, zweite Lieferung 3, 31–54.

Böhme, Hartmut 1996, „Der Tastsinn im Gefüge der Sinne", in: U. Brandes/C. Neumann (Hrsg.), *Tasten: Schriftreihe Forum*, Bd. 7, Kunst- und Ausstellungshalle der Bundesrepublik Deutschland, Göttingen.

Bonnemann, Jens 2020, „Phänomenologischer Existentialismus: Jean-Paul Sartre und Maurice Merleau-Ponty", in: J. Urbich/J. Zimmer (Hrsg.), *Handbuch Ontologie*, Stuttgart: 213–220.

Breil, Patrizia 2021, *Körper in Phänomenologie und Bildungsphilosophie: Körperliche Entfremdung bei Merleau-Ponty, Waldenfels, Sartre und Beauvoir*, Opladen.

Cascone, Kim 2000, „The Aesthetics of Failure: ‚Post-digital' Tendencies in Contemporary Computer Music", in: *Computer Music Journal* 24(4), 12–18.

Castañeda, Claudia 2001, „The Future of Touch", in: S. Ahmed/J. Stacey (Hrsg.), *Thinking Through the Skin*, London, 232–234.

Cramer, Florian 2015, „What is ‚Post-digital'", in: D. M. Berry/M. Dieter (Hrsg.), *Post-digital aesthetics: Art, Computation and Design*, London, 12–26.

Coeckelbergh, Marc 2020, „The Postdigital in Pandemic Times: A Comment on the Covid-19 Crisis and its Political Epistemologies", in: *Postdigital Science and Education* 2, 547–550. https://doi.org/10.1007/s42438-020-00119-2.

Deleuze, Gilles 1988, *Die Falte: Leibniz und der Barock*, Frankfurt a.M.

Deleuze, Gilles 1992, *Differenz und Wiederholung*, München.

Deleuze, Gilles [1986] 2013, *Foucault*, Frankfurt a.M.

Deleuze, Gilles/Parnet, Claire 2002, *Dialogues II*, New York.

Good, Paul 1970, *Du corps à la chair. Merleau-Pontys Weg von der Phänomenologie zur Metaphysik*, Augsburg.

Gregoratto, Federica 2018, „The Ambiguity of Love: Beauvoir, Honneth and Arendt on the Relation Between Recognition, Power and Violence", in: *Critical Horizon* 19(1), 18–34.

Grosz, Elizabeth 1994, *Volatile Bodies: Toward a Corporeal Feminism*, Bloomington.

Haraway, Donna 2008, *When Species Meet*, Minneapolis/Minn. u.a.

Hauschild, Thomas 2002, „Geschichte und Nichtgeschichte des Körpers", in: S. Sasse/S. Wenner (Hrsg.), *Kollektivkörper: Kunst und Politik von Verbindung*. Bielefeld, 39–57.

Hoppe, Katharina 2021, *Die Kraft der Revision: Epistemologie, Politik und Ethik bei Donna Haraway*, Frankfurt/New York.

Husserl, Edmund [1952] 1991, *Ideen zu einer reinen Phänomenologie und phänomenologischen Philosophie. Zweites Buch: Phänomenologische Untersuchungen zur Konstitution*, Husserliana IV, Dordrecht.

Irigaray, Luce [1974] 1980, *Speculum: Spiegel des anderen Geschlechts*, Frankfurt a.M.

Krämer, Sibylle 2022, „Kulturgeschichte der Digitalisierung: Über die embryonale Digitalität der Alphanumerik", in: *APuZ*. https://bpb.de/shop/zeitschriften/apuz/digitale-gesellschaft-2022/505679/kulturgeschichte-der-digitalisierung/.

Kronberger, Alisa 2022, *Diffraktionsereignisse der Gegenwart: Feministische Medienkunst trifft Neuen Materialismus*, Bielefeld.

Lorelle, Paula 2021, „The Body Ideal in French Phenomenology", in: *Continental Philosophy Review* 54(1), 1–15.

Macann, Christopher 1993, *Four Phenomenological Philosophers. Husserl, Heidegger, Sartre, Merleau-Ponty*, London/New York.

Meister, Caroline/Nancy, Jean-Luc 2021, *Begegnung*, Zürich.

Merleau-Ponty, Maurice [1964] 1994, *Das Sichtbare und das Unsichtbare: Gefolgt von Arbeitsnotizen*, München.

McLuhan, Marshall [1964] 1995, „Verliebt in seine Apparate: Narzissmus als Narkose", in: *Die Magischen Kanäle: Understanding Media*, Fundus Bücher, 2. Aufl, Dresden/Basel, 73–83.

Mulvey, Laura [1975] 2009, „Visual Pleasure and Narrative Cinema", in: Dies. (Hrsg.), *Visual and other Pleasures*, Basingstoke u.a., 14–30.

Plessner, Helmuth 1941, *Lachen und Weinen: Eine Untersuchung nach den Grenzen menschlichen Verhaltens*, Arnheim.

Puig de la Bellacasa, Maria 2009, „Touching Technologies, Touching Visions: The Reclaiming of Sensorial Experience and the Politics of Speculative Thinking", in: *Subjectivity* 28, 297–315.

Sartre, Jean-Paul [1938] 2012, *Der Ekel*, 55. Aufl., Reinbek bei Hamburg.

Sartre, Jean-Paul [1943] 2014, *Das Sein und das Nichts: Versuch einer phänomenologischen Ontologie*, 18. Aufl., Reinbek bei Hamburg.

Schmidt, Robin 2020, „Post-digitale Bildung", in: M. Demantowsky/G. Lauer/R. Schmidt/B. te Wildt (Hrsg.), *Was macht die Digitalisierung mit den Hochschulen?* De Gruyter. https://doi.org/10.1515/9783110673265-005.

Seppi, Angelika 2017, „Lärmender Unsinn und Oberflächeneffekte: Der Körper und das unkörperliche Ereignis im Denken von Gilles Deleuze", in: A.-C. Drews/K. D. Martin

(Hrsg.), *Innen-Außen-Anders: Körper im Werk von Gilles Deleuze und Michel Foucault*, Bielefeld, 345–360.

Sullivan, Nikki 2012, „The Somatechnics of Perception and the Matter of the Non/ Human: A Critical Response to the New Materialism", in: *European Journal of Women's Studies* 19(3), 299–313.

Žižek, Slavoj 2020, „Singularität als Apokalypse", in: *Philosophie Magazin* (Edition Nr. 01), 123–133.

Die Wirklichkeit digitaler Objekte und Ereignisse im Metaverse

Saša Josifović

Spätestens seit der Umbenennung des Facebook-Konzerns in „Meta" ist der Begriff „Metaverse" ins Bewusstsein der Öffentlichkeit getreten und zum Gegenstand öffentlicher Debatten geworden. Nicht nur am Ausgangspunkt, sondern auch im Mittelpunkt dieser Debatten steht die Frage, was das Metaverse eigentlich sein bzw. werden soll. Ich werde im Folgenden auf die Entwicklung eingehen, und erörtern, welche Konsequenzen sich daraus für die philosophischen Debatten über den ontologischen und praktischen Status digitaler Objekte, also deren *Realität* und *Wirklichkeit*, ergeben. Unter dem ontologischen Status verstehe ich die Frage der *Realität und Existenz*. Unter dem praktischen Status verstehe ich die wirtschaftliche, gesellschaftliche und lebensweltliche *Wirklichkeit*.

Dabei unterscheide ich zwischen historischen digitalen Objekten und digitalen bzw. hybriden Objekten im Web 3.0, und verstehe unter dem Ausdruck „historisch" alle „digitalen Objekte", die nicht auf Blockchain und Web 3.0 beruhen. Ich werde zum Ausdruck bringen, dass insbesondere digitale und hybride Objekte im Web 3.0 über Eigenschaften verfügen, die sie in praktischer Hinsicht als durch und durch wirkliche Entitäten in wirtschaftlicher, gesellschaftlicher und lebensweltlicher Hinsicht qualifizieren, und zwar unabhängig davon, ob sie in ontologischer Hinsicht als real und existent aufgefasst werden. Besonders in Bezug auf historische digitale Objekte werde ich Zweifel an der Realität und Existenz äußern und begründen.

1. Die Wirklichkeit digitaler Objekte im Metaverse

Mit der Entwicklung des Web 3.0 hat sich ein technischer Fortschritt ergeben, der sich erheblich auf die Beschaffenheit digitaler Objekte auswirkt. Somit erhalten bereits bestehende philosophische Debatten[1] über den epistemischen, praktischen und ontologischen Status digitaler Objekte eine neue Qualität, denn die Objekte, von denen die Rede ist, zeichnen sich nunmehr durch einige Eigenschaften aus, die sie zuvor nicht besessen haben: allen voran Identität,

---

1 Vgl. Chalmers 2022.

Quantifizierbarkeit und darauf beruhend die Möglichkeit als einzelne Sachen im Sinne des Eigentums- und Vertragsrechts entwickelt, hergestellt, geteilt und gehandelt zu werden. Dadurch eröffnet die Existenz entsprechender Gegenstände die Perspektive auf die Entwicklung und Erschließung eines originär neuen Marktes, nämlich des Marktes digitaler Objekte als Bereich der unmittelbaren wirtschaftlichen Interaktion zwischen Menschen, Unternehmen und Volkswirtschaften. Also stellt die Entwicklung des Metaverse mitnichten ein beliebiges, auf virtuelle Welten beschränktes Phänomen dar, sondern vielmehr eine technische Entwicklung, durch die Aktivitäten in virtuellen Welten und Entwicklungen digitaler Güter und Dienstleistungen durch die Mechanismen der wirtschaftlichen Notwendigkeit auch in rechtlicher Hinsicht auf die analogen Bereiche der menschlichen Lebenswelt übergreifen und darin unausweichliche lebensweltliche Auswirkungen generieren. Eine Schlüsselrolle spielen dabei sogenannte Non Fungible Token (NFT).

Die entsprechende Entwicklung betrifft auf lange Sicht alle Bereiche der wirtschaftlichen und darauf aufbauend auch gesellschaftlichen Existenz von Menschen, angefangen von ihrer Berufswahl und damit einhergehendem Einkommen, über die berufliche Tätigkeit im Arbeitsalltag bis hin zum konkreten Konsumverhalten und der Frage, wie der einzelne Mensch insgesamt gesellschaftlich aufgestellt ist: was er hat und nicht hat, was er sich leisten kann und was nicht, was er tun darf und was nicht.

Die Existenz des Metaverse und die Partizipation daran ist also nicht von der Beliebigkeit und Willkür des Einzelnen abhängig und hängt nicht von der Bereitschaft ab, sich in virtuelle Welten einzuloggen und darin Avatare zu steuern: Sie begegnet uns zunehmend als wirtschaftliche und damit auch als gesellschaftliche Notwendigkeit nach bereits bestehenden Gesetzen. In anderen Worten: Das Metaverse lädt uns nicht ein, uns darin einzuloggen, sondern greift in wirtschaftlicher Hinsicht auf die analoge Welt über und integriert sie in das Konzept einer umfassenderen Welt, die nicht nur aus analogen, sondern sowohl aus analogen als auch aus digitalen, sowie aus hybriden Objekten und Ereignissen besteht, und an der wir nach bestehenden Gesetzen unserer Wirtschaft und Gesellschaft immer mehr partizipieren müssen. Unter dem Ausdruck „Hybrid" verstehe ich nicht allein Objekte der Augmented Reality, sondern vor allem Objekte und Ereignisse, die in kausaler Wechselwirkung sowohl mit virtuellen als auch mit analogen Objekten und Ereignissen stehen, so dass die Partizipation an entsprechenden hybriden Objekten und Ereignissen kausale lebensweltliche Auswirkungen in analogen und digitalen Bereichen der Lebenswelt entwickeln kann.

Im Web 3.0 verändert sich der praktische Status digitaler Objekte, denn sie sind nicht mehr nur Gegenstände einer beliebigen Interaktion in fiktionalen

Spielwelten, sondern Sachen in eigentumsrechtlichem Sinne und somit wirkliche Gegenstände einer nach Gesetzen geregelten wirtschaftlichen und
gesellschaftlichen Wirklichkeit. Darüber hinaus dienen sie als „Token", die
den Zugang zu realen lebensweltlichen Ressourcen gewähren können. Darin
besteht die wirkungsmächtigste „Übergriffigkeit" des Metaverse auf die „reale"
Welt und zugleich das wirkungsmächtigste Motiv, an digitalen Ereignissen
zu partizipieren. Das Metaverse ist mitnichten eine bloß digitale Welt. Es ist
eine hybride Welt, in der die Partizipation an digitalen Ereignissen als Voraussetzung für den Zugang zu analogen und digitalen lebensweltlichen Ressourcen zur Befriedigung natürlicher, sozialer und kultureller Bedürfnisse dienen
kann. Das Metaverse geht also weit über die eskapistische Idee einer virtuellen Welt hinaus, in die sich Menschen einloggen können, um als Avatare
ein virtuelles Leben zu führen. Von dieser Art sind so genannte Second-Life-
Welten oder Spielwelten. Sie stellen kein spezifisches Phänomen des Metaverse dar, sondern haben bereits im Web 2.0 existiert und machen weiterhin
nur einen Bereich des Metaverse aus. Sie sind allesamt virtuell. Es wird zwar
davon ausgegangen, dass das Erleben der Ereignisse in solchen Welten mit
dem zunehmenden Fortschritt der VR- und AR-Technik immersiver wird und
die Immersion wird ebenfalls als ein Charakteristikum des Metaverse aufgefasst,[2] aber es ist eben nur ein einzelnes Charakteristikum. Zwar wird auch
in der Philosophie mitunter der Standpunkt vertreten, dass selbst solche Welten durch und durch real seien, so beispielsweise von David Chalmers[3], aber
wir sind intuitiv geneigt, sie durchaus als virtuell anzusehen und in Berufung
auf einen restriktiven Begriff von Realität zwischen realen und virtuellen
Welten zu unterscheiden, wobei wir unter real intuitiv das verstehen, was in
physikalischer und biologischer Hinsicht als unausweichlich notwendig nach
bestehenden Naturgesetzen in Raum und Zeit erscheint. Unter diesen Voraussetzungen zeichnet sich beispielsweise unser biologischer Körper durch Realität aus, während unser Avatar in einer Second-Life-Welt eine Ausdrucksform
unserer virtuellen Identität darstellt. Unser biologischer Körper ist real, unser
Avatar virtuell. Die Unterscheidung von „Real" und „Virtuell" wird obsolet, wenn
wir annehmen, dass diese beiden Begriffe identisch sind. Sie sind es nicht. Aber
das spielt in Bezug auf die rechtliche, wirtschaftliche und gesellschaftliche
Wirklichkeit digitaler Objekte im Web 3.0 bzw. Metaverse eine untergeordnete
Rolle – denn Gesetze gelten in Bezug auf alles, was als „Sache" im Rahmen

---

2 Vgl. Ball, Matthew 2022.
3 Chalmers vertritt den Standpunkt, dass jede Welt real ist, sofern sie aus realen Objekten
   besteht, virtuelle Objekte digitale Objekte sind und digitale Objekte real sind. Also sind virtuelle Welten real.

des Eigentumsrechts definiert wird, und zwar ganz unabhängig davon, ob es von Philosophen als „real" oder „virtuell" bezeichnet wird. Insofern stimme ich vollkommen mit beispielsweise Jörg Noller darin überein, dass sich Virtualität und Realität im Digitalen nicht mehr kategorial entgegen stehen[4], da Beides in einem übergeordneten Rahmen der wirtschaftlichen, gesellschaftlichen und *lebensweltlichen Wirklichkeit* miteinander vermittelt wird, darin jeweils eigene Stellenwerte erhält und entsprechend beschrieben werden kann.

Um dies im Detail erörtern zu können, ist es nötig, sich darüber zu verständigen, wie digitale Objekte im Web 3.0 bzw. Metaverse überhaupt beschaffen sind, welche Eigenschaften sie besitzen, wie diese Eigenschaften in Wechselwirkung mit bestehenden Ordnungssystemen unserer Gesellschaften treten und wie sie dadurch zu Elementen unserer lebensweltlichen Wirklichkeit werden.

2.   Das Web 3.0 und Metaverse

Das Metaverse ist die Bezeichnung einer technisch angereicherten Lebenswelt, die den Einsatz aller verfügbaren Software und Hardware, einschließlich aller verfügbaren Künstlichen Intelligenz (KI), sowie aller VR- und AR-Technik auf der Grundlage des Web 3.0 *in der realen menschlichen Lebenswelt* umfasst. Der Großteil der entsprechenden Technik ist bereits unter den Rahmenbedingungen des Web 2.0 verfügbar gewesen und wird, selbstverständlich, weiterentwickelt. Die entscheidende Veränderung betrifft allerdings nicht den zunehmenden Einsatz der VR- und AR-Technik, sondern den Übergang vom Web 2.0 zum Web 3.0; und dieser Übergang beruht auf der Entwicklung der Blockchain. Die Blockchain ist vor allem in wirtschaftlicher Hinsicht von Bedeutung. Darum spielt die Entwicklung des Web 3.0 und Metaverse besonders in wirtschaftlicher Hinsicht eine wichtige Rolle, woraus sich ebenfalls ein spezifisch wirtschaftsphilosophisches Interesse an der Materie ergibt.

Das Web 2.0 ist das Web der Plattformen. Es hat soziale Kommunikation ermöglicht. Unter sozialer Kommunikation verstehen wir die Kommunikation von Individuen zu Gruppen.[5] Auf dieser Grundlage haben sich im Web 2.0 Plattformen etabliert, die zunehmend die zwischenmenschliche Kommunikation, soziale Interaktion und Wirtschaft geprägt haben.[6] Die weltweit führenden Unternehmen nach Marktkapitalisierung sind allesamt Plattformen, wie

---

4   Vgl. Noller 2022, 24.
5   Chui et al. 2012.
6   Vgl. Floridi 2014.

Alphabet, Apple, Microsoft, Amazon, Facebook oder auch Alibaba in China. Plattformen befähigen ihre Nutzer, „Contents", nämlich Werte und Güter, zu kreieren, zu teilen, zu nutzen und zu handeln.[7] All dies ist im Web 2.0 allerdings nicht ohne eine sogenannte Trusted-Third-Party möglich. Jede Information und jedes Gut kann darin also sowohl von Individuum zu Individuum als auch von Individuen zu Gruppen übertragen werden, aber dafür bedarf es stets einer dritten Partei, die die Übertragung gewährleistet. Das ist in der Regel die Plattform und davon leben Plattformen. Sie stellen die nötige Infrastruktur bereit, an die sich Nutzer anschließen können, um darin eigene Werte zu kreieren und zu teilen. Ein leistungsfähiger Algorithmus, also Künstliche Intelligenz, trägt dazu bei, dass die Einbringung und der Austausch effizient erfolgen, indem bestehende Interessen und geeignete Angebote so gut wie möglich zueinander geführt werden.

Durch die Entwicklung der Blockchain ist es nunmehr im Web 3.0 möglich, dass Informationen und Güter von Nutzern geteilt und gehandelt werden, ohne eine Trusted-Third-Party dafür in Anspruch nehmen zu müssen. Die Transaktion wird endgültig in der Blockchain verzeichnet und die Intaktheit der Blockchain gewährleistet das Bestehen des Werts. Wird die Blockchain korrumpiert, existiert der Wert nicht mehr. Aus bestimmten technischen Gründen, die für diese philosophische Debatte nicht von Bedeutung sind, ist die Blockchain sehr ressourcenaufwendig. Darum stellt sie keine geeignete Grundlage für die Übertragung trivialer Kurznachrichten dar, sondern wird für die Übertragung wirtschaftlicher Güter verwendet.[8] Jede Transaktion beansprucht Ressourcen und kostet Gebühren. Diese Gebühren müssen von irgendjemandem bezahlt werden und gegenwärtig bezahlen sie in der Regel diejenigen, die Transaktionen vornehmen. Auf der Grundlage der Blockchain-Technik haben sich Kryptowährungen entwickelt. Die bekanntesten sind Bitcoin, Etherium und Solana. Kryptowährungen sind „fungible Token". Jeder Bitcoin ist gegen jeden anderen unterschiedslos austauschbar. Kein Bitcoin unterscheidet sich in irgendeiner Hinsicht von einem anderen. Ganz anders verhält es sich mit Non-Fungible-Token, nämlich NFTs. Sie stellen derzeit in der Regel Serien digitaler Kunstwerke dar, die jeweils einzigartig und nicht austauschbar sind. Besonders bekannt sind die sogenannten Bored Apes, Crypto

---

7   Vgl. Choudary 2015.

8   Hieraus ergibt sich auch ein Nadelöhr für die Entwicklung zukünftiger Märkte im Web 3.0, denn grundsätzlich wäre es möglich, dass jede beliebige Sache, die in der analogen Welt oder im Web 2.0 Gegenstand des Eigentums sein kann, auch im Web 3.0 mit Blockchain gehandelt wird. Da aber jede einzelne Transaktion in der Blockchain verzeichnet werden muss und dies Rechenkapazität und Energie erfordert, lohnt es sich bei trivialen Gütern einfach nicht. Darum werden in der Blockchain idealerweise substantielle Güter gehandelt.

Punks, Azukis, Moonbirds oder CLONEX (gesprochen: Clone Ex): allesamt Reihen digitaler Kunstwerke, die allerdings mit jeweils spezifischen „Utilities", also Nutzwerten, verbunden sind oder werden können. NFTs stellen eine ganz neue Art digitaler Gegenstände dar, die sich erheblich von historischen digitalen Objekten unterscheiden und Eigenschaften besitzen, die für die Erörterung des ontologischen und praktischen Status im Metaverse von Bedeutung sind. Diesbezüglich möchte ich besonders zwei Punkte ansprechen, die für die philosophische Debatte wichtig sind: Der erste Punkt bezieht sich auf die Einzigartigkeit von NFTs und betrifft deren *ontologischen* Status, nämlich Realität und Existenz. Der zweite betrifft die „Utilities", also Nutzwerte, und zielt darauf ab, den *praktischen* Status, also die rechtliche, wirtschaftliche und gesellschaftliche Wirklichkeit der entsprechenden Objekte zu explizieren. Zugleich sind die Utilities von Bedeutung, um zu verstehen, warum NFTs hybrid und nicht bloß digital sind.

2.1   Die Identität digitaler Objekte im WEB 3.0

Anders als historische digitale Objekte und fungible Token, sind NFTs jeweils einzigartig. Das bedeutet, dass jedes NFT ein einzelnes und einzigartiges Objekt darstellt und durch einen einzigartigen Pfad in der Blockchain verzeichnet wird. Es zeichnet sich also durch Identität aus. Historische Objekte im Web 2.0, also solche, die noch nicht als NFTs existieren, besitzen keine Identität.

Super Mario, beispielsweise, ist kein Non Fungible Token, ist nicht einzigartig und besitzt keine Identität als digitales Objekt. Es ist nicht möglich, einen bestimmten Super Mario zu kaufen. Super Mario ist überhaupt nicht zählbar. Er stellt nur eine Funktion einer bestimmten Software dar, die auf eine Spielkonsole geladen werden kann und im Bewusstsein des Users den fiktionalen Eindruck erweckt, dass man einen italienischen Klempner steuert, der eine Prinzessin retten will. Aber ganz unabhängig davon, wie oft diese Software verkauft, installiert und verwendet wird, vervielfacht sich *nicht* die Existenz von Super Mario. Wenn zwei Spieler Super Mario spielen, besitzt nicht jeder von ihnen ein eigenes digitales Objekt namens Super Mario, sondern nur ein Spiel, worin Super Mario simuliert wird. Es existieren dann also nicht zwei Super Marios, wovon Spieler A Super Mario 1 und Spieler B Super Mario 2 besitzt. Wenn ein dritter Spieler hinzukommt, tritt nicht etwa ein dritter Super Mario in Existenz. Es ist auch vollkommen unmöglich, dass Spieler A und Spieler B ihre Super Marios austauschen, dass also Spieler A Super Mario 2 und Spieler B Super Mario 1 bekommt. Das geht einfach nicht, weil es überhaupt keinen Unterschied zwischen Super Mario 1, 2, 3 etc. gibt. Sie sind nicht einmal identisch miteinander im Sinne a=a, denn sie besitzen überhaupt keine

Identität als A. Es handelt sich nicht um „Non Fungible Token", also einzigartige, quantifizierbare Gegenstände. Es handelt sich nicht einmal um Fungible Token, denn anders als beispielsweise Bitcoin, ist Super Mario überhaupt
nicht quantifizierbar. Während nämlich jeder Bitcoin mit jedem anderen vollkommen identisch im Sinne a=a ist, aber durchaus zählbar, ist Super Mario
weder mit sich selbst noch mit irgendetwas anderem identisch oder zählbar.
Die Kategorien der Quantität, von mir aus im Kantischen Sinne, also Einheit,
Vielheit und Allheit, sind nicht anwendbar. Es gibt weder einen, noch viele
Super-Mario-Objekte. Es gibt überhaupt keine Super Mario Objekte. Es gibt
nur beliebig viele Kopien eines Spiels, in dem Super Mario simuliert wird.
Super Mario besitzt also keine Identität in ontologischer Hinsicht und ist nicht
zählbar. Das gilt für historische digitale Objekte insgesamt. Insofern tue ich
mich schwer mit der beispielsweise von Chalmers vertretenen Auffassung,
dass virtuelle Objekte digitale Objekte und als solche vollkommen real seien,
denn ich habe Bedenken hinsichtlich der Verwendung des Begriffs „Objekt"
auf historische digitale Objekte; und zwar nicht, weil ich bezweifle, ob sie aus
„Bits" bestehen, sei es aus Materie, Energie oder Information, sondern weil
ich aus philosophischer Perspektive daran zweifle, dass sie überhaupt die
Bedingungen erfüllen, um als Objekte kategorial bestimmt zu werden. Nach
meiner Auffassung ist beispielsweise Super Mario oder auch ein virtueller
Hund bzw. virtuelles Mobiliar, das Chalmers beispielhaft anführt, in histori-
scher Form, nicht nur kein „reales" Objekt, sondern überhaupt kein Objekt. Sie
sind gar nicht vollständig kategorial bestimmbar und dies wäre eine Bedingung
dafür, als Objekte aufgefasst und dargestellt werden zu können. Sie können
weder als Einheit noch als Vielheit aufgefasst werden. Dementsprechend können sie weder als Realität noch als Negation bestimmt werden, denn etwas, das
keine Einheit bzw. Identität besitzt, kann auch keine Substantiallität besitzen
und existieren, also real sein.

Dagegen besitzt ein CLONEX oder Bored Ape durchaus Identität. Darin
besteht der wesentliche Unterschied zu historischen digitalen Objekten.
Aus der Serie beliebig vieler Bored Apes ist jeder einzelne einzigartig und als
einzelne Sache handelbar. Es ist also möglich, den Affen Nummer 12 oder 22 zu
kaufen. Dieses eine digitale Objekt gibt es nur einmal. Es verfügt über Identität
und kann als dieses einzelne Objekt hergestellt, erworben und veräußert werden. Im rechtlichen Sinne stellt das NFT-Zertifikat das Eigentumsverhältnis fest
und zwar in Bezug auf eine spezifische Sache. „Sache" ist ein rechtlicher Begriff
und bezeichnet den Gegenstand des Eigentums. Eine Sache ist also etwas, dass
erworben, besessen und veräußert werden kann. Da aber jede Eigentumsbezeichnung auch den Gegenstand des Eigentums eindeutig bestimmen muss,
stellt jedes NFT-Zertifikat auch die Identität des entsprechenden Objekts fest.

Zumindest als Sache im eigentumsrechtlichen Sinne besitzen NFTs also stets Identität. Das müssen sie auch, damit die jeweiligen Transaktionen in der Blockchain verzeichnet werden können, denn darin muss eindeutig festgelegt sein, welcher Gegenstand aus welchem Wallet in welches Wallet übertragen wird. Sie besitzen auch in technischer Hinsicht Identität, nämlich als Token mit einem jeweils einzigartigen Pfad in der Blockchain. Jedes einzelne NFT ist technisch durch einen ebenfalls einzigartigen Pfad in der Blockchain definiert. Dadurch wird es zwar auch nicht notwendigerweise ontologisch existent, aber durchaus eindeutig bestimmbar, und zwar als einzigartiges Objekt.

Natürlich ist es auf der Grundlage von Blockchain möglich, auch historische digitale Objekte nunmehr als NFTs neu zu entwickeln. Beispielsweise kann Super Mario durchaus auch als NFT konzipiert werden. Man könnte beispielsweise 100 jeweils einzigartige Super Marios herstellen und durchnummerieren, so dass sie als Einzelne besessen und verwendet werden können. Aber in ihrer historischen Form sind sie eben keine NFTs, sie sind weder fungible noch nonfungible, sie sind gar nicht quantifizierbar und besitzen keine Identität als Objekte im ontologischen Sinne.

Ich zögere, in diesem Zusammenhang von Substanz bzw. Substantialität zu sprechen, weil es nicht en vogue ist, aber wer in der Geschichte der Philosophie bewandert ist, kann weitere Schlüsse ziehen: Jede Substanz existiert, nur Substanzen existieren, jede Substanz zeichnet sich durch Identität aus, was keine Identität besitzt, kann keine Substanz sein und nicht existieren. In einem anderen Vokabular: Monaden sind Substanzen, Substanzen sind Monaden. Alles, was existiert, ist eine Monade, jede Monade existiert, nur Monaden existieren, jede Monade zeichnet sich durch Identität aus, was keine Monade ist, existiert nicht, was keine Identität besitzt, ist keine Monade und existiert nicht. Super Mario ist in seiner historischen Form keine Substanz, keine Monade, existiert nicht und besitzt keine Realität. Er kann einige dieser Eigenschaften erhalten, wenn er als NFT in der Blockchain verzeichnet wird, besitzt sie aber in seiner historischen Form nicht. In seiner historischen Form ist er ein fiktionales Objekt: ein Objekt der Imagination, Illusion, des Spiels und der Interaktion von Menschen – aber das ist SpongeBob auch. In seiner historischen Form ist Super Mario in keinerlei Hinsicht realer als SpongeBob oder Josef K. und existiert ebenso wenig. Ein NFT, dagegen, ist eine ganz andere „Sache".

2.2   „Utilities" bzw. Nutzwerte digitaler Objekte im Web 3.0

NFTs stellen nicht nur Zertifikate zur Eigentumsbezeichnung dar, sondern können auch in technischer Hinsicht als Zeichen verwendet werden, die den Zugang zu bestimmten „Utilities", also Nutzwerten gewähren. In technischer

Hinsicht bedeutet dies, dass Menschen und Unternehmen die Möglichkeit haben, bestimmte Angebote zu machen, die nur im Web 3.0 vermarktet werden und zu denen nur die Besitzer bestimmter Token Zugang erhalten. Der Besitz eines bestimmten Tokens, beispielsweise eines CLONEX (NFT), gewährt dann auch in technischer Hinsicht den Zugang zu einem bestimmten wirtschaftlichen Angebot. Dieses Angebot muss nicht aufs Web 3.0 beschränkt sein. Es kann auch einen analogen Gegenstand besitzen. Im Rahmen eines aktuellen „Forges" (einer privilegierten Ausschüttung neuer Produkte im Herbst 2022) des Unternehmens rtfct, das die CLONEX produziert und trägt, haben Besitzer bestimmter CLONEX die Möglichkeit erhalten, entsprechend der DNA ihrer Clones Produkte zum Ausschüttungspreis zu erwerben und auf dem zweiten Markt weiter zu verkaufen, oder auch zu behalten. Dabei bestand unter anderem die Möglichkeit zwei Produkte zu erwerben. Diese Produkte können digital oder materiell sein – das spielt keine Rolle. Entscheidend ist, dass sie nur im WEB 3.0 erworben werden können, und zwar nur unter der Voraussetzung, dass ein entsprechendes Token (ein CLONEX-NFT) vorliegt. Hierbei zeichnet sich ein mögliches Geschäftsmodell ab, denn es ist abzusehen, dass Unternehmen zukünftig ihre Vertriebskanäle entsprechend gestalten werden, so nämlich, dass der Besitz bestimmter Token als Ausdrucksform der Beteiligung am Unternehmen, den Zugang zur Ausschüttung limitierter Produktreihen zum Ausschüttungspreis gewährt, die dann von den Usern selbstständig zu Marktpreisen vertrieben werden. Durch den Besitz des entsprechenden Tokens erhalten Menschen also die Möglichkeit, ein selbstständiges Unternehmen als Vertriebspartner zu gründen. Ohne, nicht. „Utilities" können also privilegierte Zugänge zu Communities sein, privilegierte Kaufangebote, kostenlose Ausschüttungen digitaler und materieller Güter, privilegierte Geschäftsangebote etc. Darum stellen NFTs nicht nur digitale, sondern hybride Objekte dar, denn ihre Utilities müssen überhaupt nicht digital sein, sondern können jeden beliebigen Bereich der analogen Welt betreffen.

Insofern stellt das Metaverse keine phantastische, eskapistische virtuelle Welt dar, auch keine Gaming-Welt, keine Second-Life-Welt, keine After-Life-Welt, sondern diese eine und einzige Welt, in der wir leben, allerdings angereichert mit digitalen Ereignissen und Objekten (NFTs), deren Besitz mitunter zwingend erforderlich ist, um bestimmte durch und durch reale Dinge als biologisches Wesen in einem gesellschaftlichen Umfeld tun zu können: beispielsweise etwas kaufen, verkaufen, ein Geschäftsmodell entwickeln und umsetzen, Geld verdienen, an einer Party teilnehmen, ein Konzert oder eine Bildungsveranstaltung besuchen etc.

3.   Die „wirkliche" Immersion im Metaverse

Ich komme also auf die Bemerkung, die ich oben in Bezugnahme auf Jörg Noller gemacht habe, zurück: Im Digitalen stehen sich Realität und Virtualität nicht mehr kategorial gegenüber. Sie verhalten sich nicht disjunktiv zueinander. Das bedeutet zwar nicht, dass das Virtuelle real sei, aber es bedeutet ebenfalls nicht, dass es in keinerlei Hinsicht Eigenschaften besitzt, die es dazu qualifizieren, als Element einer umfassenden *Wirklichkeit* aufzutreten. Darin kann es wahlweise in kausaler Wechselwirkung mit analogen oder digitalen Ereignissen und Objekten stehen. Es ist auch möglich, dass ein und dieselbe hybride Entität aus Elementen besteht, die teils mit analogen, teils mit digitalen Ereignissen und Objekten interagieren. Solche Interaktion bzw. kausale Wechselwirkung stellt bereits eine Ausdrucksweise von Wirklichkeit dar, und zwar selbst dann, wenn die anderen Gesichtspunkte unter denen beispielsweise Chalmers die Frage der Realität digitaler Objekte erörtert, nicht zugestanden werden, nämlich Existenz, Unabhängigkeit vom Geist, genuine Echtheit und die Eigenschaft, keine Illusion zu sein. Selbst unter der Bedingung, dass das Digitale an digitalen Entitäten nicht als existent angesehen wird oder unter der Bedingung, dass Aspekte der Augmented Reality als Illusionen aufgefasst werden, bleibt die kausale Wechselwirkung mit analogen Ereignissen bestehen, sofern der Besitz eines NFTs als Voraussetzung für die Partizipation an analogen lebensweltlichen Ereignissen und Ressourcen dient.

Hybrid sind Objekte im Metaverse nämlich nicht nur als Objekte der Augmented Reality. Dies ist sogar ganz zweitrangig. Hybrid sind sie insofern, als sie nach jeweils bestehenden Gesetzen und Ordnungsprinzipien mit Objekten und Ereignissen in realen und virtuellen Welten integrieren, also in kausaler Wechselwirkung mit beiden Welten stehen. Wie sie in kausaler Wechselwirkung mit anderen Objekten und Ereignissen in virtuellen Welten, ist eine Frage für sich und ich möchte nicht darauf eingehen. Wie sie aber mit realen Objekten und Ereignissen interagieren, ist entscheidend für unser Verständnis davon, wie *wirklich* sie sind. In dieser Hinsicht spielen besonders die Utilities der NFTs eine entscheidende Rolle, denn sie entfalten sich gegebenenfalls in der analogen bzw. realen Welt. Wenn also ein NFT beispielsweise Utilities mit sich bringt, die den Zugang zu exklusiven Konzerten oder Reisen gewährt, und die Utility als integraler Bestandteil des hybriden Objekts angesehen wird, umfasst das gesamte Objekt über seine digitalen Aspekte hinaus auch konkrete lebensweltliche Aspekte, die sich in der analogen Welt entfalten. Die Utilities sind möglicherweise nicht auf den ersten Blick sichtbar und wir sind geneigt, zu glauben, dass hybride Objekte insofern hybrid sind, als sie in der Augmented

Reality auftreten, aber selbst, wenn sie dies nicht tun, können sie hybrid sein. Sie können sogar in strengerem Sinne als hybrid (und wirklich) angesehen werden, denn anders als bei Objekten der Augmented Reality, beispielsweise dem rftct Hoodie mit Flügeln oder Pokémon Go, handelt es sich bei NFT Utilities um ganz konkrete lebensweltliche Nutzwerte, die keinerlei spezifischer Technik zur Visualisierung bedürfen und in keinerlei Hinsicht unter Verdacht stehen, Illusionen zu sein. Ob nämlich die Flügel des rftct Hoodies eine Illusion darstellen oder nicht, ist eine Frage, die eigens erörtert werden kann. Aber wenn der Besitz eines NFTs den Zugang zu einer Bildungsveranstaltung oder einem Konzert ermöglicht, ist *der Nutzen* in keinerlei Hinsicht eine Illusion.

Hybride Objekte im Metaverse sind also nicht insofern hybrid, als sie digitale Elemente enthalten, die unter Hinzunahme spezifischer Technik Illusionen in der realen, analogen Welt verursachen können, sondern, indem sie über all ihre digitalen Eigenschaften hinaus auch Nutzwerte in der analogen, realen Welt haben, wobei die Partizipation an digitalen Ereignissen den Erwerb der Token ermöglicht, die wiederum den Zugang zu analogen Ereignissen und Gütern ermöglichen.

Die Immersion, von der im Zusammenhang mit dem Metaverse vielfach gesprochen wird, betrifft auf subtile Art und Weise genau diesen Punkt: Wir tauchen ins Metaverse ein, indem wir eine Kultur (eine technisch angereicherte Lebenswelt) entwickeln, die eine kausale Wechselwirkung zwischen der Partizipation an digitalen und analogen Ereignissen etabliert. Eine Schlüsselbedeutung besitzen dabei NFTs. Es ist zweitrangig, ob wir dabei eine AR-Brille aufsetzen oder nicht. Immersion stellt nicht nur das eskapistische Eintauchen in eine virtuelle Welt oder das Schwelgen in Illusionen dar, sondern die notwendige Einlassung des Menschen in die Ordnungsprinzipien, Zwänge und Perspektiven einer Lebenswelt, zu deren wirtschaftlicher und gesellschaftlicher Wirklichkeit digitale Ereignisse und Objekte zunehmend gehören. Dies ergibt sich nicht allein durch eine Veränderung des Begriffs „Immersion", sondern durch die Veränderung des praktischen Status der Objekte und Ereignisse in virtuellen Welten des Metaverse. Selbst wenn es sich bei solchen Welten durch und durch um Illusionen handeln mag: Sofern die Partizipation an mit diesen Illusionen einher gehenden digitalen Ereignissen als Voraussetzung für den Zugang zu Ressourcen dient, stellt das Eintauchen darin eine Ausdrucksform der lebensweltlichen Wirklichkeit dar. Das Immersive stellt nicht mehr nur einen Ausdruck des Eskapismus dar und zielt nicht mehr nur auf die Einlassung auf eine fiktionale Welt ab, sondern auf die Partizipation an digitalen Ereignissen zugunsten der Erlangung realer, lebensweltlicher Ressourcen, also zum Leben, Überleben und zur individuellen Selbstverwirklichung in der Kultur und Gesellschaft, in der wir uns unausweichlich vorfinden.

Literaturverzeichnis

Ball, Matthew 2022, *The Metaverse: And How it Will Change Everything*, New York.

Chalmers, David 2022, *Reality+. Virtual Worlds and the Problem of Philosophy*, London.

Choudary, Sangeet Paul 2015, *Plattform Scale. How a new breed of startups is building large empires with minimum investment*; https://publishizer.com/platform-scale.

Chui, Michael/Manyika, James/Bughin, Jacques/Cobbs, Richard/Roxburgh, Charles/Sarrazin, Hugo/Sands, Geoffrey/Westergren, Magdalena 2012, *The social economy: Unlocking Value and productivity through social technologies. McKinsey Global Institute*, https://www.mckinsey.com/~/media/mckinsey/industries/technology%20media%20and%20telecommunications/high%20tech/our%20insights/the%20social%20economy/mgi_the_social_economy_full_report.pdf (Zuletzt aufgerufen am 30.01.2023)

Floridi, Luciano 2014, *The Fourth Revolution: How the Infosphere is Reshaping Human Reality*, Oxford.

Noller, Jörg 2022, *Digitalität. Zur Philosophie der digitalen Lebenswelt*, Basel.

TEIL IV

Digitale Philosophie

Wissenspyramide und Datenkonstellationen

Von Daten zu Weisheit – mit einem datenethischen Ausblick

Christian Vater

> *Where is the Life we have lost in living?*
> *Where is the wisdom we have lost in knowledge?*
> *Where is the knowledge we have lost in information?*
>
> T. S. Eliot, „The Rock", 1934.

„Technik" besteht nicht nur aus „Apparat", sondern auch aus „Organisation", um ein Schema Friedrich Georg Jüngers[1] aufzugreifen. Dies bedeutet, dass Mensch und Maschine nicht nur in wechselseitiger Interaktion, sondern auch in einem wechselwirkenden Bedingungsverhältnis stehen. Digitales Arbeiten betont diese wechselseitige Verbundenheit von Material und Mitteilung in ganz besonderem Maße – die „technologische Bedingung" der Digitalität fördert bestimmte Praktiken, hemmt andere, und engt den Raum möglicher Nutzungsangebote stärker ein als historische Vorläufertechniken. Formursache und Materialursache fallen so immer stärker zusammen. Wenn man Technik und Ethik zusammen betrachten möchte, bieten sich Daten an, ganz besonders in ihrer Potenzierung zu Linked Open Data. Ebenso fordert eine philosophische Beschäftigung mit Daten nicht nur eine erkenntnistheoretische Betrachtung, sondern auch eine ethische ein – Praxis und Normen bedingen sich selten so stark wie im Bereich der Datenverarbeitung, insbesondere, wenn es um gute Praxis und um Normendurchsetzung geht. Um diesen Zusammenhang soll es in einem ersten Ausblick gegen Ende des Textes gehen.

1. Impulse, Daten und Wissen

Computer sind technisch Geräte der Signalübermittlung, nicht der Wissensverarbeitung. Wissensverarbeitung ist ein Zweck, der dem signalübermittelnden Gerät gesetzt wird. Wissen wird nicht im Computer gespeichert, Wissen entsteht im menschlichen Geist[2]. Computer speichern Energie, die als Signal interpretiert wird. Diese Energie wird gepulst – also in diskrete Einheiten zerlegt

---

1 Vgl. Jünger [1946] 2010.
2 Wenn auch Spuren dieses Wissens in digitalen Archiven abgelegt werden können.

© BRILL MENTIS, 2024 | DOI:10.30965/9783969752975_011

und in einem – idealerweise – systemweiten Takt zwischen geeigneten Bauteilen verschoben. Typischerweise wird Elektrizität einer bestimmten Spannung genutzt, historisch gab es allerdings mechanische Umsetzungen und rein magnetische Versuche, Technologien im Spektrum des sichtbaren Lichts sind bekanntermaßen in Entwicklung. Ein Computer ist ein informationales Artefakt: Er ist nicht reduzibel auf sein Material, er ist nicht reduzibel auf Energie, er ist nicht das Produkt der der Vereinigung beider. Information, so berühmt Norbert Wiener[3], ist für uns nur als eine dritte Grundlagenkategorie – neben Masse und Energie – zu fassen. Energie, die durch einen geeigneten Apparat pulst, ist das Substrat der Information. Die regelgeleitete Manipulation dieser Energie im Material des Apparat – die Operationalisierung des Geräts im Zeittakt – ermöglicht Informationsverarbeitung.

1.1   *Die Wissenpyramide – Herkunft unklar*

Hiermit ist schon sehr viel behauptet, aber noch längst nicht alles geschrieben. Auf der einen Seite des „Pulsapparats" stehen Wünsche, etwas einzugeben und zu verarbeiten. Auf der anderen Seite finden wir, sollte das Unterfangen gelungen sein, ein brauchbares Ergebnis, mit dem wir weiterarbeiten können. Wir nehmen also „Daten", speisen diese in die Verarbeitungstrasse des Apparates, durch den sie regelgeleitet gepulst werden, ein und erzeugen so in vielen regelgeleiteten Zwischenschritten „Wissen". Hiermit ist noch immer nicht gesagt, was denn „Daten" seien – außer etwas, das eingegeben wird. Und es ist auch noch nicht geklärt, was „Wissen" sein soll – außer das brauchbare Ergebnis eines regelgeleiteten Datenverarbeitungsprozesses. Beides kann an dieser Stelle nicht geklärt werden, aber das ist im Rahmen dieses Artikels auch gar nicht notwendig. An dieser Stelle sollen – in Umkehrung der Üblichkeiten – „Daten" und „Wissen" unbestimmt und undurchsichtig bleiben, dafür aber der Verarbeitungsprozess ausgeleuchtet werden. Nicht das ‚Dazwischen' des Prozesses, sondern sein Input wie sein Output bleiben in der Black Box.

Zur Beschreibung und visuellen Anzeichnung der Schrittfolge einer geeigneten Verarbeitungsfolge, um elektrisches Pulsapparate für menschliche Wissensverarbeitung tauglich zu machen, eignet sich die „Wissenspyramide".

Die „Wissenspyramide" ist nicht nur ein nützliches Denkzeug, sondern auch ein interessantes Untersuchungsobjekt. Sie wird in der Lehre als selbstverständlich referenziert, in einem eigenen Wikipediaartikel abgehandelt und kann als Element des ‚tacid knowledge' – des Anwendungswissens – der ‚systems operations' der Gegenwart gelten. Dieses Diagramm, dass ein Schema anschaulich macht, ist sehr interessant, allerdings unbekannter Herkunft, seine Geschichte

---

3 Wiener 1948.

muss noch geschrieben werden.[4] An dieser Stelle sollen daher ein strukturierter Überblick über ihren Aufbau sowie eine knappe Einordnung genügen, genauso, wie ihr ‚epistemischer Status' ungeklärt bleiben muss.[5]

Die „Wissenspyramide" wird typischerweise in der Informationswissenschaft vermittelt[6], wurde in der systemorientierten Organisationsforschung entwickelt, auch mit dem Ziel der Politik- und Managementberatung.[7] Sie fasst in ein Bild, wie wir uns eine informationale Struktur unserer Welt im Prozess der Informationsverarbeitung vorstellen können, und zwar als Aufstieg von Eindrücken über Stufen zunehmender Komplexität zur Weisheit.

1.2   DIKW (*Data, Information, Knowledge, Wisdom*) – *Stufen der Verarbeitungsdichte, Stufen des Wissensgehalts*

Anlass für die Entwicklung der Wissenspyramide ist die Vermutung, dass Wahrnehmung nicht automatisch zu Wissen, und Wissen nicht automatisch zu Weisheit führt. Diese erkenntniskritische und vielleicht auch kultur- und bildungspessimistische Haltung verdichtet T. S. Eliot 1934 in „The Rock": Wo ist die Weisheit, die wir in Wissen verloren haben? Und wo ist das Wissen, das wir in Information verloren haben? Die Erzählung von der Wissenspyramide hebt also an mit der Klage über einen essentiellen Verlust. Die Ursache dieses Verlustes ist nun aber nicht ein Mangel an etwas – zum Beispiel an Erkenntnis oder Bildung – sondern ein Zuviel von etwas – nämlich „Wissen" und „Information". Ein Überfluss an Information verursacht hier – iterativ rückgekoppelt an höhere kognitive Stufen – einen Zustand, der „Weisheit" vermindert und somit das gelebte Leben selbst beschränkt. Heute würden wir diesen Zustand vermutlich „information overload" nennen.[8] Die ‚negative Informatik' des Dichters und Nobelpreisträgers

---

4   Eine gute Zusammenfassung der bekannten Entwicklung der Wissenspyramide findet sich in Wallace 2007, Kap.1. Wichtige Zwischenschritte sind hier der häufig zitierte – aber sehr! schwer greifbare – Beitrag im The Futurist von Cleveland 1982 und die Präsidialrede vor der Society for General Systems Research von Ackroff, gedruckt 1989. Allgemein bietet einen sehr guten Überblick über die Geschichte des Begriffs der „Information" Capurro u. Hjarland 2005.

5   Das Abtractrepositorium ERIC führt unter dem Eintrag EJ271880 eine konzise Zusammenfassung: „In the emerging post-industrial society, there is little understanding of the characteristics of information, a basic, yet abstract resource. Information is expandable, compressible, substitutable, transportable, diffusive, and shareable. Implications for life, work, community, and conflict are considered."

6   Insbesondere wäre eine Einordnung des Diagramms sehr interessant: Vielversprechend erscheint hier die aktuelle Zusammenfassung der Gedanken Villem Flusses insbesondere zu den Funktionen des Bildes bei Irrgang 2023. Generell kann diese Frage für eine geneseorientierte, historisch interessierte Epistemologie der Digitalität sehr fruchtbar sein. Zurzeit bietet die beste Übersicht zur Geschichte der „Wissenspyramide" – in der Tat – der Eintrag in der englischsprachigen Wikipedia (en.wikipedia.org/wiki/DIKW_pyramid).

7   Vgl. Wallace 2007.

8   Oder „too many tabs".

(und Marburger Philosophiestudierenden im Jahr 1914) führt dann aber – trotz der Üblichkeit, seine Zeilen zu zitieren – zu fortschreitenden Versuchen, eine operationale Verarbeitungshierarchie von „Daten" zu „Weisheit" *positiv* zu formulieren. Die *negative* Kritik eines spürbaren Verlustes wird abgelöst durch *positive* Vorschläge einer modellgestützten Konstruktion.

Im zentralen Beitrag von Harlan Cleveland[9] findet sich noch keine Pyramide, allerdings gemäß der Gepflogenheiten des graphisch aufwendig gestalteten The Futurist ein illustrativer Cartoon von Tom Chalkley:

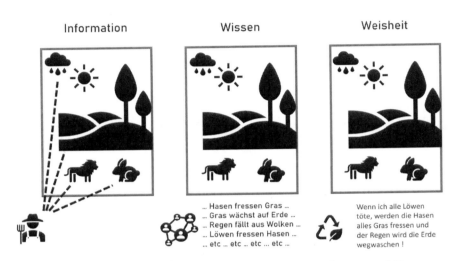

Abb. 10.1   „Wissensszenarien". Ökologisches Denken in Zusammenhängen, nach Tom Chalkley, The Futurist, December 1982 (Illustration zu Cleveland 1982), eigene Grafik

Der Prozess der Weisheitsgewinnung wird hier in die Lebenswelt eines Bewohners einer imaginären Steinzeit versetzt, der wenige Werkzeuge zur Hand hat, dafür allerdings eine ausgeprägte Gabe zur Wissensverarbeitung besitzt. Ausgestattet mit seinem Sinnesapparat und beheimatet in einer idyllisch wirkenden Vorzeit, kombiniert er ausgehend von seinen Sinneseindrücken diese Daten – hier nicht bezeichnet, sondern als Linienbündel eingezeichnet – zu „Information". Diese „Information" hat bereits für unseren Steinzeitbewohner eine Satzstruktur – sie ist nicht einfach oder besteht aus ungeordneten Reihungen isolierter Elemente, sondern fasst diese Elemente immer schon zu verbundenen und voneinander abhängigen Einheiten zusammen: „Häschen essen Gras", „Gras wächst auf der Erde" usw. Diese satzförmigen Gedanken – denen man propositionalen Gehalt zusprechen würde – werden nun ihrerseits

---

9   Cleveland 1982, sehr! schwer zu greifen.

nicht isoliert festgehalten oder abgelegt, sondern stehen durch die Rahmenbedingungen ihrer Entstehung miteinander im Zusammenhang: Sie sind
verortet und an bestimmte Beobachtungszeiten rückgebunden – sie stehen
in einem gemeinsamen Kontext. Dieser Kontext erlaubt nun, unter Berücksichtigung der passenden Wissenssätze, zeitunabhängige Folgerungen zu
ziehen, also über den Gesamtzusammenhang ein Urteil zu fällen. Unser Steinzeitbewohner erkennt durch die Verbindung seiner aus Beobachtungsdaten
entstandenen Wissenssätze regelkreisförmige ökologische Zusammenhänge –
er beschließt, seine Lebenswelt durch bescheidene Bejagung von in ihr vor-
kommende Arten zu erhalten.

Russell Ackoff zeichnet 1989 noch keine Pyramide, benennt aber ihre Stufen
präzise:

> Wisdom is located at the top of a hierarchie of types, types of content of the
> human mind. Descending from wisdom there are understanding, knowledge,
> information, and, at the buttom, data.[10]

Er schlägt auch präzise Begriffsdefinitionen vor, damit „Managers of Systems"
gut damit arbeiten können:

> Data are symbols that represent properties of objects, events and their envi-
> ronments. They are the products of *observation* [orig. Kursiva]. To observe is to
> sense. The technology of sensing, instrumentation, is, of course, highly devel-
> oped. Information, as noted, is extracted from data by analysis in many aspects
> of which computers are adapt.[11]

Die aus der Beobachtung gewonnenen Daten werden hier bereits als sym-
bolisch gefasst gesehen, erfasst mit Hilfe von Instrumenten und als Ergebnis einer Übersetzung in eine computergestützte Arbeitsumgebung. Diese
Arbeitsumgebungen sind nun informational:

> Information is contained in *descriptions* [orig.], answers to questions that begin
> with such words as *who, what, where, when,* and *how many.* Information systems
> generate, store, retrieve, and process data. In many cases their processing is sta-
> tistical or arithmetical. In either case, information is inferred from data.[12]

Durch Anreicherung der Beobachtungsdaten mit Kontextdaten – die hier
als gutes Beispiel auf die typischen journalistischen, aber auch militäri-
schen Standardfragen antworten sollen – ermöglicht nun eine förderliche

---

10   Akoff 1989, 3.
11   Akoff 1989, 3. Bemerkenswert ist die selbstverständliche Verbindung der Informations-
      gewinnung mit dem Einsatz elektronischer Computer.
12   Akoff 1989, 3.

Weiterverarbeitung: Daten über Tatsachen werden mit Daten über Sachverhalte verbunden, es können Inferenzen erstellt werden.[13]

> Knowledge is know-how, for example, how a system works. It is what makes possible the transformation of information into *instructions*. It makes *control* of a system possible. To control a system is to make it work *efficiently*. [...] All control systems have knowledge systems imbedded in them. Knowledge can be obtained in two ways: either by transmission from another who has it, by instruction, or by extracting it from experience. In either case the aquisition of knowledge is *learning*.[14]

Wenn Daten gesammelt und/oder erzeugt worden und über proposortionale Verknüpfungen zu Wissen verbunden worden sind, kann der nächste Schritt gemacht werden: Auf Grundlage des nun sicher Gewussten können Entscheidungen getroffen werden, die in Anweisungen zur Kontrolle des Gesamtsystems übersetzt werden können – das Wissen wird operationalisiert, und zwar möglichst effizient. Allerdings ist hiermit nur gefordert, dass in einer bestimmten Situation – also in der jeweiligen Gegenwart an einem bestimmten Ort – wissensbasiert entschieden werden soll, und so gut gesteuert. Wo aber kommet der Kurs her, also das Ziel, auf das hingesteuert werden soll?

> Now I can make a critical point: *intelligence is the ability to increase efficiency; wisdom is the ability to increase effectiveness.* The difference between efficiency and effectiveness, that wich differentiatiates wisdom from understanding, knowledge, and information, is refelcted in the difference between *growth* and *developement*. Growth does not necessarily imply an increase in value; developement does. Developement ist the process by wich wisdom is increased. Therefore, a system that generates wisdom promotes developement.[15]

Wenn ein System so gesteuert werden kann, dass es sich weiterentwickelt – und nicht stagniert oder retardiert oder nur wächst – ist es effektiv (und nicht nur effizient). Diese Effektivität in der Beförderung von Entwicklung erhöht den Wert eines Systems: Weisheit ist hier also die Fähigkeit, die Entwicklung eines Systems wertorientiert zu steuern.

Die Wissenspyramide, wie wir sie heute kennen und omnipräsent online finden können, hat jedenfalls vier Stufen, dies sind in aufsteigender Reihenfolge (1) Daten, (2) Information, (3) Wissen, (4) Weisheit.

---

13 Hierzu zählen nach Ackoff auch Indices, mit denen die Relevanz und Einschlägigkeit einer bestimmten Information für einen bestimmten Manager markiert werden kann. Das Ziel eines guten Informationssystems ist nach Ackoff nämlich die *Verringerung* der Information pro Person bei gleichzeitiger Steigerung ihrer Qualität und Passung – womit *information overload* vorgebeugt werden soll.

14 Akoff 1989, 4.

15 Akoff 1989, 5.

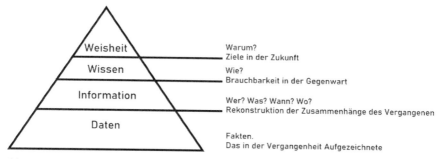

Abb. 10.2   Die „Wissenspyramide", nach: Andrii Rusakov, „Data & Information in the Time of Knowledge-Based Economymedium", medium.com, 11.10.2022 (=https://medium.com/softserve-do/data-information-in-the-time-of-knowledge-based-economy-35be3f403d57); eigene Grafik.

Typischerweise werden diesen vier Stufen auch Zeitindices beigeordnet: Daten wurden in der Vergangenheit gesammelt und zu Informationen verknüpft. In der Gegenwart entsteht dann situativ und kontextbezogen Wissen, das im besten Fall zu einer zielsuchenden, wertorientierten Weiterentwicklung des Systems auf Grundlage von Weisheit in der Zukunft führt.

1.3   *Zwei Alternativen zur Wissenspyramide: Stufen und Konstellationen*
In neueren Fassungen kann die Wissenspyramide auch in ein Stufenmodell überführt werden, eine visuelle Metapher, die sich hervorragend für die Operationalisierung der nötigen Arbeitsschritte eignet:

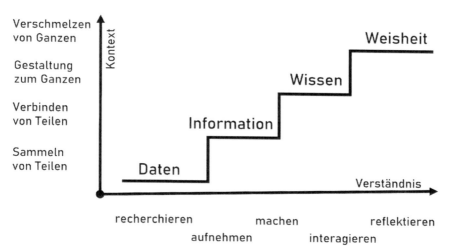

Abb. 10.3   „Stufenmodell" des Wissens, nach: Andrii Rusakov, „Data & Information in the Time of Knowledge-Based Economymedium", medium.com, 11.10.2022 (=https://medium.com/softserve-do/data-information-in-the-time-of-knowledge-based-economy-35be3f403d57, Grafik nach Harlan Cleveland); eigene Graphik.

In dem Maße, wie der Kontext grösser wird, wächst das Verständnis für das
System / im System: (1) erst werden Bausteine zusammengesammelt, (2) dann
werden diese Bausteine verbunden, (3) dann ganze Einheiten gebildet, (4) und
abschließend diese ganzen Einheiten verbunden. Diesen Entwicklungs-
schritten in der Verarbeitung des Materials entsprechen nun Praktiken stei-
gender epistemischer Komplexität: (a) Auf *forschen* folgt (b) *aufnehmen* um
(c) zu *handeln*. Dann kann (d) *interagiert* und (e) *reflektiert* werden. „Weisheit"
wäre – folgt man diesem Schema – ein reflektierendes Nachdenken darüber,
wie man Ganzheiten wertegestützt verbinden kann.

Dieser Idee folgt auch ein populärer Cartoon, der als allgegenwärtiges Mem
ein veritables Eigenleben entwickelt hat:[16]

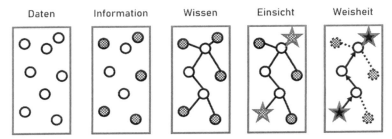

Abb. 10.4   „Wissenskonstellationen", nach: Dougom, „Information Isn't Power",
             random-blather.com, 28.04.2014 (=https://random-blather.com/2014/
             04/28/information-isnt-power/); eigene Grafik.

Die Form, die in dieser Visualisierung die fortlaufende Verarbeitung einer
Datensammlung annimmt, ist nicht pyramidal, und ähnelt auch nicht den
Stufen einer Leiter zur Weisheit: (1) eine zusammengesammelte oder auf-
gefundene Menge von Daten wird (2) mit zusätzlichen Eigenschaften
angereichert und wird somit Information. (3) Diese Information wird nun
verbunden zu Wissen, hierbei entsteht ein Netzwerk mit Knoten und Kanten.
(4) In diesem Netzwerk – und dies ist ein neuer Zwischenschritt – kann etwas
Auffallen, und so eine plötzliche Erkenntnis auslösen: In diesem Wissensnetzwerk sollten zwei Knoten verbunden sein. (5) Eine konkrete Verbindung
zwischen diesem beiden Knoten zu finden – einen Weg durch das Verbindungs-
labyrinth des Wissensraums von einem gesetzten Startpunkt zu einem mit
guten Gründen angestrebten Ziel aufzuspüren – ist Weisheit.

---

16   Zur Suche nach einer ersten Quelle vergleiche den Blogbeitrag von Victor Mair
      21. November 2021.

Nicht eine Pyramide – auch wenn sie *buttom up* errichtet wird – und auch nicht eine Stufenleiter ermöglicht in ihrer Diagrammatik das anzeichnen dieses „Erkenntnissprungs" als Zielfindung eines Such- oder Konstruktrionsverfahrens, sondern ein deszentrales Wissensnetz.

2. Daten und Praxis, FAIR und CARE – Ein datenethischer Ausblick

Anhand dieser wenigen, noch unsystematischen[17] Beispiele können wir eine erste Heuristik der Verarbeitungsschritte von „Daten" zu „Wissen" entwickeln. An dieser Stelle reicht aus, festzuhalten: Daten werden durch Anreicherung mit Kontext – zum Beispiel über Metadaten aus Geoinformationsystemen oder biographischen Normdatenbanken – zu Information. Diese Information wird durch sachhaltige, satzförmige Verbindungen – zum Beispiel als Linked (Open) Data im föderierten Forschungsdatenverbund – zu Wissen. Wissen als Netzwerk ermöglicht Zielsetzungen – zum Beispiel durch Mustererkennung oder intuitive Erkenntnissprünge oder Abduktionen – und das Aufspüren einer zu diesem Ziel führenden Verbindung im Wissensnetzwerk ist Weisheit.

Diese bestechende Heuristik führt im Arbeitsalltag der datenbasierten Forschung – so auch der philosophischen im speziellen und der geistes- und kulturwissenschaftlichen im Allgemeinen – zu praktischen Herausforderungen: Welche Spielregeln muss ich beachten, wenn ich einen guten, werteorientierten, zielgerichteten Wissensraum aufbauen, operationalisieren und steuern möchte?

Es haben sich im Arbeitsalltag zwei Maximenbündel etabliert, die zwei verschiedene Herausforderungen ansprechen: (1) Die FAIR-Maximen zielen auf die Herstellung technischer Machbarkeit, (2) die CARE-Maximen zielen auf die Einsteuerung eines ethisch wünschenswerten Zustandes. Beide Maximenbündel haben also gemeinsam, dass sie aletisch sind: Sie liefern nicht nur ein Kriterienschema, dass auch als evaluatives Vokabular zur Umschreibung des Reifegrads eines Zielerreichungsprozesses genutzt werden kann, sondern sie präformieren gleichzeitig auch den Zielerreichungsprozess selbst: in ihnen sind die Ziele des Prozesses als Kriterien des Gelingens dieses Prozesses gleichermaßen präsent.

---

17   Aber nicht beliebigen.

Abb. 10.5   GIDA. Global Indigenous Data Alliance. Promoting Indigenous Control of
             Indigenous Data, „CARE Principles for Indigenous Data Governance". Die CARE
             Principles for Indigenous Data Governance wurden erarbeitet: International
             Data Week and Research Data Alliance Plenary co-hosted event „Indigenous
             Data Sovereignty Principles for the Governance of Indigenous Data Workshop,"
             8 November 2018, Gaborone, Botswana. (https://www.gida-global.org/care). Die
             Grafik ist entnommen aus Carroll, Stephanie Russo et. al. 2019 (CC BY 4.0).

Ihr aktueller Status – vor allem in Hinblick auf ihre Bindungskraft der For-
scher:innen- und Gelehrtengemeinschaft – ist noch umstritten[18], auch wenn
sich die Haltung durchzusetzen scheint „Scientists should CARE about
FAIR"[19]. Auch gibt es Vorbehalte, die CARE-Maximen zu einem allgemeinen,
universellen Richtlinienbündel aufzuwerten, wurden sie doch aus einem
speziell indigen Diskurs zur Selbstbestimmung auch im Datenraum ent-
nommen.[20] Diese Debatte soll an dieser Stelle nicht aufgenommen werden,
hier reicht der Hinweis: Wenn ich Daten gemäß der ausführlich diskutierten
Wissenspyramide anreichern und verbinden möchte – zum Beispiel in einer
Föderation von Forschungsdatenspeichern mit Anschluss an die EU- und
Globalebene – dann helfen die technischen Richtlinien der FAIR-Maximen
bei der detaillierten Ausgestaltung organisatorischer und technischer
Rahmenbedingungen in den Aushandlungsarenen der dafür vorgesehenen
Infrastrukturorganisationen (wie z.B. der Nationalen Forschungsdaten-
infrastruktur NFDI). Dass Forschungsdaten (1) Auffindbar, (2) zugänglich,
(3) interoperabel – das heißt maschinenles- und verarbeitbar und (4) unter

18   Hierzu jüngst und lesenswert Petri u. Vettermann 2023.
19   Petri u. Vettermann 2023.
20   So – gemäßigt – Imeri u. Rizolli 2022.

klaren rechtlichen Vorgaben und handhabbaren Lizenzen nachnutzbar sein müssen, leuchtet unmittelbar ein.

Dass eine Gruppe von Datennutzenden – ob eine Forscher:innengruppe oder eine Kulturgemeinschaft – sich Regeln für den wünschenswerten Umgang mit Forschungsdaten setzt, ist ebenfalls einsichtig. Dass diese Gruppen sich (1) gemeinsamen Nutzen – anstatt privates Gewinnmonopol, (2) Kontrollrecht – also unmittelbare Eingriffsmöglichkeiten gemäß Gruppeninteresse, (3) Verantwortlichkeit – auch im Sinne eines „in die Verantwortung Nehmens" Dritter – und abschließend (4) eine belastbare Ethik – also ein ausgehandeltes wiederspruchfreies Regelwerk für verantwortliches Handeln – wünschen, ist eine durchaus nachvollziehbare Forderung.

Dass diese Maximenbündel nun auch konfligieren können, wird ebenfalls rasch offensichtlich: So kann man sich kein System vorstellen, das die automatisierte Maschinenverarbeitung (nach FAIR-Maxime „Interoperabel") priorisiert, und gleichzeitig unproblematisch und niedrigschwellig die Kontrollmöglichkeiten einer Community – gemäß „Autority to Control" des CARE-Maximenbündels – ermöglicht. Hier werden Zielkonflikte sichtbar, die uns in der Aushandlungsarena der Infrastrukturorganisationen noch eine Weile beschäftigt halten werden – die aber zentral sind in einer Gesellschaft, deren Wissenskultur immer deutlicher auf kollaborativer Datenverarbeitung in Wissensnetzen beruht. Auch hier gilt: Ohne Weisheit werden wir uns im Labyrinth der automatisierten Operationen unseres technischen Apparats rascher verlieren, als wir unsere Archivsysteme und Kommunikationsgewohnheiten re-analogisieren können.

Literaturverzeichnis

Ackoff, Russell Lincoln 1989, „From Data to Wisdom: Presidential Address to ISGSR", in: *Journal of Applied Systems Analysis* 16, 3–9.

Capurro, Rafael/Hjarland, Birger 2005, „The Concept of Information", in: *Annual Review of Information Science and Technology* 37(1), 343–411; doi.org/10.1002/aris.1440370109.

Cleveland, Harlan 1982, „Information as Resource", *The Futurist*, December 1982, 34–39; https://catalogue.nla.gov.au/Record/5434521.

Carroll, Stephanie Russo, Hudson, Maui, Chapman, Jan, Figueroa-Rodríguez, Oscar Luis, Holbrook, Jarita, Lovett, Ray, Materechera, Simeon, Parsons, Mark, Raseroka, Kay, Rodriguez-Lonebear, Desi, Rowe, Robyn, Sara, Rodrigo u. Walker, Jennifer 2019, „Die CARE-Prinzipien für indigene Data Governance", https://doi.org/10.5281/zenodo.5995059.

Imeri, Sabine/Rizzolli, Michaela 2022, „CARE Principles for Indigenous Data Governance: Eine Leitlinie für ethische Fragen im Umgang mit Forschungsdaten?",
in: *O-Bib. Das Offene Bibliotheksjournal /* Herausgeber VDB 9(2), 1–14; doi.
org/10.5282/o-bib/5815.

Irrgang, Daniel 2023, „Projective Imagination. Vilém Flussers's Concept of the Technical Image", in: *Theory, Culture & Society* 2023, 1–18; doi.org/10.1177/02632764231168s.

Jünger, Friedrich Georg [1946] 2010, *Die Perfektion der Technik*, achte, um ein Nachwort
vermehrte Auflage, Frankfurt am Main.

Wallace, Danny Paul 2007, *Knowledge Management. Historical and Cross-Disciplinary
Themes*, Westport (Connecticut), 1–14.

Vettermann, Oliver/Petri, Grischka 2023, „Should I CARE about FAIR?", in: *Recht und
Zugang* 4(1), 5–29; doi.org/10.5771/2699-1284-2023-1-5.

Wiener, Norbert 1948, *Cybernetics or Control and Communication in the Animal and the
Machine*, Cambridge (MA).

Zeleny, Milan 1987, „Management Support Systems: Towards Integrated Knowledge
Management", in: *Human Systems Management* 7(1), 59–70; doi.org/10.3233/
HSM-1987-7108.

Webressourcen

Dougom, „Information Isn't Power", random-blather.com, 28.04.2014, abgerufen: 2023-
07-11; https://random-blather.com/2014/04/28/information-isnt-power.

Education Resources Information Center EREC, ID: EJ271880, „Information As a
Resource", (Zugriff 11.07.2023); https://eric.ed.gov/?id=EJ271880.

GIDA. Global Indigenous Data Alliance. Promoting Indigenous Control of Indigenous
Data, „CARE Principles for Indigenous Data Governance". Die CARE Principles
for Indigenous Data Governance wurden erarbeitet: International Data Week and
Research Data Alliance Plenary co-hosted event „Indigenous Data Sovereignty Principles for the Governance of Indigenous Data Workshop," 8 November 2018, Gabo-
rone, Botswana (Zugriff 11.07.2023); https://www.gida-global.org/care.

Victor Mair, „Data, information, knowledge, insight, wisdom, and Conspiracy Theory",
languagelog.ldc.upenn.edu, 13.11.2021 (Zugriff 11.07.2023); https://languagelog.ldc.
upenn.edu/nll/?p=52581.

Wikipedia, „DIKW Pyramid", in: Wikipedia-EN, abgerufen: 2023-07-11; en.wikipedia.
org/wiki/DIKW_pyramid.

Andrii Rusakov, „Data & Information in the Time of Knowledge-Based Economy medium",
medium.com, 11.10.2022 (Zugriff 11.07.2023); https://medium.com/softserve-do/
data-information-in-the-time-of-knowledge-based-economy-35be3f403d57.

Die Philosophie und ihre Daten

Forschungsdatenmanagement und Wissenschaftstheorie

Jonathan D. Geiger

1. Philosophie als digitale / digitalisierte Wissenschaft

Was bedeutet es in einer digitalen Welt akademische Philosophie zu betreiben? Einerseits scheint die (analoge) hermeneutische Herangehensweise an (gedruckte) philosophische Texte und das Nach-denken nach wie vor das Herzstück der philosophischen Arbeit zu sein, andererseits haben sich die Rahmenbedingungen und Produktionsmittel, d.h. Recherche-, Rezeptions-, Schreib- und Publikationstechnologien stark verändert. Selbstverständlich nimmt das gedruckte Buch heute nach wie vor eine zentrale Position in der Philosophie ein (ebenso wie klassische Dialogsituationen und Lehr-Lern-Formate in der Hochschullehre), allerdings lassen sich zunehmend Tendenzen einer allmählichen digitalen Transformation des Faches Philosophie erkennen. Publikationen sind nicht mehr nur gedruckt erhältlich, sondern auch in digitaler Form, Kommunikation und ganze Veranstaltungen (Workshops, Tagungen, Konferenzen etc.) werden über digitale Kanäle und Plattformen realisiert, Lehrveranstaltungen finden virtuell statt und greifen auf digitale Bildungsressourcen zurück (sogenannte *Open Educational Resources*) und zunehmend rücken auch digitale Forschungsmethoden in den Fokus der philosophischen Fachcommunity. Es ist evident, dass die Philosophie eine digitale Seite hat – gleichwohl sie nicht auf diese reduziert werden kann.[1] Diese digitale Seite der Philosophie ist Daten-förmig, im Kontext der *Digital Humanities* und des Forschungsdatenmanagements spricht man von *Forschungsdaten* (im

---

* Dieser Beitrag ist die verschriftlichte Fassung eines Vortrags mit demselben Titel im Rahmen einer Tagung zum Thema „Was ist digitale Philosophie? – Phänomene, Formen und Methoden", die am 02. und 03. Dezember 2022 in Konstanz veranstaltet wurde. Siehe https://digital-philosophy.net/ [zuletzt abgerufen am 10.05.2023] für die Tagung, https:// digitale-philosophie.de/ [zuletzt abgerufen am 10.05.2023] für die Arbeitsgruppe philosophische Digitalitätsforschung / Philosophie der Digitalität der Deutschen Gesellschaft für Philosophie, vor deren Hintergrund die Tagung zu verorten ist und https://www.youtube. com/watch?v=v7CH8uwX2fE [zuletzt abgerufen am 10.05.2023] für die videografische Aufzeichnung des Vortrags selbst. Dank gebührt an dieser Stelle der Fritz Thyssen Stiftung für die Finanzierung und Jörg Noller für die Organisation der Tagung.

1 Vgl. für eine Statusbestimmung der digitalen Philosophie im Panorama der Digital Humanities und zudem für eine kurze historische Skizze Heßbrüggen-Walter 2018.

Unterschied zu den 1960er bis 80er Jahren, in denen von wissenschaftlicher *Fachinformation* die Rede war). Eine wissenschaftliche wie auch politische Auseinandersetzung mit den facheigenen Forschungsdaten und -werkzeugen (sowie Quellen, Arbeitsumgebungen und Methoden) ist spätestens vor dem Hintergrund der Nationalen Forschungsdateninfrastruktur[2] (NFDI) geboten.

Einer der zentralen Meilensteine der NFDI war das Positionspapier „Leistung aus Vielfalt" des Rats für Informationsinfrastrukturen (RfII) von 2016.[3] Im Zusammenhang mit dem Befund einer in der deutschen Wissenschaftslandschaft defizitären digitalen Grundversorgung und dem Mangel eines übergreifenden Forschungsdatenmanagements wird darin u. a. eine nationale Forschungsdateninfrastruktur empfohlen. Bund und Länder haben diese Empfehlung im Jahre 2018 aufgegriffen und den Aufbau der NFDI beschlossen.[4] Alle wissenschaftlichen Disziplinen in Deutschland waren aufgerufen, sich selbstständig in Form von Konsortien zu organisieren und sich für eine Förderung zu bewerben. Es erhielten letztendlich 27 Konsortien eine Förderung[5], um ihre jeweilige Disziplin-spezifische Teilinfrastruktur aufzubauen, die Forschungsdaten, Forschungssoftware, Webservices, virtuelle Arbeitsumgebungen, Publikationsmodelle, Normdaten, Langzeitarchivierung etc. umfassen soll. Ein zentraler Gedanke der NFDI ist die langfristige Sicherung von Forschungsergebnissen und das Primat der (zumindest prinzipiellen) Nachnutzbarkeit der Forschungsdaten, sowie ihre (auch hier: zumindest prinzipielle) Verknüpfung, sprich ihre Interoperabilität.

Was bedeutet das nun aber für die Philosophie? Welche Daten, die in der Philosophie produziert werden bzw. in philosophischen Forschungsprozessen relevant sind, fallen denn in der Kategorie der zu speichernden und nachnutzbarzumachenden Forschungsdaten?[6] Der Zugang zu diesen Fragen soll an dieser Stelle über die in der Philosophie üblichen Begriffsanalyse hergestellt werden.

2.   „Daten"

Der Datenbegriff wurde bislang in der (philosophischen) Fachliteratur nur randständig thematisiert. Eine glossarische Annäherung an den Begriff findet

---

2 Siehe https://www.dfg.de/foerderung/programme/nfdi/ [zuletzt abgerufen am 10.05.2023].
3 Vgl. RfII 2016.
4 Bund-Länder-Vereinbarung zu Aufbau und Förderung einer Nationalen Forschungsdateninfrastruktur 2018.
5 Siehe https://www.nfdi.de/konsortien/ [zuletzt abgerufen am 10.05.2023].
6 Geiger 2023a.

sich beispielsweise in Geiger 2023b[7]. Die alltagssprachliche Verwendung assoziiert mit dem Begriff extensional zumeist Zahlen und Messwerte aus Sensoren und statistischen Erhebungen oder auch Zeichen oder Informationen explizit im (digital-)technischen Bereich.[8] Etymologisch stammt der Singular von „Daten" („Datum") aus dem Lateinischen und leitet sich von „dare", zu Deutsch „geben", ab. In deutschen Datierungsformen, zum Beispiel für Tages- und Ortsangaben in Briefen und anderen Schreiben, lässt sich seine Verwendung bereits seit dem 13. Jahrhundert verzeichnen. Als „gegebene Größe, Angabe, Beleg" oder pluralisiert als „data" wird der Datenbegriff im 17. und 18. Jahrhundert von der Wissenschaftssprache aufgegriffen. Erst seit den 1950er Jahren intensivierte sich der Konnex des Datenbegriffs mit der Digital- und Computertechnologie.[9]

In der begrifflich-historischen Analyse sollte zwischen (1) einer expliziten Verwendung des Begriffs aber nicht in einem technischen Sinne (z. B. als „Sinnesdaten" bei George E. Moore und Bertrand Russell[10]), (2) einem impliziten Datenbegriff, bei dem die Daten zwar keine digitaltechnische Form hatten, strukturell aber unserem heutigen technischen Verständnis von Daten entsprachen (z. B. die Ergebnisse der Sozialstatistik von Adolphe Quetelet) und (3) einem expliziten und digitaltechnisch gedachten Datenbegriff unterschieden werden.

Begriffliche moderne Deutungsansätze zum Datenbegriff finden sich beispielsweise in der Philosophie bei Hui[11] oder Floridi[12], in der Soziologie bei Nassehi[13] oder in den *Code Studies* bei Kitchin und Dodge[14]. Allen ist allerdings gemeinsam, dass sie sich auf einen expliziten und technisch gedachten Datenbegriff (3) beziehen. Zur Diskussion rund um Daten in der Philosophie vor dem Hintergrund einer digitalen Transformation bedarf es allerdings keiner ontologischen Konzeptionalisierung des Datenbegriffs, sondern eine wissenschaftstheoretische und diskursive Deutung, die methodologische, institutionelle und technische Aspekte zu einem Konzept von „Forschungsdaten" in und für die Philosophie zusammenführt.

---

7   Geiger 2023b.
8   „Daten" in Duden 2023.
9   „Datum" in Pfeifer 1993.
10   Vgl. Hatfield 2021.
11   Vgl. Hui 2016.
12   Vgl. Floridi 2011.
13   Vgl. Nassehi 2019.
14   Vgl. Kitchin und Dodge 2011.

3.   Forschungsdaten

Selbst im Rahmen der Nationalen Forschungsdateninfrastruktur existiert keine einheitliche Definition des Forschungsdatenbegriffs – allerdings bieten die meisten Institutionen eine (häufig extensionale) Definition von Forschungsdaten an.

So definiert die Deutsche Forschungsgemeinschaft Forschungsdaten beispielsweise primär extensional: „Zu Forschungsdaten zählen u. a. Messdaten, Laborwerte, audiovisuelle Informationen, Texte, Surveydaten oder Beobachtungsdaten, methodische Testverfahren sowie Fragebögen. Korpora und Simulationen können ebenfalls zentrale Ergebnisse wissenschaftlicher Forschung darstellen und werden daher ebenfalls unter den Begriff Forschungsdaten gefasst."[15]

forschungsdaten.info, eine einschlägige Plattform für das Forschungsdatenmanagement, definiert Forschungsdaten intensional:

> „Forschungsdaten sind (digitale) Daten, die während wissenschaftlicher Tätigkeit (z. B. durch Messungen, Befragungen, Quellenarbeit) entstehen. Sie bilden eine Grundlage wissenschaftlicher Arbeit und dokumentieren deren Ergebnisse. Daraus ergibt sich ein disziplin- und projektspezifisches Verständnis von Forschungsdaten mit unterschiedlichen Anforderungen an die Aufbereitung, Verarbeitung und Verwaltung der Daten."[16]

Neben den intensionalen und extensionalen Deutungsansätzen lassen sich weiterhin auch funktionale finden[17]:

–   „Forschungsdaten sind alle Daten, die in einem Forschungsprojekt verwendet werden (z. B. die berücksichtigten Texte).
–   Forschungsdaten sind alle Daten, die in einem Forschungsprojekt anfallen (erzeugt, gesammelt oder beiläufig entstanden; z. B. Annotationen).
–   Forschungsdaten sind alle Daten, die für die künftige Forschung relevant sein könnten (z. B. Daten der digitalen Projektkommunikation und -organisation).
–   Forschungsdaten sind eine Mischung der drei ersten Kategorien."

Der Status von Daten als Forschungsdaten bedeutet praktisch den Einsatz von Ressourcen. Die Kuratierung und (Langzeit-)Archivierung, sowie Aufbereitung nach den FAIR-Prinzipien[18] erfordern Mittel, Personal und Knowhow, sodass die binäre Codierung *Forschungsdatum–kein Forschungsdatum* im

---

15   Deutsche Forschungsgemeinschaft: Umgang mit Forschungsdaten 2021.
16   forschunsgdaten.info 2022.
17   Arnold 2017.
18   Vgl. Wilkinson 2016.

Zusammenhang mit einem Legitimationsdruck der Definition steht. Was sind Forschungsdaten letztendlich (und was nicht)? In Anlehnung an Arnold[19] lassen sich insbesondere drei Kriterien identifizieren, die eine Unterscheidungsgrundlage bieten können[20]:

- *Begründungskriterium: Alle Daten, die notwendig sind, um Forschungsergebnisse argumentativ rechtfertigen zu können, sind Forschungsdaten.*
  Daten sind nie selbsterklärend und bedürfen daher immer der Deutung. Das Verhältnis zwischen Datenbasis und Forschungsergebnis muss logisch – induktiv oder deduktiv – strukturiert sein.
- *Wahrheitskriterium: Alle Daten, die notwendig sind, um aus ihnen einen hinreichenden Anspruch auf die Wahrheit der Forschungsergebnisse ableiten zu können, sind Forschungsdaten.*
  Hier geht es um eine Reflexion der Datenbasis selbst. Daten sind niemals „roh"[21]: Kognitive Verzerrungen sind in jede Datenbasis eingeschrieben und spiegeln oft soziale Machtstrukturen wider, wie sie beispielsweise in den *Gender* oder *Decolonial Studies* herausgearbeitet werden.
- *Reproduktionskriterium: Alle Daten, die im Rahmen einer wissenschaftlichen Forschung auftreten und für die praktische Reproduktion der einzelnen Arbeitsschritte und Ergebnisse notwendig sind, sind Forschungsdaten.*
  Insbesondere der Anspruch der Reproduzierbarkeit von Forschung hat zu Ende gedacht weitreichende Konsequenzen. Die Mitpublikation der Datenbasis reicht (meistens) nicht aus, um digitale Prozesse rekapitulieren und reproduzieren zu können – hier bedarf es auch der sogenannten Intermediärdaten (Zwischendaten), sowie der technischen Paradaten, also hinreichenden Angaben über sämtliche (semi)automatischen Transformationsschritte der Daten. So ist beispielsweise bei der Erstellung eines Texts in einem beliebigen Textverarbeitungsprogramm das Betriebssystem irrelevant, da es keinen semantischen Einfluss auf die Daten nimmt. Finden allerdings automatisierte / algorithmische Verarbeitungsschritte statt (z. B. bei der Datenkompression, Konvertierung, Clustering-Verfahren oder Visualisierung) werden die Angaben sämtlicher Parameter der verwendeten Programme und Einstellungen notwendig, um die Prozesse reproduzieren zu können. Freilich macht dies die vorgelagerte Kenntnis darüber, auf welche Parameter, Routinen etc. ein verwendetes Programm überhaupt zurückgreift bzw. zurückgreifen könnte, notwendig (Stichwort: *data literacy*).

---

19   Arnold 2017.
20   Übernommen aus Geiger 2023b.
21   Vgl. z. B. Klein 2020.

4.   Forschungsdaten in der Philosophie

Was sind nun aber konkret Forschungsdaten in der Philosophie? Zu dieser
Frage organisierte die Arbeitsgruppe zur Philosophie der Digitalität der Deutschen Gesellschaft für Philosophie[22] und der Fachinformationsdienst Philosophie[23] im Rahmen der Digital-Humanities-Konferenz „Forschungsdaten in
den Geisteswissenschaften" (FORGE) im Jahre 2021[24] eine virtuelle Podiumsdiskussion und einen Workshop.[25] Die Podiumsdiskussion förderte einige
interessante Erkenntnisse zutage, die an dieser Stelle kurz skizziert werden.

Die Frage nach Forschungsdaten in der Philosophie ist eigentlich die Frage
nach der philosophischen Forschung selbst.[26] Wie Philosophinnen und Philosophen eigentlich arbeiten ist (noch) gar nicht hinreichend erforscht, zumal
der hermeneutische Prozess eine *black box* ist, da die Verläufe und Prozesse
sich einer genauen Analyse und Reflexion entziehen. Für diesen Teil der
philosophischen Forschung wird das Reproduktionskriterium weitgehend
ausgehebelt. Allerdings ist das philosophische Arbeiten nicht nur auf die Hermeneutik zu reduzieren: Texte werden nicht nur gelesen und ausgelegt, sondern
Textbestände werden auch exploriert, Diskurse erschlossen, Inhalte vermittelt
und Texte verglichen. Die digitale Transformation der Philosophie macht
sich mit am deutlichsten bemerkbar in der Rezeption und Erschließung von
Texten und Textsammlungen. Durch Suchfunktionen, Textmining-Methoden
und graphische User Interfaces werden neue Zugriffe angeboten, die anderen
Ordnungslogiken folgen und zudem Prozesse in ihrer Effizienz und Effektivität verändern. Dieses Operieren in digitalen Umgebungen ist ein externes
Operieren, das zumindest prinzipiell dokumentiert werden könnte – zwar verändern sich auch Suchwerkzeuge und Datenbestände laufend, doch es wäre
zumindest eine approximative Reflexion der Suchprozesse möglich, um so
auch die Wirkungsweise von Algorithmen, sowie die Zusammenstellung(skri-
terien) der Bestände kritisch reflektieren zu können. Die Dokumentation

---

22   Siehe https://digitale-philosophie.de/ [zuletzt abgerufen am 10.05.2023].
23   Siehe https://philportal.de/ueber-uns/ [zuletzt abgerufen am 10.05.2023].
24   Siehe https://forge2021.uni-koeln.de/ [zuletzt abgerufen am 10.05.2023].
25   Siehe Bartmann et al. 2021, sowie https://www.youtube.com/watch?v=PHr8_fvQtFg
      [zuletzt aufgerufen am 11.05.2023] für die videografische Aufzeichnung des Panels. Am
      Panel beteiligt waren Prof. Dr. Petra Gehring (Technische Universität Darmstadt), Prof.
      Dr. Gabriele Gramelsberger (Rheinisch-Westfälische Technische Hochschule Aachen),
      Prof. Dr. Ulrich Johannes Schneider (Universität Leipzig), Prof. Dr. Dr. h.c. Andreas Speer
      (Universität zu Köln) und Dr. Andreas Wagner (Johann Wolfgang Goethe Universität
      Frankfurt a.M.).
26   Vgl. hierzu auch Krämer 2018 („der Stachel des Digitalen").

dieser kritischen Reflexion fällt dann im Sinne des Begründungskriteriums unter die Kategorie der Forschungsdaten.

Des Weiteren ist hervorzuheben, dass nicht nur Texte für die philosophische Forschung relevant und interessant sind, sondern prinzipiell alle Daten (auch Bilder, Audioaufnahmen, Videos, Spiele etc.). Es ist naheliegend, eine weitere Unterscheidung von Forschungsdaten in der Philosophie zu treffen, nämlich einerseits zwischen Daten *für* die philosophische Forschung und andererseits Daten *von* der philosophischen Forschung, sprich, zwischen „Input" und „Output".

5. Forschungsdaten in der Philosophie: ein exemplarischer Überblick

Vor dem Hintergrund der analytischen Differenz zwischen Daten und Forschungsdaten, sowie zwischen den Phasen des philosophischen Arbeitens soll im Folgenden der Versuch einer Kartierung philosophisch relevanter Datenkategorien (deren Status als Forschungsdaten freilich von Fall zu Fall zur Disposition steht) unternommen werden. Selbstverständlich kann eine solche Kartierung nicht exhaustiv sein, sondern höchstens eine wohl zusammengestellte Sammlung von Beispielen, die im besten Falle aber dennoch eine Unterteilung in verschiedene Kategorien legitimiert.

5.1 *Textuelle Forschungsdaten*

Texte oder besser: textuelle Daten sind wohl der Prototyp[27] philosophischer Forschungsdaten. Technisch gesehen kann unterschieden werden zwischen retrodigitalisierten Texten, die als Faksimiles vorliegen, retrodigitalisierten Texten, die transkribiert wurden (maschinell per *Optical Character Recognition* oder manuell per *Double-Keying*) und genuin digital erstellten Texten (sogenannte „born digital"). Eng verwandt ist die Gattung der digitalen Editionen. Eine digitale Edition ist dabei mehr als eine digitalisierte Edition, da erstere einem digitalen Paradigma, letztere einem typografischen Paradima folgt[28], d.h. „eine digitale Edition ist dadurch bestimmt, dass sie die allgemeinen Anforderungen an eine wissenschaftliche Edition durch die Berücksichtigung der gegenwärtigen technischen Möglichkeiten und ihrer methodischen Implikationen erfüllt."[29] Zudem ist eine digitale Edition „dadurch bestimmt, dass sie nicht ohne wesentliche Informations- und Funktionsverluste in eine

---

27 Vgl. Rosch 1975.
28 Sahle 2013, 152.
29 Sahle 2013, 148.

typografische Form gebracht werden kann – und in diesem Sinne über die druckbare Edition hinausgeht."[30] Digitale Editionen sind an sich also Daten-förmig und schöpfen zudem digitaltechnische Möglichkeiten aus.

Als eine weitere Textgattung lässt sich die Familie der lexikalischen Res-sourcen, sprich Lexika, Wörterbücher und Enzyklopädien identifizieren. Ins-besondere die Philosophie verfügt über eine umfangreiche enzyklopädische Tradition, spätestens seit Pierre Bayles „Dictionnaire historique et critique" (1697), über die „Encyclopédie ou Dictionnaire raisonné des sciences, des arts et des métiers" (1780) von Diderot und d'Alembert bis hin zum Historischen Wörterbuch der Philosophie von Ritter, Gründer und Gabriel (2007). Es ist daher nicht verwunderlich, dass sich in der Philosophie eine umfangreiche und gut kuratierte digitale Enzyklopädie (mit hypertextuellen Strukturen ähnlich der Wikipedia) finden lässt: die Stanford Encyclopedia of Philosophy (SEP)[31]. Die SEP wurde ab 1995 am Center for the Study of Language and Infor-mation der Stanford University als dynamisches Online-Wörterbuch für die Philosophie entwickelt und umfasste 2018 knapp 1600 Einträge.[32] Im Bereich der digitalen Wörterbücher für die Philosophie stellt sie heutzutage eine der zentralen Instanzen dar und wird laufend erweitert.

Auch für sehr kleine Texte, unter anderem Kommentare, Annotationen, Aphorismen, Tweets (X, ehemals Twitter) oder Toots (Mastodon) gibt es bereits technische Schemata, um diese Texte als Daten in virtuellen Forschungs-umgebungen oder dem Semantic Web platzieren und verarbeiten zu können.[33] Zu den sehr kleinen Textformen bzw. vielleicht sogar als die kleinste textuelle Form ist in der Philosophie das Urteil bzw. das Argument zu nennen. Samm-lungen von Argumenten lassen sich auch teilweise in gedruckter Form finden, ein großes digitales Sammlungsprojekt von Argumenten ist beispielsweise das Lexikon der Argumente.[34] Argumente können allerdings auch mit einer eigenen Syntax technisch erfasst und zueinander in Beziehung gesetzt wer-den, beispielsweise über die Argdown-Syntax.[35] Die explizite Auszeichnung von Aussagen als Argumente, Thesen, Konklusionen und ähnliches nutzt den

---

30   Sahle 2013, 149.
31   Siehe https://plato.stanford.edu/index.html [zuletzt abgerufen am 10.05.2023].
32   Siehe https://plato.stanford.edu/about.html [zuletzt abgerufen am 10.05.2023].
33   Siehe https://nanopub.net/docs/ [zuletzt abgerufen am 10.05.2023]; vgl. zudem Groth, Gibson u. Velterop 2010.
34   Siehe https://www.philosophie-wissenschaft-kontroversen.de/index.php [zuletzt abge-rufen am 10.05.2023].
35   Siehe https://argdown.org/ [zuletzt abgerufen am 10.05.2023].

technischen Vorteil, dass hierdurch Analysen, Visualisierungen und semantische Netze erzeugt werden können.[36]

Im Anbetracht dieser Übersicht zeigt sich, dass Texte in ihrem Umfang
und ihrer Granularität erheblich variieren können. Digitale Texte sind immer
auch digitale Daten. Die technischen Möglichkeiten der Anreicherung, Auszeichnung, Annotation, Vernetzung, Analyse, Visualisierung und des Zugriffs
sind umfangreich und erlauben ein neues Verhältnis der Philosophie zum
Medium Text. Texte sind sowohl Grundlage als auch Ergebnis philosophischer Forschung. Zwar ist das Reproduktionskriterium durch die Intransparenz hermeneutischer Textauslegungsprozesse weitgehend ausgehebelt, das
Wahrheitskriterium hingegen wird relevant, insbesondere in Bezug auf stark
formalisierte Texte als logische Strukturen. Um dem Begründungskriterium
zu genügen, müssten bei Recherche-, Explorations-, Aggregations- und
Rezeptionsprozessen noch mehr Paradaten zu den durchsuchten Daten-
beständen und der Suche an sich dokumentiert werden, die die Zitations- und
Verweisverzeichnisse flankieren.

5.2   *Nicht-textuelle Forschungsdaten*

Neben Texten als primäre Datengrundlage als auch als primäre Forschungsergebnisse der Philosophie ist noch auf eine Reihe weiterer Datentypen hinzuweisen. Technisch gesehen lassen sich von digitalen Texten grafische Objekte
(z. B. Bilder, Grafiken, Abbildungen und Diagramme), akustische Objekte
(z. B. Sprachaufzeichnungen und Musik), videografische Objekte (z. B. Aufzeichnungen und Filme), interaktive Objekte (z. B. Videospiele) und Kombina-
tionen der genannten Objektkategorien unterscheiden. Diese können sowohl
Grundlage für die philosophische Forschung sein, wie auch das (in der Regel
nicht Peer-reviewte) Ergebnis, beispielsweise Radiointerviews oder videografische Aufzeichnungen von Podiumsdiskussionen.

Wird der Blick etwas geweitet, geraten schnell „lediglich" Philosophie-
bezogene Daten in den Blick, die weder die Grundlage noch das Ergebnis philosophischer Forschung im engeren Sinne darstellen und damit die Frage nach
den drei eingangs skizzierten Kriterien neu aufwerfen; allerdings ist Wissenschaft auch nicht auf Forschung zu reduzieren. Im Diskurs der letzten Jahre
hat sich der Begriff der „Third Mission" als drittes Aktivitätsfeld von Hochschulen (neben der ersten Mission, der Forschung und der zweiten Mission,
der Lehre) etabliert. Der Begriff ist als Sammelbegriff zu verstehen, der gesell-
schaftsbezogene Aktivitäten der Hochschulen bündelt; d.h. es geht um die

---

36   Vgl. beispielsweise Walton 2013.

Interaktionen einer Hochschule mit ihrer gesellschaftlichen Umwelt.[37] Ohne die politischen Hintergründe oder die Begriffe kritisch zu reflektieren, lässt sich diese Dreiteilung als pragmatische Möglichkeit der Unterscheidung von Daten in der Wissenschaft verwenden. In diesem Sinne lassen sich Forschungsdaten im engeren Sinne, die auch dem Begründungs-, Wahrheits- und Reproduktions-kriterium Rechenschaft ablegen müssen, der *first mission* zuordnen. Der *second mission*, also der Lehre und Hochschulbildung, lassen sich beispielsweise *Open Educational Resources* und Daten im Rahmen der Philosophie- und Ethikdidaktik zuordnen. Die dritte Mission (*third mission*) umfasst hingegen einen sehr weiten und heterogenen Bereich weiterer Daten, beispielsweise der Wissenschaftskommunikation und in diesem Sinne Blogs, Podcasts, Videos und weiteres.[38] Die Übergänge zwischen Hochschullehre, Wissen-schaftskommunikation, Public Philosophy und Wissenschaftsjournalismus sind in diesem Bereich fließend. Vor dem Hintergrund des Forschungsdaten-managements können die Daten der zweiten und dritten Mission der Hoch-schulen ebenfalls als Daten erschlossen und verwaltet werden, ohne freilich die Unterschiede hinsichtlich ihrer institutionalisierten Publikationskanäle, Qualitätsmechanismen und Reputationszuschreibungen aus dem Blick zu verlieren.

5.3 *Sammlungen*

Sämtliche bislang aufgezählten Datenobjektkategorien können in (digitalen) Sammlungen aggregiert oder zusammengestellt werden. Digitalisate von Voll-texten werden beispielsweise in der Perseus Digital Library[39] versammelt und online zur Verfügung gestellt. Die Sammlung wird hauptsächlich von der Tufts University (USA) betrieben und besteht seit 1987. Für die Philosophie sind hier insbesondere die Texte griechischer und römischer Philosophen interessant. Als Beispiel für Sammlungen von digitalen Editionen ist der Katalog „a catalog of Digital Scholarly Editions" von Sahle zu nennen, der (Stand Anfang 2023) über 800 Editionen digital versammelt.[40] Hier werden auch Filtermöglich-keiten (Edenda, Subject, Period, Language und Reviewed) angeboten. In Bezug auf wissenschaftliche Paper ist die bibliografische und Textdaten-Sammlung PhilPapers zu nennen, die seit 2006 entwickelt wird und aktuell (Stand

---

37   Vgl. Würmseer 2016.

38   Als ein prominentes Beispiel ist die Videoreihe Filosofix des SRF (Schweizer Rundfunk und Fernsehen) zu nennen, die philosophische Gedankenexperimente für die Öffentlich-keit aufbereitet; siehe https://www.srf.ch/kultur/gesellschaft-religion/filosofix [zuletzt abgerufen am 10.05.2023].

39   Siehe http://www.perseus.tufts.edu/hopper/ [zuletzt abgerufen am 11.05.2023].

40   Siehe   https://www.digitale-edition.de/exist/apps/editions-browser/$app/index.html [zuletzt abgerufen am 11.05.2023].

Anfang 2023) über 2,5 Millionen Items umfasst.[41] Im Bereich Sammlungen nicht-textueller Daten für die Philosophie ist zum Beispiel die Philosophische Audiothek zu nennen, die es sich zur Aufgabe gemacht hat, Philosophiebezogene Tondokumente zu sammeln.[42] Die Webseite wird betrieben von der Universität Wien. Abschließend sei noch auf Sammlungen von Sammlungen hinzuweisen, wie sie beispielsweise vom Fachinformationsdienst Philosophie auf ihrem Portal aufgebaut wird.[43] Der FID aggregiert ebenfalls Volltexte, Monografien, bietet neuen Zeitschriften Hostingmöglichkeiten an, stellt Recherchewerkzeuge zur Verfügung und versteht sich insgesamt als Instanz, die die akademische Philosophie bei ihrer Reise in eine digitale Forschungswelt begleitet.[44] Der FID ist Mitglied im NFDI-Konsortium Text+ und also am Aufbau der digitaler Forschungsdateninfrastrukturen für die Philosophie beteiligt.[45]

Sammlungen stellen wissenschaftliche Daten und Forschungsdaten zusammen, schaffen Orientierung und stellen Werkzeuge für digitale Operationen (Recherche, Analyse etc.) bereit. Eine Notwendigkeit für Sammlungen sind Normdaten und kontrollierte Vokabulare.

5.4 *Normdaten und kontrollierte Vokabulare*

Ein weiterer Bereich von Daten für die philosophische Forschung sind Normdaten. Hintergrund ist, dass die allermeisten Analyse-, Explorations- und Suchprozesse in digitalen Systemen über Zeichen und Zeichenketten funktionieren, die menschliche Sprache allerdings beispielsweise Ambiguitäten, Varianten, Konnotationen und Denotationen, Synonyme, Homonymie und weitere Phänomene umfasst, die weit über die verwendeten Zeichen und Zeichenketten hinausgehen. Dieser sprachlichen Kontingenz, die zwischen Wissensproduzent*innen und Wissenssucher*innen in einem Medium der digital-technischen Repräsentation besteht, wird kompensiert durch das, was in der Dokumentation, der (informatischen) Wissensrepräsentation und im Forschungsdatenmanagement „kontrollierte Vokabulare" genannt wird. Die Idee dahinter ist, nur ein bestimmtes Set an Wörtern für die Indexierung von Items (beispielsweise Texte, aber auch anderer Datentypen) verwendet werden darf, um den Möglichkeitsspielraum für (zeichenbasierte) Suchanfragen zu reduzieren. Dabei gibt es verschiedene Arten von kontrollierten Vokabularen, von einfachen Begriffslisten, über Klassifikationen und Thesauri, die neben

---

41 Siehe https://philpapers.org/help/about.html [zuletzt abgerufen am 11.05.2023].

42 Siehe https://audiothek.philo.at/lm/mission.html [zuletzt abgerufen am 11.05.2023].

43 Siehe https://philportal.de [zuletzt abgerufen am 11.05.2023].

44 Siehe https://philportal.de/ueber-uns/ [zuletzt abgerufen am 11.05.2023].

45 Siehe https://www.text-plus.org/ueber-uns/weitere-partner/ [zuletzt abgerufen am 11.05.2023].

Haupt- auch Nebenbegriffe abbilden, bis hin zu Ontologien[46], bei denen auch Relationen zwischen den Begriffen definiert und normiert sind („Semantik").[47] Kontrollierte Vokabulare zeichnen sich in ihrer Qualität neben Vollständigkeit, Aktualität und weiteren Eigenschaften auch über ihre weite Verbreitung und Anwendung aus. Normdaten sind Vokabulare, die von Institutionen als Quasi-Standards gesetzt werden und so eine hohen Verbreitungsgrad erreichen können, in Deutschland ist hierfür exemplarisch die Gemeinsame Normdatei (GND) der Deutschen Nationalbibliothek (DNB) zu nennen.[48] Solche Vokabulare müssen von Expert*innen der jeweiligen Wissensdomäne erarbeitet, dauerhaft kuratiert und weiterentwickelt, sowie in politischen Prozessen als Konsens bzw. kleinster gemeinsamer Nenner etabliert werden und sie spiegeln damit auch Interessenslagen und Schwerpunkte von Akteuren und Fachcommunitys wider.

Kontrollierte Vokabulare sind zentrale Werkzeuge, um Mengen-orientierte Operationen auf digitale Sammlungen oder sogar Aggregationen von mehreren Sammlungen zu ermöglichen. Dies schließt beispielsweise auch eine einfache Rechercheanfrage in einem Online Publication Access Catalogue (OPAC) einer Bibliothek ein. Such-, Analyse-, Transformation- und Visualisierungs-zugriffe auf digitale Sammlungen sind nur durch kontrollierte Vokabulare möglich, ebenso die Herstellung von Interoperabilität und die Einrichtung von Schnittstellen und selbst Sammlungen sind als Sammlungen nicht ohne sie denkbar. Daher sind kontrollierte Vokabulare und Normdaten auch für die Philosophie von großer Bedeutung.

Allgemeine Normdaten wie jene der GND ermöglichen durch ihren Einsatz in Philosophie-bezogenen Datasets die Interoperabilität in Bezug auf Personen-, Orts-, Werknamen und weiteren. Für eine feinere Erschließung bedarf es allerdings Domänen-spezifischer Vokabulare, die in der Philosophie nur sehr bedingt verbreitet sind. Eines der prominentesten und elaboriertesten Beispiele ist die InPhO – die Internet bzw. Indiana Philosophy Ontology, die an der Indiana University entwickelt wurde.[49] Diese Ontologie ist ein automatisch generiertes Extrakt der SEP[50] und steht unter einer offenen Lizenz. Allerdings ist die InPhO trotz ihrer Domänen-Spezifik für komplexere Anwendungsfälle nicht genug angereichert, da beispielsweise semantische

---

46   Gemeint ist hier natürlich nicht das philosophische Fach gleichen Namens.
47   Vgl. beispielsweise Stock/Stock 2008.
48   Siehe https://www.dnb.de/DE/Professionell/Standardisierung/GND/gnd_node.html#doc
      58016bodyText2 [zuletzt abgerufen am 10.05.2023].
49   Siehe https://www.inphoproject.org/ [zuletzt abgerufen am 10.05.2023].
50   Siehe https://plato.stanford.edu/ [zuletzt abgerufen am 10.05.2023].

Relationen fehlen und auch kein Mapping zu anderen kontrollierten Vokabularen oder Normdaten besteht.

Ein weiterer Bereich kontrollierter Vokabulare, die für die Domäne der Philosophie relevant sind, beziehen sich auf Argumentationsschemata. Hierzu gibt es eine ganze Reihe von Ansätzen, unter anderem das Argument Interchange Format (AIF).[51] Argumentationsstrukturen der formalen Logik können mit solchen Ontologien ausgezeichnet werden, um so Visualisierungen zu ermöglichen (*argument maps*), die Fehlerfreiheit von Argumentationsketten automatisiert prüfen zu können (*semantic reasoning*) oder Argumente aus Textsammlungen extrahieren zu können. Weitere Anwendungsmöglichkeiten sind leicht denkbar.

Kontrollierte Vokabulare, Normdaten und Ontologien sind Daten eines bestimmten Typs, die keine Grundlage oder Ergebnisse klassischer philosophischer Forschung darstellen. Sie lassen sich auch nicht direkt in das Schema der *first, second* und *third mission* einsortieren. Dennoch sind virtuelle Forschungsumgebungen und digitale Forschungsinfrastrukturen wie jene der Nationalen Forschungsdateninfrastruktur ohne kontrollierte Vokabulare nicht möglich, da sie ein elementarer Teil ihrer Grundstruktur sind. Zudem ermöglichen sie die Entwicklung und den Einsatz quantitativer Digital-Humanities-Forschungsmethoden.

5.5   *Modelle, quantitative Methoden und Visualisierungen*

Für den technischen Zugriff auf Texte oder Textkorpora in Bezug auf Such-, Analyse-, Vergleichs- oder Visualisierungsmethoden bedarf es immer elaborierter Datenmodelle, die in engem Zusammenhang mit Normdaten und kontrollierten Vokabularen stehen. Dies schließt auch sogenannte *distant-reading*-Ansätze (die es auch für nicht-textuelle Daten gibt) mit ein. Visualisierungen dienen dabei nicht nur der Illustration, sondern eröffnet auch einen epistemischen Zugang zu Sammlungen im Sinne von *visual analytics*.

So stellt Noichl beispielsweise die These auf, dass die analytische Philosophie im Gegensatz zur kontinentalen keine kohärente Klasse in der Philosophie bildet. Er untermauert seine These mit einer quantitativen Analyse von fast 70.000 Elementen aus dem Archiv von PhilPapers.[52]

---

51   Vgl. Rahwan u. Reed 2009, sowie die Argument Interchange Format Specification der Argumentation Research Group 2011.

52   Noichl 2021.

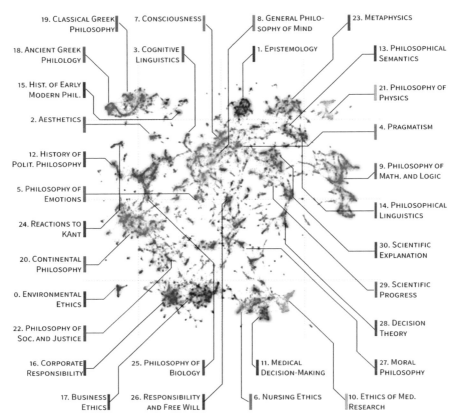

19. CLASSICAL GREEK PHILOSOPHY
7. CONSCIOUSNESS
8. GENERAL PHILOSOPHY OF MIND
23. METAPHYSICS
18. ANCIENT GREEK PHILOLOGY
3. COGNITIVE LINGUISTICS
1. EPISTEMOLOGY
13. PHILOSOPHICAL SEMANTICS
15. HIST. OF EARLY MODERN PHIL.
21. PHILOSOPHY OF PHYSICS
2. AESTHETICS
4. PRAGMATISM
12. HISTORY OF POLIT. PHILOSOPHY
9. PHILOSOPHY OF MATH. AND LOGIC
5. PHILOSOPHY OF EMOTIONS
14. PHILOSOPHICAL LINGUISTICS
24. REACTIONS TO KANT
20. CONTINENTAL PHILOSOPHY
30. SCIENTIFIC EXPLANATION
0. ENVIRONMENTAL ETHICS
29. SCIENTIFIC PROGRESS
22. PHILOSOPHY OF SOC. AND JUSTICE
28. DECISION THEORY
16. CORPORATE RESPONSIBILITY
25. PHILOSOPHY OF BIOLOGY
11. MEDICAL DECISION-MAKING
27. MORAL PHILOSOPHY
17. BUSINESS ETHICS
26. RESPONSIBILITY AND FREE WILL
6. NURSING ETHICS
10. ETHICS OF MED. RESEARCH

Abb. 11.1   Visualisierung der fast 70.000 Artikel aus dem Archiv von PhilPapers. Die farbliche Markierung entspricht der Cluster-Zugehörigkeit. Quelle: Noichl 2021.

Datenmodelle dieser Art werden teilweise auch öffentlich zur Verfügung gestellt, beispielsweise für den Text- und Datenanalyse-Sevice des JSTOR-Archivs Constellate.[53] Diesen Service nutzte auch Weatherson für seine Topic-Modelling-Analyse der thematischen Trends der Philosophie der letzten Jahre.[54]

---

53   Siehe https://constellate.org/docs/what-is-constellate [zuletzt abgerufen am 10.05.2023].
54   Weatherson 2022.

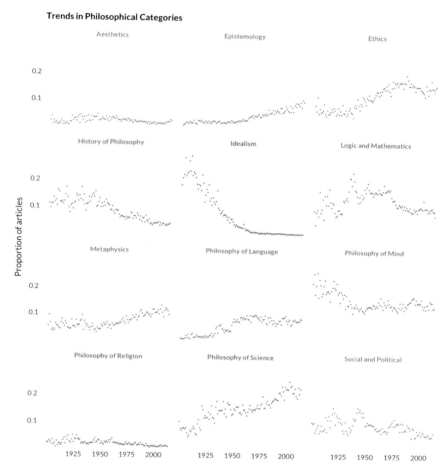

Abb. 11.2   Anteil philosophischer Artikel aus dem JSTOR-Archiv nach Kategorie und Jahr.
Quelle: Weatherson 2022.

Derartige Analysen und Visualisierungstechniken sind auch möglich für den
Bereich der Philosophie-orientierten Bibliometrie oder Szientometrie. Als
(Daten-)Grundlage sind dabei neben Papern beispielsweise auch Korpora von
(textuellen) Kommunikationsdaten[55] oder sogar von Bild-, Audio- oder Video-
daten denkbar; wobei die forschende Anwendung quantitativer Methoden

---

55   Zum Beispiel von der ältesten aktiven internationalen Mailingliste der philo-
      sophischen Fachcommunity PHILOS-L. Sie wird betrieben von der University of
      Liverpool und existiert seit 1989. Ihr Archiv ist vollständig online zugänglich, siehe

und die kritische Reflexion dieser in und für die Philosophie weitgehend noch ausstehen. Als Forschungsdaten sind hierbei nicht nur die Visualisierungen und Grafiken zu verstehen, sondern auch die (in der Regel) tabellarischen Intermediärdaten, sowie Angaben zur verwendeten Software, Algorithmen, etwaigen Trainingsdaten und Metadaten zu den verwendeten Korpora, um dem Reproduktionskriterium, wie auch dem Begründungskriterium genügen zu können. Die Ergebnisdaten quantitativer Analysen sind sowohl das Ergebnis philosophischer Forschungsaktivitäten, als auch Grundlage für weitere Forschung, da es hier auch Mechanismen zur Qualitätssicherung (Peer-Review) und Zitation gibt.

6.   Resümee

Die Philosophie hat eine digitale Seite und befindet sich in einem Übergangszustand in eine digitale Forschungswelt. Wie sich die Philosophie zu diesen Entwicklungen verhält, ist einerseits eine wissenschaftstheoretische Frage (Was bedeutet philosophisches Forschen eigentlich? Was sind Forschungsdaten und was nicht? Wie ist das Verhältnis zwischen den Digital Humanities und der („nicht digitalen"?) Philosophie?[56]), andererseits eine wissenschaftspolitische, da digitale Forschungsinfrastrukturen nur gemeinsam aufgebaut und betrieben werden können und zudem die Frage nach der Finanzierung von Lizenzen (urheberrechtlich geschützter Werke, Software etc.), sowie des Betriebs und der Weiterentwicklung dieser Infrastrukturen (zwischen Privatwirtschaft und öffentlich-finanzierter Wissenschaft) immer wieder neu ausgehandelt werden muss. Der Forschungsdatenbegriff in der Philosophie ist daher zu großen Teilen ein diskursiver; gleichwohl Kriterien wie das Begründungs-, Wahrheits- und Reproduktionskriterium eine fundierte Orientierung bieten können. Wissenschaftliche Daten, die der zweiten und dritten Mission von Hochschulen, sowie im Bereich der Infrastrukturen (kontrollierte Vokabulare) und im Zusammenhang mit digitalen Forschungsmethoden verwendet werden oder aus der Forschung entspringen, dürfen dabei aber nicht aus den Augen verloren werden. Dieser Diskurs ist kein Spezialdiskurs innerhalb der Philosophie, da die (durch rechtliche, finanzielle und technische Rahmenbedingungen strukturierten) zukünftigen Grundlagen des

---

https://listserv.liv.ac.uk/cgi-bin/wa?A0=PHILOS-L [zuletzt abgerufen am 10.05.2023] (abgesehen von Absender- und Empfängermailadressen).

56   Vgl. auch Gehring 2018.

wissenschaftlichen Arbeitens insgesamt im Heute für das Morgen ausgehandelt werden und Veränderungen neben Gefahren auch immer Chancen
bieten.

Literaturverzeichnis

Argumentation Research Group 2011, *The Argument Interchange Format (AIF) Specification*, online; URL: http://www.arg-tech.org/wp-content/uploads/2011/09/aif-
spec.pdf [zuletzt abgerufen am 10.05.2023].

Arnold, Eckhart Arnold 2017, *Forschungsdaten aus wissenschaftstheoretischer Sicht*,
online; URL: https://eckhartarnold.de/papers/2017_Digital_Humanities/EA_2017_
Forschungsdaten_allgemein.pdf [zuletzt abgerufen am 10.05.2023].

Bartmann, Christoph/Eggert, Eric/Eschweiler, Mark/Geiger, Jonathan D. 2021,
*Forschungsdaten in der Philosophie. FORGE 2021: Forschungsdaten in den
Geisteswissenschaften – Mapping the Landscape – Geisteswissenschaftliches Forschungsdatenmanagement zwischen lokalen und globalen, generischen und spezifischen Lösungen (FORGE2021)*, Köln; DOI: https://doi.org/10.5281/zenodo.5379685.

*Bund-Länder-Vereinbarung zu Aufbau und Förderung einer Nationalen Forschungs-
dateninfrastruktur (NFDI) vom 26. November 2018*; URL: https://www.gwk-bonn.
de/fileadmin/Redaktion/Dokumente/Papers/NFDI.pdf [zuletzt abgerufen am
10.05.2023].

„Daten", in: *Duden*, online [zuletzt abgerufen am 10.05.2023].

Deutsche Forschungsgemeinschaft: Umgang mit Forschungsdaten. Checkliste für
Antragstellende zur Planung und zur Beschreibung des Umgangs mit Forschungsdaten in Forschungsvorhaben. Versionsdatum 21.12.2021; URL: https://www.dfg.
de/download/pdf/foerderung/grundlagen_dfg_foerderung/forschungsdaten/
forschungsdaten_checkliste_de.pdf [zuletzt abgerufen am 10.05.2023].

Floridi, Luciano 2011, *The Philosophy of Information*, Oxford.

forschungsdaten.info 2022, *Glossar*, letzte Änderung: 13.02.2023; URL: https://
forschungsdaten.info/praxis-kompakt/glossar [zuletzt abgerufen am 10.05.2023].

Gehring, Petra 2018, „Digitalissimo humanissimo! Die ‚DH' zwischen Marke und
Methodik", in: *Jahrbuch Technikphilosophie* 2018(1), 351–355; DOI: https://doi.
org/10.5771/9783845285429.

Geiger, Jonathan D. 2023a, „Digitale Philosophie – oder Philosophie des Digitalen?
Oder beides?", in: *praefaktisch.de*, online; URL: https://www.praefaktisch.de/
digitalisierung/digitale-philosophie-oder-philosophie-des-digitalen-oder-beides/
[zuletzt abgerufen am 10.05.2023].

Geiger, Jonathan D. 2023b, „Daten / Forschungsdaten", in: DHd-AG Digital Humanities
Theorie (Hrsg.), *Begriffe der Digital Humanities. Ein diskursives Glossar (=Zeitschrift*

für digitale Geisteswissenschaften / Working Papers, 2); DOI: https://doi.org/10.17175/wp_2023_003.

Groth, Paul/Gibson, Andrew/Velterop, Jan 2010, „The Anatomy of a Nano-publication", in *Information Services & Use* 30(1–2), 51–56; DOI: https://doi.org/10.3233/ISU-2010-0613.

Hatfield, Gary 2021, „Sense Data", in: E. N. Zalta (Hrsg.) 2021, *The Stanford Encyclopedia of Philosophy*, online; URL: https://plato.stanford.edu/archives/fall2021/entries/sense-data/ [zuletzt abgerufen am 10.05.2023].

Heßbrüggen-Walter, Stefan 2018, „Philosophie als digitale Geisteswissenschaft", in: M. Huber/S. Krämer (Hrsg.) 2018, *Wie Digitalität die Geisteswissenschaften verändert: Neue Forschungsgegenstände und Methoden* (= Sonderband der Zeitschrift für digitale Geisteswissenschaften, 3); DOI: https://doi.org/10.17175/sb003_006.

Hui, Yuk 2016, *On the Existence of Digital Objects*, Minneapolis u. a.

Kitchin, Rob/Dodge, Martin 2011, *Code/Space. Software and Everyday Life*, Cambridge.

Klein, Lauren 2020, „There's no such thing as raw data", in: *FEED*. Blogbeitrag vom 22.06.2020; https://feedmagazine.tv/interviews/lauren-klein-theres-no-such-thing-as-raw-data/ [zuletzt abgerufen am 10.05.2023].

Krämer, Sybille 2018, „Der ‚Stachel des Digitalen' – ein Anreiz zur Selbstreflexion in den Geisteswissenschaften? Ein philosophischer Kommentar zu den Digital Humanities in neun Thesen", in: *Digital Classics Online* 4(1); DOI: https://doi.org/10.11588/dco.2017.0.48490.

Nassehi, Armin 2019, *Muster. Theorie der digitalen Gesellschaft*, München.

Noichl, Maximilian 2021, „Modeling the structure of recent philosophy", in: *Synthese* 198, 5089–5100; DOI: https://doi.org/10.1007/s11229-019-02390-8.

Pfeifer, Wolfgang Pfeifer et al. 1993, *Etymologisches Wörterbuch des Deutschen. Digitalisierte und von Wolfgang Pfeifer überarbeitete Version im Digitalen Wörterbuch der deutschen Sprache*, Berlin; URL: https://www.dwds.de/d/wb-etymwb [zuletzt abgerufen am 10.05.2023].

Rahwan, Iyad/Reed, Chris 2009, „The Argument Interchange Format", in: I. Rahwan/C. Reed (Hrsg.), *Argumentation in Artificial Intelligence*, New York, 383–402; DOI: https://doi.org/10.1007/978-0-387-98197-0.

RfII – Rat für Informationsinfrastrukturen 2016, *Leistung aus Vielfalt. Empfehlungen zu Strukturen, Prozessen und Finanzierung des Forschungsdatenmanagements in Deutschland*, Göttingen; URL: https://rfii.de/?p=1998 [zuletzt abgerufen am 11.05.2023].

Rosch, Eleanor 1975, „Cognitive Reference Points", in: *Cognitive Psychology* 7(4), 532–547; DOI: https://doi.org/10.1016/0010-0285(75)90021-3.

Sahle, Patrick 2013, *Digitale Editionsformen. Zum Umgang mit der Überlieferung unter den Bedingungen des Medienwandels. Teil 2: Befunde, Theorie und Methodik*, Norderstedt.

Stock, Wolfgang G./Stock, Mechtild 2008, *Wissensrepräsentation*, Oldenbourg/ München.

Walton, Douglas N. 2013, *Methods of Argumentation*, Cambridge u. New York; DOI: https://doi.org/10.1017/CBO9781139600187.

Weatherson, Brian 2022, *A History of Philosophy Journals. Volume 1: Evidence from Topic Modeling*, online, 1876–2013; DOI: https://doi.org/10.3998/mpub.12251719.

Wilkinson, Mark D. et al. 2016, „The FAIR Guiding Principles for scientific data management and stewardship", in: *Scientific Data* 3(1), 160018; DOI: https://doi. org/10.1038%2FSDATA.2016.18.

Würmseer, Grit 2016, „Third Mission als Auftrag für Universitäten?", in: *Die Hochschule: Journal für Wissenschaft und Bildung* 25(1), 23–31; DOI: https://doi. org/10.25656/01:16204.

TEIL V

Digitalisierung und Verantwortung

Philosophische Interpretationen der Digitalwirtschaft

Digitaler Wandel im Spiegel der Gerechtigkeitstheorie von Amartya Sen

Christoph Böhm

1. Verwirklichungschancen im Digitalen Wandel

Digitale Produkte, Dienste sowie Kommunikationsformen sind vor allem dadurch gekennzeichnet, dass sie im physikalischen Sinne immateriell sind. Diese besondere Eigenschaft eröffnen neue und vielfältige Gestaltungsmöglichkeiten für individuelle Lebenspraktiken und Lebenswelten. Die entstofflichten und dadurch leicht zu verbreitenden Digitalprodukte erzeugen in Kombination mit dem Streben nach Autonomieerhöhung wirtschaftliche, technische und gesellschaftliche Veränderungsdynamiken. Diese werden mit Blick auf Künstliche Intelligenz oder auch neuerdings auf das Quantencomputing intensiv und vor allem mit wachsendem Tempo vorangetrieben. Im Kern stecken hinter den durch die Digitalisierung provozierten Veränderungen die Aussicht auf Verwirklichungschancen – sowohl von Individuen als auch von wirtschaftlichen Akteuren und Institutionen. Vor allem auf Seiten der Wirtschaft werden Verwirklichungschancen als ökonomisches Wachstum interpretiert, welches insbesondere mit der Digitalwirtschaft eine zuvor unbekannte Größenordnung erreicht hat. Dennoch findet das Wachstum nicht nur wirtschaftlich statt. Ebenso „wachsen" Nutzerinnen und Nutzer dieser Technologien, indem sie über den Gebrauch digitaler Sozialtechniken die Aussicht vermittelt bekommen, sowohl ihre soziale Reichweite als auch ihre individuelle Wirksamkeit steigern zu können. Das Wachstum wird auf beiden Seiten durch instrumentelle Vernunft erzeugt. Jedoch verändern sich Lebenswelten und Wirtschaftsformen so rasant, dass sie kaum noch an dasjenige zurückgebunden werden können, welches aus intersubjektiven Diskursen als Gewolltes oder Gewünschtes hervorgegangen ist. Durch den technologischen Fortschritt der Digitalisierung und der mit ihr einhergehenden disruptiven Veränderung entsteht eine Drift zwischen der auf die Erhöhung der eigenen Relevanz zielenden instrumentellen Vernunft und des Gebrauchs einer auf das gemeinschaftliche Interesse ausgerichteten öffentlichen Vernunft. Wenn sowohl individuelle als auch wirtschaftliche Verwirklichungschancen die Entkoppelung von instrumenteller und kollektiver Vernunft verursachen, so

© BRILL MENTIS, 2024 | DOI:10.30965/9783969752975_013

könnte es aufschlussreich sein, nach den Gründen zu forschen, aus denen Verwirklichungschancen ergriffen werden.

Mit den Begriffen der „Verwirklichungschancen" und des „öffentlichen Gebrauchs der Vernunft" wird in diesen einleitenden Gedanken auf die Gerechtigkeitstheorie von Amartya Sen verwiesen.[1] Sen setzte mit dem Fähigkeitenansatz, den er zusammen mit Martha Nussbaum[2] in den 1980er Jahren entwarf, einen Akzent in die bis dahin um das Prinzip einer „Gerechtigkeit als Fairness" geführte Debatte, welche John Rawls mit der Idee einer von Institutionen garantierten fairen Verteilung von Grundgütern anführte. Mit dem Erscheinen des Werks *Theory of Justice*[3] im Jahr 1971 legte Rawls die Grundlage für das vertragstheoretische Konzept des politischen Liberalismus und markierte damit den Beginn einer im Kontext von wirtschaftsliberalen Überzeugungen stattfindenden Auseinandersetzung um faire Verteilungsgerechtigkeit. Grundgüter sind bei Rawls nicht nur materielle Gegenstände, die einen ökonomischen Tauschwert haben, sondern es sind insbesondere ideelle Güter wie Sicherheit, Macht, Anerkennung sowie Freiheiten und Chancen der Selbstverwirklichung.[4] Mit derzeitigen Möglichkeiten sozialer Teilhabe, welche digitale Technologien durch leicht zugängliche und dadurch für die meisten erreichbaren Verwirklichungsangebote eröffnen, ist die Diskussion der Verteilungsgerechtigkeit um eine weitere Dimension erweitert sowie auch komplexer geworden. Um die Wirkung des Digitalen Wandels auf Gerechtigkeitstheorien erörtern zu können, ist zunächst eine Einordnung der Hauptbegriffe politscher Gerechtigkeit im Spiegel zeitaktueller Digitalpraktiken hilfreich.

2.   Ausgangslage für Theorien der politischen Gerechtigkeit

Gerechtigkeitsansätze versuchen unter anderem diejenigen Konflikte zu vermeiden oder auch zu bewältigen, die aus der Begrenztheit von allgemein begehrten Ressourcen hervorbrechen können. Nach Darstellung von Otfried Höffe besteht ein „dreiteiliges anthropologisches Gesetz der Knappheit", in dem trotz aller Gütervermehrung als unüberwindbar gilt:

---

1   Vgl. Sen 2010; sowie Sen 1984, 510–515.
2   Vgl. Nussbaum 2012.
3   Vgl. Rawls 2021; engl. Originaltitel *Theory of Justice*, 1971.
4   Vgl. Höffe 2021, 28.

(1) dass die letzte Vorgabe aller Wirtschaft, die Erde samt den Tieren, Pflanzen und Materialien, begrenzt ist; (2) dass der Mensch die Vorgaben «im Schweiße seines Angesichtes» verarbeiten muss, was er lieber scheut; und (3) dass eine tendenzielle Unersättlichkeit droht, ein Immer-mehr-Wollen, das alles Menschliche – ob Individuum, Gruppe oder Institution – mit ausufernden Begehrlichkeiten bedrängt.[5]

Während die Beschwerlichkeiten körperlicher Arbeit (2) durch zunehmende Technisierung und der darauf folgenden Automatisierung zumindest in westlichen Industrieländern an Bedeutung abnimmt, so scheinen die Relevanz der Ressourcenbegrenzung (1) sowie der ausufernden Begehrlichkeit (3) durch die Steigerungsmöglichkeiten bei Digitalpraktiken soweit zuzunehmen, dass sie Brisanz erreichen und damit eine neue Debatte an sowohl nationalen als auch globalen Gerechtigkeitsfragen auslösen.

Die Frage, wie knappe Ressourcen möglichst gerecht verteilt werden, ist bereits von Platon und Aristoteles behandelt worden. Aus der Einsicht, dass Menschen immer wechselseitig aufeinander angewiesen sind, folgte der logische Schluss, dass Gerechtigkeit auf Kooperation gründen müsse.[6] Mit staatstheoretischen Überlegungen der philosophischen Neuzeit beispielsweise von Thomas Hobbes, Jean-Jacques Rousseau und vor allem später von Immanuel Kant wurde das aus der antiken Philosophieschule stammende Kooperationsmodell um vertragstheoretische Ansätze erweitert. Darin wird die rationale Entscheidung als prozessuales Element zur Beantwortung von Gerechtigkeitsansprüchen aufgenommen. Damit gegenseitige Ansprüche mit rationalen Gründen und unbeeinflusst von Machtpositionen ausgehandelten werden können, wird die Unparteilichkeit zur Grundlage des vertragstheoretischen Gerechtigkeitsprinzips. Kant verbindet das generelle Moralprinzip mit dem Recht, sodass unter den rationalen Anwendungsbedingungen des Rechts die Willkür hinter die allgemeinen Moralgesetze zurücktritt.[7] Auf dieser bereits vertragstheoretischen Grundlage baut Rawls das Prinzip der Gerechtigkeit als Fairness auf. Sein Modell enthält zwei Grundsätze, welche zusammen den größtmöglichen Vorteil aller unter zwingender Einhaltung der Unverletzlichkeit jedes Einzelnen herstellen. Der erste Gerechtigkeitsgrundsatz beschreibt das Prinzip des größtmöglichen Maßes an gleichen Grundfreiheiten für alle. Der zweite Teil fordert die Chancengleichheit, aus der heraus „Positionen und Ämter, die mit sozialen und wirtschaftlichen Ungleichheiten

---

5 Höffe 2021, 27.
6 Vgl. Höffe 2021, 61 f.
7 Vgl. Höffe 2021, 62.

verbunden sind, jeder Person offen stehen müssen."[8] Sichergestellt wird dieses von Rawls als faire Chancengleichheit bezeichnete Prinzip, durch eine fiktive Konstruktion, in der Institutionen das allgemein Wünschenswerte dadurch feststellen, dass alle an Gerechtigkeitsfragen beteiligten Menschen in einem Zustand des Unwissens über die eigene Herkunft und soziale Position entscheiden sollen.

Rawls Gerechtigkeitsmodell basiert auf der Vorstellung, dass es ein natürliches Gerechtigkeitsempfinden gäbe, auf das Menschen zurückgreifen können, wenn sie in einem Urzustand und ohne Vorwissen entscheiden könnten. Das Vorgehensmodell soll durch gerechte Institutionen bestmöglich verwirklicht werden. Dieses Verfahren, als transzendentaler Institutionalismus abkürzend bezeichnet, wurde unter anderem von Amartya Sen dahingehend kritisiert, dass es das Ideal einer vollkommen gerechten Grundstruktur in die Zukunft projiziere.[9] Sen hingegen verfolgte mit seinem, auf den Grundüberlegungen von Rawls aufbauenden Ansatz das Prinzip, dass Institutionen eher die politische Realisierungsbedingungen einer gerechten Gesellschaft fördern sollten, indem sie die Entwicklung individueller Grundfähigkeiten stärken. Sen entwarf mit seiner Gerechtigkeitskonzeption ein Modell, welches insbesondere Menschen in prekären Verhältnissen in die Lage versetzt, sich selbständig aus strukturellen Ungerechtigkeiten befreien zu können. Mit seinem Gegenentwurf zielt Sen darauf ab, die verursachenden Missstände hinter sozialen Ungerechtigkeiten zu erkennen und über den kollektiven Gebrauch der Vernunft, Maßnahmen zu identifizieren, die zur Verringerung der benannten Missstände führen. Diese Methode ist unter dem Namen „Fähigkeitenansatz" (Capability Approach) bekannt geworden. Sen betont, dass der Fähigkeitenansatz nicht darauf ausgerichtet ist, absolute Gerechtigkeit zu verwirklichen, sondern dass es mehr darum ginge, eine kontinuierliche Verbesserung des aktuellen misslichen Zustandes zu erreichen. Dieses komparative Modell hat sich aufgrund seiner praktischen Umsetzbarkeit als konsensfähig erwiesen und wird aktuell in globalen Initiativen zur Verbesserung von kulturellen, sozio-ökonomischen und umweltbezogenen Strukturproblemen verwendet. Der Ansatz der komparativen Verbesserung liegt Programmen zugrunde, wie beispielsweise denen des Human Development Index, der Millenium Development Goals oder auch in den Sustainable Development Goals, die 2016 von der UN veröffentlicht wurden.[10]

---

8   Vgl. Reuter 2016, 71.
9   Vgl. Hahn 2016, 112.
10   Vgl. Schlegel und Schuck 2016, 102.

Auch wenn in zeitaktuellen globalen Gerechtigkeitsdebatten, wie beispielsweise in der internationalen Klimapolitik, der Fähigkeitenansatz nicht direkt
im Vordergrund steht, so ist doch dessen komparative Logik weiterhin enthalten. Öffentliche Deliberationsprozesse sind hierbei von zentraler Bedeutung,
um in Abwägung aller Interessen die jeweilige Rangfolge von Argumenten
bewerten zu können, mit denen gegenüber dem aktuellen Zustand die größt-
mögliche Verbesserung erzielt wird. Genau an dieser für die Verwirklichung der
Gerechtigkeitsideen elementaren Voraussetzung, bestehen in beiden Theorien
grundsätzliche Probleme, die mit der rasanten Veränderungsgeschwindigkeit
der Digitalisierung auftauchen. So kommen neue Fragen auf, wie angesichts
der hohen Dynamik von permanent erneuerten Digitalpraktiken überhaupt
die Bedingungen für gelingende Gerechtigkeitsdiskurse geschaffen werden
könnten. Dass die zu wenig berücksichtige Sicherstellung der Diskursfähigkeit
die Umsetzung beider Theorien zumindest stark einschränken, wenn nicht
sogar verhindern, werde ich an einem kurzen Beispiel der allseits bekannten
und viel kritisierten Cookie-Abfragebanner erläutern.

Seit 2019 wird eine Zustimmung zur Nutzung von Cookies bei jedem neuen
Aufruf von Webseiten eingefordert. Die Cookie-Zustimmungspflicht ent-
stammt einem bisher nicht abgeschlossenen EU-Gesetzgebungsverfahren.
Bereits mit dem Inkrafttreten der sogenannten Cookie-Richtlinie im Jahr 2009
wurde die Zustimmung zur Verwendung von Cookies gesetzlich gefordert.
Lange war jedoch die genaue Ausgestaltung des Verfahrens umstritten,
sodass der EuGH im Jahr 2019 einschritt. Das Gericht entschied, dass die Verwendung von Cookies nur zulässig ist, sofern ihnen ein aktives Handeln der
Nutzer vorausgegangen sei. Der Entscheid führte zu den Cookie-Bannern in
der derzeit bekannten Form, in der beim neuen Aufruf einer Webseite die
Zustimmung zur Nutzung von Cookies abgefragt wird.[11] Der Gesetzgebungs-
prozess zur Cookie-Zustimmungspflicht hat unter Beteiligung zahlreicher
Interessensvertreter über zehn Jahre gedauert und wurde letztlich durch
ein Gerichtsurteil entschieden, welches jedoch nur vorläufigen Charakter
hat. Dessen ungeachtet arbeiten Digitalkonzerne bereits an wirksameren

---

11   Vgl. URL: https://www.europarl.europa.eu/doceo/document/A-8-2017-0324_EN.html
     #title1, (Stand: 31.07.2023). EU-Richtlinien müssen von den Mitgliedstaaten in natio-
     nale Gesetze umgesetzt werden, während EU-Verordnungen unmittelbare Wirkung
     in den Mitgliedstaaten entfalten. Bei der Umsetzung gab es über die Jahre Rechts-
     unsicherheiten. Vgl. EU Verordnung über die Achtung des Privatlebens und den Schutz
     personenbezogener Daten in der elektronischen Kommunikation und zur Aufhebung der
     Richtlinie 2002/58/EG vom 10.01.2017, URL: https://eur-lex.europa.eu/legal-content/DE/
     TXT/PDF/?uri=CELEX:52017PC0010, (Stand: 31.07.2023).

Tracking-Mechanismen, welche kaum mehr von dem weiteren Aushandlungsprozessen der Cookie-Verordnung betroffen sein werden.[12]

Obwohl die aus wirtschaftlichen Verwertungsinteressen betriebenen Tracking-Mechanismen derzeit noch keine Debatte hinsichtlich der Verletzung von Fairnessprinzipien auslösen, so stecken in diesen Verfahren jedoch Absichten, die aus vernünftigen Gründen im Rawlschen Sinne einer Gerechtigkeit als Fairness abgelehnt werden sollten. So zeigen sich bei wirtschaftlich dominierten Verwendungspraktiken von digitalen Nutzungsangeboten, dass sie in strukturelle Asymmetrien führen, wie bereits an anderer Stelle in diesem Band erörtert.[13] Der von Europa ausgehende politische Diskurs zur Einhaltung von Persönlichkeitsrechten, blendet die Verwertungsasymmetrie aus, welche dadurch entsteht, dass der wirtschaftliche Wert der Nutzung bei weitem geringer ist als der wirtschaftliche Vorteil, der aus der Auswertung der Nutzungsdaten geschöpft wird. Der aus den Profiten von trackingbasierten Wirtschaftspraktiken anwachsende Reichtum von Digitalkonzernen lässt erkennen, dass Gerechtigkeitsansprüche verletzt werden. So wird beispielsweise der Schutz von globalen Ressourcen, die allen zustehen, aufgrund der systemischen Bedingungen neoliberaler Wirtschaftsaxiomatik dem Wachstumsinteresse untergeordnet.[14]

3.   Der Einfluss des öffentlichen Vernunftgebrauchs im Digitalen Wandel

Die Rolle des öffentlichen Gebrauchs der Vernunft für die Verwirklichung von Gerechtigkeit führt auf die Wendung Kants im Aufsatz *Beantwortung der Frage: Was ist Aufklärung?* zurück und verweist von dort auf sein deontologisches Programm der praktischen Philosophie.[15] Rawls konkretisiert deren Anwendungsbereich, indem er betont, dass es Regeln für den öffentliche Vernunftgebrauch geben muss. Diese dürfen jedoch nur so weit gefasst sein, dass die jedem zustehenden Grundfreiheiten nicht durch Vorgaben eingeschränkt sein dürfen. Rawls selbst beschränkt den freien öffentlichen Vernunftgebrauch dahingehend, dass er ihm zwei Interessenslinien zuweist. Die eine Linie läuft entlang des Vorteils, den allen aus rationalen Erwägungen ermöglicht

---

12   Beispielsweise wird eine „rechtskonforme" Umgehung der Cookie-Zustimmungspflicht von Internetdienstleistern angeboten, z. B. bietet die Firma Cookiebot ein entsprechendes Verfahren an. URL: https://www.cookiebot.com/en/website-analytics/ (Stand 31.07.2023).

13   Vgl. Böhm/Zöllner, Paradoxien des Digitalen Wandels, 83 f. in diesem Sammelband.

14   Vgl. Crawford 2016, 23–51.

15   Vgl. Kant 1999 [1784].

werden könnte. Hinter der zweiten Linie verbirgt sich die Forderung, dass die Grundsätze von Gerechtigkeit und die Formen ihrer Begründung allen Bürgern öffentlich zugänglich sein müssen. Hierzu gehören auch die Transparenz und das Wissen darüber, ob die politischen Konzeptionen gerecht oder ungerecht sind.[16] Diese Beschränkung führt auch aus aktueller Perspektive zu Kritik. Diese besteht unter anderem darin, dass die Grenzen des öffentlichen Vernunftgebrauchs bei Rawls, mit den institutionellen Grenzen staatsrechtlich definierter Kompetenzen zusammenfallen.[17] Da politische Institutionen insbesondere im schnell voranschreitenden Digitalen Wandel keine Wissenshoheit mehr beanspruchen können, erscheint der Ansatz von Rawls als ungeeignet, um damit Gerechtigkeitsfragen zu lösen, die durch hochdynamische Wissens- und Kompetenzmehrung hervorgerufen werden – es sei denn, es handelt sich bei den Institutionen um dieselben, welche das Wissen produzieren. Im Falle von gerechten Digitalpraktiken, wären dies die wirtschaftlichen Institutionen selbst, welche für die Einhaltung von Fairness sorgen müssten. Digitalkonzerne folgen zwar mit der Vision eines unaufhörlichen Wachstums auch einem transzendenten Ziel. Dieses lässt sich im System der kapitalmarktfinanzierten Wirtschaftsakteure jedoch kaum mit Gerechtigkeitsvorstellungen verbinden.

Sowohl im Ansatz der *Gerechtigkeit als Fairness* von Rawls als auch im *Fähigkeitenansatz* von Sen ist die Öffentlichkeit dasjenige Maß, an dem Gerechtigkeitsansprüche ausgerichtet werden sollen. Beide Ansätze unterscheiden sich jedoch im prozeduralen Vorgehensmodell, mit dem die plurale Öffentlichkeit über Gerechtigkeitsfragen urteilt. Offen ist derzeit, inwieweit der in beiden Theorien unterschiedlich interpretierte öffentliche Vernunftgebrauch geeignet ist, auch dringend werdende Gerechtigkeitsfragen aus der schnellen Ausbreitung neuer Digitalpraktiken zu beantworten. Ein wesentliches Kriterium für gelingende Deliberation wäre, dass die prozeduralen Verfahren des öffentlichen Diskurses auf Grundlage von relevantem Wissen und Erfahrung geführt werden können.

Mit aktuellem Blick auf die Veränderungsgeschwindigkeit des Digitalen Wandels wird die Einsicht von Amartya Sen bestätigt, dass der Zustand einer vollständigen Gerechtigkeit niemals erreichbar ist. Aus diesem Grund strebt Sen anstatt einer absoluten Gerechtigkeit die stetige Verbesserung des jeweiligen als Missstand erkannten Zustandes an. Durch Technologiewandel, Kulturverschiebungen oder auch durch veränderte Überzeugungen können immer neue Missstände entstehen – oder aus gewandelten Gerechtigkeitsgrundsätzen

---

16   Vgl. Hinsch und Rawls 1994, 306.
17   Vgl. Kersting 2006, 138.

heraus neu bewertet werden. Aus diesem Grund schlägt Sen für den Fall von konkurrierenden Vorstellungen ein pragmatisches Vorgehen vor, in dem bereits in vielen Fällen Konflikte aufgelöst werden können, wenn nur alleine schon der ernsthafte Versuch dazu unternommen wird.

> Wenn die konkurrierenden Belange, die jene Pluralität ausmachen, tiefgreifende Überzeugungskraft haben, über deren relative Intensität wir teilweise im Ungewissen bleiben, dann wäre es einen Versuch wert, herauszufinden, wie weit wir kommen können, ohne das Problem der relativen Gewichtung vollständig zu lösen. Und manchmal kommen wir weit genug, um die Theorie mit großem Nutzen anwenden zu können, ohne auch nur eine der rigorosen Forderungen opfern zu müssen, die widerstreitende Argumentationen jeweils stellen.[18]

Die Aushandlung von Gerechtigkeitsfragen bekommt bei Sen daher einen stärkeren Bezug zu aktuellen Gesellschaftspraktiken, als dies im schwerfälligeren transzendentalen Institutionalismus von Rawls möglich wäre. Sen nennt für den kollektiven Gebrauch der Vernunft einige Leitprinzipien, wie beispielsweise dasjenige, die Pluralität unterschiedlicher konkurrierender Grundsätze als unausweichlich anzuerkennen.[19]. Über die Aushandlung von Rangfolgen unterschiedlicher Überzeugungen wird die kollektive Vernunft permanent in ihrem Gebrauch aktualisiert. Damit auch randständige Gruppen der Gesellschaft an diesem anspruchsvollen Verfahren mitwirken können, gehört der Gebrauch der öffentlichen Vernunft zu den Fähigkeiten, die allen zustehen und deren Erwerb von den staatlichen Institutionen ermöglicht werden muss.[20]

Angewendet auf Gerechtigkeitsfragen des Digitalen Wandels stellt der öffentliche Gebrauch der Vernunft auch Sens komparativen Ansatz vor erhebliche Probleme. Unter anderem liegt jedem öffentlichen Aushandlungsprozess der Anspruch zugrunde, die Werte von individueller Freiheit und pluralen Interessen im jeweiligen sozialen Kontext gegeneinander abwägen zu können. Angesichts der globalen und über Kultur- und Staatengemeinschaften hinwegrollende Welle der Digitalisierung erscheint diese Anforderung an gelingende Deliberationsprozesse nur beschränkt umsetzbar. Somit besteht ein immanentes Problem in der Rolle des öffentlichen Vernunftgebrauchs in Bezug auf die globale Ausbreitung von Digitalpraktiken. Sen stellt sehr hohe Ansprüche an die Diskursfähigkeit, die er in demokratischen Gesellschaften als gegeben annimmt.[21] Dass sich deren Realisierungsbedingungen für gelingende öffentliche Diskurse auch ändern können, wird beispielsweise anhand des Digitalen

---

18   Sen 2010, 242.
19   Vgl. Sen 2010, 134–138.
20   Vgl. Sen 2010, 262, 269 f.
21   Vgl. Sen 2010, 71 f.

Wandels in der aktuellen Debatte um den Strukturwandel der Öffentlichkeit erörtert.[22] Mit der zunehmenden Digitalisierung entsteht jedoch noch ein weiteres tiefgreifendes Problem dahingehend, dass zwar die Technologieentwicklung nicht aber der öffentliche Diskurs selbst beschleunigt werden kann. Die für öffentliche Debatten sowie auch für staatliche Regulierung erforderliche Diskursfähigkeit, fällt immer weiter hinter die Fakten zurück, die durch die verbreitete Nutzung digitaler Angebote geschaffen werden. Zum Ausgleich der Drift zwischen Problemerzeugung und Problembehebung wäre daher ein Diskurs erforderlich, mit dem es gelänge, die Intention digitaler Innovationen und nicht erst deren konkreten Ergebnisse zu verhandeln.[23] Bezogen auf Gerechtigkeitsdiskurse ist ein Ergebnis von sich schnell verbreitenden Digitalpraktiken – wie auch das obigen Cookie-Beispiel anschaulich gemacht hat, dass die digitale Innovation über den wirtschaftsinteressierten Gebrauch der instrumentellen Vernunft eine hohe Veränderungsgeschwindigkeit entfaltet, die über den kollektiven Reflexionsprozess kaum mehr kontrolliert werden kann. So führen instrumentelle Zwecke schneller zu wirksamen Veränderungen, als dass sie mit einem immer nur nachlaufenden öffentlichen Vernunftgebrauch eingeholt werden könnten.

4.   Gleichberechtigte Verwirklichungschancen im Digitalen Wandel

Öffentliche Diskurse sind für die Verwirklichung von Gerechtigkeit unerlässlich, um anhand der in ihnen dargestellten Werte die Interessen und Ansprüche an begehrenswerten Ressourcen gegeneinander abwägen zu können. Die obige Erörterung lässt jedoch vermuten, dass der mit digitaler Innovation einhergehende Wissens- und Geschwindigkeitszuwachs den Deliberationsprozess in eine Rückenlage zwingt. Apologeten des digitalen Umbruchs, welche beispielsweise die aktuellen Ergebnisse der generativen Künstlichen Intelligenz als autonomieerhöhend loben, würden diesem Problem entgegnen, dass insbesondere die Digitalisierung selbst aufgrund den allen offenstehenden Teilnahmemöglichkeiten erheblich zur Chancengleichheit beiträgt. Dieses berechtigte Argument könnte dazu hinreichen, die öffentlichen Debatten zur Behebung krasser Missstände aus ungerechter Verwendung von digitaler Technologie zwar als erforderlich jedoch nicht als dringlich anzusehen. Unter dem aktuellen Gesichtspunkt, dass Digitaltechnologie allgemein zugänglich

---

22   Vgl. Habermas 2022, 47.
23   Vgl. Böhm 2024, 403 f.

ist, scheint die gemeinsame Forderung sowohl von John Rawls als auch von Amartya Sen in besonderer Weise erfüllt zu werden – nämlich den bestmöglichen Zustand für die am schlechtesten Gestellten einer Gesellschaft zu erreichen. Studienergebnisse zeigen, dass der Abstand zwischen den einzelnen gesellschaftlichen Schichten bis 1980 zwar stetig abgenommen hat, jedoch ab diesem Zeitpunkt sich die Lücke zwischen sozialen Schichten nur noch langsam verringert.[24]

Sen zielt mit dem Fähigkeitenansatz konkret darauf ab, dass allen die gleichen Möglichkeiten auf individuelle Verwirklichungschancen zustehen. Genau diesen Anspruch erfüllt die Digitalindustrie mit ihren nahezu barrierefreien Zugängen zu einer „digitalen Teilhabe", welche die Aussicht der individuellen Reichweitenvergrößerung im wirtschaftlichen sowie auch im sozialen Raum bietet. Als Philosoph und Ökonom hatte Sen erkannt, dass eine entscheidende Voraussetzung für die Verwirklichung individueller Freiheit darin liegt, dass ein möglichst gleichberechtigter Zugriff auf Güter gewährleistet ist. Er betont, dass geringere Chancen auf einen Arbeitsplatz oder auch auf eine angemessene Bezahlung sich in ungerechten Zugängen zu Märkten widerspiegeln würden. Eine Verwirklichung von Gerechtigkeit setzt somit vor allem „freie Märkte" voraus, in denen nach den Grundsätzen von Adam Smith eine gleichmäßige Verteilung von Gütern über gleichberechtigte Marktzugänge gewährleistet ist.[25] Sen erkennt sehr wohl an, dass hierzu auch regulative Eingriffe in Bereichen erforderlich sind, in denen Märkte aufgrund von Zugangsbeschränkungen oder Interessenskonflikten nicht mehr als frei gelten können. Im Umkehrschluss ist eine unabdingbare Voraussetzung für die Verwirklichung von Gerechtigkeit, dass Märkte überhaupt existieren und dass diese auch immer kritisch hinsichtlich ihrer wesentlichen Funktion beobachtet werden, damit sie die allen zustehenden Chancen auf Verwirklichung von individueller Freiheit bieten können. Durch die Ausweitung des Aktionspotenzials über kulturelle Grenzen hinweg werden neue Marktzugänge geschaffen, die in Bezug unter anderem auf Ethnie, soziale Herkunft oder Geschlecht diskriminierungsfrei funktionieren.

Die Marktmodelle der Digitalwirtschaft funktionieren jedoch in weiten Teilen nicht mehr nach dem klassischen Prinzip von Angebot und Nachfrage. Vor allem die hinter digitalen Plattformen stattfindende Koppelung mehrerer Marktseiten, wie die Verknüpfung von kostenfreier Information für Internetnutzer mit zahlungspflichtiger Werbung für kommerzielle Anbieter, schaffen vollständig neue Verhältnisse hinsichtlich von Angebot

---

24   Vgl. Piketty und Rendal 2022, 117.
25   Böhm 2021, 42 f.

und Nachfrage. Darüber hinaus bieten digitale Plattformen Funktionen und Produkte, die zunächst nicht nachgefragt worden sind, jedoch dann allgemeines Interesse finden, sobald deren Potential zur individuellen Wirksamkeitserhöhung verstanden wurde. Mit niedrigsten Eintrittsbarrieren werden „Lebensbereicherungen" über Verkaufs-Plattformen, Soziale Medien sowie auch Streamingdienste angeboten, die von jeder Person mit Internetzugang und einem kostengünstigen Endgerät genutzt werden können. Bei genauerer Betrachtung lässt sich jedoch feststellen, dass digitale Plattformen nicht nur mehrere Märkte, sondern auch mehrere Marktprinzipien miteinander verknüpfen. Auf einer der Öffentlichkeit zugewandten Seite ist ein anscheinend vollkommen gerechter Markt etabliert, während auf dessen der Öffentlichkeit kaum interessierenden abgewandten Marktseite Prinzipien der Gerechtigkeit und Fairness den ökonomischen Interessen untergeordnet werden.[26] Zudem gehen mit marktbeherrschenden Angeboten kostenfreier Leistungen Rückkoppelungsmechanismen verloren, mit denen zwischen verschiedenen Diensten der am besten zu den eigenen Moralvorstellungen passende ausgewählt werden kann. Insbesondere bei kostenfreien Angeboten – aber auch bei vielen der bezahlten Plattformen – besteht nur die Möglichkeit des gänzlichen Widerspruchs, was den faktischen Ausschluss von der Nutzung dieser digitalen Dienste bedeutet.

Aufgrund der zwischen den Akteuren in digitalen Netzen bestehenden Distanz gelingt es in der Plattformökonomie, völlig verschiedene moralische Wertesysteme miteinander zu verkoppeln. Durch technische Integration wird moralische Desintegration in der Weise ermöglicht, dass Plattformbetreiber ihren Angeboten die Anziehungskraft von leicht zu erreichenden Vorteilen der individuellen Wirksamkeitserhöhung verleihen können. Dadurch wird einerseits ein schwer zu kritisierendes „moralische Hellfeld" von gleichberechtigten Teilnahmebedingungen geschaffen, während es auf der anderen Seite dieser Plattformen die Graubereiche einer der Öffentlichkeit entzogenen Ökonomie gibt. In diesem Graubereich finden zwar meistens legale Geschäftspraktiken statt, diese haben jedoch eine illegitime Prägung. Als Beispiele seien Tracking, Datenhandel, Manipulation sowie auch die monopolistische Ausgrenzung von Leistungsanbietern genannt. In der tiefen Marktstruktur bestehen nicht nur krasse Ungerechtigkeiten in Form von Bevorzugung und Marktausschluss, sondern es entwickeln sich vor allem Geschäftsmodelle, welche ethisch problematisch sind und deswegen verdeckt bleiben.[27] Der von mir so genannte Graubereich der digitalen Plattformen ist nicht mit dem

---

26   Böhm 2021, 42 f.
27   Vgl. ZEIT ONLINE 2020.

Darknet gleichzusetzen. Obwohl dieses die Anonymität sicherstellende Netz
einst aus ethisch vertretbaren Gründen entstanden ist, um beispielsweise
Menschen vor politischer Verfolgung zu schützen, so ist es zunehmend in den
abzulehnenden Bereich des Waffen- und Drogenhandels sowie der Kinder-
pornografie abgestürzt. Aufgrund fehlender öffentlicher Bobachtung führt die
Plattformökonomie mit ihren kostenfreien Zugängen und der miteinander
verschränkten Moralprinzipien keineswegs zu mehr Gerechtigkeit. Vielmehr
entstehen durch das anscheinend gerechte Hellfeld der allgemeinen Zugänglichkeit neue Gerechtigkeitsfragen. Erschwerend kommt hinzu, dass die Vorteile digitaler Plattformangebote die Motivation hemmen, die moralischen
Probleme der an digitale Plattforen gekoppelten Graubereiche überhaupt aufzudecken. Denn niemand möchte auf Verwirklichungschancen verzichten,
welche durch kostenfreie digitale Angebote erreichbar sind. Das Problem der
digitalen Plattformen wird aufgrund einer dem exponentiellen Wachstum folgenden Dynamik noch dahingehend verschärft, dass Missstände in den Graubereichen schneller anwachsen, als dass diese über den öffentlichen Gebrauch
der Vernunft überhaupt als solche benannt werden können.

Wie ist es also möglich, dass aus der Behebung von Missständen, welche
zuvor darin bestanden, dass kein gleichberechtigter Zugang zu Verwirklichungschancen vorhanden war, durch die allgemein zugänglichen digitalen Plattformangebote neue krasse Ungerechtigkeiten überhaupt entstehen
können? Zur Beantwortung dieser Frage möchte ich noch eine weitere zentrale Überlegung von Sen hinzuziehen. Seiner Überzeugung nach ist das Bild
des nutzenmaximierenden *homo oecomicus* verfehlt. Diese Sichtweise stellt
Sen sehr pointiert in seinem bekannten Aufsatz über *Rational Fools* dar.[28]
Im Gegensatz zu der vorherrschenden Meinung in den Wirtschaftswissen-
schaften geht Sen davon aus, dass sich der Mensch nicht nur nach eigenen
Präferenzen optimiert. Sens Argumentation zufolge entscheiden Menschen
durchaus nach Kriterien, in denen das gemeinschaftliche Wohl oder auch die
Sorge für das eigene soziale Umfeld mit in die Abwägung einfließen. Explizit
kritisiert Sen die wirtschaftsliberale Sichtweise, nach der Menschen auch in
der Tiefe ihrer Entscheidungen eine Maximierung des Eigennutzes anstreben
würden. Menschen können auch anhand von Kriterien wie Mitgefühl und Verpflichtung entscheiden. Die von den moralischen Vorstellungen beeinflussten
Entscheidungen können daher aus rational-ökonomischer Perspektive durchaus auch falsch sein.[29] Eine weitere Kritik richtet sich gleichermaßen an die
Wirtschaft sowie an die Verhaltensökonomik. In der wirtschaftsliberalen Logik

---

28   Vgl. Sen, 2020.
29   Vgl. Neuhäuser 2020, 34.

wird Menschen unterstellt, dass sie für ihre Entscheidungen immer nur eine aus wenigen Kriterien bestehende Rangfolge bilden. Nach Sens Ansicht können die Kriterien jedoch sehr differenziert sein und bei nur leicht veränderten Parametern auch zu sehr unterschiedlichen Entscheidungen führen. Dennoch sind diese Entscheidungen nicht irrational, auch wenn sie von außen betrachtet, so erscheinen mögen.[30]

Die überraschende Wirkung von unterschiedlich motivierten rationalen Entscheidungen möchte ich an einem typischen Beispiel von digitaler Plattformnutzung veranschaulichen. Die Konstruktionsbedingungen von digitalen Plattformen führen in eigentümlicher Weise dazu, dass nicht die Entscheidung für die Nutzung einer digitalen Plattform selbst sondern deren motivationalen Ziele einen wesentlichen Unterschied ausmachen, ob überhaupt Gerechtigkeit durch gleichberechtigte Zugriffe auf Verwirklichungschancen entstehen könnte. Stellen wir uns einen Sporttaucher vor, welcher zur Planung und Durchführung seiner Tauchgänge eine „Diving-App" nutzt. Diese Anwendung wird kostenfrei von einem Softwarehersteller angeboten. Der Taucher hat sich für diese Diving-App entscheiden, weil sie vor allem fehlerfrei funktioniert und leicht zu bedienen ist. Der Hersteller dieser App lässt die Software in Indien produzieren und von sogenannten Crowdworkern auf Fehlerfreiheit testen. In dieser Form des „Crowdtestings" werden die testenden Personen nur für die Entdeckung von Fehlern bezahlt, welche zuvor noch von keinem anderen im Wettbewerb testenden Crowdworker gefunden wurden. Nehmen wir ferner an, dass sich eine Crowdworkerin aus Indien an dem Test der Diving-App beteiligt. Der Testerin ist es trotz des ausbeuterischen Entlohnungsmodells möglich, eine Verbesserung ihrer sozialen Lebensumstände zu erreichen, indem sie den sozialen Status ihrer Familie über diese anstrengende Arbeit nicht nur absichern, sondern sogar erhöhen kann. Der Softwarehersteller der Diving-App erwirtschaftet mit der Anwendung einen Profit, in dem er die Nutzungsdaten an Unternehmen, wie beispielsweise Reiseagenturen, Ausrüstungshersteller und Social-Media Firmen verkauft. Der Sporttaucher hat der Verwendung seiner Daten zugestimmt. In diesem Beispiel scheinen daher die Interessen aller Beteiligten befriedigt zu sein, weil jede an der Plattform partizipierende Person eine Erhöhung ihrer individuellen Verwirklichungsmöglichkeiten erfährt.

Auf einen feinen Unterschied möchte ich jedoch in diesem Konstrukt der Autonomieerhöhung hinweisen. Er liegt darin, mit welcher Begründung Verwirklichungschancen ergriffen werden. Während die Crowdworkerin im obigen Bespiel ihre Verwirklichungschance darauf ausrichtet, das Wohl ihres

---

30 Vgl. Neuhäuser 2020, 37.

sozialen Umfelds zu erhöhen, so ist die Begründung des Sporttauchers auf die Erhöhung des Eigennutzens ausgerichtet. Selbstverständlich können die individuellen Begründungen bei genauerer Betrachtung auch anderen Motiven folgen. Mit dieser exemplarischen Zuspitzung möchte ich jedoch hervorheben, dass die Motivation einen Unterschied ausmacht, aus der heraus eine individuelle Verbesserung angestrebt wird. Die Marktdynamik und das Wachstum der miteinander gekoppelten Märkte von digitalen Plattformen wird ausschließlich auf der Seite erzeugt, welche den selbstbezüglichen Begründungsmotivationen zugewandt ist. Bestünde nur das Interesse der Crowdworkerin, die an der Chancenerhöhung ihres sozialen Umfelds interessiert ist, so gäbe es keine Plattformökonomie.

Durch frei zugängliche Plattformangebote wird das neue Marktmodell einer Gratisökonomie geschaffen. Darin entstehen jedoch Marktverzerrungen und Asymmetrien, welche sich den Regulationsprinzipien einer auf Angebot und Nachfrage ausgerichteten Marktwirtschaft entziehen. Die Marktmechanismen von miteinander verkoppelten Marktseiten sind dominant geworden und haben zur Finanzstärke der auf dieser Logik aufbauenden Digitalwirtschaft geführt. In ihren tiefen Strukturen sind die Marktkoppelungen sowohl von ungerechten als auch von unfairen Praktiken durchzogen, welche sich nur schwer mit den bisherigen regulativen Mitteln der Politik korrigieren lassen. Sens Idee, Gerechtigkeit durch freie Marktzugänge zu ermöglichen, wird durch die Gratisökonomie der Digitalisierung ad absurdum geführt. Die Gerechtigkeitskonzeption von Sen ist durch die Digitalwirtschaft in einem ihrer wesentlichen Prinzipien geschwächt worden – nämlich im Prinzip der fairen Verwirklichungschancen über freie Märkte. Die strukturellen Veränderungen des Digitalen Wandels werfen damit auch ein neues Licht auf die angesichts der Klimakrise aufflammender Debatten der globalen Gerechtigkeit.

Zusammengefasst führen die strukturellen Veränderungen durch die performative Durchdringung der Lebensformen mit Digitalpraktiken an der Gerechtigkeitstheorie von Armatya Sen zu folgenden Einsichten. Bei komparativen Verbesserungsansätzen besteht die Gefahr, dass sie in ihren Graubereichen schneller neue Missstände erzeugen, als dass diese durch den öffentlichen Gebrauch der Vernunft erkannt werden können. Der freie Zugang zu Märkten, der von Sen als Voraussetzung dafür genannt wird, individuelle Verwirklichungschancen ergreifen und darüber strukturelle Benachteiligung von sozialen Gruppen verringern zu können, hat sich durch eine Gratisökonomie in ihr Gegenteil verkehrt. Durch Koppelung von Moralprinzipien, welche die kostenfreien Marktzugänge wirtschaftlich ermöglichen, entstehen neue und vor allem der Öffentlichkeit abgewandte Ungerechtigkeiten. Der digitale Wandel wird durch das Angebot und die Nachfrage an Verwirklichungschancen in Gang gehalten. Um die Ursache für die rasante Dynamik des Wandels erkennen zu können, ist es erforderlich, die Begründungen zu unterscheiden, mit denen individuellen Verwirklichungschancen ergriffen werden. Begründungen, welche den Eigennutzen erhöhen, treiben den Wandel bei weitem stärker voran als diejenigen, welche auf die Verbesserung eines gemeinschaftlichen Nutzens ausgerichtet sind. Diese Erkenntnis ist nicht neu und entspricht auch dem Tenor der *Idee der Gerechtigkeit* von Sen. Durch die Digitalisierung wird jedoch eine grundsätzlich neue Frage aufgeworfen, die über die Theorie Sens hinausweist: Wenn sich allen neue Verwirklichungschancen bieten, müssen diese auch von allen ergriffen werden, um sich vor künftiger sozialer Ausgrenzung schützen zu können?

5. Grenzen des komparativen Modells überwinden

Sen hatte das komparative Modell einer stetigen Verbesserung als Gegenmodell zum transzendentalen Institutionalismus von Rawls entworfen. Als Ökonom kannte Sen die Wirtschaftspraktiken liberaler Märkte, deren Leistungsfähigkeit stetig verbessert wird, ohne dass auch sie auf ein bestimmtes Ideal zustreben. Das wirtschaftliche Ideal ist der Prozess der Leistungssteigerung und nicht das Ergebnis selbst, denn dieses wird durch den Wettbewerb immer wieder in seinem Wert relativiert. Die wirtschaftliche Verbesserung wird im Abstand gegenüber vergangener Leistungsfähigkeit anhand von Kennzahlenmetriken beurteilt. Die Wirtschaft ist über diese Verbesserungslogik ständig bemüht, „Missstände" zu beheben. Pointiert ausgedrückt, verkörpert die moderne Wirtschaft der freien Märkte selbst das komparative Modell der stetigen Verbesserung.

Aufgrund der weitestgehend dematerialisierten und beliebig vervielfältigbaren Produkte befindet sich die Digitalwirtschaft in einem Wettrennen, um den Abstand von konkurrierenden Angeboten im Markt der flüchtigen Präferenzen möglichst dauerhaft über disruptive Innovation sichern zu können. Diese Marktlogik folgt anscheinend nicht einem Prinzip, das auf die Verbesserung von Missständen ausgerichtet ist. Denn die Digitalwirtschaft ist vom Habitus einer Avantgarde geprägt, welche im Bewusstsein der mit Pionierarbeit verbundenen Risiken handelt. Der zu behebende Missstand ergibt sich erst aus der Binnensicht sowohl von Digitalunternehmen als auch aus der Kultur der gesamten Branche selbst. Unzureichendes Wachstum oder auch nur die fehlende Aussicht darauf führen unweigerlich zu Relevanzverlust und bedeuten damit die schleichende Zersetzung eines Unternehmens.[31] Um dem wirtschaftlichen Tod zu entgehen, erzeugen die erfolgreichen Technologieunternehmen sich selbst die stetige Verbesserungsnotwendigkeit, indem sie sich herausfordernde Ziele setzen, deren potenzielle Nichterreichung einen zu behebenden Missstand konstituieren würde. Dieser Missstand wird unter anderem durch den Erwerb neuer Fähigkeiten beseitigt, welche beispielsweise produktivitätssteigernd wirken und dadurch eine Verbesserung des jeweils vorherigen Zustands in Ausrichtung auf das gesetzte Ziel ermöglichen. Auch wenn die Digitalwirtschaft mit der extremen Form der stetigen Verbesserung die von Joseph Schumpeter so benannte schöpferische Zerstörung[32] selbstbestimmt betreibt, so versucht sie dadurch der fremdbestimmten Zerstörung zu entgehen, die einem Unternehmen droht, das sich in dem von Clayton Christensen diagnostizierten „Innovator's Dilemma" befindet.[33] In letzteren erfolgt die progressive Innovation über die Verbreitung von noch unreifen Produkten, um dadurch neue Märkte schnell zu erschließen und um aufwändige Produktanpassungen an fragmentierte Nutzungsinteressen zu vermeiden.

Wirtschaftliche Verbesserungen unterscheiden sich von den nach individuellen Gründen ergriffenen Verwirklichungschancen darin, dass erstere immer instrumentellen Zielen folgen. Demgegenüber können persönliche Verwirklichungsentscheidungen keineswegs nur aus zweckrationalen Motiven heraus getroffen werden, wie es Sen in dem oben bereits erwähnten Essay *Rational Fools* eingängig darstellte. Die wirtschaftliche Verbesserungslogik, mit der kontinuierlich aus einer Innensicht heraus bewertete Missstände behoben werden, findet sich im Fähigkeitenansatz als Lösungsmodell für gesellschaftliche Missstände wieder. Menschen sollen sich aus strukturellen Missständen befreien können, indem diejenigen Fähigkeiten ergänzt werden, welche zur Überwindung des jeweiligen problematischen Zustands erforderlich sind. Die stetige Verbesserung soll nach der Vorstellung von Sen als ein Verfahren etabliert werden, mit dem die Missstände über den kollektiven Gebrauch der Vernunft zurückgedrängt werden. Demgegenüber entstehen in der neoliberalen Wirtschaftslogik die Missstände immer wieder von Neuem, weil das nach Kennzahlen gemessene Wachstum kein begrenzendes Ziel als Ideal kennt. Anders als bei Lebensentwürfen akzeptiert der Kapitalmarkt keinen Unternehmensentwurf, welcher eine vitale Selbsterneuerung auf gleichbleibendem Leistungsniveau zulassen würde.

---

31   Bezos 2020, 161.
32   Vgl. Schumpeter und Kurz 2020.
33   Vgl. Christensen 2015.

Werden auf individueller Ebene durch eigenes Handeln Verbesserungen des eigenen Lebens erreicht, so bleibt die persönliche Herkunft als Bezugspunkt erhalten und kann in die Bewertung des zurückgelegten Lebenswegs mit einbezogen werden. Die Rückschau auf eine langjährige Historie geht in der Kapitalmarktlogik nicht nur verloren, vielmehr wird sie bewusst unterdrückt. Mit jeder neu beginnenden wirtschaftlichen Berichtsperiode, die meistens jährlich stattfindet, werden Ergebnisse vorheriger Anstrengungen „entwertet" und der Status Quo als neuer zu verbessernder Ausgangspunkt festgeschrieben. Insbesondere Unternehmen der Digitalindustrie negieren in deren Innensicht den bisherigen Erfolg, da aus vielen untergegangenen Technologieunternehmen die Lernerfahrung hervorging, dass die auf Erträgen von überdurchschnittlichem Wachstum folgende Selbstzufriedenheit in eine gefährliche Form der Trägheit (Complacency) umschlagen kann. Aus individueller Sicht ist Selbstzufriedenheit zwar erstrebenswert. Sie ist auch nicht notwendigerweise das Anzeichen einer dem Verfall vorausgehenden Trägheit. Dennoch besteht nicht nur auf institutioneller Ebene, sondern gerade auch auf individueller Ebene die Gefahr einer unsubstantiierten Selbstzufriedenheit, sobald die Bezugspunkte eines überwundenen Missstandes oder auch der eines erstrebenswerten Zieles aus dem Blick geraten sind und nur die stetige Verbesserung als das maßgebliche Kriterium individueller Zufriedenheit verbleibt. Die Reflexion sowohl der Herkunft des Weges als auch die Wahl des Zieles sind wesentliche Voraussetzungen dafür, dass der Zustand einer Zufriedenheit nicht nur erwartbar ist, sondern auch als nachhaltig erfahren werden kann. In dieser Weise verhält es sich mit der Zufriedenheit, wie mit der Freiheit. Beide sind nicht statisch, sondern erfordern deren wiederkehrende Versicherung durch selbstbestimme Handlungen.[34]

Unter den zeitaktuellen Bedingungen der durch tiefgreifenden technischen Wandel permanent veränderten Lebenspraktiken, werden Entscheidungen, die auf ein zufriedenstellendes Leben hinführen, zunehmend zu einem prekären Balanceakt. Werden sich bietende Verwirklichungschancen ausgelassen, so könnte soziale Ausgrenzung die Folge sein. Werden Verwirklichungschancen angenommen, so sind damit zumeist neue Abhängigkeiten verbunden. Die Dichotomie der zunehmenden Abhängigkeiten in Verbindung mit lebenserleichternden Produkten und Praktiken sind ein bekanntes Phänomen des Technologiefortschritts. Mit dem Digitalen Wandel kommt zu dieser Dichotomie noch die hohe Veränderungsgeschwindigkeit hinzu. Lebensbereichernde Technologieangebote werden von vielen angenommen, wodurch permanent neue soziale Asymmetrien entstehen, die nach Anpassung der eigenen

---

34   Vgl. Jaeggi 2013, 424 f.

Lebenspraktiken verlangen. Aufgrund der permanenten Veränderungen gelingt es immer weniger, die Ziele aus einem individuellem Lebensentwurf mit den Erfordernissen des sozialen Anschlusses zu integrieren, um aus dieser Verbindung die bestmögliche Chance für die Verwirklichung gemeinschaftlichen Lebens ergreifen zu können. Der private Gebrauch der Vernunft kann nur dann bei der Wahl aus inflationären Angeboten der Digitalwirtschaft beitragen, sofern die aus einem Reflexionsprozess über die individuellen Lebensgestaltung hervorgehenden Ziele konkret bestimmbar sind und sich daraus Präferenzen für individuelle Entscheidung ableiten lassen.

Um ein Leben in Zufriedenheit führen zu können, verfügt der Mensch auch über Ressourcen jenseits der Vernunft, aus denen sich gelingendes Leben entwerfen lässt. Charles Taylor verweist mit dem Konzept des Authentizitätsideals auf die inneren Quellen des Selbst.[35] Harmut Rosa schrieb die Idee der Resonanz fort, mit der das Selbst wieder lernt, sich als eingebettet in einer unbegreiflichen Natur zu verstehen.[36] Die Vernunft mag dafür hinreichen, Missstände zu erkennen, zu benennen und zu überwinden. Sie ist jedoch kaum dazu geeignet, zielsicher bestimmen zu können, was die Aussicht auf individuelle Zufriedenheit erhöhen mag. Die Transzendenz, aus der sich erstrebenswerte Ziele jenseits der Behebung von Missständen ableiten, ist dem Gebrauch der Vernunft weitestgehend entzogen. Die transzendentale Position, welche Sen auf die individuelle Wahl von Verwirklichungschancen verlagerte und dadurch dem Rawlschen transzendenten Institutionalismus gegenüberstellte, scheitert zumindest in Phasen von Überangeboten ebenfalls am Vernunftgebrauch. Auch wenn, aus welchen Ressourcen auch immer, die beste individuelle Wahl aus einer Vielzahl von Verwirklichungsmöglichkeiten getroffen wird, so gelingt es nur über die Reflexion, diese Wahl anderen gegenüber als richtig begründen zu können. Beide Gerechtigkeitsansätze scheitern aber vor allem deswegen, weil weder der Gebrauch der privaten und schon gar nicht der Gebrauch der öffentlichen Vernunft in der Weise beschleunigt werden kann, wie es für die Reflexionsprozesse der Selbstintegration erforderlich wäre. Es gibt daher vernünftige Gründe dafür, die Grenzen der Vernunft anzuerkennen.

---

35   Vgl. Taylor 1996, 678 f.
36   Vgl. Rosa 2016, 161.

Literaturverzeichnis

Bezos, Jeff 2020, *Invent and Wander – Das Erfolgsrezept „Erfinden und die Gedanken schweifen lassen". Die gesammelten Schriften von Jeff Bezos*, München.

Böhm, Christoph 2021, „Der verschenkte Konsum – Die Gratisökonomie der Digitalwirtschaft als neues Marktmodell", in: Th. Hauser/Ph. Merz (Hrsg.), *Vom Bürger zum Konsumenten. Wie die Ökonomisierung unser Leben verändert*, Stuttgart, 38–50.

Böhm, Christoph 2024, *Verantwortungsvolle Digitalität. Warum wir den digitalen Wandel gestalten sollten*, Berlin.

Christensen, Clayton M. 2015, *The innovator's dilemma. Warum etablierte Unternehmen den Wettbewerb um bahnbrechende Innovationen verlieren*, München.

Crawford, Kate 2021, *Atlas of AI: Power, Politics, and the Planetary Costs of Artificial Intelligence*, New Haven.

Habermas, Jürgen 2022, *Ein neuer Strukturwandel der Öffentlichkeit und die deliberative Politik*, Berlin.

Hahn, Henning 2016, „Globale Gerechtigkeit", in: A. Goppel/C. Mieth/Ch. Neuhäuser (Hrsg.), *Handbuch Gerechtigkeit*, Berlin.

Hinsch, Wilfried/Rawls, John (Hrsg.) 1994, *Die Idee des politischen Liberalismus. Aufsätze 1978–1989*, Frankfurt am Main.

Höffe, Otfried 2021, *Gerechtigkeit – Eine philosophische Einführung*, München.

Jaeggi, Rahel 2013, *Kritik von Lebensformen*, Berlin.

Kant, Immanuel 1999 [1784], „Beantwortung der Frage: Was ist Aufklärung?", in: H. Brandt (Hg.), *Immanuel Kant, Was ist Aufklärung? Ausgewählte kleine Schriften*, Hamburg.

Kersting, Wolfgang 2006, *Gerechtigkeit und öffentliche Vernunft. Über John Rawls' politischen Liberalismus*, Paderborn.

Neuhäuser, Christian 2020, „Nachwort", in: A. Sen, *Rationale Dummköpfe. Eine Kritik der Verhaltensgrundlagen der Ökonomischen Theorie*, Ditzingen.

Nussbaum, Martha 2012, *Creating Capabilities. The Human Development Approach*, Cambridge.

Piketty, Thomas/Rendall, Steven 2022, *A brief history of equality*, Cambridge, Mass.

Rawls, John 2021, *Eine Theorie der Gerechtigkeit*, Frankfurt am Main.

Reuter, Timo 2016, *Das bedingungslose Grundeinkommen als liberaler Entwurf. Philosophische Argumente für mehr Gerechtigkeit*, Wiesbaden.

Rosa, Hartmut 2016, *Resonanz. Eine Soziologie der Weltbeziehung*, Berlin.

Schlegel, Steve/Schuck, Christoph 2016, „Internationale Gerechtigkeit", in: A. Goppel/C. Mieth/Ch. Neuhäuser (Hrsg.), *Handbuch Gerechtigkeit*, Berlin.

Schumpeter, Joseph A./Kurz, Heinz D. 2020, *Kapitalismus, Sozialismus und Demokratie*, Tübingen.

Sen, Amartya 1984, *Resources, Values, and Development*, Cambridge Mass.

Sen, Amartya 2001, *Development as Freedom*, Oxford.

Sen, Amartya 2010, *Die Idee der Gerechtigkeit*, München.

Sen, Amartya 2020, *Rationale Dummköpfe. Eine Kritik der Verhaltensgrundlagen der Ökonomischen Theorie*, Ditzingen.

Susser, Daniel/Rössler, Beate/Nissenbaum, Helen 2019, „Online Manipulation: Hidden Influences in a Digital World", in: *Georgetown Law Technology Review* 4(1), 1–45. https://dx.doi.org/10.2139/ssrn.3306006

Taylor, Charles 1996, *Quellen des Selbst. Die Entstehung der neuzeitlichen Identität*, 11. Aufl., Frankfurt am Main.

ZEIT ONLINE 2020: *Amazon – Die unheimliche Maschine*, 18.06.2020, URL: https://www.zeit.de/2020/26/amazon-konzern-marktmacht-coronavirus, (Stand: 26.07.2023).

Digitale Mündigkeit und digitale Tugenden

Jörg Noller

1. Digitale (Des)Orientierung

Die rasante Entwicklung digitaler Medien, insbesondere die erstaunlichen Erfolge Künstlicher Intelligenz, begeistern und verunsichern uns zugleich. Sie begeistern uns, da wir mit einem Male digitale Technik nicht mehr nur als Werkzeug erfahren, welches nur einigen wenigen Technokraten vorbehalten ist, sondern digitale Technik prinzipiell allen Menschen offensteht. Digitale Medien verunsichern uns jedoch auch, da sie uns neue Möglichkeiten und Freiheiten eröffnen, die uns überfordern, und die die Unterscheidung zwischen Simulation, Illusion, Fiktion und Wirklichkeit immer mehr verschwimmen lassen. Der ‚Cyberspace‘, der ursprünglich so viel bedeutet wie ein virtueller ‚Navigationsraum‘, droht immer mehr zu einer Scheinwelt zu werden, in welcher gerade *keine* Orientierung mehr möglich ist, so dass sich sein ursprünglicher Sinn ins gerade Gegenteil verkehrt. Diese Desorientierung zeigt sich aus philosophischer Perspektive in epistemologischer, ontologischer und ethischer Hinsicht. Die folgenden Überlegungen greifen diese Problematik einer Orientierungslosigkeit der neuen Medien auf und interpretieren sie frei nach Kant im Sinne einer digitalen Unmündigkeit, der es durch eine digitale Aufklärung zu begegnen gilt, um schließlich digitale Mündigkeit zu erlangen. Digitale Mündigkeit wird dabei als jene Orientierung verstanden, welche durch die neuen Medien und digitale Technik immer problematischer zu werden scheint: Die kritische Fähigkeit, zwischen Realität, Simulation, Fiktion und Illusion zu unterscheiden.

Digitale Technik ist Teil unseres Alltags geworden, und unsere Mediennutzung zu einer neuen Kultur und Lebensform, welche unter dem Begriff der Digitalität gefasst wird.[1] Der Begriff der Digitalität zeigt an, dass dasjenige, was mit der Digitalisierung einhergeht und durch sie entsteht, selbst etwas Bedeutungsvolles und Qualitatives ist, was nicht ohne Bedeutungsverlust auf rein technische oder mediale Strukturen reduziert werden kann. Digitalität ist also, kurzgefasst, die qualitative, lebensweltliche Seite der Digitalisierung. Dabei sind vor allem das Internet, aber auch Computerspiele und Künstliche Intelligenz zentrale Faktoren. Diese drei Phänomene müssen in ihrem lebensweltlichen Zusammenhang genauer bestimmt und ethisch problematisiert werden: Das Internet wird zunehmend als eine eigene Lebensform, die der

---

1 Vgl. Noller 2022a.

Oxforder Internet-Ethiker Luciano Floridi als „onlife"[2] bestimmt hat, und als
sozialer Handlungsraum („Metaversum") sichtbar, dessen moralische Grenzen
unbestimmt sind. In Computerspielen verschwimmen Simulation und Wirklichkeit, und wir bedürfen einer neuen Orientierung im Handeln. Künstliche
Intelligenz erfasst menschliche Individuen als bloße Datenobjekte, nicht selten aus finanziellen Interessen, und instrumentalisiert sie damit.

Die lebensweltliche Bedeutung der Digitalisierung zeigt sich insbesondere
am Beispiel sozialer Plattformen, auf denen wir uns täglich tummeln, interagieren und vernetzen. Digitale Endgeräte werden immer kleiner und
geschmeidiger, so dass sie immer weniger als ein Objekt, sondern als ein Teil
von uns erscheinen. Mehr noch: Die neuen Medien werden immer weniger
als Gegenstände und klar umrissene Objekte sichtbar, die von uns getrennt
operieren, sondern sie werden selbst Teil einer neuen Form von Kommunikation, ja sie gehen mit uns selbst Kommunikationsverhältnisse ein. Nicht
mehr nur kommunizieren wir intersubjektiv mit anderen Menschen, sondern
auch interobjektiv mit Maschinen.[3] Luciano Floridi hat deswegen von einer
„4. Revolution" gesprochen, welche die Kopernikanische, die Darwin'sche und
die Freud'sche ablöst. Es handelt sich dabei seiner Auffassung nach um die
informationelle Revolution, welche diesmal nicht das Verhältnis von Mensch
und Kosmos, von Mensch und Natur, von Ich und Über-Ich, sondern das Verhältnis von *Mensch und Technik* auf den Kopf stellt. Nach Floridi sind aus
den neuen Medien „umweltgestaltende, anthropologische, soziale und inter-
pretative Kräfte geworden. Sie schaffen und prägen unsere geistige und materielle Wirklichkeit, verändern unser Selbstverständnis, modifizieren, wie wir
miteinander in Beziehung treten und uns auf uns selbst beziehen, und sie
bringen unsere Weltdeutung auf einen neuen, besseren Stand, und all das tun
sie ebenso tief greifend wie umfassend und unablässig."[4]

So zutreffend Floridis Analyse auch ist, sie vernachlässigt jedoch diejenigen
problematischen Seiten, die mit der von ihm diagnostizierten Revolution
einhergehen. Denn die neuen Medien eröffnen uns nicht nur neue Wege der
Interaktion und Kommunikation – Freiheiten, die wir nicht mehr missen wollen. Sie verursachen auch neue Formen von Unfreiheit und Abhängigkeit. Bei
aller Euphorie über die neuen technischen Möglichkeiten, die wir der Digitalisierung verdanken bleiben diese problematischen Seiten oft unbeachtet. Im
Folgenden wird die These vertreten, dass wir Gefahr laufen, einer – mit Kant
gesprochen – digitalen *Unmündigkeit* zu erliegen. Es gilt daher, frei nach Kant,

---

2   Floridi 2015b.
3   Vgl. dazu Noller 2022b.
4   Floridi 2015, 7.

digitale Aufklärung des Menschen als „Ausgang aus seiner selbstverschuldeten Unmündigkeit"[5] zu denken.[6] Freilich vollzieht sich nicht nur die *Unmündigkeit* des Menschen im digitalen Medium, sondern auch sein *Ausgang* daraus. Digitale Medien sind als solche nicht problematisch. Problematisch ist allerdings ihr digitaler *Gebrauch*, der durch den Einsatz von künstlichen Agenten immer komplexer wird.

Wenn Digitalität eine Lebenswelt bedeutet, dann bedürfen wir eigener Kategorien, um sie zu begreifen. Denn das Begreifen dieser neuen Möglichkeiten, die sich aus der Digitalisierung ergeben, erlaubt es, uns epistemologisch, ontologisch und ethisch darin zu orientieren. Auf diese Erfordernisse haben die Autoren des Buches *Digitale Aufklärung* verwiesen. Sie fordern „[n]eu und selbst gedachte Kategorien, die allein dieser grundsätzlich veränderten Welt gerecht werden können. Nur damit können wir diese Welt kritisch reflektieren und produktiv nutzen."[7] Zugleich verweisen sie auf die Notwendigkeit einer Orientierung in der Sphäre der Digitalität, ganz im Sinne der ursprünglichen Bedeutung des „Cyberspace": „Der Weg in die vor uns liegende Zukunft ist noch lang. Kompass und Karten gibt es hier nicht. Wir müssen die digital vernetzte Welt neu vermessen."[8] Wir können uns in einem ersten Schritt begrifflich Orientierung verschaffen, wenn wir auf jene veränderten Konstellationen reflektieren, welche unsere Relationen in Raum und Zeit, unsere Verhältnisse zu digitalen Prozessen und Agenten sowie zu anderen Subjekten reflektieren. Erst auf Basis dieser Grundorientierung kann dann die Frage nach einer digitalen Aufklärung konkret entwickelt werden.[9]

Ubipräsenz beschreibt die spezifische Raum-Zeit-Logik der Digitalität, die durch Ortsvielfältigkeit bei gleichzeitiger Simultanität charakterisiert ist. Die Chronotopie der Digitalität zeigt sich insbesondere am Phänomen des Internets. Das Internet vergisst nichts. Es gleicht einem gewaltigen kulturellen Gedächtnis, das alle Informationen durch seine Zeitlosigkeit im virtuellen Raum unmittelbar vernetzt und in neue Ordnungen bringt, die nicht mehr analog kausal zu verstehen sind – sie sind ubiquitär präsent. Damit wird auch unser gewohnter Begriff von Kausalität durch die veränderte Raum- und Zeitlogik virtueller Realitäten transformiert. Nicht nur unser Realitätsbegriff, sondern auch unser Raum- und Zeitbegriff wird im Rahmen der Digitalität strapaziert.

---

5   Vgl. Kant, AA 8:35.
6   Ich entwickle den Begriff digitaler Aufklärung nach Kant in Noller 2024.
7   Urchs/Cole 2013, 42.
8   Urchs/Cole 2013, 44.
9   Vgl. zur Entwicklung dieser Kategorien Noller 2022a, 24 f.

Interobjektivität beschreibt das Verhältnis von Subjektivität und Objektivität im Rahmen der Digitalität. Es geht dabei um Vernetzungen und Verbindungen, die die Medialität in den Hintergrund rücken lassen und eine virtuelle Intimität konstituieren. Virtuelle Realitäten und Objekte stehen in einem viel engeren Verhältnis zueinander als es physikalische Objekte und Substanzen tun. Der Begriff der Interobjektivität kann insbesondere am Beispiel der Mensch-Maschine-Interaktion durch Künstliche Intelligenz veranschaulicht werden.

Transsubjektivität schließlich beschreibt Interobjektivität aus subjektiver Perspektive. Mentale Gehalte werden im Internet immer mehr vernetzt und geteilt. Sie lösen sich von der exklusiven Bindung an ihr Subjekt – sie sind transsubjektiv.

2.   Digitale Aufklärung

In unserer hochdigitalisierten Welt ist eine digitale Aufklärung gerade deswegen nötig, weil die Digitalisierung nicht nur neue Möglichkeiten und Freiheiten eröffnet, sondern auch die Gefahr einer digitalen Unmündigkeit mit sich führt. Was aber ist (digitale) Unmündigkeit? Immanuel Kant hatte vor über 200 Jahren Aufklärung als „Ausgang des Menschen aus seiner selbst verschuldeten Unmündigkeit"[10] bestimmt. Unter „Unmündigkeit" versteht Kant „das Unvermögen, sich seines Verstandes ohne Leitung eines anderen zu bedienen". Unter „selbstverschuldet" versteht Kant die Tatsache, dass die Ursache dieser Unmündigkeit „nicht am Mangel des Verstandes, sondern der Entschließung und des Mutes liegt, sich seiner ohne Leitung eines andern zu bedienen".[11] Inwiefern ist jedoch Kants Begriff der Aufklärung auch für die gegenwärtigen Entwicklungen und Probleme der Digitalisierung noch relevant? Inwiefern unterliegen wir einer digitalen Unmündigkeit und bedürfen deswegen einer digitalen Aufklärung? Interessant ist dabei nun, dass Kant unsere Unmündigkeit gerade auch durch Verweis auf unseren *Mediengebrauch* diagnostiziert und kritisiert hatte. Denn Kant erkennt Formen der Unmündigkeit gerade in der Medialität, also der *Vermittlung* unserer geistigen Vermögen: Ein Buch ersetzt meinen *Verstand*, ein Seelsorger ersetzt mein *Gewissen*, und ein Arzt meine *Urteilskraft*. Wir glauben, durch diese Medien nicht mehr selbst denken zu müssen. Als zwischen diesen Medien vermittelndes Medium macht Kant das *Geld* aus: „Ich habe nicht nötig zu denken, wenn ich nur bezahlen kann; andere werden das verdrießliche Geschäft schon für mich

---

10   Kant, AA 8:35.
11   Kant, AA 8:35.

übernehmen"[12]. Nach Kant ist diese Medialität unserer Vernunft so tief in unseren Alltag und unsere Lebenswelt eingedrungen, dass uns diese selbstverschuldete Unmündigkeit, wie er schreibt „beinahe zur Natur"[13], geworden ist. Unmündigkeit hängt also nach Kant untrennbar mit unserem Mediengebrauch oder genauer gesagt Medien*missbrauch* zusammen. Wir erliegen nach Kant dieser medial bedingten Unmündigkeit demnach nicht einfach so, sondern sind *selbst* die Ursache dafür, dass wir in eine mediale Unmündigkeit geraten sind.

Was aber sind die Gründe für diese selbstverschuldete Unmündigkeit? Kant macht vor allem „Satzungen und Formeln", also Vorschriften und Anleitungen des Menschen als „mechanische Werkzeuge eines vernünftigen [...] Mißbrauchs seiner Naturgaben" aus und beschreibt sie als „Fußschellen einer immerwährenden Unmündigkeit".[14] Wir folgen diesen Satzungen und Formeln blindlings, ohne sie kritisch zu reflektieren und ihnen auf den Grund zu gehen. Diese von Kant kritisierte Tendenz, uns selbst durch unseren unkritischen Mediengebrauch unmündig zu machen, können wir auf die aktuelle Entwicklung der Digitalisierung übertragen. Denn insbesondere das Internet und Künstliche Intelligenz werden immer mehr als Ersatz für unser eigenes Denken gebraucht, wenn wir nur Suchanfragen eingeben müssen und uns die scheinbar objektiven Antworten darauf automatisch ausgegeben werden. Künstliche Intelligenz automatisiert und ersetzt immer mehr unsere Urteilskraft, und Algorithmen ähneln jenen von Kant kritisierten „Satzungen und Formeln", die im digitalen Alltag im schlimmsten Fall zu „Fußschellen einer immerwährenden Unmündigkeit" werden.

Auf diese Problematik einer digitalen Unmündigkeit hat in jüngster Zeit Jürgen Habermas in seiner Schrift *Ein neuer Strukturwandel der Öffentlichkeit und die deliberative Politik* hingewiesen. Habermas spricht von einer „halböffentlichen, fragmentierten und in sich kreisenden Kommunikation [...], die deren Wahrnehmung von politischer Öffentlichkeit als solcher deformiert.[15]" Zugleich kritisiert Habermas, dass digitale Öffentlichkeit durch das kommerzielle Interesse derjenigen Strukturen, die diese Öffentlichkeit ermöglichen, von vorn herein eingeschränkt ist: „[D]iese real existierenden neuen Medien [scil. Facebook, YouTube, Instagram oder Twitter/X] sind Unternehmen, die Imperativen der Kapitalverwertung gehorchen und an der Börse zu den höchst notierten Konzernen gehören. Ihre Gewinne verdanken sie der Verwertung

---

12   Kant, AA 8:35.
13   Kant, AA 8:36.
14   Kant, AA 8:36.
15   Habermas 2022, 11 f.

von Daten, die sie zu Werbezwecken oder anderweitig als Waren veräußern."[16]
Eine solche *digitale Blasenbildung*, in welcher Illusion, Fiktion, Simulation und
Realität verschwimmen, wird durch die Verbreitung von *fake news* weiter verschärft. Habermas spricht davon, dass „[i]n einer schwer vorstellbaren ‚Welt'
von Fake News, die nicht mehr als solche identifiziert, also von wahren Informationen unterschieden werden könnten, [...] kein Kind [würde] aufwachsen
können, ohne klinische Symptome zu entwickeln."[17]

Der amerikanische Medienjournalist Eli Pariser hat in seinem Buch *The
Filter Bubble* darauf hingewiesen, dass insbesondere Algorithmen unser Vermögen der informationellen Selbstbestimmung gravierend einschränken. Er
spricht von einem „eigene[n] Informationsuniversum", welches von algorithmisch verfassten „Prognosemaschinen" für uns individuell entworfen wird.[18]
Der Untertitel der deutschen Version seines Buches lautet insofern treffend:
„Wie wir im Internet entmündigt werden."[19] Allerdings wird dabei übersehen,
dass *wir selbst* es sind, die uns entmündigen. Wir sind in unserem Mediengebrauch und -missbrauch nicht hilflos der digitalen Technik ausgeliefert, wie
dies Habermas und Pariser suggerieren, sondern liefern uns ihr selbst aus: Sei
es, dass wir uns von ihrer Technik gänzlich abhängig machen, sei es, dass wir
uns selbst zum bloßen Datenobjekt kommerzieller Interessen degradieren,
indem wir alle unsere privaten Informationen bereitwillig preisgeben. Diese
Kritik mag auf den ersten Blick als übertrieben und überfordernd erscheinen,
doch erlaubt sie es, uns am Ende immer noch als freie und verantwortliche
Subjekte zu verstehen. Nur dann, wenn wir die eigentliche Ursache unserer
Unmündigkeit sind, können wir ihr auch am Ende wieder entkommen.

Gefahren der selbstverschuldeten Unmündigkeit drohen angesichts der
Vielgestaltigkeit der neuen Medien und ihrem lebensweltlichen Einfluss von
ganz verschiedenen Seiten. Nicht nur unterwerfen wir uns allzu bequem
Algorithmen, die uns in eine digitale Blase einbeziehen, in der wir uns wohl
fühlen, da wir keine unbequemen Informationen mehr wahrzunehmen brauchen. Vielmehr neigen wir auch dazu, die Grenzen von Realität, Simulation,
Illusion und Fiktion dort zu verwischen, wo wir nur allzu gerne vor unserem
langweiligen oder stressigen Alltag flüchten möchten. Nicht nur lassen wir uns
also in Filterblasen versetzen, sondern auch in Scheinwelten – sei es durch
Computerspiele, sei es durch die Technologie virtueller Realität, die täuschend

---

16   Habermas 2021, 492.
17   Habermas 2021, 499.
18   Pariser 2012, 17.
19   Der Untertitel des englischen Originals (Pariser 2021) lautet weniger philosophisch: „What
      the Internet Is Hiding from You".

echte Kunstwelten vor unserem physischen und geistigen Auge erzeugt, in die wir eintauchen, und in denen wir die echte Realität für einige Zeit vergessen können.

Wie aber können wir der digitalen Unmündigkeit entgehen, d.h. kritisch zwischen bloßer Illusion, Simulation, Fiktion und Realität unterscheiden und digitale Filterblasen zum Platzen bringen? Wie können wir vermeiden, zu bloßen Datenobjekten kommerzieller Interessen reduziert zu werden? Kant hatte unsere Freiheit als Ausgang aus unserer selbstverschuldeten Unmündigkeit bestimmt, und zwar im Sinne eines *„öffentlichen* Gebrauch[s]"[20] unserer Vernunft. Wie aber können wir Kants Einsicht in die Gründe unserer Unmündigkeit und den Ausgang aus dieser Unmündigkeit auf die heutige Situation der Digitalisierung übertragen? Worin besteht die „digitale Unmündigkeit" und worin der (digitale) Ausgang aus ihr? Und schließlich: Worin kann ein öffentlicher Gebrauch unserer digitalen Vernunft und eine digitale Öffentlichkeit bestehen?

Es gilt insofern, Kants kritische Einsicht in unsere medial bedingte selbstverschuldete Unmündigkeit auf die Gegenwart der neuen Medien zu übertragen. Im Zentrum steht dabei die digitale Lebenswelt, also unser alltäglicher Umgang mit digitalen Medien, die mittlerweile immer unverzichtbarer werden. Es müssen dazu Quellen möglicher digitaler Unmündigkeit in unserem Mediengebrauch diagnostiziert und zugleich mögliche Auswege daraus aufgezeigt werden – Auswege, die nicht notwendigerweise ins Analoge, nicht-Digitale führen müssen, sondern die selbst digital erfolgen können. Unsere so erlangte digitale Mündigkeit lässt sich dann genauer im Sinne von digitalen Tugenden weiter bestimmen. Diese zeigen sich darin, dass wir, um mit Aristoteles zu sprechen, die richtige Mitte in unserem Mediengebrauch erlangen – jenseits von Technokratie und Technophobie. Abschließend wird die Frage diskutiert, worin Menschheit und Menschlichkeit in Zeiten der umfassenden Digitalisierung unserer Lebenswirklichkeit noch bestehen kann. Auch hier wird sich Immanuel Kants Philosophie, trotz ihrer zeitlichen Distanz, immer noch als aktuell erweisen.

3. Digitale Unmündigkeit

Wir werden dadurch digital unmündig, dass wir abhängig von jenen Strukturen, Gesetzen und Inhalten werden, die die neuen Medien uns anbieten, und wir werden zugleich abhängig von Technik, die nicht selten rein ökonomisch

---

20   Kant, AA 8:36.

interessiert ist und der wir in unserer passiven Haltung ausgeliefert sind. Die digitale Unmündigkeit ist gegenüber der von Kant namhaft gemachten Unmündigkeit wesentlich potenziert, denn es handelt sich dabei in noch viel stärkerem Sinne um Medialität – eine Medialität, welche durch Blasenbildung und Simulation, aber auch zunehmende Vernetzung gegenüber der Medialität der gedruckten Schrift wesentlich verschieden ist. Digitale Unmündigkeit besteht darin, dass wir alle Informationen im Internet für bare Münze nehmen, uns immersiv in simulierten Welten verlieren und sie mit der Wirklichkeit verwechseln, indem wir die Digitalisierung nur als passives Konsummedium verstehen. Digitale Filterblasen versorgen uns mittels ausgeklügelter Algorithmen mit Informationen, die wir immer schon lesen wollten oder immer schon für wahr gehalten hatten. Wir verlieren damit zunehmend die Möglichkeit, einen kritischen Blick von außen auf uns zu werfen und degradieren uns zum Datenmaterial kommerzieller Interessen.

Digitale Unmündigkeit besteht jedoch nicht nur in der *Übertreibung* und unkritischen Anwendung von Digitalisierung, sondern gerade auch in ihrer *Unterschätzung*. Beide Haltungen sind insofern Gründe für digitale Unmündigkeit, als sie die Technologie unabhängig von unserem *Gebrauch* verstehen und normativ auszeichnen bzw. diskreditieren. Insofern lässt sich digitale Unmündigkeit auf folgende zwei Positionen zurückführen: (i) *Technokratie*: Digitalisierung wird im Rahmen einer „Silicon Valley-Ideologie"[21] als technologisches Heilsmittel und Grund für das Eintreten einer „Singularität"[22] normativ aufgeladen, sodass (digitale) Technik als solche moralischen Fortschritt verbürgt; (ii) *Technophobie*: Digitalisierung wird als Gefahrenquelle einer „Digitalen Demenz" für Jugend und Gesellschaft identifiziert, ganz so, als ob sie *intrinsisch* problematisch wäre.[23] Beiden Haltungen liegt der Fehler zugrunde, die Technologie der Digitalisierung *als solche* normativ zu bewerten, unabhängig von der Frage, wie sie konkret technisch *gebraucht* wird. Es kommt insofern darauf an, jenen *Gebrauch* der digitalen Technik zu identifizieren, der – gleichermaßen entfernt von Technokratie und Technophobie – digitale Mündigkeit eröffnet und realisiert.

---

21   Nida-Rümelin/Weidenfeld 2018.
22   Kurzweil 2005.
23   Spitzer 2014.

4.   Digitale Mündigkeit

Bei Kant findet sich die Einsicht, dass unsere Vernunft nicht als solche moralischen Fortschritt verbürgt, sondern es auf ihren Gebrauch ankommt, ob wir
uns selbst unmündig machen. So wie nach Kant Aufklärung im öffentlichen
Gebrauch der Vernunft bestehen muss, so muss eine digitale Aufklärung im
digital-öffentlichen Gebrauch unserer Vernunft und damit auch der digitalen Technik bestehen. Wie aber können wir uns diesen digitalen öffentlichen
Gebrauch der Vernunft konkret denken? Entscheidend dafür ist, dass wir die
digitale Technik im Sinne der Vergrößerung unserer individuellen wie kollektiven Autonomie gebrauchen. Wir sollten demnach das Internet nicht
nur als ein bloßes Konsummedium verstehen, sondern als einen virtuellen
Handlungsraum, den wir selbst vergrößern oder aber durch *fake news* und
Blasenbildung verkleinern. Unsere Handlungen im Internet sind also keine
bloßen Simulationen, sondern neue, virtuelle Realitäten, für die wir die volle
Verantwortung tragen. Wir sollten Computerspiele nicht nur als Konsummedium und immersive Simulation einer Scheinwelt verwenden, sondern
als Form von kritischer Wirklichkeitsreflexion begreifen. Wir sollten die Digitalisierung nicht als uns beherrschende Technik und, mit Kant gesprochen,
‚mechanische Werkzeuge‘, sondern als Ermöglichungsgrund von Freiheit im
Sinne eines öffentlichen, und das bedeutet *vernetzten* Gebrauchs unserer
Vernunft verstehen. Durch einen öffentlichen Gebrauch der digitalen Vernunft erscheint das Internet nicht mehr als privilegiertes Konsummedium,
sondern als Grundbedürfnis nach Freiheit, auf welches alle Menschen ein
Recht haben.

Worin besteht der öffentliche Gebrauch der digitalen Vernunft? Die bloße
Digitalisierung analoger Strukturen und Prozesse bedeutet noch keine digitale
Mündigkeit, sie kann gerade dort ein Zeichen digitaler Unmündigkeit sein, wo
wir uns Mechanismen unterwerfen, die wir selbst am Ende nicht mehr durch-
schauen. Digitale Aufklärung muss deswegen als Eröffnung von neuen Handlungsräumen verstanden werden, die raumzeitlich flexible Mitbestimmung
und Partizipation ermöglicht. Digitale Mündigkeit muss insofern auch von
bloß technokratischer „Medienkompetenz“ unterschieden werden. Es geht
demnach nicht um den instrumentellen Gebrauch der Digitalisierung, sondern um ihren öffentlichen Gebrauch. Digitale Mündigkeit bedeutet, dass wir
unsere individuelle und kollektive Autonomie durch die Digitalisierung vergrößern, indem wir uns aktiv weigern, zu bloßen Datenobjekten degradiert
zu werden. Die Vergrößerung unserer Autonomie besteht in der Vergrößerung

des öffentlichen digitalen Raumes, der nicht nur als ein Konsum- oder Informationsraum, sondern als ein Orientierungs- und Handlungsraum sichtbar wird. Ebenso müssen digitale Tugenden von bloßer Medienkompetenz unterschieden werden. Es geht nicht so sehr darum, die digitale Technik technokratisch zu optimieren, sondern sie in unsere Lebenswelt so zu integrieren, dass sich unser Handlungsraum und damit unsere Autonomie vergrößert. Digitalisierung und Internet werden so als Bedingung der Möglichkeit von Partizipation und als dezentrale, non-kommerzielle Struktur sichtbar, wie sie bereits durch kollaborative, freie Projekte wie „Wikipedia" angedacht ist. Auch die Blockchain-Technologie kann als eine digitale, dezentrale Struktur verstanden werden, die durch Konsensverfahren eine digitale Öffentlichkeit und Partizipation ermöglicht. Das Internet wird so als ein Raum sichtbar, in dem sich virtuelle Realität ereignen und entfalten kann. Anders als der physische Raum existiert dieser virtuelle Raum jedoch nicht unabhängig von unseren Handlungen, sondern wird durch diese erst konstituiert: Wir entscheiden selbst, ob wir den virtuellen Handlungsraum erweitern oder verkleinern.

Digitale Mündigkeit bedeutet insofern, dass wir das Internet nicht als ein bloßes Instrument oder (Konsum)Medium, sondern als einen virtuellen Handlungsraum verstehen, zu dessen Vergrößerung oder Verkleinerung wir immer schon beitragen, sofern wir uns darin aktiv aufhalten. Digitale Mündigkeit bedeutet demnach, dass wir unsere Handlungen im Internet nicht als bloße Simulationen, Illusionen oder Fiktionen, sondern als virtuelle Realitäten verstehen, für die wir Verantwortung tragen. Computerspiele erscheinen aus dieser Perspektive nicht nur als Konsummedium und immersive Simulation einer Scheinwelt, sondern als Form der Wirklichkeitsreflexion. Die Digitalisierung wird so nicht als uns beherrschende Technik sichtbar, sondern als Ermöglichungsgrund von Freiheit im Sinne virtueller Realität. Der Ausgang aus der digitalen Unmündigkeit kann nun dadurch erfolgen, dass wir die Digitalisierung im Sinne der virtuellen Realität als *Erweiterung* unseres Handlungsraums und damit unserer Freiheit gebrauchen. Digitalisierung muss als Eröffnung von virtuellen Handlungsräumen verstanden werden, d.h. als Ermöglichungsgrund raumzeitlich flexibler Mitbestimmung und Partizipation. Es geht in diesem Sinne nicht um den *instrumentellen* Gebrauch der Digitalisierung, sondern um ihren *öffentlichen* Gebrauch. Digitale Mündigkeit bedeutet also, dass wir unsere individuelle und kollektive Autonomie durch die Digitalisierung vergrößern. Die Vergrößerung unserer Autonomie besteht in der Vergrößerung der öffentlichen virtuellen Realität.

5. Ausblick: Digitale Tugenden

Wenn die Digitalisierung lebensweltliche Bedeutung besitzt, wie es der Begriff der Digitalität oder derjenige des „onlife" anzeigt, so erfordert dies, dass wir einen lebensweltlichen Bezug dazu etablieren, der jenseits von bloß technokratischer Medienkompetenz gelagert ist. Es bietet sich daher ein Rückgriff auf die aristotelische Tugendlehre an, deren Vorzüge darin bestehen, lebensweltlich fundiert zu sein, sowohl in theoretischer wie auch in praktischer Hinsicht. Wir können insofern von „digitalen Tugenden" sprechen, die sowohl im Sinne der dianoetischen Tugenden gelehrt wie auch im Sinne der ethischen Tugenden praktisch kultiviert werden. Aristoteles hat diesen Charakter der Tugenden folgendermaßen bestimmt: „Die Tugend ist also von doppelter Art, ethisch und verstandesmäßig. Die verstandesmäßige Tugend entsteht und wächst zum größeren Teil durch Belehrung; darum bedarf sie der Erfahrung und der Zeit. Die ethische dagegen ergibt sich aus der Gewohnheit"[24].

Für die Frage nach einer digitalen Mündigkeit erweisen sich insbesondere die dianoetischen Tugenden als zentral, da hierbei – jenseits von Fragen nach der ‚rechten Mitte' unseres Medienkonsums – stets epistemische Fragen im Zentrum stehen, welche praktische Orientierung angesichts der lebensweltlichen Dimensionen digitaler Technologie bieten. Eine dianoetische digitale Tugend darf freilich nicht im Sinne von bloßer Technokratie verstanden werden. Es geht demnach nicht darum, die digitale Technik *instrumentalistisch* zu optimieren, sondern sie in unsere Lebenswelt so zu integrieren, dass sich unser Handlungs- und Orientierungsraum (unser ‚Cyberspace'), d.h. unsere praktische Freiheit vergrößert. Dies bedeutet konkret, dass digitale dianoetische Tugenden es uns erlauben, einen virtuellen Handlungsraum zu definieren und zu eröffnen, der von bloßer Simulation, Fiktion und Illusion unterschieden ist und so *digitale Orientierung* bietet. Innerhalb dieses durch dianoetische Tugenden eröffneten Handlungsraums können dann konkrete ethische Tugenden in der digitalen Lebenswelt ansetzen. Digitale ethische Tugenden erlauben es uns, uns im virtuellen Handlungsraum so zu verhalten, dass dieser durch sinnvolle Vernetzungen vergrößert, und nicht etwa durch digitale Blasenbildung verkleinert wird. Digitalisierung wird dann entlang digitaler Tugenden als Form und Medium der Partizipation und des öffentlichen Gebrauchs der Vernunft sichtbar und eröffnet so einen Ausgang aus unserer selbstverschuldeten digitalen Unmündigkeit.

---

24   Vgl. Aristoteles 2007, 57; 2. Buch, 1103a13-16.

Literaturverzeichnis

Kants Schriften werden unter Angabe der Sigle und der Band- und Seitenzahl nach-
gewiesen gemäß der von der Preußischen Akademie der Wissenschaften heraus-
gegebenen *Akademie-Ausgabe* (AA), Berlin 1900 ff.

Aristoteles, 2007, *Nikomachische Ethik*, übers. v. O. Gigon, neu hrsg. v. R. Nickel,
Düsseldorf.

Floridi, Luciano 2013, *The Ethics of Information*, Oxford.

Floridi, Luciano 2015a, *Die 4. Revolution. Wie die Infosphäre unser Leben verändert*,
Berlin.

Floridi, Luciano 2015b, *The Onlife-Manifesto: Being Human in a Hyperconnected Era*,
Cham u. a.

Habermas, Jürgen 2021, „Überlegungen und Hypothesen zu einem erneuten Strukturwandel der politischen Öffentlichkeit", in: M. Seeliger/S. Sevignani (Hrsg.), *Ein neuer
Strukturwandel der Öffentlichkeit?*, Leviathan Sonderband, Baden-Baden, 470–500.

Habermas, Jürgen 2022, *Ein neuer Strukturwandel der Öffentlichkeit und die deliberative
Politik*, Berlin.

Kurzweil, Ray 2005, *The Singularity is Near*, London.

Nida-Rümelin, Julian/Weidenfeld, Natalie 2018, *Digitaler Humanismus. Eine Ethik für
das Zeitalter der künstlichen Intelligenz*, München.

Noller, Jörg 2022a, *Digitalität: Zur Philosophie der digitalen Lebenswelt* (= reflexe,
Bd. 75), Basel.

Noller, Jörg 2022b, „Interobjektivität. Über Künstliche Intelligenz und Digitalität", in:
O. Friedrich u.a. (Hrsg.), *Mensch-Maschine-Interaktion – Konzeptionelle, soziale und
ethische Implikationen neuer Mensch-Technik-Verhältnisse*, Paderborn, 81–94.

Noller, Jörg 2023, „Was ist digitale Aufklärung? Kant und das Problem der neuen
Medien"; https://www.praefaktisch.de/digitalisierung/was-ist-digitale-aufklaerung-
kant-und-das-problem-der-neuen-medien (Zugriff 29.7.2023).

Noller, Jörg 2024, *Was ist digitale Aufklärung? Mit Kant zur medialen Mündigkeit*,
Darmstadt.

Pariser, Eli 2011, *The Filter Bubble. What the Internet Is Hiding from You*, New York.

Pariser, Eli 2012, *Filter Bubble. Wie wir im Internet entmündigt werden*, übers. v. U. Held,
München.

Spitzer, Manfred 2014, *Digitale Demenz. Wie wir uns und unsere Kinder um den Verstand
bringen*, München.

Urchs, Ossi/Cole, Tim 2013, *Digitale Aufklärung. Warum uns das Internet klüger macht*,
München.

Autorinnen und Autoren

Markus Bohlmann
(Dr. phil.) ist Studienrat und abgeordnete Lehrkraft am Philosophischen Seminar der Universität Münster. Seine Arbeitsschwerpunkte sind die Didaktik der Philosophie und die Technikphilosophie.

Christoph Böhm
arbeitet für die Unternehmensstrategie der SAP und beschäftigt sich dort im Schwerpunkt mit Business-Ethik und Nachhaltigkeit. Er studierte Informatik in Berlin und Philosophie in Wien. Nach der Promotion im Fach Philosophie an der Universität Freiburg im Jahr 2023 forscht er selbständig auf dem Gebiet der verantwortungsvollen Digitalisierung. Schwerpunkte der aktuellen wissenschaftlichen Arbeit sind praktische Anwendung und wissenschaftliche Kommunikation von philosophischen Einsichten zur Digitalität.

Patrizia Breil
ist wissenschaftliche Mitarbeiterin im Sonderforschungsbereich 1567 „Virtuelle Lebenswelten" an der Ruhr-Universität Bochum. Zu ihren Forschungsschwerpunkten zählen neben bildungsphilosophischen Fragestellungen vor allem (post-)phänomenologische Untersuchungen von virtueller Körperlichkeit und der Möglichkeit virtueller zwischenmenschlicher Begegnung.

Daniel Martin Feige
ist Professor für Philosophie und Ästhetik an der Staatlichen Akademie der Bildenden Künste Stuttgart. Er studierte zunächst Jazzpiano, dann Philosophie, Germanistik und Psychologie. Promotion an der Goethe Universität Frankfurt/M. mit einem Buch zu Hegels Ästhetik, Habilitation an der Freien Universität Berlin. Er forscht und publiziert zu Themen der philosophischen Ästhetik und der philosophischen Anthropologie in ihren Schnittstellen zu klassischen Fragen der praktischen und theoretischen Philosophie. 2022 erschien im Suhrkamp-Verlag seine Monographie *Die Natur des Menschen. Eine dialektische Anthropologie*, 2023 wird sein neues Buch zu einer kritischen Theorie der Digitalisierung erscheinen.

Jonathan D. Geiger
studierte Informationswissenschaft und Technikphilosophie in Darmstadt. Seit 2016 promoviert er im Bereich Philosophie an der Schnittstelle zwischen Erkenntnistheorie und Medientheorie. Seit Ende 2016 ist er an der Akademie der

Wissenschaften und der Literatur in Mainz beschäftigt. Dort arbeitete er derzeit im NFDI-Konsortium NFDI4Culture und im Projekt DALIA. Sein besonderes Forschungsinteresse gilt der Technik- und Medienepistemologie, Theorien der Digital Humanities und der philosophischen Digitalitätsforschung. Seine praktischen Kompetenzen umfassen insbesondere Pythonprogrammierung, Ontologien, Wissensmanagement und Wissenschaftskommunikation.

Gabriele Gramelsberger

hat seit 2017 den Lehrstuhl für Wissenschaftstheorie und Technikphilosophie an der RWTH Aachen inne. In ihrer Forschung befasst sie sich mit dem Einfluss der Informationstechnologie auf Wissenschaft und Gesellschaft. Sie ist Mitherausgeberin der Mentis-Reihe „Philosophia Digitalis".

Saša Josifović

ist Privatdozent für Philosophie an der Universität zu Köln. Er hat in Köln Philosophie, englische Philologie und osteuropäische Geschichte studiert und in Philosophie promoviert. Seine Forschungsschwerpunkte liegen im Bereich der klassischen deutschen Philosophie, der Interkulturellen Philosophie und der Philosophie der Digitalität.

Sybille Krämer

ist Professorin für Philosophie an der Freien Universität Berlin (i.R.); derzeit: Gastprofessorin an der Leuphana Universität Lüneburg. Ehemals Mitglied im Wissenschaftsrat, im European Research Council (Brüssel) und im Senat der Deutschen Forschungsgemeinschaft; ehemals *permanent fellow* am Wissenschaftskolleg zu Berlin. Gastprofessuren u.a.: Santa Barbara, Tokyo, Yale, Wien, Zürich. Ehrenpromotion der Universität Linköping/Schweden. Forschungen über: Theorie des Geistes, Erkenntnistheorie, Philosophie des Rationalismus, Philosophie der Sprache, der Schrift und des Bildes, Medienphilosophie, Theorie der Digitalisierung.

Alisa Kronberger

ist wissenschaftliche Mitarbeiterin am Institut für Medienwissenschaft der Ruhr-Universität Bochum und assoziiertes Mitglied des Sonderforschungsbereichs „Virtuelle Lebenswelten". Ihre medien-, kunst- und kulturwissenschaftlichen Forschungsinteressen lassen sich im Bereich Medienphilosophie und -ökologie, posthumanistische Ethik sowie im Diskursfeld des Neuen Materialismus verorten.

Jörg Noller

ist Privatdozent für Philosophie an der Ludwig-Maximilians-Universität München. Forschungsaufenthalte führten ihn an die Universitäten Notre Dame, Chicago und Pittsburgh. 2015 promovierte er über Kants Autonomiebegriff, 2021 habilitierte er sich über personale Lebensformen. Im Anschluss hatte er Lehrstuhlvertretungen für Praktische Philosophie an den Universitäten Konstanz und Augsburg inne. Er ist Mitbegründer der DGPhil-AG Digitalitätsforschung und Mitherausgeber der Mentis-Reihe „Philosophia Digitalis."

Maria Schwartz

studierte Philosophie (MA) und kath. Theologie (Vordiplom) an der HfPh und LMU München, promovierte 2012 zu Platon und habilitierte sich 2020 an der Universität Augsburg in der praktischen Philosophie. 2012–2018 war sie als Akad. Rätin a.Z. an der Universität Augsburg tätig, seit 2021 ist sie Studienrätin/LbA an der Bergischen Universität Wuppertal. Ihre Arbeitsschwerpunkte liegen in der Ethik, Antiken und Digitalen Philosophie.

Christian Vater

arbeitet zur Wissens- und Technikgeschichte der Digitalisierung mit einem Schwerpunkt auf Künstlicher Intelligenz und semantischen Technologien. Er schätzt diagrammatische Zugriffe und interessiert sich für Technikzukünfte, auch vergangene. Er wurde in Heidelberg am Philosophischen Seminar promoviert mit einer Arbeit zu Turings Maschinen. Zur Zeit ist er leitender Koordinator des Konsortiums für materielle und immaterielle Kulturgüter NFDI4Culture in der Nationalen Forschungsdateninfrastruktur NFDI an der Digitalen Akademie der Akademie der Wissenschaften und der Literatur | Mainz mit Lehraufträgen am Karlsruher Institut für Technologie KIT (Institut für Technikzukünfte) und der TU Darmstadt (Institut für Sprach- und Literaturwissenschaft)

Lea Watzinger

ist Politologin und Philosophin (Studium in München, Rennes und Quito). Sie beschäftigt sich mit begrifflichen Grundlagen sowie normativen und praktischen Steuerungspotentialen der Digitalen Transformation. In ihrer Passauer Dissertation befasste sie sich mit dem Begriff der Transparenz als Herausforderung für Demokratie und Privatheit (Hamburg 2022). Sie war Post-Doc am IZEW der Universität Tübingen und ist derzeit Senior Scientist am IDea_Lab der Universität Graz.

Oliver Zöllner

(Dr. phil., M.A.) ist seit 2006 Professor für Medienforschung, Mediensoziologie und Digitale Ethik an der Hochschule der Medien Stuttgart. Als Honorarprofessor ist er zudem an der Universität Düsseldorf tätig. In Stuttgart leitet er gemeinsam mit Kolleg:innen das Institut für Digitale Ethik (IDE). Zu seinen Forschungsschwerpunkten zählen Fragen der Digitalisierung, der digitalen Transformation und der damit verbundenen Aspekte der reflexiven Medienkompetenz.

Personenregister